Grundkurs des Steuerrechts
Band 17
Internationales Steuerrecht

SCHÄFFER
POESCHEL

Grundkurs des Steuerrechts

Band 17

Internationales Steuerrecht

von

Dr. Ekkehard Bächle

Professor an der Hochschule für
öffentliche Verwaltung und Finanzen Ludwigsburg

Dr. Jörg-Thomas Knies

Professor an der Hochschule für
öffentliche Verwaltung und Finanzen Ludwigsburg

Johann-Paul Ott

Leitender Regierungsdirektor, Leiter des
Zentralen Konzernprüfungsamtes Stuttgart und Honorarprofessor an der
Hochschule für öffentliche Verwaltung und Finanzen Ludwigsburg

Thomas Rupp

Oberamtsrat und Sachbearbeiter im Körperschaftsteuer-/
Außensteuerreferat im Finanzministerium Baden-Württemberg

2010 SCHÄFFER-POESCHEL VERLAG STUTTGART

Bearbeiterübersicht:

Knies: Teile A, G, H, L, N, O (Übungsfall 10)
Ott: Teile B, C, D, E, F, N, O (Übungsfälle 1–9, 11, 12)
Rupp: Teile I, J, K, M

Bibliografische Information der Deutschen Nationalbibliothek

Die Deutsche Nationalbibliothek verzeichnet diese Publikation in der Deutschen Nationalbibliografie; detaillierte bibliografische Daten sind im Internet über <http://dnb.ddb.de> abrufbar.

ISBN 978-3-7910-2940-5

www.schaeffer-poeschel.de
info@schaeffer-poeschel.de

Typografie: Hans Peter Willberg und Ursula Steinhoff
Satz: primustype Hurler GmbH, Notzingen
Druck und Bindung: CPI – Ebner & Spiegel, Ulm

Gedruckt auf chlorfrei gebleichtem, säurefreiem und alterungsbeständigem Papier.

Printed in Germany
November 2010
Schäffer-Poeschel Verlag Stuttgart
Ein Tochterunternehmen der Verlagsgruppe Handelsblatt

Vorwort zur 2. Auflage

Das Internationale Steuerrecht gewinnt in der Praxis der Finanzverwaltung und der Steuerberatung immer mehr an Bedeutung und ist damit zunehmend Gegenstand wissenschaftlicher Beschäftigung und Auseinandersetzung. Der vorliegende Grundkurs ermöglicht und erleichtert den theoretischen und praktischen Einstieg in dieses Steuerrechtsgebiet.

Der Grundkurs des Internationalen Steuerrechts vermittelt das Grundlagenwissen dieses Studienfachs und spricht damit die Studierenden an den Universitäten, an den Fachhochschulen sowie an den Berufsakademien an, die sich auf die an diesen Institutionen abzulegenden Diplom-Prüfungen vorbereiten wollen. Der Grundkurs wendet sich aber auch an jene Studierende, die die Steuerberaterprüfung ablegen und die Prüfung zum Finanzwirt, Steuerfachwirt, Bilanzbuchhalter und Steuerassistenten mit gutem Erfolg bestehen wollen.

Das Lehrbuch folgt dem erfolgreichen Konzept, auf dem alle Bände des Grundkurses des Steuerrechts des Schäffer-Poeschel Verlags basieren. Das Grundlagenwissen wird systematisch dargestellt und mit zahlreichen Beispielen und Fällen aus der Praxis erläutert und veranschaulicht. Zur Vorbereitung auf die Prüfungen werden Übungsfälle mit Lösungsvorschlägen angeboten. Übersichten und Schemata erleichtern das Erlernen und Speichern des Lernstoffs. Mit ausgewählten Hinweisen auf die Rechtsprechungen der Finanzverwaltung, auf die Erkenntnisse der Rechtsprechung und auf die zahlreichen Äußerungen in der Fachliteratur können die Leser erworbenes Wissen vertiefen und sich in Spezialfragen einarbeiten.

Die vorliegende 2. Auflage berücksichtigt den Stand der Gesetzgebung, die Verwaltungsregelungen und die einschlägige Rechtsprechung zum 1. September 2010. Eingearbeitet sind insbesondere die Änderungen durch die Jahressteuergesetze 2008, 2009 und die Änderungen durch den Entwurf des Jahressteuergesetzes 2010 (incl. der Änderungen des Bundesrates).

Wir wünschen dem Leser beim Studium viel Erfolg und sind für Anregungen und Kritik dankbar.

Ludwigsburg/Stuttgart, im September 2010 — Die Verfasser

Inhaltsverzeichnis

Teil C Methoden zur Vermeidung der Doppelbesteuerung bei einem internationalen Steuerfall

Teil D Die nationalen Maßnahmen zur Beseitigung bzw. Milderung der Doppelbesteuerung nach §§ 34c und 32b EStG

Teil E Steuerliche Behandlung von negativen Einkünften und Gewinnminderungen mit Auslandsbezug

Teil F Methoden zur Vermeidung der Doppelbesteuerung bei inländischen Kapitalgesellschaften

Teil G Aufgabe, Zustandekommen, Auslegung, Missbrauch der Doppelbesteuerungsabkommen

Teil H Aufbau, Begriffe und Wirkungsweise der Doppelbesteuerungsabkommen

Teil I Begriff und Funktion der Ansässigkeit

Teil J Einzelne Einkünfteartikel

Teil K Außensteuergesetz – Steuergestaltungen unter Ausnutzung des internationalen Steuergefälles und die nationale Abwehrgesetzgebung

Teil L Die beschränkte Steuerpflicht

Teil M Die Auswirkungen des EU-Gemeinschaftsrechts auf den Bereich der direkten Steuern

Teil N Komplexe Übungsfälle

Teil O Lösungshinweise zu den komplexen Übungsfällen

Abkürzungsverzeichnis

ABl. EG	Amtsblatt der Europäischen Gemeinschaft
Abs.	Absatz
Abschn.	Abschnitt
a. E.	am Ende
AEAO	Anwendungserlass zur AO
a. F.	alte Fassung
AfA	Abschreibung für Abnutzung
AIG	Auslandsinvestitionsgesetz
AktG	Aktiengesetz
Alt.	Alternative
Anm.	Anmerkung
AO	Abgabenordnung
Art.	Artikel
AStG	Außensteuergesetz
AStR	Außensteuerrecht
Aufl.	Auflage
AuslInvestmG	Auslandinvestmentgesetz
AZ	Aktenzeichen
Ba-Wü	Baden-Württemberg
BB	Betriebs-Berater (Zeitschrift)
BerlinFG	Berlinfördergesetz
BfF	Bundesamt für Finanzen
BFH	Bundsfinanzhof
BFHE	Sammlung der Entscheidungen des BFH
BFH/NV	Sammlung amtlich nicht veröffentlichter Entscheidungen des BFH (Zeitschrift)
BGBl	Bundesgesetzblatt
BMF	Bundesministerium der Finanzen
Buchst.	Buchstabe
BStBl	Bundessteuerblatt
BSVerwGS	Betriebsstätten-Verwaltungsgrundsätze vom 24.12.1999
BR-Drucks.	Bundesrats-Drucksache
BT-Drucks.	Bundestags-Drucksache
Buchst.	Buchstabe
BverfG	Bundesverfassungsgericht
CGI	Code général des impôts
CHF	Schweizer Franken
DB	Der Betrieb (Zeitschrift)
DBA	Doppelbesteuerungsabkommen
Doppelbuchst.	Doppelbuchstabe
DStR	Deutsches Steuerrecht (Zeitschrift)
EEAO	Einführungserlass zur AO
EFG	Entscheidungen der Finanzgerichte (Zeitschrift)
EG	Europäische Gemeinschaft
EGV	EG-Vertrag
ErbStG	Erbschaftsteuergesetz
ESt	Einkommensteuer

EStDV	Einkommensteuerdurchführungsverordenung
EStG	Einkommensteuergesetz
EStR	Einkommensteuerrichtlinien
EU	Europäische Union
EuGH	Europäischer Gerichtshof
EuGHE	Entscheidungen des Europäischen Gerichtshofs
EWG	Europäische Wirtschaftsgemeinschaft
EWR	Europäischer Wirtschaftsraum
EWS	Europäisches Wirtschafts- und Steuerrecht (Zeitschrift)
f., ff.	folgende, fortfolgende
FG	Finanzgericht
FGO	Finanzgerichtsordnung
FinMin	Finanzministerium
FR	Finanzrundschau (Zeitschrift)
FVG	Gesetz über die Finanzverwaltung
F/W/B	Flick/Wassermayer/Becker, Kommentar zum AStG (Loseblatt)
GewStG	Gewerbesteuergesetz
GG	Grundgesetz
ggf.	gegebenenfalls
GuV	Gewinn- und Verlustrechnung
HS	Halbsatz
i.d.F.	in der Fassung
i.d.R.	in der Regel
i.H.v.	in Höhe von
InvStG	Investmentsteuergesetz
i.R.d.	im Rahmen des
i.S.d.	im Sinne des/der
IStR	Internationales Steuerrecht (Zeitschrift)
i.V.m.	in Verbindung mit
IWB	Internationale Wirtschaftsbriefe (Zeitschrift)
JStG	Jahressteuergesetz
KAGG	Gesetz über Kapitalanlagegesellschaften
KapESt	Kapitalertragsteuer
KSt	Körperschaftsteuer
KStG	Körperschaftsteuergesetz
KStR	Körperschaftsteuerrichtlinien
KWG	Gesetz über das Kreditwesen
LSt	Lohnsteuer
m.w.N.	mit weiteren Nachweisen
n.F.	neue Fassung
NRW	Nordrhein-Westfalen
OECD	Organisation für wirtschaftliche Zusammenarbeit und Entwicklung
OECD-MA	OECD Musterabkommen 1997 zur Vermeidung der Doppelbesteuerung auf dem Gebiet der Steuern und vom Vermögen
OECD-MA-MK	Offizielle Kommentierung des OECD-MA – Musterkommentar
OECD-MA-E	OECD-Musterabkommen zur Vermeidung der Doppelbesteuerung auf dem Gebiet der Nachlass-, Erbschaft- und Schenkungsteuer
OFD	Oberfinanzdirektion
R	Richtlinie
RFH	Reichsfinanzhof
Rn.	Randnummer
Rs.	Rechtssache

RStBl	Reichssteuerblatt
Rz.	Randziffer
SEStEG	Gesetz über steuerliche Begleitmaßnahmen zur Einführung der Europäischen Gesellschaft und zur Änderung weiterer steuerrechtlicher Vorschriften
Slg.	Sammlung
SolZ	Solidaritätszuschlag
SolZG	Solidaritätszuschlagsgesetz
StÄndG	Steueränderungsgesetz
StBereinG	Steuerbereinigungsgesetz
StMBG	Missbrauchsbekämpfungs- und Steuerbereinigungsgesetz vom 21.12.1993
StSenkG	Steuersenkungsgesetz
StVergAbG	Steuervergünstigungsabbaugesetz
T€	Tausend Euro
Tz.	Textziffer
u.E.	unseres Erachtens
UmwStG	Umwandlungssteuergesetz
UntStFG	Unternehmenssteuerfortenwicklungsgesetz
USt	Umsatzsteuer
UStDV	Umsatzsteuerdurchführungsverordnung
UStG	Umsatzsteuergesetz
u.U.	unter Umständen
VerwGrS	Grundsätze für die Prüfung der Einkunftsabgrenzung bei international verbundenen Unternehmen vom 21.02.1983
VSt	Vermögensteuer
VStG	Vermögensteuergesetz
WÜD	Wiener Übereinkommen über diplomatische Beziehungen
WÜK	Wiener Übereinkommen über konsularische Beziehungen
WÜRV	Wiener Übereinkommen über das Recht der Verträge
ZIV	Zinsinformationsverordnung
z.T.	zum Teil

Teil A Grundlagen des Internationalen Steuerrechts

1 Begriff des Internationalen Steuerrechts

Welchen Bereich des Steuerrechts das Internationale Steuerrecht abdeckt, ist genauso umstritten wie die Frage, was unter diesem Begriff zu verstehen ist und welche Definitionen maßgeblich sein sollen.

So wird die Meinung vertreten, das Internationale Steuerrecht umfasse nur jene **Normen**, die der Quelle nach **völkerrechtlicher Natur** seien. Es wird aber auch die Ansicht vertreten, dass zum Internationalen Steuerrecht alle Normen gehören, die auslandsbezogene Sachverhalte erfassen. Letztlich findet sich auch eine Meinung, die zum Internationalen Steuerrecht nur Kollisionsnormen bzw. Konfliktregelungen zählt, also die Normen, die die Steuerhoheiten gegeneinander abgrenzen.

Für den reinen Rechtsanwender ist diese Diskussion wenig ergiebig, da sich aus ihr keinerlei Erkenntnisse gewinnen lassen, die sich auf die Anwendung bestimmter Normen beziehen.

In den folgenden Kapiteln sollen unter dem Begriff Internationales Steuerrecht die **nationalen Rechtsanwendungsregeln** für deutsche Steuerfälle mit **grenzüberschreitenden Sachverhalten** angesprochen und erläutert werden.

Dabei wird, je nach Art der Herkunft des Rechts (Quelle), zwischen dem **nationalen** Außensteuerrecht und dem **internationalen** Doppelbesteuerungsrecht unterschieden.

1.1 Steuerinländer mit Auslandseinkünften

Ausgehend von der Systematik des deutschen Ertragsteuerrechts, dem die Unterscheidung zwischen der unbeschränkten (§ 1 Abs. 1 bis § 1 Abs. 3 und § 1a EStG bzw. § 1 KStG) und beschränkten Steuerpflicht (§ 1 Abs. 4 EStG und § 2 KStG) zugrunde liegt, kann von zwei steuerlichen Grundkonstellationen ausgegangen werden. Im Inland ansässige Personen bzw. Kapitalgesellschaften, die im Ausland Einkünfte erzielen, können als **Steuerinländer mit Auslandseinkünften** bezeichnet werden. Diese Fälle lassen sich als sog. **Outbound-Fälle** bezeichnen.

1.2 Steuerausländer mit Inlandseinkünften

Im Ausland ansässige Steuerpflichtige, die inländische Einkünfte nach § 49 EStG erzielen, sind in der BRD nach § 1 Abs. 4 EStG bzw. § 2 KStG beschränkt steuerpflichtig. Sie werden als **Steuerausländer mit Inlandseinkünften** bezeichnet. Diese Fälle lassen sich auch als sog. **Inbound-Fälle** bezeichnen.

1.3 Steuerinländer und Steuerausländer bei anderen Steuerarten

Grundsätzlich kann die vorstehende Unterscheidung auch für jene Steuerarten verwendet werden, die nicht dem Ertragsteuerrecht zuzurechnen sind. So wird in § 2 ErbStG ebenfalls zwischen Erbschaftsteuerfällen bei Steuerinländern und Steuerausländern unterschieden.

2 Rechtsquellen des Internationalen Steuerrechts

Die Gesamtheit der Regelungen, welche die konkret-individuelle Steuerbehandlung bei den beiden dargestellten Fallgruppen bestimmen, macht das Internationale Steuerrecht aus, das entsprechend seiner **Entstehung** systematisiert werden kann.

2.1 Nationales bzw. innerstaatliches Steuerrecht

Nationales bzw. innerstaatliches Steuerrecht entsteht im üblichen parlamentarischen Gesetzgebungsverfahren (Art. 70ff. und 105ff. GG) und verliert auch dann nicht diese Bezeichnung, wenn einzelne Normen oder Normgruppen sich auf grenzüberschreitende Sachverhalte beziehen; lediglich der Regelungsgegenstand hat internationalen Bezug. Das innerstaatlich geltende Internationale Steuerrecht weist die juristische Besonderheit auf, dass **nur** die deutschen Rechtsanwender (Finanzbehörde, Steuerberatung, Gericht) daran gebunden sind; es handelt sich mithin um **einseitige oder unilateral** geltende Rechtsnormen.

2.1.1 Ertragsteuerrecht

Das nationale Steuerrecht enthält in den einzelnen Steuergesetzen grundsätzliche und auch sehr detaillierte Bestimmungen für Steuerinländer mit Auslandseinkünften und für Steuerausländer mit Inlandseinkünften. Diese Regelungen im EStG (z. B. § 34c EStG, § 32 d Abs. 5 EStG) und im KStG (z. B. § 26 KStG) über die unbeschränkte und beschränkte persönliche Steuerpflicht, die Bestimmungen über den Umfang der sachlichen Steuerpflicht und die Regelungen über die Vermeidung der Doppelbesteuerung sind als nationales Steuerrecht zur Regelung von Auslandsbeziehungen Teil des Rechtsgebiets Internationales Steuerrecht.

2.1.2 Außensteuergesetz

Auch die Regelungen des AStG sind dem Bereich des nationalen Steuerrechts zuzurechnen. Das AStG befasst sich schwerpunktmäßig mit der Berichtigung von Einkünften aus Geschäftsbeziehungen zum Ausland mit nahe stehenden Personen (§ 1 AStG), mit dem Problemfeld des Wohnsitzwechsels von Deutschland weg ins niedrig besteuernde Ausland (§ 6 AStG) und mit dem durch die Verlagerung bestimmter Steuerquellen ins Ausland bedingten Korrekturbedarf im Rahmen der sog. Hinzurechnungsbesteuerung (§§ 7ff. AStG). Aus all dem folgt, dass auch das deutsche AStG Teil des Internationalen Steuerrechts ist.

2.1.3 Umsatzsteuergesetz

Auch das UStG enthält als europäisch konzipiertes und innerstaatliches Regelwerk eine Vielzahl von Vorschriften, die dem Internationalen Steuerrecht zugerechnet werden müssen und darauf abzielen, europa-, aber auch weltweit umsatzsteuerliche Doppelbesteuerungen, Nichtbesteuerungen und Wettbewerbsverzerrungen zu vermeiden (§ 3a Abs. 5 UStG).

2.2 Abkommensrecht

Quantitativ und qualitativ nehmen die Doppelbesteuerungsabkommen (DBA) eine bedeutende Stellung im Internationalen Steuerrecht ein (vgl. BMF vom 12. 01. 2010, AZ IV B 2 – S 1301/07/10017-01 (2010/0013192)). Das Abkommensrecht unterscheidet sich vom nationalen Steuerrecht einmal durch die Art der Rechtserzeugung und zum anderen durch seine Geltungsbereiche. An der Entstehung des Abkommensrechts sind üblicherweise zwei Staaten beteiligt, die das unterzeichnete Vertragswerk jeweils in nationales Recht umsetzen müssen. Adressaten der DBA sind regelmäßig solche Personen, die in einem der beiden vertragsschließenden Staaten ansässig sind und Einkünfte in einem der beiden Staaten erzielen. Die persönlichen, sachlichen und räumlichen Anwendungsbereiche bei DBA sind staatenübergreifend; es handelt sich mithin um **zweiseitig oder bilateral** geltende Rechtsnormen.

Zum Abkommensrecht zählt nicht das **OECD-Musterabkommen 2008**. Dieses Musterabkommen besitzt nicht die Geltungskraft eines förmlichen oder materiellen Gesetzes. Die Mitgliedsstaaten der OECD haben sich aber damit einverstanden erklärt, den Empfehlungen des Rats der OECD zu folgen und beim Abschluss oder der Revision von DBA dem Musterabkommen zu folgen und die im Kommentar dazu gegebenen Auslegungen zugrunde zu legen. Durch das Musterabkommen der OECD mit Kommentar besteht ein gewisser internationaler Konsens hinsichtlich der Ausgestaltung eines DBA. Das OECD-Musterabkommen berücksichtigt insbesondere die Interessenlage, wenn zwei Industriestaaten ein Abkommen verhandeln, und betont das Besteuerungsrecht des Ansässigkeitsstaats.

2.3 Völkerrecht bzw. supranationales Steuerrecht

Neben dem Abkommensrecht gibt es im Völkerrecht bzw. im supranationalen Recht weitere steuerliche Normgruppen. Sie zielen darauf ab, definierte Personenkreise oder Lebenssachverhalte in jenen Ländern gleich zu regeln, die sich an diese Regelungen vertraglich oder durch Beitritt gebunden haben. Zu nennen sind:

- Wiener Übereinkommen über diplomatische Beziehungen (WÜD vom 18.04.1961 BGBl II 1964, 957),
- Wiener Übereinkommen über konsularische Beziehungen (WÜK vom 24.04.1963 BGBl II 1969, 1585),
- Schiedsverfahrenskonvention vom 23.07.1990 (90/434 EWG ABl. EG Nr. L 225, 10),
- NATO-Truppenstatut (BGBl II 1961, 1183).

Die Schiedsverfahrenskonvention kann auch dem Europäischen Gemeinschaftsrecht zugeordnet werden; sie findet ihre Rechtsgrundlage in Art. 293 EGV, ist aber weder als Verordnung noch als Richtlinie ergangen. Die Konvention ist ein multilateraler völkerrechtlicher Vertrag, wurde von der BRD durch Gesetz vom 26.08.1993 transformiert (BGBl II 1993, 1308) und trat zum 01.01.1995 in Kraft.

Auch beim Völkerrecht und beim supranationalen Steuerrecht handelt es sich um **mehrseitige oder multilateral** geltende Rechtsnormen.

3 Die internationale Doppelbesteuerung

3.1 Steuerzugriff des Wohnsitzstaats und des Quellenstaats

Steuerinländer (Gebietsansässige) entfalten wirtschaftlich in unterschiedlichster Weise Aktivitäten im Ausland, die dazu führen, dass die Abgabehoheiten des Wohnsitzstaates (auch: Ansässigkeitsstaat) und des Quellenstaates (auch: Herkunftsstaat bzw. Aufnahmestaat) auf die entsprechenden Steuergüter zugreifen.

Üblicherweise rechtfertigt der Wohnsitzstaat sein universelles Besteuerungsrecht (**Welteinkommensprinzip**) im Falle der unbeschränkten Steuerpflicht mit dem Wohnsitzgrundsatz. Wer im Inland lebt, nimmt dort die staatlichen Leistungen in Anspruch und soll mit dem gesamten, individuell verfügbaren Einkommen entsprechend dem Grundsatz der persönlichen Leistungsfähigkeit zu den Kosten des Staates beitragen (vgl. BFH vom 14.04.1993 BStBl II 1994, 27). Gesetzestechnisch kann dieses Welteinkommensprinzip aus dem Umkehrschluss des § 1 Abs. 4 EStG entnommen werden. Wenn im Rahmen der beschränkten Steuerpflicht nur die inländischen Einkünfte erfasst werden, dann wird im Umkehrschluss bei der unbeschränkten Steuerpflicht das Welteinkommen erfasst.

Der Zugriff des Quellenstaates auf Steuergüter rechtfertigt sich regelmäßig mit der Überlegung, dass dem beschränkt Steuerpflichtigen die Möglichkeit der Schaffung oder Nutzung einer Erwerbsgrundlage in diesem Staat eröffnet worden ist. Es steht insoweit nicht die Person des Steuerpflichtigen im Vordergrund, sondern dessen Handeln im Aufnahmestaat. Üblicherweise wird dieser Lebenssachverhalt gekennzeichnet mit den Begriffen **Quellenprinzip bzw. Territorialitätsprinzip.**

3.2 Beispiele für Doppelbesteuerung

Folgende Beispiele für Doppelbesteuerung können aufgeführt werden:

- A mit Wohnsitz im Inland ist Eigentümer eines Mietwohngrundstücks, das im Ausland belegen ist.
- B mit Wohnsitz im Inland unterhält hier ein gewerbliches Unternehmen (Stammhaus); im Ausland richtet er eine Betriebsstätte ein; er produziert und vertreibt dort seine Produkte.
- C mit Wohnsitz im Inland ist Arbeitnehmer bei einer deutschen Aktiengesellschaft; er wird für mehrere Monate auf eine von der AG eingerichtete Baustelle bzw. Montagestätte ins Ausland abgeordnet.
- D mit Wohnsitz im Inland besitzt Aktien an einer ausländischen Kapitalgesellschaft und vereinnahmt jährlich Dividenden.
- E mit Wohnsitz im Inland bezieht Zinsen und sonstige Kapitalerträge von einer ausländischen Bank.

Bei den vorstehend geschilderten Lebenssachverhalten ist es theoretisch wie praktisch möglich, dass sowohl der Wohnsitzstaat als auch der Quellenstaat auf die betreffenden Steuergüter zugreifen. Dies gilt ungeachtet des Umstandes, ob mit dem ausländischen Staat, aus dem die Einkünfte stammen, ein DBA abgeschlossen worden ist oder nicht. Der Tatbestand der Doppelbesteuerung und die Möglichkeiten Abhilfe zu schaffen, sind Gegenstand der folgenden Darlegungen.

3.3 Begriff der Doppelbesteuerung

Eine gesetzliche Definition der Doppelbesteuerung findet sich – soweit ersichtlich – weder im deutschen EStG bzw. KStG noch in den geltenden DBA, die Deutschland bisher abgeschlossen hat. Auch enthält das Musterabkommen der OECD (OECD-MA; Organisation für wirtschaftliche Zusammenarbeit und Entwicklung) aus dem Jahre 1977, in der Fassung nach dem Update 2008, keine Begriffsbestimmung. Es kann jedoch aus den innerstaatlichen Regeln über die Methoden der Vermeidung der Doppelbesteuerung und aus den Regeln über die Abgrenzung der Besteuerungsrechte zwischen den vertragsschließenden Staaten entnommen werden, von welchen begrifflichen Vorstellungen die nationalen Gesetzgeber und die vertragsschließenden Staaten bei der Bewältigung des Phänomens und des Problems der Doppelbesteuerung ausgegangen sind.

Danach liegt eine Doppelbesteuerung vor, wenn unterschiedliche nationale Abgabehoheiten dieselbe Person wegen desselben Steuerguts für denselben Besteuerungszeitraum zu einer gleichartigen Steuer heranziehen.

Zusammenfassend lassen sich die einzelnen Merkmale der Doppelbesteuerung wie folgt nennen:

- unterschiedliche nationale Steuerhoheiten,
- Identität des Steuersubjekts,
- Identität des Steuerobjekts,
- Identität der Steuerperiode,
- Gleichartigkeit der Steuer.

4 Vermeidung der Doppelbesteuerung

Die Maßnahmen zur Vermeidung der internationalen Doppelbesteuerung sind darauf ausgerichtet, dass die Staaten ihre Steueransprüche in dem Bereich, in dem sich Wohnsitz- und Quellenbesteuerung überschneiden, zurücknehmen oder einschränken.

4.1 Gründe für die Vermeidung der Doppelbesteuerung

Bevor die Maßnahmen zur Vermeidung der Doppelbesteuerung in grundsätzlicher Sicht dargestellt werden, soll kurz auf die Frage aufmerksam gemacht werden, warum die Doppelbesteuerung überhaupt vermieden bzw. ausgeräumt werden soll, und weiter, ob dafür überhaupt eine rechtliche Veranlassung oder gar ein verfassungsrechtliches Postulat besteht.

4.1.1 Volkswirtschaftliche und außenwirtschaftliche Gründe

Es liegt sicherlich im **nationalen Interesse,** die eigenen Steuerbürger steuerlich zu entlasten, wenn diese **volkswirtschaftlich** und **außenwirtschaftlich** gewünschte Auslandsaktivitäten entfalten. Wirtschaftspolitik, Außenwirtschaftspolitik, Europapolitik und Entwicklungspolitik können nicht sinnvoll betrieben werden, wenn diese Politiken steuerlich nicht flankiert werden.

4.1.2 Steuerliche, verfassungsrechtliche und europarechtliche Gründe

Steuerlich wird man zum Ergebnis gelangen müssen, dass Doppelbesteuerungen wegen ihrer Kumulationswirkung zu vermeiden sind. **Verfassungsrechtlich** gelten die Gebote der Besteuerung nach der Leistungsfähigkeit und der Gleichmäßigkeit der Besteuerung. Dies folgt aus den verfassungsrechtlichen Grundnormen des Sozialstaatsprinzips (Art. 20 Abs. 1 GG) und des Gleichheitsprinzips (Art. 3 Abs. 1 GG) sowie der Eigentumsgarantie (Art. 14 GG). Wenn der nationale Gesetzgeber steuerrechtlich das Welteinkommensprinzip zugrunde legt, und davon ausgehen muss, dass seine Steuerbürger in einem anderen Staat nach dem Territorialitätsprinzip besteuert werden, dann hat er konsequenterweise auch dafür zu sorgen, dass jene Spannungslagen beseitigt bzw. gemildert werden, die durch einen solchen gesetzgeberischen Ansatzpunkt vorgezeichnet sind. Ein derart folgerichtiges bzw. systemgerechtes Gesetzgebungsverhalten findet seine Rechtfertigung im Rechtsstaatsprinzip (Art. 20 Abs. 1 und Abs. 3 GG sowie Art. 28 Abs. 1 GG).

Die in den **Europäischen Verträgen** geregelten politischen Ziele und verbürgten Grundfreiheiten verbieten grundsätzlich Doppelbesteuerungen und Doppelbelastungen der Unionsbürger. Die Errichtung eines Binnenmarktes, der sich die Beseitigung der Hindernisse für den freien Waren-, Personen-, Dienstleistungs- und Kapitalverkehr zum Ziel gesetzt hat, respektiert bzw. setzt die fiskalische Souveränität der Mitgliedsstaaten voraus. Durch nationale Steuervorschriften dürfen jedoch grenzüberschreitende wirtschaftliche und auch private Betätigungen weder behindert noch wirtschaftlich weniger attraktiv gemacht werden (vgl. BFH vom 13.11.2002 BStBl II 2003, 795). Beschränkungen können allenfalls durch qualifizierte Gründe wie die Bekämpfung steuerlicher Gestaltungsmissbräuche, die Wahrung der Kohärenz eines nationalen Steuersystems oder andere zwingende Gründe des Allgemeininteresses gerechtfertigt werden. Im Übrigen verpflichtet Art. 293 EGV die Mitgliedsstaaten, die Beseitigung der Doppelbesteuerungen innerhalb der Gemeinschaft sicherzustellen.

5 Rechtsgrundlagen für die Vermeidung der Doppelbesteuerung

Entsprechend der Rechtsquellenlehre und im Hinblick auf den Geltungsbereich der Rechtsvorschriften über die Vermeidung der Doppelbesteuerung unterscheidet man üblicherweise zwischen folgenden Vorschriften:

- **einseitige Vorschriften** (auch: unilaterale bzw. nationale Maßnahmen),
- **zweiseitige Vorschriften** (auch: bilaterale bzw. vertragliche internationale Maßnahmen),
- **mehrseitige Vorschriften** (auch: multilaterale bzw. supranationale Maßnahmen).

5.1 Einseitige Vorschriften (unilaterale bzw. nationale Maßnahmen)

Einseitige Vorschriften sind die im nationalen Steuerrecht eines Staates enthaltenen Regelungen zur Beseitigung der internationalen Doppelbesteuerung. Im deutschen Steuerrecht handelt es sich insbesondere um folgende Regelungen:

- Anrechnung der ausländischen Steuern nach § 34c Abs. 1 EStG oder nach § 32 d Abs. 5 EStG im Bereich der abgeltungssteuerpflichtigen Kapitalerträge;
- Abzug der ausländischen Steuern bei der Ermittlung der Einkünfte nach § 34c Abs. 2 und 3 EStG;
- pauschaler Steuersatz auf die ausländischen Einkünfte nach § 34c Abs. 5 EStG (Pauschalierungserlass, Auslandstätigkeitserlass);
- Anrechnung der ausländischen Steuer nach § 26 Abs. 1 KStG bei Körperschaften.

5.2 Zweiseitige Vorschriften (bilaterale Maßnahmen) – Doppelbesteuerungsabkommen –

Neben diesen einseitigen Vorschriften gibt es auch bilaterale Regelungen, nämlich völkervertragsrechtliche **Abkommen zur Vermeidung der Doppelbesteuerung** (DBA). Diese entsprechen in der Regel überwiegend dem Musterabkommen, welches die OECD erstmals im Jahre 1963 und in späteren Neufassungen erarbeitet hat (zuletzt: OECD-MA 2008). Diese DBA weisen die Einkommensbesteuerung in einem genau festgelegten Umfang dem Quellenstaat oder dem Wohnsitzstaat zu und enthalten Regelungen über die Beseitigung der Doppelbesteuerung. Im innerstaatlichen Recht kann dann eine Berücksichtigung z. B. nach § 32b Abs. 1 Nr. 3 EStG erfolgen.

5.3 Mehrseitige Vorschriften (multilaterale Maßnahmen)

Mehrseitige bzw. supranationale Vorschriften zur Beseitigung der Doppelbesteuerung sind vergleichsweise selten. Insoweit können das Wiener Übereinkommen vom 18.04.1961 über **diplomatische** Beziehungen (BGBl II 1964, 957) und auch das Wiener Übereinkommen vom 24.04.1963 über **konsularische** Beziehungen (BGBl II 1969, 1585) als Beispiele für die angesprochene Vorschriftengruppe benannt werden. Die zitierten Übereinkommen enthalten auch Regelungen über die Besteuerung **des diplomatischen und des konsularischen Personals.** Den beiden Übereinkommen sind eine Vielzahl von Staaten beigetreten (vgl. § 3 Nr. 29 EStG und H 6 Nr. 29 [Wiener Übereinkommen] EStH; vgl. 2.4).

5.4 Europarechtliche Vorschriften

Im sehr weit gefächerten Rechtsgebiet des **Europarechts** findet sich eine Vielzahl von Vorschriften, welche die Vermeidung der Doppelbesteuerung oder die Harmonisierung steuerrechtlicher Vorschriften zum Gegenstand haben.

Im Bereich der **indirekten Steuern** ist das **Umsatzsteuerrecht** weitgehend harmonisiert, so dass zumindest theoretisch keine oder allenfalls ausnahmsweise Doppelbesteuerungslagen auftreten (vgl. insoweit Art. 93 und Art. 94 EGV und 6. RL vom 17.05.1977 des Rats zur Harmonisierung der Rechtsvorschriften der Mitgliedstaaten über die USt [77/388/EWG].

Im Bereich der **direkten Steuern** besteht europaweit ein erhebliches Harmonisierungsdefizit. Nur zu punktuellen Problemen sind Richtlinien durch die Organe der Europäischen Gemeinschaft erlassen worden (s. Teil M).

Teil B Persönliche Steuerpflicht im Internationalen Steuerrecht

1 Allgemeines

Begreift man das Internationale Steuerrecht als den Bereich des Steuerrechts, der sich mit der steuerlichen Behandlung von Auslandssachverhalten befasst, dann kann man zwei Fallgruppen bilden. Diese Unterscheidung folgt der Systematik der einzelnen Ertragsteuergesetze.

Fallgruppe 1: Steuerinländer mit ausländischen Einkünften
Steuerinländer mit Auslandseinkünften sind grundsätzlich im Inland **unbeschränkt steuerpflichtig** und haben ihre gesamten Welteinkünfte der Besteuerung zu unterwerfen (§ 1 Abs. 1 und 2 EStG, § 2 EStG; § 1 KStG, § 8 Abs. 1 KStG).

Fallgruppe 2: Steuerausländer mit inländischen Einkünften
Steuerausländer mit Inlandseinkünften sind regelmäßig im Inland **beschränkt steuerpflichtig** mit ihren inländischen Einkünften i. S. d. § 49 EStG (vgl. § 1 Abs. 4 EStG, § 49 EStG; § 2 KStG, § 8 Abs. 1 KStG).

1.1 Unbeschränkte Steuerpflicht von natürlichen und juristischen Personen (§ 1 Abs. 1 und Abs. 2 EStG, § 1 Abs. 1 KStG)

1.1.1 Welteinkommensprinzip

Grundsätzlich besteuern die meisten Staaten bei Personen, die ihrer unbeschränkten Steuerhoheit unterliegen, das so genannte Welteinkommen (§ 1 Abs. 1 EStG). Dieses Besteuerungssystem wird angewendet, wenn die Besteuerung auf **persönliche Beziehungen** zum besteuernden Staat abstellt. Diese **persönliche Anknüpfung** wird im deutschen Steuerrecht – Gleiches gilt grundsätzlich für die anderen europäischen Steuersysteme – bei natürlichen Personen in dem inländischen Wohnsitz (§ 8 AO) oder dem gewöhnlichen Aufenthalt (§ 9 AO) und bei juristischen Personen (vgl. § 1 Abs. 1 KStG) in der Begründung der Geschäftsleitung (§ 10 AO) oder des Geschäftssitzes (§ 11 AO) im Inland gesehen (vgl. AEAO zu §§ 8, 9). Die Staatsangehörigkeit spielt dabei im Grundsatz keine Rolle.

Die unbeschränkte Steuerpflicht will die im Inland ansässigen Personen nach dem Prinzip der Leistungsfähigkeit besteuern. Für diese Steuerpflicht gilt das Prinzip der Besteuerung des Welteinkommens, das auch als steuerliches Totalitätsprinzip (Welteinkommensprinzip) bezeichnet werden kann.

Nach § 1 Abs. 2 EStG besteht unbeschränkte Steuerpflicht auch für Personen deutscher Staatsangehörigkeit mit Wohnsitz (§ 8 AO) oder ständigem Aufenthalt (§ 9 AO) im Ausland, die in einem Dienstverhältnis zu einer inländischen juristischen Person des öffentlichen Rechts stehen und dafür Arbeitslohn aus inländischer öffentlicher Kasse beziehen.

1.1.2 Unbeschränkte Steuerpflicht von natürlichen Personen

Nach § 1 Abs. 1 unterliegen alle natürlichen Personen, die im Inland einen Wohnsitz oder ihren gewöhnlichen Aufenthalt haben, der unbeschränkten Steuerpflicht.

1.1.2.1 Wohnsitz und gewöhnlicher Aufenthalt i. S. d. §§ 8 und 9 AO

Der Begriff des **Wohnsitzes** und des **gewöhnlichen Aufenthaltes** spielt in der Praxis z. B. bei der Entsendung von Arbeitskräften ins Ausland eine große Rolle. Je nach dem, in welchem Staat der Steuerpflichtige seinen Wohnsitz bzw. gewöhnlichen Aufenthalt hat, entscheidet sich die Frage über die unbeschränkte oder beschränkte Steuerpflicht (zu den Begriffen Wohnung und gewöhnlicher Aufenthalt vgl. Finanz und Steuern, Band 4, Ax/Große/Melchior; Abgabenordnung, Kap. I A 13 und AEAO zu § 8 und § 9).

§ 8 AO setzt zunächst voraus, dass eine **Wohnung**, d. h. zum (dauerhaften) Wohnen geeignete Räumlichkeiten, vorhanden ist, die der Steuerpflichtige **innehat**, d. h. über die er ständig verfügen kann. Darüber hinaus muss dem Steuerpflichtigen die Wohnung dadurch als Bleibe dienen, dass er sie ständig oder doch mit einer gewissen Regelmäßigkeit und Gewohnheit benutzt. Ein nur gelegentliches Verweilen während unregelmäßig aufeinanderfolgender kurzer Zeiträume zu Erholungszwecken macht eine Wohnung nicht zur Bleibe (BFH vom 23. 11. 1988 BStBl II 1989, 182). Damit besteht das Wesen eines Wohnsitzes im steuerrechtlichen Sinne darin, dass **objektiv** die Wohnung ihrem Inhaber jederzeit (wann immer er es wünscht) als Bleibe zur Verfügung steht und von ihm **subjektiv** zu entsprechender Nutzung auch bestimmt ist. Andererseits setzt der Wohnsitzbegriff nicht voraus, dass die Wohnung dauernd durch ihren Inhaber genutzt wird, er sich dort ständig oder während einer Mindestzeit aufhält (BFH vom 19. 03. 1997 BStBl II 1997, 447).

Bei Fehlen eines Wohnsitzes kann bereits durch den **gewöhnlichen Aufenthalt** (§ 9 AO) im Inland die unbeschränkte Steuerpflicht begründet werden. Sofern nicht die besonderen Voraussetzungen des § 9 Satz 3 AO vorliegen, wird an den inländischen Aufenthalt während eines zusammenhängenden Zeitraums von mehr als sechs Monaten die unwiderlegbare Vermutung für das Vorhandensein eines gewöhnlichen Aufenthaltes geknüpft (vgl. AEAO zu § 9, Nr. 1).

1.1.2.2 Fallgruppen bei Entsendung von Arbeitskräften ins Ausland

Bei der Entsendung von Arbeitskräften ins Ausland sind folgende Fallgruppen möglich:

Fallgruppe 1: Die Familie bleibt in der inländischen Wohnung

Ein Ehepartner hat i. d. R. seinen Wohnsitz dort, wo sich seine Familie befindet (BFH vom 06. 02. 1985 BStBl II 1985, 331; RFH vom 10. 03. 1937 RStBl 1937, 498). Nimmt er eine Tätigkeit außerhalb dieses Ortes auf, so behält er im Allgemeinen seinen Wohnsitz am bisherigen Wohnort bei, wenn seine Familie dort verbleibt. Ob er aus beruflichen oder persönlichen Gründen von der inländischen Wohnung mehr oder weniger häufig, ja selbst das ganze Jahr hindurch nicht Gebrauch macht, ist belanglos. Daran ändert sich nichts, wenn er im Ausland **einen weiteren Wohnsitz** hat, die inländische Wohnung nur bei sich bietender Gelegenheit nutzt und im Übrigen die Absicht besteht, die Familie ins Ausland nachkommen zu lassen (BFH vom 17. 05. 1995 BStBl II 1996, 2).

Fallgruppe 2: Die Familie begleitet den Steuerpflichtigen ins Ausland

Wird die vollständig eingerichtete Wohnung im Inland beibehalten, geht die Rechtsprechung insbesondere bei von vornherein als **vorübergehend geplanten Auslandsaufenthalten** (z. B. aufgrund befristeter Arbeitsverträge) vom **Fortbestehen des Wohnsitzes im Inland** aus (vgl. z. B. BFH vom 23.10.1985 BStBl II 1986, 133 und BFH vom 17.05.1995 BStBl II 1996, 2). Der BFH ging im Urteil vom 19.03.1997 (BStBl II 1997, 447) von der Beibehaltung des Wohnsitzes im Inland aus, obwohl der Steuerpflichtige im Inland polizeilich abgemeldet war, sich aber in der inländischen Wohnung zwischen drei und acht Wochen jährlich aufgehalten hat.

BEISPIELE

a) Der Mechaniker einer Fluggesellschaft bezieht mit seiner Familie für vier bis fünf Jahre eine Wohnung im Ausland, lässt in der inländischen Eigentumswohnung, die nicht vermietet wird, einen Teil der Möbelstücke zurück und nutzt sie in unregelmäßigen Abständen durchschnittlich an nicht mehr als 30 Tagen pro Jahr.

LÖSUNG Nach der Rechtsprechung wird die Auffassung vertreten, dass ein **inländischer Wohnsitz** vorliegt. Die inländische Wohnung ist als Bleibe i. S. d. höchstrichterlichen Rechtsprechung anzusehen. Der Fall ist nicht mit demjenigen einer Ferienwohnung vergleichbar.

b) Wie Beispiel a), jedoch wird die Wohnung nach Umzug ins Ausland den volljährigen Kindern unentgeltlich überlassen.

LÖSUNG Es liegt ein inländischer Wohnsitz vor, sofern nicht nach den Umständen des Falles der Steuerpflichtige die tatsächliche Verfügungsmacht über die Wohnung aufgegeben hat.

Ein inländischer Wohnsitz führt auch dann zur unbeschränkten Steuerpflicht, wenn sich der Mittelpunkt der Lebensinteressen im Ausland befindet (BFH vom 24.01.2001 IStR 2001, 349).

Das Innehaben der inländischen Wohnung kann nach den Umständen des Einzelfalles auch dann anzunehmen sein, wenn der Steuerpflichtige sie während eines Auslandsaufenthaltes kurzfristig (bis zu sechs Monaten) vermietet oder untervermietet, um sie alsbald nach der Rückkehr im Inland wieder zu benutzen (vgl. AEAO zu § 8 Nr. 5).

Wird die Wohnung während des Auslandsaufenthalts **ohne Einrichtung** vermietet, bedeutet dies eine Wohnsitzaufgabe.

1.1.3 Unbeschränkte Steuerpflicht von juristischen Personen

Nach § 1 Abs. 1 KStG sind alle Körperschaften, Personenvereinigungen und Vermögensmassen unbeschränkt steuerpflichtig, die ihre **Geschäftsleitung** oder ihren **Sitz** im Inland haben.

1.1.3.1 Ort der Geschäftsleitung (§ 10 AO)

Befindet sich der **Ort der Geschäftsleitung** einer ausländischen Kapitalgesellschaft im Inland, ist die ausländische Kapitalgesellschaft gem. § 1 Abs. 1 Nr. 1 KStG unbeschränkt körperschaftsteuerpflichtig (BFH vom 23.06.1992 BStBl II 1992, 972). Deshalb ist bei ausländischen Kapitalgesellschaften vorrangig zu prüfen, wo sich der Ort der Geschäftsleitung befindet.

Die Geschäftsleitung ist nach ständiger BFH-Rechtsprechung dort zu lokalisieren, wo die ständige Tagespolitik der Gesellschaft formuliert bzw. angeordnet wird und die im gewöhnlichen Geschäftsverkehr erforderlichen Entscheidungen von einigem Gewicht getroffen werden, d. h. wo der maßgebliche Wille gebildet wird (BFH vom 23.01.1991 BStBl II 1991, 554). Unerheblich hierbei ist, wo der Ort der Wirksamkeit der Entscheidung liegt. Tatsächlich muss als Basis für die geschäftsleitende Willensbildung auch eine angemessene personelle und sachliche Ausstattung der ausländischen Kapitalgesellschaft feststellbar sein. Insbesondere bei den so genannten Domizilgesellschaften, bei denen kein eingerichteter Geschäftsbetrieb und kein eigenes Personal vorhanden ist, ist für die Prüfung des Rechtsmissbrauchs besonderer Wert auf die Prüfung des Orts der Geschäftsleitung zu legen.

Zu den Aufgaben der laufenden Geschäftsführung zählt z. B.

- die Sorge für das rechtmäßige Verhalten der juristischen Person im Außenverhältnis,
- die Einrichtung der Unternehmensorganisation,
- die Entwicklung kurzfristiger Pläne und Taktiken,
- die Steuerung und Überwachung des unternehmerischen Gesamtgeschehens,
- die Abwicklung der Tagesgeschäfte

(vgl. Wassermeyer in: Debatin/Wassermeyer, Kommentar OECD-MA, Art. 4 Rz. 96).

Zu der laufenden Geschäftsführung gehört nicht die Festlegung der Grundsätze der Unternehmenspolitik. Geschäftsleitung meint also nicht die Entscheidungsbefugnis in besonders wichtigen Angelegenheiten, sondern die wichtigen Entscheidungen für den normalen, den laufenden Geschäftsablauf (BFH vom 07.12.1994 BStBl II 1995, 175 und BFH vom 03.07.1997 BStBl II 1998, 86).

1.1.3.2 Sitz (§ 11 AO)

Der Sitz einer Körperschaft bestimmt sich danach, wo dieser in der Satzung oder im Gesellschaftsvertrag festgelegt ist.

1.1.3.3 Doppelte unbeschränkte Steuerpflicht

Es ist durchaus möglich, dass eine Person (natürliche Person, juristische Person) nach dem jeweiligen staatlichen Recht in beiden Vertragsstaaten einen Wohnsitz, gewöhnlichen Aufenthalt oder ihren Sitz hat und damit doppelt als unbeschränkt Steuerpflichtiger erfasst wird.

Diese Kollision der doppelt unbeschränkten Steuerpflicht wird dann über das jeweilige DBA über den Begriff der Ansässigkeit gelöst. Eine Person i. S. d. DBA kann nur in einem der Vertragsstaaten ansässig sein. Für natürliche Personen regelt Art. 4 Abs. 2 Nr. 2 OECD-MA, welcher Staat letztlich der Ansässigkeitsstaat und welcher Staat der Quellenstaat ist. Bei juristischen Personen gilt Art. 4 Abs. 3 OECD-MA.

1.1.4 Wirkungen der unbeschränkten Steuerpflicht

Die Wirkungen der unbeschränkten Steuerpflicht bestehen in zweierlei Hinsicht:

1. Die unbeschränkte Steuerpflicht führt dazu, dass grundsätzlich alle Rechtsnormen des jeweiligen Teilsteuerrechtsgebiets (ESt, KSt) auf die unbeschränkt steuerpflichtigen Personen anzuwenden sind.
2. Der unbeschränkt Steuerpflichtige hat sämtliche Einkünfte, und zwar unabhängig davon, in welchem Land diese erwirtschaftet worden sind, der Besteuerung zu unterwerfen, vgl. H 1 a (Allgemeines) EStH.

Die Aussage, dass bei unbeschränkter Steuerpflicht sämtliche Regelungen des jeweiligen Teilsteuerrechtsgebiets zur Anwendung gelangen, gilt sowohl für die Einkommensermittlungsvorschriften als auch für die Bestimmungen, welche die individuelle Leistungsfähigkeit

i. R. d. Ermittlung des zu versteuernden Einkommens bzw. Vermögens zum Regelungsgegenstand haben. Der Gesetzgeber ist verfassungsrechtlich verpflichtet, bei unbeschränkt Steuerpflichtigen jene Umstände und Verhältnisse zu berücksichtigen, welche die persönliche Leistungsfähigkeit schmälern (vgl. BFH vom 22.01.1992 BStBl II 1992, 618; BFH vom 14.04.1993 BStBl II 1994, 27). Dies fordert der EuGH zunehmend auch bei beschränkt Steuerpflichtigen (vgl. EuGH vom 12.06.2003 BStBl II 2003, 859). Der Gesetzgeber ist dieser Forderung ab Veranlagungszeitraum 2009 in den neuen §§ 50 und 50a EStG nachgekommen.

Die Anwendbarkeit sämtlicher Bestimmungen führt im Fall der ESt regelmäßig zu einer Entlastung des unbeschränkt Steuerpflichtigen. So kommt dieser beispielsweise in den Genuss der Regelungen über die Ehegattenveranlagung und kann die Entlastungen beanspruchen, die durch die Regelungen über die Berücksichtigung von Sonderausgaben und außergewöhnlichen Belastungen geschaffen worden sind.

Die Erfassung sämtlicher Welteinkünfte bzw. des Weltvermögens durch den Wohnsitzstaat ist fiskalisch verständlich. Die steuerliche Begehrlichkeit des nationalen Fiskus ist universell; dieser Anspruch findet indessen seine Schranken, wenn festgestellt werden muss, dass auch andere nationale Abgabehoheiten vergleichbar verfahren und sich infolgedessen Doppelbesteuerungen und Doppelbelastungen ergeben.

1.2 Beschränkte Steuerpflicht (§ 1 Abs. 4 EStG)

Während der Steuergesetzgeber bei der unbeschränkten Steuerpflicht an die **persönlichen Merkmale Wohnsitz** bzw. **gewöhnlicher Aufenthalt** anknüpft, wird bei der beschränkten Steuerpflicht die Besteuerung von einem **sachlichen Merkmal** abhängig gemacht; nicht im Inland ansässige Personen werden besteuert, wenn sie inländische Einkünfte erzielen (§ 49 Abs. 1 EStG).

Der Besteuerungsgrund und der Besteuerungsumfang werden durch das **Prinzip der Territorialität** definiert. Der einzelne nationale Gesetzgeber bestimmt nach seinem gesetzgeberischen Ermessen, welche einzelnen auf seinem Staatsgebiet genutzten Einkunftsquellen oder belegenen Vermögensgüter er der Besteuerung zuführen möchte. Diese Besteuerung lässt grundsätzlich persönliche Besteuerungsmerkmale außer Betracht und stellt sich damit im Ergebnis als Objektbesteuerung dar.

1.3 Unbeschränkte Steuerpflicht auf Antrag (§ 1 Abs. 3 und 1a EStG)

Seit dem Jahressteuergesetz 1996 hat der beschränkt Steuerpflichtige nach § 1 Abs. 3 EStG ein Wahlrecht, unter bestimmten Voraussetzungen als unbeschränkt Steuerpflichtiger behandelt zu werden. Darüber hinaus räumt der neue § 1a EStG Unionsbürgern (EU) oder Staatsangehörigen eines EWR-Staates weitergehende Vergünstigungen unter der Voraussetzung ein, dass diese in der BRD unbeschränkt steuerpflichtig sind oder nach § 1 Abs. 3 EStG zur unbeschränkten Steuerpflicht optieren.

2 Übersicht

Die einzelnen Fallgruppen der unbeschränkten und beschränkten Steuerpflicht sind in der folgenden Übersicht dargestellt:

Unbeschränkte Steuerpflicht		Unbeschränkte Steuerpflicht auf Antrag		Beschränkte Steuerpflicht
§ 1 Abs. 1 EStG	**§ 1 Abs. 2 EStG**	**§ 1 Abs. 3 EStG**	**§ 1a EStG**	**§ 1 Abs. 4 EStG**
Personen **mit** Wohnsitz oder gewöhnlichem Aufenthalt im Inland	deutsche Staatsangehörige des diplomatischen oder konsularischen Dienstes nebst Angehörigen **ohne** Wohnsitz oder gewöhnlichem Aufenthalt im Inland	Personen **ohne** Wohnsitz oder gewöhnlichem Aufenthalt im Inland mit inländischen Einkünften i. S. d. § 49 EStG, wenn Auslandseinkünfte nicht mehr als 8002 € oder Inlandseinkünfte mindestens 90 % der Welteinkünfte betragen	**§ 1a Abs. 1 EStG** Staatsangehörige der EU/EWR, die nach § 1 Abs. 1 EStG unbeschränkt steuerpflichtig oder unbeschränkt steuerpflichtig nach § 1 Abs. 3 EStG sind	Personen **ohne** Wohnsitz oder gewöhnlichem Aufenthalt im Inland, aber inländische Einkünfte nach § 49 EStG Besteuerung der inländischen Einkünfte nach § 49 EStG Begrenzter Abzug von Werbungskosten/Betriebsausgaben, aber keine persönlichen Abzugsbeträge nach § 50 Abs. 1 Satz 3 EStG **Ausnahme:** § 50 Abs. 1 Satz 4 EStG **Arbeitnehmer**, die Einkünfte nach § 49 Abs. 1 Nr. 4 EStG beziehen • Werbungskosten-Pauschale (§ 9c Abs. 1 und 3 EStG) • Sonderausgaben-Pauschbetrag (§ 10 Abs. 1 Nr. 2 und 3 EStG) • Vorsorgepauschale (§ 10c EStG) Anwendung der Grundtabelle mit Erhöhung des zu versteuernden Einkommens um den Grundfreibetrag (§ 50 Abs. 1 Satz 2 EStG) Abgeltung der Einkommensteuer bei Steuerabzug nach § 50 a EStG Ausnahme in den Fällen des § 50 Abs. 2 Satz 2 Nr. 1–5 EStG
Besteuerung des Welteinkommens (§ 2 Abs. 1 EStG)	Besteuerung des Welteinkommens (§ 2 Abs. 1 EStG)	Besteuerung des Welteinkommens (§ 2 Abs. 1 EStG)	Besteuerung des Welteinkommens nach § 2 Abs. 1 EStG **Folge:** Realsplitting (§ 10 Abs. 1 Nr. 1 EStG); Versorgungsleistungen (§ 10 Abs. 1 Nr. 1a EStG); Ehegattenveranlagung (§ 26 Abs. 1 EStG) soweit die andere Person (z. B. Ehefrau, Kind) im Hoheitsgebiet der EU/EWR wohnt	
LSt-Karte von Gemeinde für LSt-Abzugsverfahren	LSt-Bescheinigung auf Antrag vom Betriebsstätten-Finanzamt des Arbeitgebers (zahlende öffentliche Kasse) nach § 39c Abs. 3 EStG	LSt-Bescheinigung auf Antrag des Betriebsstätten-Finanzamts des Arbeitgebers nach § 39c Abs. 4 (Eintrag der Steuerklasse nach § 39a EStG) z. B. russischer Arbeitnehmer mit Wohnsitz in Moskau erzielt ausschließlich Einkünfte in der BRD i. S. d. § 49 Abs.1 Nr. 4 EStG	LSt-Bescheinigung auf Antrag des Betriebsstätten-Finanzamts des Arbeitgebers nach § 39c Abs. 4 EStG mit Eintrag von Steuerklasse III **§ 1a Abs. 2 EStG** Verheiratete Angehörige des öffentlichen Dienstes, wenn sie aus **dienstlichen** Gründen im Nicht-EU/EWR-Ausland wohnen und das gemeinsame Einkommen ganz oder fast ausschließlich in der BRD erzielt wird Besteuerung des Welteinkommens (§ 2 Abs. 1 EStG) und Ehegattenveranlagung (§ 26 Abs. 1 EStG)	
		Bei Vorliegen von schädlichen Auslandseinkünften gilt **beschränkte Steuerpflicht** (§ 1 Abs. 4 EStG).		

Teil C Methoden zur Vermeidung der Doppelbesteuerung bei einem internationalen Steuerfall

1 Allgemeines

Wie bereits erwähnt führt die Konkurrenz der verschiedenen nationalen Besteuerungssysteme bei unbeschränkt steuerpflichtigen Personen mit Einkünften aus einer ausländischen Einkunftsquelle häufig zu einer doppelten Besteuerung. Um diese Doppelbesteuerung zu vermeiden oder zu mildern, stellt sich die Frage, welche der grundsätzlich zur Verfügung stehenden Maßnahmen im Einzelfall angewendet werden können. Dabei muss unterschieden werden, ob der Steuerfall einen Bezug zu

- einem Nicht-DBA-Staat oder zu
- einem DBA-Staat

aufweist.

Diese Unterscheidung ist deshalb wichtig, weil bei einem Steuerfall mit Bezug zu einem **Nicht-DBA-Staat** nur die **unilaterial bzw. national** angeordneten Maßnahmen angewendet werden können. Dies sind die Regelungen, die im EStG, KStG, ErbStG enthalten sind.

Sofern es sich um einen Steuerfall mit Bezug zu einem **DBA-Staat** handelt, kommen vorrangig die **bilateral bzw. international** zwischen den beiden Vertragsstaaten in den maßgeblichen DBA vereinbarten Maßnahmen zum Zuge.

2 Anwendbarkeit von Doppelbesteuerungsabkommen gemäß § 2 AO

Die mit den einzelnen Staaten abgeschlossenen Doppelbesteuerungsabkommen sind unmittelbar anwendbares innerstaatliches Recht und gehen gemäß § 2 AO den nationalen Steuerrechtsgesetzen vor. National und auch international in Kraft gesetzte Regelungen, die im Rang formeller Gesetze stehen, haben zwar grundsätzlich gleichen **Geltungsrang**. DBA sind jedoch durch Zustimmungsgesetze (vgl. Art. 59 Abs. 2 GG) Bestandteil der innerstaatlichen Rechtsordnung geworden und damit Bundesrecht wie jede andere gesetzliche Bestimmung auch. Nur die allgemeinen Regeln des Völkerrechts sind gemäß Art. 25 Satz 1 und 2 GG rangmäßig höher einzuordnen als einfaches, formelles Bundesrecht. Wenn indessen die Bestimmung des § 2 AO den Vorrang internationaler Regelungen i. S. d. Art. 59 Abs. 2 Satz 1 GG vor den Steuergesetzen anordnet, so hat damit der Gesetzgeber zu erkennen gegeben, dass er diese Verträge über die internationale Besteuerung rangmäßig höher einstufen will. Allerdings wird regelmäßig durch ein DBA kein nationales Besteuerungsrecht neu begründet, sondern lediglich ein bereits bestehender nationaler Steueranspruch aufrechterhalten, eingeschränkt oder aufgehoben.

Bei der Steuerbehandlung ausländischer Einkünfte muss zunächst festgestellt werden, ob die BRD mit dem Staat, aus dem die Einkünfte stammen, ein DBA abgeschlossen hat. Besteht ein solches, so sind vorrangig die Regeln des jeweiligen DBA für die Frage des Besteuerungsrechts bzw. für die Vermeidung der Doppelbesteuerung anzuwenden.

3 Einzelne Methoden bzw. Maßnahmen zur Beseitigung der Doppelbesteuerung

Im innerstaatlichen Steuerrecht und im Abkommensrecht werden Maßnahmen, Methoden bzw. Techniken zur Verfügung gestellt, mit denen eine Doppelbesteuerung von vorneherein vermieden oder im Nachhinein aufgehoben bzw. gemildert wird. Zu nennen sind:

- Zuteilung bzw. Verzicht und Beschränkung von Besteuerungsrechten durch DBA,
- Freistellungsmethode,
- Anrechnungsmethode,
- Pauschalierungsmethode,
- Erlassmethode,
- Ermäßigungsmethode.

Im Folgenden kommt es darauf an, die einzelnen Methoden **grundsätzlich** darzustellen und ihre **Wirkungsweise** zu erläutern.

3.1 Zuteilung bzw. Verzicht und Beschränkung von Besteuerungsrechten durch ein Doppelbesteuerungsabkommen

3.1.1 Verteilungsnormen

Eine wichtige Aufgabe und ein bedeutsames Regelungsziel der DBA ist es, die Besteuerungsrechte für bestimmte Steuergüter zwischen den beteiligten Staaten aufzuteilen (so genannte Verteilungsnormen; vgl. Art. 6 bis 22 OECD-MA). Diese Aufteilung bzw. Abgrenzung von Besteuerungsrechten kann in der **ausschließlichen** Zuweisung an einen Staat, in der **konkurrierenden** Zuweisung für beide Staaten, aber auch im **Verzicht** von Besteuerungsrechten durch einen Staat bestehen. Im ersten und letzten Falle kommt es von vorneherein zu keiner Doppelbesteuerungslage. Allerdings ist darauf hinzuweisen, dass nach innerstaatlichem Steuerrecht (vgl. § 50 d Abs. 1 EStG), aber auch nach Abkommensrecht (vgl. z. B. Art. 28 DBA-Schweiz und Art. 29 DBA-USA) der Quellenstaat berechtigt ist, ungeachtet der Regelungen des jeweiligen DBA die innerstaatlichen Vorschriften über die Abzugssteuern anzuwenden; unberührt bleibt in diesen Fällen der abkommensrechtliche Anspruch, eine abkommenswidrig dem Grunde oder der Höhe nach einbehaltene Quellensteuer in einem Erstattungsverfahren zurückzuerhalten.

BEISPIELE

a) Der im Inland ansässige Unternehmer A unterhält im Staat Q während eines Zeitraums von zehn Monaten eine Montagestelle. Mit dem Staat Q besteht ein DBA, nach dem Betriebsstätteneinkünfte vom Staat Q besteuert werden dürfen, sofern die Montage die Dauer von zwölf Monaten überschreitet (vgl. Art. 5 Abs. 3 OECD-MA und Art. 7 Abs. 1 OECD-MA).

LÖSUNG Ungeachtet der Höhe des noch zu ermittelnden Montagegewinns ist festzustellen, dass die Montage den Zeitraum von zwölf Monaten unterschreitet; mithin hat der Staat Q **kein Besteuerungsrecht** für den Montagegewinn bzw. hat dieser Staat auf die Besteuerung derartiger Einkünfte verzichtet. Eine Doppelbesteuerungslage ist nicht eingetreten.

b) Der im Inland ansässige Arbeitnehmer A des ebenfalls hier ansässigen Unternehmers U wird für fünf Monate in den Staat Q abgeordnet. Mit diesem Staat ist ein DBA nach dem Muster des OECD-MA abgeschlossen worden. Der Arbeitnehmer bezieht dort eine Hotelunterkunft und besucht Kunden bzw. versucht, Geschäftskontakte im Land Q zu knüpfen.

LÖSUNG Nach Art. 15 Abs. 1 OECD-MA hat der Wohnsitzstaat das Recht, die Arbeitseinkünfte eines hier ansässigen Arbeitnehmers zu besteuern, es sei denn, dass die Arbeit im anderen Staat ausgeübt wird. Allerdings gilt dieses Besteuerungsrecht des Tätigkeitsstaates nicht, soweit die 183-Tage-Regel gemäß Art. 15 Abs. 2 OECD-MA anzuwenden ist. In diesem Falle verzichtet der Tätigkeitsstaat auf das innerstaatliche Besteuerungsrecht für Einkünfte aus unselbstständiger Arbeit zugunsten des Wohnsitzstaates. Vorliegend sind die Voraussetzungen der 183-Tage-Regel nach Art. 15 Abs. 2 OECD-MA erfüllt. Der Tätigkeitsstaat hat mithin abkommensrechtlich kein Besteuerungsrecht; eine Doppelbesteuerungslage ist nicht eingetreten.

3.1.2 Einkünfteartikel

Wie die Besteuerungsrechte für die einzelnen Wirtschaftsgüter nach dem OECD-MA im Allgemeinen und nach den einzelnen DBA im Besonderen abgegrenzt sind, ist einem weiteren Kapitel vorbehalten (vgl. J).

3.2 Freistellungsmethode

3.2.1 Abkommensrechtliche Maßnahme

In den geltenden, von der BRD abgeschlossenen DBA wird häufig für einzelne Steuergüter die Freistellungsmethode angeordnet. Diese Methode kommt somit regelmäßig nur aufgrund von **zweiseitigen Regelungen** zur Anwendung.

3.2.2 Wirkungsweise

Die Freistellungsmethode wendet sich an den Ansässigkeitsstaat (Wohnsitzstaat) und zeichnet sich dadurch aus, dass bei Vorliegen der Voraussetzungen die Einkünfte aus der Auslandsbetätigung von der **Bemessungsgrundlage** für die deutsche Steuer ausgenommen werden, die entsprechenden Einkünfte also freigestellt werden. Diese Methode findet regelmäßig Anwendung bei Einkünften aus unbeweglichem Vermögen, bei Betriebsstätteneinkünften, bei selbstständiger Tätigkeit mittels einer festen Einrichtung und bei Einkünften aus nicht kurzfristig ausgeübter unselbstständiger Arbeit.

Die Freistellungsmethode beinhaltet systematisch eine **sachliche Steuerbefreiung.** Dies bedeutet, dass diese Methode sich günstig, aber auch nachteilig für den Steuerpflichtigen auswirken kann:

- **positive** ausländische Einkünfte werden im Inland von der Besteuerung ausgenommen,
- **negative** ausländische Einkünfte können weder im Wege des Verlustausgleichs noch im Wege des Verlustabzugs (§ 10 d EStG) berücksichtigt werden.

3.2.3 Progressionsvorbehalt

Die Freistellungsmethode ist regelmäßig gekoppelt mit dem so genannten **Progressionsvorbehalt.** In den DBA wird regelmäßig angeordnet, dass die freigestellten Auslandseinkünfte bei der Bemessung des Steuertarifs für die Inlandseinkünfte zu berücksichtigen sind (vgl. Art. 23 A Abs. 3 OECD-MA [Abkommensrechtlicher Progressionsvorbehalt], § 32b Abs. 1 Nr. 3 EStG).

3.2.4 Arten des Progressionsvorbehalts

Entsprechend der ambivalenten Wirkung der Freistellungsmethode wird zwischen dem
- **positiven Progressionsvorbehalt** und dem
- **negativen Progressionsvorbehalt**

unterschieden.

Der **positive Progressionsvorbehalt** führt regelmäßig zu einer höheren Steuerbelastung; der **negative Progressionsvorbehalt** bedingt eine niedrigere Steuerbelastung. Allerdings ist der negative Progressionsvorbehalt dann ohne Wirkung, wenn die ausländischen Einkünfte aus Drittstaaten unter die Regelung des § 2a Abs. 1 und Abs. 2 EStG fallen (vgl. BFH vom 17. 11. 1999 BStBl II 2000, 605; H 32b [Ausländische Verluste Nr. 2] EStH).

3.3 Anrechnungsmethode

3.3.1 Arten der Anrechnung

Die Anrechnungsmethode kommt entweder als unbegrenzte (volle) Anrechnung, begrenzte (normale) Anrechnung oder fiktive Anrechnung vor.

3.3.1.1 Direkte Anrechnung

Die **(direkte) Anrechnung** als Methode zur Vermeidung der rechtlichen Doppelbesteuerung kann sowohl als eine rein **einseitig nationale Maßnahme** zur Anwendung gelangen (vgl. § 34c Abs. 1 EStG, § 26 Abs. 1 KStG), aber auch als **zweiseitig vertragliche Maßnahme** in Betracht kommen (vgl. Art. 23 B OECD-MA; § 34c Abs. 6 Satz 2 EStG). Die direkte Anrechnung zeichnet sich dadurch aus, dass die ausländischen Einkünfte entsprechend dem Welteinkommensprinzip in die **Bemessungsgrundlage für die Berechnung** der deutschen Steuer einbezogen werden, aber die ausländische Steuer auf die deutsche Steuer angerechnet wird.

3.3.1.2 Unbegrenzte Anrechnung

Bei der **unbegrenzten (vollen) Anrechnung**, die lediglich als eine theoretisch denkbare Maßnahme hier behandelt wird, kann die ausländische Steuer ohne Begrenzung auf die deutsche Steuer angerechnet werden.

BEISPIEL

Der Steuerpflichtige A erzielt im Ausland Einkünfte i. H. v. umgerechnet 200 T€ Einheiten und wird dort zu einer Steuer i. H. v. 100 T€ herangezogen. Im Inland erzielt A weitere 100 T€ Einkünfte. Der durchschnittliche Steuersatz im Inland beträgt 40 %.

LÖSUNG

Welteinkünfte	300 T€
deutsche Steuer 40 %	120 T€
./. ausländische Steuer	./. 100 T€
restliche deutsche Steuer	20 T€
Die Gesamtsteuerbelastung beträgt	120 T€

Das Beispiel zeigt, dass der deutsche Fiskus in einem solchen Falle zugunsten des ausländischen Fiskus auf Teile seines Steueraufkommens verzichtet. Diesem Umstand ist es zuzurechnen, dass – soweit bekannt – weder die BRD noch irgendein anderer Staat dieser Methode zuneigt.

3.3.1.3 Begrenzte Anrechnung

Bei der **begrenzten (normalen) Anrechnung** kann die ausländische Steuer nur insoweit auf die deutsche Steuer angerechnet werden, als deutsche Steuer auf die ausländischen Einkünfte entfällt.

BEISPIEL

Sachverhalt wie im Beispiel oben.

LÖSUNG

Welteinkünfte	300 T€
deutsche Steuer	120 T€
Verhältnis der ausländischen Einkünfte zur Summe der Einkünfte	200/300 T€
maximal anrechenbare ausländische Steuer	80 T€
deutsche Steuer	120 T€
./. anrechenbare ausländische Steuer	./. 80 T€
restliche deutsche Steuer	40 T€
Die Gesamtsteuerbelastung beträgt	140 T€

Die **begrenzte Anrechnung** ist sachgerecht, weil es fiskalisch nicht angeht, dass ein höheres, im Ausland bestehendes Steuerniveau zum Nachteil des deutschen Fiskus gereichen soll. Entsprechend ist nach § 34c Abs. 1 EStG auch die begrenzte (normale) Steueranrechnung geltendes Recht.

3.3.1.4 Fiktive Anrechnung

Bei der **fiktiven Anrechnung** kann ausländische Steuer in einem höheren Ausmaß auf die deutsche Steuer angerechnet werden, als im Ausland tatsächlich angefallen bzw. gezahlt worden ist.

BEISPIEL

Ein ausländischer Staat gewährt Steuerpräferenzen, um Investitionen in diesem Land anzuregen. Dementsprechend besteuert er Aktivitäten, die ein gebietsfremder Steuerpflichtiger in diesem Staat ausübt, nur mit einem pauschalen Steuersatz (z. B. 10 %). Entsprechend einem bestehenden DBA sollen bei der Inlandsbesteuerung die ausländischen Steuern mit einem fiktiven Steuersatz von 25 %. angerechnet werden. Bei dem im Inland ansässigen A sind folgende Besteuerungsgrundlagen festgestellt worden.

LÖSUNG

ausländische Einkünfte	100 T€
ausländische Steuer	10 T€
fiktive ausländische Steuer	25 T€
inländische Einkünfte	200 T€
Welteinkünfte	300 T€
inländischer Steuersatz	40 %
inländische Steuer	120 T€
anrechenbare ausländische Steuer	25 T€
restliche inländische Steuer	95 T€
Die Gesamtsteuerbelastung beträgt	105 T€

Die fiktive Steueranrechnung erklärt sich daraus, dass bei der Anrechnungsmethode grundsätzlich für die gesamte Steuerbelastung das Steuerniveau des Wohnsitzstaates maßgebend ist. Würde eine fiktive Anrechnung nicht möglich sein, dann würde der steuerliche

Anreiz, den der ausländische Staat gewährt, durch eine Nachversteuerung im Inland zunichte gemacht werden (sog. Nachholeffekt).

Die fiktive Steueranrechnung kann regelmäßig nur aufgrund eines DBA gewährt werden (vgl. DBA: Malaysia, Kenia usw. und Vogel, DBA, Art. 23, Rz. 191 – Abkommensübersicht zur Anrechnung fiktiver Steuern).

Ob und in welchem Ausmaß eine fiktive Steueranrechnung durch ein konkretes DBA zugelassen wird, ist das Ergebnis der zwischen den beteiligten Staaten geführten Vertragsverhandlungen. Maßgebend ist die jeweilige Regelung des konkreten DBA. Dabei kann es durchaus vorkommen, dass entsprechend der verschiedenen Steuerquellen (z. B. Dividenden, Zinsen, Lizenzgebühren) unterschiedliche Abzugssätze zur Anwendung gelangen (15 %, 18 %, 20 %, 25 %, 30 %). Als Faustregel gilt, dass jener (fiktive) Steuerbetrag angerechnet wird, der sich ergäbe, wenn der ausländische Staat keine Steuervergünstigung gewährt hätte. Hinzuweisen ist auf die Regelung des § 34c Abs. 6 Satz 2 HS 2 EStG, nach der für fiktiv anrechenbare Steuerbeträge die Abzugsmethode ausscheidet.

Die Finanzverwaltung hat zur Anrechnung fiktiver Quellensteuer bei ausländischen Zinseinkünften ausführlich Stellung genommen (vgl. BMF vom 12.05.1998 BStBl I 1998, 554); insbesondere zur Frage, wie die notwendigen Nachweise zu erbringen sind, kann auf dieses Schreiben verwiesen werden.

Ab Veranlagungszeitraum 2009 gilt für die Anrechnung fiktiver ausländischer Quellensteuer die Sonderregelung des § 32 d Abs. 5 Satz 2 EStG im Rahmen der Abgeltungsteuer (s. Schmidt, EStG-Kommentar, § 32 d Anm. 18).

3.4 Abzugsmethode

3.4.1 Grundsätzliches

Die Abzugsmethode, deren praktischer Anwendungsbereich eher beschränkt ist, zeichnet sich dadurch aus, dass die **ausländische Steuer bei der Einkunftsermittlung** abgezogen wird. Damit ist auch die **wirtschaftliche Auswirkung** der Abzugsmethode beschrieben. Die Abzugsmethode kann niemals eine Doppelbesteuerung vermeiden bzw. aufheben; sie kann lediglich zu einer **Milderung der Doppelbesteuerung** führen.

Der praktische Anwendungsbereich der Abzugsmethode liegt dort, wo infolge von **inländischen Verlusten oder negativen inländischen Einkünften** keine inländische Steuer zu zahlen ist und damit auch ausländische Steuern nicht angerechnet werden können, weil es an einem inländischen Steuersubstrat fehlt. Auch wird die Abzugsmethode dann zur Anwendung gelangen, wenn ein **Überhang anrechenbarer ausländischer Steuern** über die nach inländischem Recht für ausländische Einkünfte geschuldete inländische Steuer besteht. Weiterhin kommt die Abzugsmethode in Betracht, wenn im Ausland die **Besteuerung auf Bruttobasis** (z. B. KapESt auf Einnahmen) erfolgt, bei der Inlandsbesteuerung aber das Nettoprinzip anzuwenden ist.

BEISPIELE

a) A erzielt inländische Einkünfte i. H. v. umgerechnet ./. 100 T€ (Verluste) und ausländische Einkünfte i. H. v. umgerechnet 60 T€. Im Ausland war eine Steuer i. H. v. umgerechnet 18 T€ zu zahlen. Ein DBA zwischen den beteiligten Staaten besteht nicht.

LÖSUNG Ein Vergleich der beiden Methoden (Anrechnung und Abzug) stellt sich wie folgt dar:

Anrechnungsmethode

inländische Einkünfte	./. 100 T€
ausländische Einkünfte	60 T€
ausländische Steuer	18 T€
Welteinkünfte	./. 40 T€
inländische Steuer	0 T€

Eine Anrechnung ausländischer Steuer kann mangels einer Steuer im Inland nicht in Betracht kommen.

Abzugsmethode

inländische Einkünfte	./. 100 T€
ausländische Einkünfte	60 T€
ausländische Steuer	./. 18 T€
Welteinkünfte = Verlustabzugsvolumen	./. 58 T€

Bei der Anwendung der Abzugsmethode erhöht sich durch den Steuerabzug der negative Welteinkünftebetrag. Dies führt zu einem höheren Verlustabzugsvolumen, das sich im Wege des Rück- bzw. Vortrags steuermindernd auswirkt.

b) B erzielt inländische Einkünfte i. H. v. umgerechnet ./. 35 T€ (Verlust) und ausländische Einkünfte i. H. v. umgerechnet 50 T€; im Ausland ist eine Steuer i. H. v. umgerechnet 18 T€ entstanden. Ein DBA besteht zwischen den beteiligten Staaten nicht.

LÖSUNG Ein Vergleich der beiden Methoden (Anrechnung und Abzug) stellt sich wie folgt dar:

Anrechnungsmethode

inländische Einkünfte	./. 35 T€
ausländische Einkünfte	50 T€
ausländische Steuer	18 T€
Welteineinkünfte	16 T€
deutsche Steuer	3 T€
ausländische Steuer	./. 18 T€
restliche deutsche Steuer	0 T€

Festzustellen ist, dass vorliegend ein Anrechnungsüberhang (15 T€) gegeben ist; es kann nicht die gesamte im Ausland geschuldete Steuer auf die deutsche Steuer angerechnet werden.

Abzugsmethode

inländische Einkünfte	./. 35 T€
ausländische Einkünfte	50 T€
ausländische Steuer	./. 18 T€
Welteinkünfte = Verlustabzugsvolumen	./. 3 T€
deutsche Steuer	0 T€

Da wegen des Anrechnungsüberhangs nicht die gesamte im Ausland geschuldete Steuer auf die deutsche Steuer angerechnet werden kann, ist es vorteilhafter, wenn der Steuerpflichtige zur Abzugsmethode übergeht. Dies führt zu einem negativen Gesamtbetrag der Einkünfte i. H. v. ./. 3 T€. Infolgedessen ergibt sich keine inländische Steuer und darüber hinaus besteht die Möglichkeit, im Wege des Verlustabzugs, diesen Betrag in dem vorangegangenen bzw. in den folgenden Besteuerungszeiträumen zu berücksichtigen.

3.4.2 Wahlrecht

Die vorstehenden Beispielsfälle haben gezeigt, dass die Abzugsmethode neben der Anrechnungsmethode zur Anwendung gelangt. Entsprechend wird in den maßgeblichen gesetzlichen Regelungen ein **Wahlrecht** gewährt. Das Einkommensteuerrecht der BRD eröffnet wahlweise gemäß § 34c Abs. 2 EStG die Abzugsmöglichkeit und ordnet an, dass dieses Gestaltungsrecht auch bei Vorliegen von DBA ausgeübt werden kann, selbst wenn in den konkreten DBA die Abzugsmethode nicht vorgesehen sein sollte (vgl. § 34c Abs. 6 Satz 2 EStG). Im Übrigen wird auf R 212c EStR und die dazu ergangenen Hinweise aufmerksam gemacht. Es ist darauf hinzuweisen, dass nach nationalem Recht eine kombinierte Anwendung der Anrechnungsmethode und Abzugsmethode nicht vorgesehen ist.

3.5 Pauschalierungsmethode

3.5.1 Grundsätzliches

Die Pauschalierungsmethode zeichnet sich dadurch aus, dass die **ausländischen Einkünfte** mit einem **Pauschsteuersatz besteuert** werden. Weiterhin werden die ausländischen Einkünfte **nicht** in die **Bemessungsgrundlage** für die inländische Steuer mit einbezogen. Die Besteuerung mit einem Pauschsteuersatz erfolgt mit **Abgeltungswirkung.** Wirtschaftlich und rechtlich stellt sich die Pauschalierungsmethode als eine **Steuerermäßigung** dar. Eine Anrechnung bzw. ein Abzug ausländischer Steuern ist bei der Pauschalierungsmethode nicht möglich. Sie kommt regelmäßig aufgrund eines ausgeübten Wahlrechts zur Anwendung.

BEISPIEL

A erzielt im Ausland Einkünfte i. H. v. umgerechnet 100 T€; die ausländische Steuer beträgt 20 T€. Im Inland erzielt A 1 000 T€; sein durchschnittlicher Steuersatz beträgt 50 %. Mit dem ausländischen Staat besteht kein DBA.

LÖSUNG Bei Anwendung der **Pauschalierungsmethode** ergibt sich folgende Steuerbelastung, wenn man einen Pauschsteuersatz i. H. v. 25 % zugrunde legt:

ausländische Einkünfte	100 T€
ausländische Steuer	20 T€
inländische Einkünfte	1 000 T€
inländische Steuer	500 T€
inländische Steuer auf ausländische Einkünfte	25 T€
Die Gesamtsteuerbelastung beträgt	545 T€

Bei der Anwendung der **Anrechnungsmethode** ergibt sich folgende Belastung:

ausländische Einkünfte	100 T€
inländische Einkünfte	1 000 T€
Welteinkünfte	1 100 T€
deutsche Steuer	550 T€
./. ausländische Steuer	20 T€
restliche deutsche Steuer	530 T€
Die Gesamtsteuerbelastung beträgt	550 T€

Der vorstehende Vergleich zeigt, dass die Pauschalierungsmethode eine steuerermäßigende Wirkung aufweist (545 T€ statt 550 T€).

3.5.2 Rechtsgrundlagen

Die Pauschalierungsmethode wird regelmäßig aufgrund von einseitigen Regelungen in Betracht kommen. Es ist aber durchaus möglich, dass die Pauschalierungsmethode in einem DBA angeordnet wird. Die deutsche Abkommenspraxis ist insofern äußerst zurückhaltend; allgemein wird – soweit ersichtlich – für in der BRD ansässige Steuerpflichtige die Pauschalierungsmethode abkommensrechtlich nicht in Betracht gezogen, dies schließt nicht aus, dass für im anderen Vertragsstaat ansässige Personen in demselben DBA die Pauschalierungsmethode zur Anwendung gelangt.

Die gesetzliche Grundlage für die nationale Anwendung der Pauschalierungsmethode findet sich in § 34c Abs. 5 EStG. In Ausführung dazu ist der so genannte Pauschalierungserlass ergangen (vgl. BMF vom 10. 04. 1984 BStBl I 1984, 252). Danach steht dem Steuerpflichtigen ein Wahlrecht zugunsten der Inanspruchnahme der Pauschalierungsmethode zu.

3.6 Erlassmethode

3.6.1 Grundsätzliches

Die Erlassmethode zeichnet sich dadurch aus, dass die inländische Steuer auf ausländische Einkünfte erlassen wird. Die wirtschaftliche Wirkung der Erlassmethode gleicht der Freistellungsmethode. Infolgedessen wird, sofern der Gesetzgeber oder die Verwaltung von dieser Methode Gebrauch machen, der **Progressionsvorbehalt** angeordnet. Dies ist verfassungsrechtlich durchaus möglich. Sofern die Steuer gänzlich erlassen bzw. nicht erhoben wird, kann belastend durchaus der Progressionsvorbehalt angeordnet werden. Vorliegend kann auf eine vertiefende verfassungsrechtliche Begründung verzichtet werden.

3.6.2 Rechtsgrundlagen

Der Anwendungsbereich der Erlassmethode wird durch den nationalen Gesetzgeber und durch Verwaltungsvorschriften abgesteckt. Rechtlich wird die Erlassmethode begründet durch § 34c Abs. 5 EStG. Ein Anwendungsbereich der Erlassmethode ist der Auslandstätigkeitserlass (BMF vom 31. 10. 1983 BStBl I 1983, 470), der auch als Montageerlass bekannt ist.

3.7 Ermäßigungsmethode

Die Möglichkeit, die Steuern auf ausländische Einkünfte voll zu erlassen, schließt auch die Möglichkeit eines Teilerlasses ein. So gesehen stellt sich der Pauschalierungserlass als eine Ermäßigungsregelung dar.

4 Anwendbarkeit der Methoden auf einen internationalen Steuerfall

4.1 Methodenvielfalt

Angesichts der Vielzahl der Methoden, die bereitstehen, um eine Doppelbesteuerung zu vermeiden oder zu mildern, stellt sich die Frage, welche der grundsätzlich zur Verfügung stehenden Maßnahmen im Einzelfall angewendet werden kann.

Dabei muss unterschieden werden, ob der Steuerfall einen Bezug mit

- einem **Nicht-DBA-Staat** oder mit
- einem **DBA-Staat**

aufweist.

4.2 Steuerfälle mit Bezug zu Nicht-DBA-Staaten

Soweit ein Steuerfall zur Entscheidung ansteht, der einen Bezug zu einem Staat aufweist, mit dem **kein DBA** abgeschlossen worden ist, können lediglich die nationalen Normen zur Anwendung gelangen.

Im Bereich der **Einkommensbesteuerung** ist § 34c EStG zu beachten. Danach stehen grundsätzlich folgende Methoden zur Verfügung:

- Anrechnungsmethode (§ 34c Abs. 1 EStG),
- Abzugsmethode (§ 34c Abs. 2 und 3 EStG),
- Pauschalierungsmethode (§ 34c Abs. 5 EStG) i. V. m. Pauschalierungserlass,
- Erlassmethode (§ 34c Abs. 5 EStG) i. V. m. Auslandstätigkeitserlass.

Festzuhalten ist, dass im Verhältnis zu Nicht-DBA-Staaten die **Freistellungsmethode** gesetzlich **nicht vorgesehen** ist.

Im Bereich der **KSt** kommen grundsätzlich die auch i. R. d. Einkommensbesteuerung geltenden Methoden zur Anwendung. Dies ergibt sich aus § 26 Abs. 1 EStG; insbesondere ist insoweit auf § 26 Abs. 6 KStG hinzuweisen.

4.3 Steuerfälle mit Bezug zu DBA-Staaten

Die Regelung des § 2 AO beinhaltet den Vorrang völkerrechtlicher Normen im Bereich der internationalen Besteuerung. Dementsprechend sind die jeweils in einem DBA geregelten Methoden zu beachten. Die neueren DBA, welche die BRD abgeschlossen hat, folgen grundsätzlich dem Musterabkommen der OECD (OECD-MA). Dementsprechend sind in den deutschen DBA auch immer die beiden wichtigsten Methoden zur Vermeidung der Doppelbesteuerung vorgesehen; dies sind

- die Freistellungsmethode (Art. 23 A OECD-MA) und
- die Anrechnungsmethode (Art. 23 B OECD-MA).

Festzuhalten ist, dass die deutschen DBA der Freistellungsmethode einen beachtlichen Anwendungsbereich einräumen. Sie kommt regelmäßig für die im jeweils anderen DBA-Staat erwirtschafteten Einkünfte aus unbeweglichem Vermögen, bei Unternehmensgewinnen und bei Einkünften aus selbstständiger und unselbstständiger Arbeit in Betracht. Die maßgeblichen Vorschriften des betreffenden DBA sind jeweils sorgfältig zu beachten.

Ohne dass dies in den bestehenden DBA besonders angeordnet ist, lässt es der nationale Gesetzgeber zu, dass auch einzelne andere Methoden in einem Steuerfall mit Bezug zu einem DBA-Staat angewendet werden können. Nach § 34c Abs. 6 Satz 2 EStG kann

- **statt der Anrechnungsmethode** auch
- **die Abzugsmethode**

zur Anwendung gelangen. Soweit ein Abkommen Doppelbesteuerungen nicht beseitigt oder bestehende ausländische Steuern vom Anwendungsbereich ausgenommen sind, können die Anrechnungsmethode und die Abzugsmethode zur Anwendung gelangen.

Für

- **die Pauschalierungsmethode** und
- **die Erlassmethode**

ist i. R. d. deutschen DBA regelmäßig für die in Deutschland ansässigen Steuerbürger **kein** Anwendungsbereich eröffnet. Die beiden maßgeblichen Erlasse (vgl. Pauschalierungserlass und Auslandstätigkeitserlass) erklären die in ihnen enthaltenen Regelungen für nicht anwendbar, soweit ein DBA besteht (für den Pauschalierungserlass vom 10. 04. 1984 BStBl I

1984, 252 vgl. Tz. 10; für den Auslandstätigkeitserlass vom 31. 10. 1983 BStBl I 1983, 470 vgl. Tz. V., Nr. 2).

4.4 Systematische Prüfungsfolge der Steuerfälle mit Auslandsbezug

Im Folgenden soll ein schematischer Überblick gegeben werden, wie bei der Prüfung von Steuerfällen mit Auslandssachverhalten vorgegangen werden kann. Danach empfiehlt es sich, nach folgendem Schema vorzugehen.

4.4.1 Einkünfte aus DBA-Staaten

Besteht ein DBA mit dem ausländischen Staat, aus dem die Einkünfte stammen, so sind für die Behandlung der **ausländischen Einkünfte** (§ 34d EStG) und der im Ausland gezahlten **Steuern** die Regeln des jeweiligen DBA anzuwenden (§ 2 AO).

Dabei sind in den deutschen DBA die folgenden beiden Methoden vorgesehen:

1. **Anrechnungsmethode**
   Danach gilt:

a) Für der Anrechnungsmethode unterliegende ausländische Einkünfte hat das Besteuerungsrecht sowohl der Quellen-(Belegenheits-)staat als auch der Wohnsitzstaat.
   Beachte: Negative schädliche Einkünfte aus Drittstaaten sind nach Maßgabe des § 2a Abs. 1 und 2 EStG nicht zu berücksichtigen.

b) Die im Ausland gezahlten Steuern werden entweder nach § 34c Abs. 1 EStG angerechnet oder nach § 34c Abs. 2 und 3 EStG bei der Ermittlung der Einkünfte abgezogen (§ 34c Abs. 6 Satz 2 EStG, Rechtsfolgeverweisung).
   Diese Methode ist vorgesehen vor allem bei Einkünften aus Kapitalvermögen und gelegentlich bei Einkünften aus unbeweglichem Vermögen (z. B. Einkünfte aus Vermietung und Verpachtung in der Schweiz, Art. 6 und 24 Abs. 1 Nr. 2 DBA-Schweiz und Spanien Art. 6 Abs. 1 und Art. 23 Abs. 1b Doppelbuchst. ee DBA-Spanien).

2. **Freistellungsmethode**

a) Das Besteuerungsrecht für der Freistellungsmethode unterliegende ausländische Einkünfte ist regelmäßig dem ausländischen Staat zugewiesen. Die ausländischen Einkünfte werden im Inland aus der deutschen Bemessungsgrundlage ausgeschieden bzw. als steuerfrei behandelt.

b) Die ausländischen Einkünfte sind aber i. R. d. abkommensrechtlichen Progressionsvorbehalts im Inland nach § 32b Abs. 1 Nr. 3 EStG zu berücksichtigen.
   Zu beachten ist, dass bei negativen schädlichen Einkünften aus Drittstaaten § 2a Abs. 1 EStG den negativen Progressionsvorbehalt (H 32b Nr. 2 [Ausländische Verluste] EStH) ausschließt. Außerdem ist der Progressionsvorbehalt in den Fällen des § 32b Abs. 1 Satz 2 EStG nicht anzuwenden.

c) Die im Ausland bezahlte Steuer ist **nicht** zu berücksichtigen.
   Die Freistellungsmethode ist vor allem bei Unternehmensgewinnen (z. B. gewerbliche Einkünfte aus der Schweiz; Art. 7, 24 Abs. 1 Nr. 1 a DBA-Schweiz), bei Einkünften aus selbstständiger und nichtselbstständiger Arbeit und bei regelmäßigen Einkünften aus unbeweglichem Vermögen vorgesehen.

4.4.2 Einkünfte aus Nicht-DBA-Staaten

Besteht kein DBA mit dem ausländischen Staat, aus dem die Einkünfte stammen, so erfolgt die Besteuerung nach den innerstaatlichen Steuervorschriften. Die Ermittlung der ausländischen Einkünfte erfolgt nach inländischen Grundsätzen (§ 1 Abs. 1 und § 2 Abs. 1 EStG – Besteuerung des Welteinkommens). Dabei ist **§ 2a Abs. 1 EStG (eingeschränktes Verlustverrechnungsverbot)** zu beachten.

Die Vermeidung bzw. Milderung der eingetretenen Doppelbesteuerung wird durch folgende Vorschriften sichergestellt:

- Anrechnung der ausländischen Steuer nach § 34c Abs. 1 EStG und § 26 Abs. 1 KStG auf die tariflichen Steuern, oder
- Abzug der ausländischen Steuer bei der Ermittlung der Einkünfte nach § 34c Abs. 2 und 3 EStG, oder
- Pauschalierung und Erlass der ESt und KSt für die ausländischen Einkünfte nach § 34c Abs. 5 EStG und § 26 Abs. 6 KStG (Auslandstätigkeitserlass und Pauschalierungserlass; BMF vom 31. 10. 1983 BStBl I 1983, 470 und BMF vom 10. 04. 1984 BStBl I 1984, 252).

Teil D Die nationalen Maßnahmen zur Beseitigung bzw. Milderung der Doppelbesteuerung nach §§ 34c und 32b EStG

1 Vorbemerkung

1.1 Anwendungsbereich der nationalen Maßnahmen

Wie bereits im anderen Zusammenhang dargestellt (siehe B 4.2), sind die in § 34c EStG geregelten Methoden **einseitige bzw. nationale Maßnahmen** zur Beseitigung bzw. Milderung der Doppelbesteuerung. Entsprechend sind die in diesen Vorschriften enthaltenen Regelungen anzuwenden, wenn **kein DBA** mit dem Staat abgeschlossen worden ist, aus dem die fraglichen ausländischen Einkünfte stammen.

Soweit zwischen den mit einem Steuerfall befassten Staaten ein **DBA** abgeschlossen worden ist, haben diese **zweiseitigen, vertraglichen Regelungen** Vorrang vor den einseitigen nationalen Vorschriften. Dies ergibt sich einmal allgemein aus § 2 AO und auch aus § 34c Abs. 6 Sätze 2 und 3 EStG. Allerdings hat der Gesetzgeber in der genannten einkommensteuerlichen Vorschrift angeordnet, dass die Regelungen des EStG über die Steueranrechnung und den Steuerabzug auch anwendbar sind, soweit in einem DBA die Anrechnungsmethode für anwendbar erklärt wird; in diesen Fällen kann dann statt der Anrechnung grundsätzlich auch der Abzug der ausländischen Steuern von der Bemessungsgrundlage für die inländische ESt in Betracht kommen (vgl. § 34c Abs. 6 Satz 2 EStG). Die Wirkung des § 34c Abs. 6 EStG besteht mithin darin, dass in den Fällen, in denen ein DBA die Anrechnungsmethode anordnet, die Art und Weise der Steueranrechnung bzw. deren technische Durchführung sich nach nationalem Recht richtet; insoweit enthält die Regelung des § 34c Abs. 6 Satz 2 EStG eine **Rechtsfolgenverweisung.**

1.2 Stellung des § 34c EStG im System des Einkommensteuerrechts

Die Regelung des § 34c EStG findet sich im V. Abschnitt des EStG über die Steuerermäßigungen. Damit sind die Steueranrechnung, aber auch die anderen in § 34c EStG enthaltenen Maßnahmen zur Vermeidung oder Milderung der Doppelbesteuerung **Teil des Steuerfestsetzungsverfahrens** (vgl. § 25 EStG, § 155ff. AO) und **nicht** des **Steuererhebungsverfahrens** (vgl. § 36ff. EStG, § 218ff. AO). Entsprechend finden die Regelungen über das Steuerfestsetzungsverfahren Anwendung, soweit über Maßnahmen zur Beseitigung oder Milderung der Doppelbesteuerung zu entscheiden ist. Dies bedeutet etwa, dass die Regeln über die Änderung von Steuerbescheiden und über die Festsetzungsverjährung anzuwenden sind, wenn es darum geht, nachträgliche Maßnahmen zur Vermeidung der Doppelbesteuerung durchzusetzen (vgl. BFH vom 14. 11. 1984 BStBl II 1985, 216).

Die Tatsache, dass die Maßnahmen des § 34c EStG im Steuerfestsetzungsverfahren zu berücksichtigen sind, wirkt sich weiterhin bei der Festsetzung und Erhebung von **Zuschlagssteuern** aus. Die Steueranrechnung bzw. die sonstigen in § 34c EStG geregelten Maßnahmen beeinflussen die festzusetzende ESt bzw. wirken sich entlastend bei der Ermittlung des zu versteuernden Einkommens aus und mindern damit die Bemessungsgrundlage für Zuschlagssteuern wie z. B. beim Solidaritätszuschlag (vgl. § 51a EStG, § 3 Abs. 1 Nr. 1, Abs. 2 SolZG).

2 Begriff der ausländischen Einkünfte gemäß § 34d EStG

2.1 Vermeidung der Doppelbesteuerung bei bestimmten ausländischen Einkünften

Es ist eine Besonderheit des nationalen (unilateralen) und auch des internationalen (bilateralen bzw. vertraglichen) Doppelbesteuerungsrechts, dass die Vermeidung der Doppelbesteuerung **nur im Hinblick auf einzelne Steuerquellen** (Steuergüter) erfolgen soll bzw. kann. Jedenfalls soll nach nationalem Recht nicht für jede einkommensteuerlich erhebliche Tätigkeit im Ausland die dort anfallende ausländische Steuer auf die deutsche Steuer angerechnet werden können. Auch das vertraglich geregelte Doppelbesteuerungsrecht (DBA) will nicht jede ertragsteuerlich erhebliche Tätigkeit in einem anderen Vertragsstaat undifferenziert den einzelnen Regelungen über die Vermeidung der Doppelbesteuerung unterwerfen.

Das nationale und auch das internationale Doppelbesteuerungsrecht gehen selektiv vor, indem sie nur einzelne Steuergüter als für die Vermeidung der Doppelbesteuerung würdig erachten und bestimmte einzelne Maßnahmen zur Vermeidung der Doppelbesteuerung für anwendbar erklären. Dementsprechend werden in § 34c EStG die verschiedenen Methoden zur Vermeidung der Doppelbesteuerung nur für die in § 34d EStG genannten **ausländischen Einkünfte** für anwendbar erklärt. Insofern enthält § 34d EStG eine abschließende Aufzählung der ausländischen Einkünfte (**Enumerationsprinzip**), die für den Katalog der Maßnahmen des § 34c EStG in Betracht kommen.

Wenn indessen in einem konkreten Steuerfall **keine** ausländischen Einkünfte i. S. d. § 34d EStG vorliegen, wird nach § 34c Abs. 3 EStG für diese Steuergüter die Abzugsmethode zur Verfügung gestellt; diese kann freilich eine Doppelbesteuerung niemals vermeiden, sondern allenfalls mildern.

2.2 Konzeption der ausländischen Einkünfte

Der Begriff der **ausländischen Einkünfte** i. S. d. § 34d EStG legt es nahe, Vergleichsbetrachtungen zum Begriff der **inländischen Einkünfte** i. S. d. § 49 Abs. 1 EStG anzustellen. Übereinstimmungen sind insoweit gegeben, als die beiden Bestimmungen zwar vom Schema der sieben Einkunftsarten ausgehen, aber trotzdem nur einzelne Einkunftsquellen bzw. Steuergüter umschreiben und diese als inländische bzw. ausländische Einkünfte definieren. Der Katalog der ausländischen und inländischen Einkünfte umfasst fast die gleiche Anzahl von Ziffern (acht bzw. neun); allerdings sind bei den inländischen gewerblichen Einkünften und auch bei den inländischen Einkünften aus Kapitalvermögen stärkere Unterdifferenzierungen vorgenommen worden (vgl. § 34d Nr. 2 und 6 EStG und § 49 Abs. 1 Nr. 2 und Nr. 5 EStG).

Die vergleichbare Konzeption der ausländischen Einkünfte i. S. d. § 34d EStG und der Regelungsplan des § 49 EStG mögen auf der Überlegung beruhen, dass die ausländischen Staaten die Besteuerung der dort beschränkt einkommensteuerpflichtigen Personen in ähnlicher Weise regeln und vornehmen wie der inländische Steuergesetzgeber. So gesehen besteht für den nationalen Gesetzgeber keine Veranlassung, jene ausländischen Einkünfte in das Anrechnungsverfahren nach § 34c EStG einzubeziehen, die im spiegelbildlichen Fall dort keiner Inlandsbesteuerung unterliegen würden. Die ähnliche Ausgestaltung des Katalogs der ausländischen Einkünfte und der inländischen Einkünfte dürfte somit auch eine Folge des Gegenseitigkeitsprinzips sein.

2.3 Isolierende Betrachtungsweise

Obwohl § 34 d EStG ähnlich wie § 49 EStG konzipiert ist, enthält § 34 d EStG keine dem § 49 Abs. 2 EStG vergleichbare allgemeine Regelung über die **isolierende Betrachtungsweise.** Dieser Mangel ist i. R. d. § 34 d EStG, der letztlich eine begünstigende Wirkung entfaltet, nicht weiter problematisch. Zugunsten des Steuerpflichtigen, der eine Anrechnung ausländischer Steuern wünscht, wird man den Rechtssatz formulieren können, dass inländische Besteuerungsmerkmale außer Betracht bleiben müssen, sofern bei ihrer Berücksichtigung ausländische Einkünfte nicht angenommen werden könnten (vgl. Littmann, EStG, § 34 d, Rz. 3). Im Übrigen ist das Fehlen einer allgemeinen Vorschrift über die isolierende Betrachtungsweise in § 34 d EStG deswegen nicht sonderlich bedenklich, weil in den praktisch besonders wichtigen Regelungen des § 34 d Nr. 1, 2 und 3 EStG die Anwendungsbereiche dieser Regelungen erheblich erweitert werden (sog. umgekehrte isolierende Betrachtungsweise; siehe auch BFH vom 16. 03. 1994 BStBl II 1994, 799 und vom 09. 04. 1997 BStBl II 1997, 657).

BEISPIELE

a) Der Gewerbetreibende Gerb hält in seinem Betriebsvermögen **Beteiligungen an ausländischen Aktiengesellschaften** und hat auch **verzinsliche Forderungen** gegen ausländische Schuldner bilanziert, ohne dass in den ausländischen Staaten Betriebsstätten unterhalten werden. Weiterhin ist Gerb in einem ausländischen Staat **Eigentümer eines Geschäftsgrundstücks,** das im Hinblick auf künftige Aktivitäten im Ausland erworben worden ist. Die Dividendenerträge und die sonstigen Kapitalerträge sind im Ausland einer Quellensteuer unterworfen worden und die Einkünfte aus dem Geschäftsgrundstück sind im Ausland ebenfalls besteuert worden. Es kommen keine DBA zur Anwendung.

LÖSUNG In allen drei Varianten sind die Einkünfte im Ausland nach den dortigen Regeln erfasst worden. Die Einkünfte sind im Inland nach dem Welteinkommensprinzip der Besteuerung zu unterwerfen, so dass eine Doppelbesteuerungslage gegeben ist. Die Anrechnung der ausländischen Steuern kann nur erfolgen, wenn ausländische Einkünfte i. S. d. § 34 d EStG vorliegen. Nach § 34 d Nr. 2 Buchst. a EStG sind bei den Einkünften aus Gewerbebetrieb nur dann ausländische Einkünfte gegeben, wenn diese vermittels einer im ausländischen Staat gelegenen Betriebsstätte (vgl. § 12 AO) oder durch einen dort tätigen selbstständigen Vertreter (vgl. § 13 AO) erwirtschaftet worden sind. Für die Dividendeneinkünfte und die sonstigen Einkünfte aus Kapitalvermögen, aber auch für die Einkünfte aus dem im Ausland gelegenen Geschäftsgrundstück können diese Voraussetzungen nicht festgestellt werden. Indessen bestimmt § 34 d Nr. 2 Buchst. a HS 2 EStG, dass auch Einkünfte i. S. d. § 34 d Nr. 3, 4, 6, 7 und 8 Buchst. c EStG als ausländische gewerbliche Einkünfte zu gelten haben, soweit sie zu den Einkünften aus Gewerbebetrieb gehören. Die ausländischen Steuern vom Ertrag können somit auf die entsprechende deutsche ESt angerechnet werden.

b) Der deutsche Tennisspieler Tops, der bisher nur national sportliche Erfolge erzielen konnte, spielt auf einem ausländischen Turnier und erzielt dort ein Preisgeld i. H. v. umgerechnet 50 000 €, das dort einer Quellensteuer von 15 % unterlegen hat. Mit dem ausländischen Staat ist kein DBA abgeschlossen worden. In der ESt-Erklärung werden ausländische Einkünfte i. H. v. 50 000 € erklärt; es wird beantragt, die ausländische Ertragsteuer i. H. v. umgerechnet 7 500 € auf die deutsche ESt anzurechnen.

LÖSUNG Tops ist in der BRD persönlich und sachlich unbeschränkt einkommen-steuerpflichtig und muss sämtliche Einkünfte hier versteuern. Die Einkünfte aus der Tennisspielerei sind als gewerbliche i. S. d. § 15 Abs. 1 Nr. 1, Abs. 2 EStG zu qualifizieren; dies gilt insbesondere auch für die im Ausland erspielten Preisgelder. Die Anrechnung der ausländischen Steuer hängt von der Qualifizierung der Einkünfte als ausländische Einkünfte i. S. d. § 34 d EStG ab. Da keine Betriebsstätte i. S. d. § 12 AO im Ausland unterhalten wird, kann eine Anrechnung nur nach § 34 d Nr. 2 Buchst. a i. V. m. § 34 d Nr. 8 Buchst. c EStG ermöglicht werden. Da die Teilnahme an einem ausländischen Tennisturnier und das dabei erzielte Preisgeld in einer echten Leistungsaustauschbeziehung stehen, sind ausländische Einkünfte anzunehmen, für die das Anrechnungsverfahren möglich ist.

2.4 Arten ausländischer Einkünfte

Es ist grundsätzlich ohne Bedeutung, wie die Einkünfte, die im Ausland einer Besteuerung unterlegen haben, systematisch zu qualifizieren sind.

In **zeitlicher** Hinsicht greifen die Methoden zur Vermeidung einer Doppelbesteuerung sowohl bei laufend erwirtschafteten und zu versteuernden Einkünften als auch bei nachträglichen Einkünften ein (**laufende und nachträgliche Einkünfte**). Allenfalls können sich Probleme insofern ergeben, als möglicherweise ungewiss ist, welche der in den unterschiedlichen Besteuerungszeiträumen im Ausland entrichteten oder zu entrichtenden Steuerbeträge auf die ESt im Inland angerechnet bzw. von der Bemessungsgrundlage abgezogen werden können.

Üblicherweise wird auch zwischen **ordentlichen und außerordentlichen Einkünften** (z. B. laufende Gewinne bzw. Veräußerungsgewinne) unterschieden. Auch die für diese Einkünfte im Ausland geschuldeten Steuerbeträge können den in § 34c EStG geregelten Maßnahmen zur Vermeidung der Doppelbesteuerung unterliegen (vgl. z. B. § 34 d Nr. 2 EStG i. V. m. § 16 EStG und § 34 d Nr. 4 Buchst. b EStG).

2.5 Aufteilung ausländischer Einkünfte und ausländischer Steuerbeträge zum Zwecke der inländischen Steuerbehandlung

Da die Steuersysteme in den verschiedenen Staaten unterschiedlichen Steuerphilosophien folgen, kann es durchaus vorkommen, dass der Steuerzugriff in den einzelnen Staaten anders gearteten Regelungen folgt. Im Ausland können durchaus Steuertatbestände erfüllt sein, die im Inland keine Entsprechung finden. Auch kann es vorkommen, dass im Ausland eine Besteuerung erfolgt, für die § 34c i. V. m. § 34 d EStG keine Maßnahme zur Vermeidung der Doppelbesteuerung vorsieht. In diesen Fällen muss der im Ausland geschuldete und bezahlte Steuerbetrag aufgeteilt werden.

BEISPIELE

a) Der Steuerpflichtige Hauser ist Eigentümer eines im Ausland (Nicht-DBA-Staat) gelegenen Mietwohngrundstücks mit vier Wohneinheiten; eine Wohneinheit nutzt Hauser selbst (privat). Das Ausland besteuert die Einkünfte aus unbeweglichem Vermögen; für die private Nutzung einer Wohneinheit setzt der ausländische Fiskus eine Vergleichsmiete und Vergleichskosten an. Dementsprechend wird für die ausländischen Einkünfte i. H. v. umgerechnet 400 € eine ausländische Steuer i. H. v. umgerechnet 80 € festgesetzt.

LÖSUNG Für die deutsche Besteuerung kann nur insoweit eine Doppelbesteuerungslage festgestellt werden, als das Mietwohngrundstück fremd genutzt wird. Nur insoweit sind die im Ausland besteuerten Einkünfte auch im Inland der hiesigen ESt zu unterwerfen. Dementsprechend müssen die im Ausland der Besteuerung zugrunde gelegten Einkünfte und ebenso der ausländische Steuerbetrag aufgeteilt werden. Bei schematischer Aufteilung ergeben sich Einkünfte i. H. v. umgerechnet 300 € (3/4) und eine ausländische Steuer i. H. v. 60 € (3/4), die den nationalen Regeln über die Vermeidung der Doppelbesteuerung zu unterwerfen sind.

b) Der Unternehmer Monter, der im Anlagenbau tätig ist, unterhält im ausländischen Staat X zwei Montagestellen. Auf die Montagestelle A, die acht Monate lang eingerichtet ist, entfällt ein Montagegewinn von umgerechnet 200 € und eine ausländische Steuer von umgerechnet 50 €. Auf die Montagestelle B, die vier Monate lang eingerichtet ist, entfällt ebenfalls ein Montagegewinn i. H. v. umgerechnet 200 € und eine Steuer i. H. v. ebenfalls 50 €. Entsprechend ergibt sich eine ausländische Steuer i. H. v. insgesamt 100 €. Es besteht kein DBA.

LÖSUNG Nach dem Welteinkommensprinzip unterliegen die gesamten ausländischen Einkünfte der deutschen Einkommensbesteuerung. Allerdings ist darauf hinzuweisen, dass i. S. d. § 34 d EStG ausländische Einkünfte dann nicht vorliegen, wenn im Ausland die Montagestelle B nur für die Dauer von vier Monaten eingerichtet ist. Der Betriebsstättenbegriff des § 34 d Nr. 2a EStG ist nach § 12 AO zu deuten; danach setzt eine Montagestelle eine Einrichtungsdauer von mehr als sechs Monaten voraus. Dementsprechend kommt gemäß § 34c Abs. 1 EStG die **Anrechnungsmethode** nur für die Einkünfte bzw. die Steuerbeträge aus der Montagestelle A in Betracht, während für die Einkünfte aus der Montagestelle B die **Abzugsmethode** nach § 34c Abs. 3 EStG in Betracht kommt.

2.6 Positive und negative ausländische Einkünfte

Den in § 34c EStG geregelten Maßnahmen zur Vermeidung der Doppelbesteuerung unterliegen sowohl positive als auch negative Einkünfte. Diese grundsätzliche Feststellung muss in praktischer Hinsicht für negative ausländische Einkünfte allerdings erheblich eingeschränkt werden.

2.6.1 Negative Einkünfte im Ausland und Inland

Sofern im Ausland Einkünfte erwirtschaftet werden, die sowohl nach ausländischen als auch nach deutschen Einkommensermittlungsvorschriften zu negativen Ergebnissen führen, werden regelmäßig im Ausland keine ausländischen Ertragsteuern anfallen. Korrespondierend führen im Inland derartige Einkünfte auch nicht zu einer deutschen ESt. Insofern ist keine Doppelbesteuerungslage gegeben. Fraglich ist in diesem Fall nur, ob die Regelungen über die Verrechnung von Verlusten gegebenenfalls durch § 2a EStG eingeschränkt sind.

2.6.2 Positive ausländische Einkünfte, negatives Ergebnis im Inland

Gelegentlich kann es vorkommen, dass die ausländische Einkommensermittlung zu einem positiven Ergebnis führt und damit auch zu einer ausländischen Steuer; im Inland kann sich aber nach den hiesigen Ermittlungsvorschriften insoweit ein Verlust ergeben, der zu keinerlei zusätzlicher deutscher Steuerbelastung führt. In diesem Beispiel kann allenfalls nach § 34c Abs. 2 EStG ein Abzug ausländischer Steuern von der deutschen Bemessungsgrundlage für die ESt in Betracht kommen. Unstreitig ist diese Möglichkeit in den Fällen, in denen nach § 2a Abs. 2 EStG sog. aktive Auslandseinkünfte vorliegen. Zweifelhaft erscheint die Steuerabzugsmöglichkeit bei solchen ausländischen Einkünften bzw. Auslandsaktivitäten, für die § 2a EStG ein grundsätzliches Verlustverrechnungsverbot begründet. Nach Auffassung der Finanzverwaltung (vgl. R 34c (4) EStR) ist die ausländische Steuer auf Antrag nach § 34c Abs. 2 EStG bei der Ermittlung der Einkünfte abzuziehen. In diesem Fall erhöhen sich die im VZ nicht ausgleichsfähigen, negativen ausländischen Einkünfte. Die ausländische Steuer kann aber auch nach § 34c Abs. 1 EStG i. R. d. Höchstbetrags abgezogen werden. Ein solcher Abzug ist dann denkbar, wenn positive und negative Einkünfte aus mehreren Steuerquellen in einem ausländischen Staat vorliegen.

2.6.3 Negative ausländische Einkünfte, positives Ergebnis im Inland

Werden im Ausland negative Einkünfte nach den dortigen Einkommensermittlungsvorschriften berechnet, im Inland aber positive Einkünfte nach hiesigen Vorschriften festgestellt, ergibt sich weder ein Anrechnungs- noch ein Abzugsproblem, weil keinerlei ausländische Steuern angefallen sind.

2.7 Katalog der ausländischen Einkünfte (§ 34d EStG)

Nach der Wertung des Gesetzgebers können gemäß § 34d EStG für folgende Einkünfte, die im Ausland erwirtschaftet werden, die nationalen Maßnahmen zur Vermeidung der Doppelbesteuerung eingreifen.

2.7.1 Einkünfte aus Land- und Forstwirtschaft

Solche Einkünfte sind gegeben, wenn die Land- und Forstwirtschaft (Nr. 1) in einem ausländischen Staat betrieben wird. Eine Tätigkeit wird dort betrieben, wo die erforderlichen Bodenflächen gelegen sind. Hierbei ist es ohne Bedeutung, wo der Ort der Leitung ist. Zu beachten ist die umgekehrte isolierende Betrachtungsweise (siehe 2.3).

2.7.2 Einkünfte aus Gewerbebetrieb

Die gewerblichen Einkünfte (Nr. 2a) müssen durch eine im Ausland gelegene Betriebsstätte (§ 12 AO) oder einen dort tätigen ständigen Vertreter (§ 13 AO) erzielt werden; ausländische gewerbliche Einkünfte können auch aus Bürgschafts- und Avalprovisionen (Nr. 2b) resultieren oder durch den Betrieb von See- oder Luftschiffen (Nr. 2c) entstehen.

Werden Einkünfte, die nach steuerlichen Grundsätzen einer inländischen Betriebsstätte zuzurechnen sind (z. B. Liefergewinnbesteuerung bei Montagebetriebsstätte), vom ausländischen Staat besteuert, so handelt es sich nicht um anrechenbare Steuern auf ausländische Einkünfte i. S. d. § 34c Abs. 1 EStG. Zu beachten ist die umgekehrte isolierende Betrachtungsweise.

2.7.3 Einkünfte aus selbstständiger Arbeit

Einkünfte aus selbstständiger Arbeit (Nr. 3) sind als ausländische zu qualifizieren, wenn die Tätigkeit im Ausland ausgeübt oder verwertet wird. Eine Ausübung im Ausland liegt vor, sofern die Tätigkeit in ihren wesentlichen Merkmalen im Ausland erfolgt. Wird der wesentliche Teil der Tätigkeit im Inland für einen ausländischen Mandanten ausgeführt, liegt keine Ausübung im Ausland vor. Eine Verwertung liegt vor, wenn das Ergebnis der Tätigkeit wirtschaftlich unmittelbar einem im Ausland ansässigen Auftraggeber zu dienen bestimmt ist und dafür im Ausland bezahlt wird. Zu beachten ist die umgekehrte isolierende Betrachtungsweise.

2.7.4 Einkünfte aus Veräußerung

Mit einer Auffangvorschrift (Nr. 4) werden diejenigen Veräußerungsgeschäfte erfasst, die nicht im Rahmen eines land- und forstwirtschaftlichen, gewerblichen oder freiberuflichen Betriebs anfallen. Dazu gehören Einkünfte aus der Veräußerung von Wirtschaftsgütern des Anlagevermögens eines inländischen Unternehmens, wenn dieses Anlagevermögen im Ausland belegen ist, sowie aus der Veräußerung von Anteilen an Kapitalgesellschaften (§ 17 EStG), die Sitz (§ 11 AO) oder Geschäftsleitung (§ 10 AO) in einem ausländischen Staat haben. Die Regelungen der Nr. 4 sind gegenüber denen des § 34 d Nr. 1 bis 3 EStG subsidiär.

2.7.5 Einkünfte aus nichtselbstständiger Arbeit

Derartige Einkünfte (Nr. 5) sind ausländische, wenn die Tätigkeit im Ausland ausgeübt wird oder ausgeübt worden ist. Wird die Tätigkeit im Ausland verwertet, so darf sie nicht im Inland ausgeübt worden sein. Auch Einkünfte, die von ausländischen öffentlichen Kassen gewährt werden, gelten als ausländische. Nach der Fiktion des § 34 d Nr. 5 Satz 2 EStG werden Einkünfte aus inländischen öffentlichen Kassen auch dann als inländische Einkünfte betrachtet, wenn die Arbeitsleistung im Ausland erfolgt.

2.7.6 Einkünfte aus Kapitalvermögen

Einkünfte aus Kapitalvermögen (Nr. 6) sind nur dann ausländische Einkünfte, wenn der Schuldner Wohnsitz, Geschäftsleitung oder Sitz in einem ausländischen Staat hat oder das Kapitalvermögen durch im Ausland belegenen Grundbesitz gesichert ist. Für die Frage der Möglichkeit und der Wirksamkeit der Sicherung ist das ausländische – nicht das deutsche – Zivilrecht maßgeblich.

2.7.7 Einkünfte aus Vermietung und Verpachtung

Solche Einkünfte (Nr. 7) liegen vor, wenn
- das unbewegliche Vermögen in einem ausländischen Staat belegen ist oder
- der vermietete/verpachtete Sachinbegriff in einem ausländischen Staat belegen ist oder
- die Rechte zur Nutzung in einem ausländischen Staat überlassen werden.

2.7.8 Sonstige Einkünfte

Sonstige Einkünfte (Nr. 8a, b und c) sind ausländische, wenn
- bei wiederkehrenden Leistungen der Verpflichtete Wohnsitz, Geschäftsleitung oder Sitz in einem ausländischen Staat hat,
- bei Veräußerungsgeschäften die veräußerten Wirtschaftsgüter in einem ausländischen Staat belegen sind,
- bei Leistungen der zur Vergütung Verpflichtete Wohnsitz, Geschäftsleitung oder Sitz in einem ausländischen Staat hat.

Die Katalogziffer Nr. 8 ist eine Auffangvorschrift; sie erfasst insbesondere Leistungsentgelte und Entgelte aus der Veräußerung von Rechten.

Es ist darauf hinzuweisen, dass der Text der einzelnen Katalogziffern genau gelesen werden muss. In einem konkreten Steuerfall kann es durchaus zu diffizilen Anwendungsfragen kommen.

3 Ausländische Steuer auf ausländische Einkünfte

Das Anrechnungsverfahren und auch das Abzugsverfahren des § 34c Abs. 1 und Abs. 2 EStG setzen eine ausländische Steuer auf ausländische Einkünfte i. S. d. § 34 d EStG voraus.

3.1 Vergleichbarkeit der ausländischen Steuer

Gesetzliche Voraussetzung für die Anwendbarkeit der innerstaatlichen Methoden zur Vermeidung der Doppelbesteuerung ist, dass die ausländische Steuer aus Nicht-DBA-Staaten der deutschen ESt entsprechen muss. Die im Ausland (Nicht-DBA-Staat) erhobene Steuer muss dem Typus einer Steuer vom Ertrag entsprechen. Dieses Erfordernis setzt eine Vergleichsbetrachtung voraus, die nicht nur sehr arbeitsaufwändig ist, sondern vor allem eine vertiefte Kenntnis des jeweiligen ausländischen Steuerrechts voraussetzt. Das BMF hat daher die Prüfung den Steuerpraktikern sowie den Steuerbeamten abgenommen und im Anhang 12 zu den EStR (zu R 34c (1 – 2) EStR) ein Verzeichnis jener ausländischen Steuern gefertigt, die nach Auffassung der Finanzverwaltung der deutschen ESt entsprechen.

Darauf hinzuweisen ist, dass das vom BMF gefertigte Verzeichnis selbstverständlich justitiabel ist; dies bedeutet, dass die Finanzgerichte im Einzelfall nachprüfen können, ob die ausländische Steuer der deutschen ESt rechtlich entspricht.

3.2 Festsetzungsformen der ausländischen Steuer

Es ist grundsätzlich unerheblich, wie die ausländische Steuer vom Ertrag dort verfahrenstechnisch festgesetzt und erhoben wird. Es kommt nur darauf an, ob im Ausland eine Ertragsteuer im Rechtssinne festgestellt worden ist. In Betracht kommen – vergleichbar dem deutschen Steuerrecht – folgende Festsetzungsformen:

- veranlagte Steuer,
- Abzugsteuer und
- Anmeldungssteuer.

Anrechenbar sind somit jene Steuerbeträge, die im Ausland im Wege eines förmlichen Verwaltungsverfahrens (Veranlagungen) festgesetzt worden sind oder die im Ausland im Wege des Steuerabzugs durch den Schuldner der maßgeblichen Vergütungen (z. B. Arbeitslohn, Kapitalerträge, Lizenzvergütungen usw.) erhoben worden sind, aber auch solche Steuerbeträge, die der Steuerpflichtige im Ausland selbst angemeldet hat.

Nach dem Urteil des BFH vom 05. 02. 1992 BStBl II 1992, 607 ist eine Steuerfestsetzung i. S. d. § 34c Abs. 1 EStG auch dann gegeben, wenn die Steuer nicht von einer Behörde festgesetzt, sondern von einem privaten Arbeitgeber oder Unternehmer angemeldet worden ist. Fraglich ist in einem solchen Fall nur, wie die notwendigen Nachweisungen erbracht werden können. Der BFH [a. a. O.] lässt es genügen, wenn seitens des Steuerpflichtigen eine hinreichend klare Bescheinigung über die Höhe der für den Steuerpflichtigen angemeldeten und abgeführten Steuer beigebracht wird (vgl. auch H 34c (1 – 2) [Festsetzung ausländischer Steuern] EStH).

3.3 Abgabehoheiten in föderal gegliederten Staaten

Hinzuweisen ist, dass es für die Maßnahmen zur Vermeidung der Doppelbesteuerung i. S. d. § 34c EStG unerheblich ist, welche Gebietskörperschaft bei föderal gegliederten Staaten im Ausland steuerertragsberechtigt ist. So können im Verhältnis zur Schweiz sowohl die vom Bund, als auch von den Kantonen und den Gemeinden bzw. Gemeindeverbänden erhobenen Steuern auf die deutsche ESt angerechnet werden. Dies ergibt sich auch aufgrund der besonderen Regelungen des DBA-Schweiz (vgl. Art. 2 Abs. 3 DBA-Schweiz und Art. 24 Abs. 1 DBA-Schweiz; § 34c Abs. 6 EStG).

3.4 Entrichtung der ausländischen Steuer

Die ausländische Steuer muss **entrichtet** bzw. **gezahlt** worden sein. Das Gesetz will damit sicherstellen, dass nur die im Ausland geleisteten Steuerbeträge zur Anrechnung bzw. zum Abzug gelangen. In der Praxis kann ein Geldabfluss regelmäßig unschwer nachgewiesen werden (s. § 34c Abs. 7 Nr. 2 EStG, § 68b EStDV).

3.5 Kein Ermäßigungsanspruch

In vielen Fällen werden im Ausland Steuervergünstigungen gewährt, die vorab vereinbart (ausgehandelt!) oder aber im Nachhinein gewährt werden. Es ist ein Gebot der Steuergerechtigkeit, dass nur die auch tatsächlich gezahlten Steuerbeträge der Anrechnungs- bzw. der Abzugsmethode unterliegen. Andererseits muss betont werden, dass diese gesetzliche Regelung letztlich bewirkt, dass die im Ausland gewährten Steuervergünstigungen dem Steuerpflichtigen von der BRD wieder genommen werden. Insoweit ist das deutsche Anrechnungsverfahren mit einem sog. Nachholeffekt ausgestattet.

In den Fällen, in denen mit dem Quellenstaat ein DBA abgeschlossen worden ist, können gemäß § 34c Abs. 6 EStG nur die Steuerbeträge angerechnet werden, die dem Quellenstaat abkommensgemäß zustehen. Kann beispielsweise bei den Einkünften aus Kapitalvermögen (Dividenden gemäß Art. 10 OECD-MA bzw. Zinsen gemäß Art. 11 OECD-MA) der Quellenstaat nach nationalem Recht eine höhere Quellensteuer beanspruchen als abkommensgemäß vereinbart ist, kann beim Steuerpflichtigen nur die abkommensgemäß zulässige, niedrige Quellensteuer als anrechenbare Steuer angesetzt werden.

Bei einer abkommensrechtlich zugelassenen **fiktiven Steueranrechnung** kann der abkommensrechtlich zulässige Betrag angerechnet werden, auch wenn im Vertragsstaat keine oder nur eine niedrigere Steuer entrichtet worden ist.

Im Falle nachträglich gewährter Steuervergünstigungen besteht für den Steuerpflichtigen nach § 90 Abs. 1 und 2 AO eine erhöhte Mitwirkungspflicht und nach § 153 Abs. 2 EStG eine Informationspflicht gegenüber dem Finanzamt bei nachträglicher Festsetzung, Änderung oder Erstattung der ausländischen Steuer.

Nach den §§ 34c Abs. 7 Nr. 3, 175 Abs. 1 Nr. 2 EStG wir das Steuerfestsetzungsverfahren wieder aufgerollt und der Steuerbescheid berichtigt, auch nach Bestandskraft bis zum Ablauf der Festsetzungsfrist nach § 169 AO (Heinicke in Schmidt, EStG-Kommentar, § 34c Anm. 31).

3.6 Umrechnung der ausländischen Steuer

Die Umrechnung der ausländischen Steuer auf deutsche Werte bzw. auf den Euro für die Zwecke der Anrechnung bzw. des Abzugs erfolgt nach R 34c (1) EStR. Andere Währungen sind auf der Grundlage der von der Europäischen Zentralbank veröffentlichten Euro-Referenzkurse umzurechnen (vgl. R 34c (1) EStR). Zur Vereinfachung ist die Umrechnung der Währungen auch zu den im Bundessteuerblatt veröffentlichten USt-Umrechnungskursen zulässig. Darüber hinaus hat der Steuerpflichtige den Nachweis über die Höhe der ausländischen Einkünfte und über die Festsetzung und Zahlung der ausländischen Steuern durch Vorlage entsprechender Urkunden (z. B. Steuerbescheid, Quittung über die Zahlung) zu führen. Sofern diese Urkunden in einer fremden Sprache abgefasst sind, kann eine beglaubigte Übersetzung in deutscher Sprache durch das Finanzamt verlangt werden (vgl. § 68b EStDV).

4 Durchführung der Steueranrechnung gemäß § 34c Abs. 1 EStG

4.1 Besteuerung der ausländischen Einkünfte im Inland (Welteinkommensprinzip)

Das Anrechnungsverfahren nach § 34c Abs. 1 EStG setzt voraus, dass die ausländischen Einkünfte im Inland in die **Bemessungsgrundlage für die deutsche ESt einbezogen** werden. Diese Einbeziehung ist, soweit mit dem ausländischen Staat, aus dem die Einkünfte stammen, kein DBA besteht, eine Folge des Welteinkommensprinzips. Soweit mit dem ausländischen Staat tatsächlich ein DBA besteht, kann die Anrechnungsmethode deswegen zur Anwendung gelangen, weil das betreffende DBA diese Methode für die betreffenden Einkünfte vorgesehen hat (§ 34c Abs. 6 EStG).

4.2 Zeitliche Einbeziehung in die deutsche Bemessungsgrundlage

Die Besteuerung der ausländischen Einkünfte erfolgt in dem Besteuerungszeitraum, in dem nach deutschem Steuerrecht die ausländischen Einkünfte der inländischen Besteuerung zu unterwerfen sind.

Bei ausländischen **Gewinneinkünften** erfolgt die steuerliche Erfassung in dem Kalenderjahr, in dem das Wirtschaftsjahr endet, für das ein Gewinn zu ermitteln ist. Dabei wird davon ausgegangen, dass auch bei ausländischen Einkünften aus Gewerbebetrieb ein abweichendes Wirtschaftsjahr bestehen kann; jedenfalls begrenzt § 4a EStG das Verfahren der Gewinnermittlung abweichend vom Kalenderjahr nicht auf inländische Einkünfte aus Gewerbebetrieb (vgl. BFH vom 04. 06. 1991 BStBl II 1992, 187).

Bei **Überschusseinkünften** erfolgt die Erfassung der ausländischen Einkünfte in die deutsche Bemessungsgrundlage für die ESt nach dem Zufluss-/Abfluss-Prinzip. Insoweit sind die Regelungen des § 11 EStG zu beachten.

4.3 Begrenztes Anrechnungsverfahren

Die Regelung des § 34c Abs. 1 EStG beinhaltet ein begrenztes Anrechnungsverfahren. Dies bedeutet, dass die Anrechnung ausländischer Steuern auf einen Höchstbetrag beschränkt ist. Es kann nur in der Höhe ausländische Steuer vom Ertrag auf die inländische ESt angerechnet werden, als deutsche ESt auf ausländische Einkünfte entfällt.

Die anrechenbare ausländische Steuer, d. h. der **Höchstbetrag,** der maximal angerechnet werden kann, ergibt sich aus folgender Formel:

$$\text{Höchstbetrag} = \frac{\text{ausländische Einkünfte} \times \text{deutsche ESt}}{\text{Summe der inländischen und ausländischen Einkünfte}}$$

4.4 Durchführung des Anrechnungsverfahrens nach dem Höchstbetrag

Die Durchführung des Anrechnungsverfahrens setzt mehrere rechnerische Feststellungen voraus (vgl. dazu H 34c (3) [Ermittlung des Höchstbetrags für die Steueranrechnung] EStH).

4.4.1 Feststellung der deutschen Einkommensteuer

Unter Einbeziehung der auch in der BRD steuerpflichtigen ausländischen Einkünfte ist die sich nach den §§ 32a, 32b, 34, 34b EStG **ergebende deutsche ESt** zu ermitteln.

4.4.2 Feststellung der ausländischen Steuerbeträge

Weiterhin sind für jedes Land die **ausländischen Steuern** festzustellen, die auf die im Veranlagungszeitraum bezogenen ausländischen Einkünfte entfallen. Grundsätzlich wird i. R. d. Definition der Doppelbesteuerung die Identität der Steuerperiode gefordert. Dieses Merkmal ist indessen nicht formal, sondern inhaltlich aufzufassen. All jene Steuerbeträge sind festzustellen und zusammenzurechnen, die im Ausland für jene Einkünfte entrichtet worden sind, die nach deutschem Steuerrecht in dem maßgeblichen Veranlagungszeitraum der deutschen Besteuerung unterworfen werden. Damit ist gewährleistet, dass auch Zahlungen im Ausland angerechnet werden können, die dort wegen unterschiedlicher Besteuerungs- bzw. Realisationsprinzipien in anderen Veranlagungszeiträumen gezahlt worden sind (vgl. H 34c (3) [Anrechnung] EStH).

Zur Anrechnung kommen auch diejenigen ausländischen Steuern, die auf Einkünfte i. S. d. § 2a Abs. 1 EStG entrichtet worden sind. Dies hat zur Folge, dass in den Fällen, in denen aufgrund des § 2a Abs. 1 EStG Einkünfte aus einem Drittstaat insgesamt bei der Ermittlung der Einkünfte nicht zu berücksichtigen sind (z. B. Verluste aus Vermietung und Verpachtung), die auf die ausländischen Einkünfte ggf. erhobenen ausländischen Steuern i. R. d. Höchstbetrages nach § 34c Abs. 1 EStG angerechnet oder auf Antrag des Steuerpflichtigen nach § 34c Abs. 2 EStG bei der Ermittlung der Einkünfte abgezogen werden (R 34c (2) EStR).

4.4.3 Feststellung der Summe der Einkünfte

Da nur eine begrenzte Anrechnung der ausländischen Steuern in Betracht kommt, müssen die Verhältnisgrößen festgelegt werden. Es ist daher die **Summe aller Einkünfte (Welteinkünfte)** festzustellen.

4.4.4 Feststellung der ausländischen Einkünfte

Die **Feststellung der ausländischen Einkünfte** bereitet der Praxis oftmals größere Probleme. Vorab ist **für jedes Land** die Summe der ausländischen Einkünfte festzustellen, die nach § 34 d EStG als ausländische Einkünfte dem Anrechnungsverfahren zugrunde zu legen sind (vgl. § 68a EStDV [Pro-Staat-Begrenzung]).

Wichtig ist, dass die Ermittlung der ausländischen Einkünfte unabhängig von der Einkommensermittlung im ausländischen Staat grundsätzlich nach deutschem Steuerrecht zu erfolgen hat; dies betrifft die Qualifizierung als auch die Quantifizierung dieser Einkünfte. Zu erfassen sind alle ausländischen Einkünfte i. S. d. § 34 d EStG, die im Inland steuerpflichtig sind. Ausländische Einkünfte, die im ausländischen Staat aus tatsächlichen oder rechtlichen Gründen z. B. wegen eines DBA, keiner oder nur einer geringen Besteuerung unterlegen haben, sind nicht bei der Ermittlung der Einkünfte zu berücksichtigen (§ 34c Abs. 1 Satz 3 HS 2 EStG). Dasselbe gilt für ausländische Einkünfte, die wegen eines DBA dort steuerfrei sind. Auch diese stellen ebenfalls keine ausländischen Einkünfte dar (§ 34c Abs. 6 Satz 3 EStG). Nicht berücksichtigt werden auch solche ausländischen Einkünfte, die wegen des eingeschränkten Verlustverrechnungsverbotes nach § 2a Abs. 1 und 2 EStG außer Ansatz bleiben.

Ab dem Veranlagungszeitraum 2009 (§ 52 Abs. 49 EStG) sind ausländische Kapitaleinkünfte, die nach § 32 d Abs. 5 und 6 Satz 2 EStG der Abgeltungsteuer unterliegen, nicht nach § 34c EStG anzusetzen und wie die darauf entfallende Quellensteuer aus der Formelberechnung nach § 34c Abs. 1 Satz 2 EStG auszunehmen (§ 34c Abs. 1 HS 2 EStG).

BEISPIELE

a) Der Steuerpflichtige A erzielt aus dem Staat X (DBA-Staat) folgende ausländische und inländische Einkünfte: A hat im Ausland auch Ertragsteuer entrichtet.

ausländische Dividenden	1 000 €
Quellensteuer dazu	150 €
ausländische Zinsen	2 000 €
Quellensteuer dazu	0 €
ausländischer Unternehmensgewinn	1 500 €
ausländische Steuer dazu	450 €
Freistellung des Unternehmengewinns nach DBA	0 €
ausländische Einkünfte aus Vermietung und Verpachtung	5 000 €
ausländische Steuer dazu	2 500 €
Anrechnungsmethode nach DBA für Vermietung und Verpachtung	2 500 €
inländische Einkünfte	2 000 €

Der maßgebliche Steuersatz für A soll 35 % betragen.
Wie hoch ist die Summe der Einkünfte?

LÖSUNG Die Summe der inländischen und ausländischen Einkünfte betragen 7 000 €. Nicht einzubeziehen sind die durch DBA freigestellten Unternehmensgewinne, ebenso die Dividenden und Zinseinkünfte, die der Abgeltungsteuer unterliegen.

b) Wie Beispiel a). Wie hoch sind die ausländischen Einkünfte?

LÖSUNG Die für Zwecke der Anrechnung zu berücksichtigenden ausländischen Einkünfte betragen 5 000 €. Nicht einzubeziehen sind die ausländischen Einkünfte, die im Ausland aus tatsächlichen oder rechtlichen Gründen nicht besteuert worden sind, ebenso die Dividenden und Zinsen (s. o.).

c) Wie Beispiel a). In welcher Höhe können die ausländischen Steuern angerechnet werden?

LÖSUNG In die Steueranrechnung nach § 34c Abs. 1 EStG können nur jene Steuerbeträge für ausländische Einkünfte einbezogen werden, die auch der Inlandsbesteuerung unterliegen, also 2 500 €. Die Quellensteuer auf die Dividenden wird nach § 34 d Abs. 5 EStG außerhalb des § 34c Abs. 1 EStG mit der Abgeltungsteuer verrechnet.

d) Wie Beispiel a). In welchem Umfang können ausländische Steuern angerechnet werden?

LÖSUNG Es ist eine Höchstbetragsberechnung nach § 34c Abs. 1 EStG durchzuführen. Die ausländischen Steuern können nur bis zu einem Betrag von 1 750 € angerechnet werden:

$$\text{Höchstbetrag} = \frac{2\,450\,€ \times 5\,000\,€}{7\,000\,€} = 1\,750\,€$$

Die Zins- sowie Dividendeneinkünfte werden nicht in die Höchstbetragsberechnung einbezogen. § 34 d Abs. 5 EStG ist eine Spezialvorschrift zu § 34c Abs. 1 EStG. Nach § 34c Abs. 6 Satz 2 HS 2 EStG ist § 34c Abs. 1 Satz 3 EStG nicht anzuwenden, soweit nach einem DBA mit dem Quellenstaat eine als gezahlt geltende ausländische Steuer anzurechnen ist (fiktive Anrechnung). Mit anderen Worten: Ausländische Einkünfte, die im ausländischen Quellenstaat tatsächlich keiner Besteuerung unterworfen wurden, für die aber das DBA die Anrechnung einer fiktiven Quellensteuer vorsieht, sind in die Höchstbetragsberechnung nach § 34c Abs. 1 Sätze 2 bis 5 EStG einzubeziehen.

Bei der Feststellung der ausländischen Einkünfte sind auch die **Betriebsausgaben** (Werbungskosten) zu berücksichtigen, die mit den im Ausland erzielten Einnahmen in

wirtschaftlichem Zusammenhang stehen (R 34c (3) EStR). Der wirtschaftliche Zusammenhang muss zwischen den einzelnen Ausgaben (z. B. Schuldzinsen) und den einzelnen Bruttoeinkünften aus dem Ausland, bei denen die Ausgaben abgezogen werden sollen, nachzuweisen sein.

Ist der wirtschaftliche Zusammenhang nicht konkret zu ermitteln, so ist als **Schätzung** ggf. auf eine Pro-rata-Aufteilung der Werbungskosten zurückzugreifen.

Nach dem neuen Satz 4 des § 34c Abs. 1 EStG sind bei der Ermittlung von ausländischen Einkünften, die in einem inländischen Betrieb anfallen, Betriebsausgaben und Betriebsvermögensminderungen abzuziehen, die mit den Einnahmen, die diesen ausländischen Einkünften zu Grunde liegen, in wirtschaftlichem Zusammenhang stehen. Es geht dabei um solche in einem inländischen Betrieb anfallenden ausländischen Einkünfte, die ihrer Art nach unter § 34d Nr. 3, 4, 6, 7 und 8c EStG fallen, namentlich also um ausländische Einkünfte aus Kapitalvermögen, Vermietung und Verpachtung und aus Leistungen i. S. d. § 49 Abs. 1 Nr. 9 EStG. Der BFH hatte in einer Reihe von Urteilen – BFH vom 16. 03. 1994 BStBl II 1994, 799; BFH vom 09. 04. 1997 BStBl II 1997, 657 und BFH vom 29. 03. 2000 BStBl II 2000, 577 – entschieden, dass derartigen ausländischen Einkünften nur solche Betriebsausgaben zuzuordnen seien, die isoliert betrachtet die Eignung hätten, Werbungskosten bei den entsprechenden Überschusseinkünften zu sein. Ebenso hatte der BFH Aufwendungen, die mit im Ausland erzielten Einnahmen in wirtschaftlichem Zusammenhang standen, diesen Einnahmen nicht zugeordnet, wenn der Zusammenhang nur ein mittelbarer war (z. B. im Zusammenhang mit ausländischen Portfolioanlagen gezahlte Refinanzierungszinsen bei Banken und Versicherungen). Diese Rechtsprechung des BFH führt nach Auffassung des Gesetzgebers zu einer sachlich nicht gerechtfertigten Erhöhung der ausländischen Einkünfte als Bezugsgröße bei der Berechnung des Höchstbetrags der auf die deutsche ESt/KSt anrechenbaren Steuer aus einem ausländischen Staat. Aus diesem Grund ist § 34c Abs. 1 Satz 4 EStG n. F. eingefügt worden, der ab dem Veranlagungszeitraum 2003 anzuwenden ist. Danach ist bereits ein mittelbarer Zusammenhang zwischen Betriebsausgaben und steuerfreien Betriebseinnahmen ausreichend. Bei den indirekten Aufwendungen handelt es sich insbesondere um Verwaltungs-(Re-)Finanzierungs- und Vertriebskosten (Heinicke in Schmidt, EStG-Kommentar, § 34c, Anm. 16).

Streitig ist, ob Kosten z. B. Entwicklungskosten, die mit Einnahmen aus späteren Zeiträumen zusammenhängen, in einem anderen Jahr berücksichtigt werden können als in dem, in dem die Einnahmen anfallen (vgl. Wassermeyer in Flick/Wassermeyer/Baumhoff, Außensteuerrecht, § 34c EStG, Anm. 204).

Meines Erachtens ist § 34c Abs. 1 Satz 4 EStG nur in einem sachlichen Zusammenhang geregelt und nicht in einem zeitlichen. Daher ist nur eine veranlagungszeitraumbezogene Betrachtung möglich.

Bei Geltendmachung eines **Werbungskostenpauschbetrags** (z. B. Einkünfte aus Kapitalvermögen) ist dieser im Verhältnis der ausländischen Einkünfte, für welche die Anrechnung der ausländischen Steuer geltend gemacht wird, zu den inländischen Einkünften aufzuteilen. Der anteilige **Sparerfreibetrag** ergibt sich aus dem Verhältnis der inländischen Einnahmen aus Kapitalvermögen abzüglich Werbungskosten zu den ausländischen Einnahmen abzüglich Werbungskosten und ggf. abzuziehende ausländische Steuern (vgl. H 212b [Sparer-Freibetrag] EStH).

Bis zum Veranlagungszeitraum 2008 ist nach § 20 Abs. 9 EStG der Sparerfreibetrag erst nach Abzug der Werbungskosten einschließlich der ausländischen Steuer zu berücksichtigen. Der Abzug darf zu keinen negativen Einkünften führen.

Soweit der Steuerpflichtige bei ausländischen Dividenden nicht nachweist, auf welche Einnahmen im Einzelfall Aufwendungen entfallen, ist eine Aufteilung der **Werbungskosten bzw. des Werbungskostenpauschbetrages** im Verhältnis der Kurswerte der Wertpapiere zum Abrechnungsstichtag vorzunehmen (BMF vom 11.06.2002 BStBl I 2002, 647). Dabei ist zu beachten, dass die Werbungskosten bei der Ermittlung der Einkünfte nur zur Hälfte abgezogen werden dürfen, wenn sie in wirtschaftlichem Zusammenhang mit den Einnahmen stehen, die nach § 3 Nr. 40 EStG zur Hälfte von der ESt befreit sind (§ 3c Abs. 2 EStG).

Die Aufteilung des **Sparerfreibetrages** erfolgt nach dem Verhältnis der auf die einzelnen Staaten und das Inland entfallenden Roheinkünfte (= Einnahmen abzüglich der tatsächlichen Werbungskosten bzw. des anteiligen Werbungskostenpauschbetrages unter Beachtung des Halbeinkünfteverfahrens).

Ab dem Veranlagungszeitraum 2009 ist der Werbungskostenpauschbetrag und Sparerfreibetrag bei den Einkünften aus Kapitalvermögen nach § 20 Abs. 9 EStG zu einem **Sparer-Pauschbetrag** i.H.v. 801/1602 € zusammengefasst worden. Soweit diese Einkünfte nicht zum gewerblichen Bereich gehören, unterliegen sie der Abgeltungsteuer und der Abzug der tatsächlichen Werbungskosten ist ausgeschlossen (§ 20 Abs. 9 HS 2 EStG).

4.5 Landesbezogenes Anrechnungsverfahren

Stammen die Einkünfte aus **mehreren ausländischen Staaten**, so muss die Höchstbetragsberechnung **für jedes Land gesondert** durchgeführt werden (Per-country-limitation bzw. Pro-Staat-Begrenzung, § 68a Satz 2 EStDV).

Die Anrechnung erfolgt nicht für jede Einkunftsart gesondert, sondern **alle Einkünfte aus einem bestimmten Staat und alle hierauf ruhenden anrechenbaren ausländischen Steuern** werden zum Zweck der Anrechnung zusammengefasst. Dies geschieht ohne Rücksicht darauf, zu welcher Einkunftsart sie jeweils gehören.

Bis zum Veranlagungszeitraum 2008 ist bei Investmentfonds nach § 40 Abs. 4 des Gesetzes über Kapitalanlagegesellschaften (KAGG) und nach § 19 AuslInvestmG die »Pro Staat-Begrenzung« i. S. d. § 68a EStDV in der Form anzuwenden, dass jedes Investment-Sondervermögen »einen Staat« für sich bildet.

Die Höchstbetragsberechnung ist demnach für jedes Investment-Sondervermögen, an dem der Steuerpflichtige beteiligt ist, gesondert durchzuführen. Eine Unterscheidung nach dem Herkunftsstaat der Wertpapiere wird nicht getroffen.

Mit der Einführung der **Abgeltungsteuer** ab Veranlagungszeitraum 2009 wird, soweit Erträge aus Investmentanteilen zu den Einkünften aus Kapitalvermögen (§ 20 Abs. 2 EStG) gehören, die Anrechnung der ausländischen Steuer beim Anleger wie bei einer Direktanlage beim Steuerabzug erfolgen und nicht wie bislang erst im Rahmen der Veranlagung (§ 4 Abs. 2 Satz 8 InvStG).

4.6 Keine Steuererstattung aufgrund der Anrechnung

Die ausländische Steuer kann nur insoweit angerechnet werden, als deutsche ESt für ausländische Einkünfte entstanden ist. Eine darüber hinausgehende Anrechnung (so genannter Anrechnungsüberhang) ist nicht möglich, so dass eine ausländische Mehrsteuer nicht zu einer Steuererstattung führt. Die Anrechnung ist nur im Rahmen einer Veranlagung zur ESt möglich, vgl. § 46 Abs. 2 Nr. 8 EStG. Sie kann in einem Steuerabzugsverfahren (Lohnsteuer, Kapitalertragsteuer, Steuerabzug nach § 50a EStG) nicht vorgenommen werden.

4.7 Anrechnung von Amts wegen

Die Anrechnung nach § 34c Abs. 1 EStG ist **von Amts wegen** durchzuführen. Dies bedeutet, dass das Anrechnungsverfahren nicht von einem Antrag des Steuerpflichtigen abhängig ist.

BEISPIELE

a) Der Steuerpflichtige A führt in der BRD einen Gewerbebetrieb und unterhält eine Betriebsstätte in Kolumbien (kein DBA). Das Stammhaus in der BRD erzielt einen steuerlichen Gewinn i. H. v. umgerechnet 100 T€ und aus Kolumbien i. H. v. umgerechnet 50 T€. Die darauf bezahlte kolumbianische Steuer beträgt umgerechnet 18 T€.

LÖSUNG Da kein DBA mit Kolumbien besteht, sind die gewerblichen Einkünfte aus dem Ausland nach § 2 Abs. 1 EStG (Welteinkommensprinzip) in der BRD zu erfassen.

Die gewerblichen Einkünfte betragen:	
im Inland	100 T€
im Ausland	50 T€
Der Gesamtbetrag der Einkünfte = zu versteuerndes Einkommen beträgt	150 T€
Die deutsche ESt (Grundtabelle, 40 %) beträgt	60 T€

Der anrechenbare Höchstbetrag wird wie folgt ermittelt:

$$\frac{60\text{ T€} \times 50\text{ T€}}{150\text{ T€}} = 20\text{ T€}$$

anrechenbare ausländische Steuer nach § 34c Abs. 1 EStG	./. 18 T€
Die festzusetzende deutsche Steuer beträgt	42 T€

Die tatsächlich gezahlte ausländische Steuer ist somit voll anrechenbar und vermindert insoweit die tarifliche Steuer.

b) Variante zu a). Die in Kolumbien gezahlte Steuer beträgt diesmal aber umgerechnet 32 T€.

LÖSUNG Da auch in diesem Fall der anrechenbare Höchstbetrag 20 T€ beträgt, kann nur dieser Betrag von der tariflichen Steuer abgezogen werden. Der Betrag von 12 T€ gezahlter ausländischer Steuer kann nicht berücksichtigt werden und ist insoweit verloren.

Die tarifliche deutsche Steuer beträgt	60 T€
Der anrechenbare Höchstbetrag nach § 34c Abs. 1 EStG beträgt	./. 20 T€
Die festzusetzende deutsche Steuer beträgt	40 T€

c) Variante zu a). Aus der kolumbianischen Betriebsstätte ergibt sich ein nach deutschen Vorschriften ermittelter Verlust i. H. v. umgerechnet 50 T€. Trotzdem musste der Steuerpflichtige kolumbianische Steuer i. H. v. umgerechnet 18 T€ bezahlen.

LÖSUNG

Die inländischen Einkünfte betragen	100 T€
Die ausländischen Einkünfte (Verlust) betragen	./. 50 T€
Die Summe der Einkünfte beträgt	50 T€
Die tarifliche Steuer (Grundtabelle 25 %) beträgt	12,5 T€

Aufgrund der negativen ausländischen Einkünfte ergibt sich kein anrechenbarer Höchstbetrag. Damit ist eine Anrechnung der gezahlten ausländischen Steuer nach § 34c Abs. 1 EStG nicht möglich; gegebenenfalls ist ein Abzug der kolumbianischen Steuer nach § 34c Abs. 2, 3 EStG zu beantragen (vgl. 5).

5 Abzug der ausländischen Steuer bei der Ermittlung der Einkünfte nach § 34c Abs. 2 EStG

5.1 Voraussetzungen des § 34c Abs. 2 EStG

Nach § 34c Abs. 2 EStG kann der Steuerpflichtige auf **Antrag** die ausländische Steuer statt der Anrechnung nach § 34c Abs. 1 EStG bei der **Ermittlung der Einkünfte** abziehen, soweit sie auf ausländische Einkünfte entfällt, die nicht steuerfrei sind.

Das bedeutet, dass die ausländischen Steuern bei der jeweiligen ausländischen Einkunftsquelle i. R. d. Einkunftsermittlung als Betriebsausgaben bzw. Werbungskosten abzuziehen sind (R 34c (4) EStR). Danach soll erreicht werden, dass dieser Abzug auch i. R. d. Verlustverrechnung und bei der Gewerbesteuer wirksam wird.

Der Steuerpflichtige hat ein **Wahlrecht**; er kann dieses Wahlrecht durch einen Antrag beim Finanzamt ausüben. Stellt er keinen Antrag, so berücksichtigt das Finanzamt von Amts wegen die ausländische Steuer nach § 34c Abs. 1 EStG. Das Finanzamt ist verpflichtet, den Steuerpflichtigen auf das Wahlrecht aufmerksam zu machen, wenn sich die Abzugsmethode als steuerlich günstiger erweist.

Die Anwendung des § 34c Abs. 2 EStG setzt voraus, dass **alle Tatbestandsmerkmale des § 34c Abs. 1 EStG** erfüllt sein müssen. Liegen diese Voraussetzungen vor, so ist die Rechtsfolge, dass die ausländischen Steuern bei der Ermittlung der Einkünfte abgezogen werden können.

Das Wahlrecht besteht auch für die Einkünfte aus einem DBA-Staat, selbst wenn dieses ausdrücklich nur die Anrechnung nach § 34c Abs. 1 vorsieht (R 34c (5) EStR).

5.2 Durchführung

Im Regelfall mildert der Abzug der ausländischen Steuer bei der Ermittlung der Einkünfte die eingetretene Doppelbesteuerung in weit geringerem Maße als die Anrechnung nach § 34c Abs. 1 EStG.

BEISPIEL

Der inländische Steuerpflichtige A hat in Nicaragua in der dortigen Betriebsstätte einen Gewinn von umgerechnet 140 T€ erwirtschaftet. Steuern hat er dort i. H. v. umgerechnet 22 T€ bezahlt. Die inländischen Einkünfte betragen 260 T€.

LÖSUNG

Steuerbelastung bei Anwendung des § 34c Abs. 1 EStG

inländische Einkünfte	260 T€
+ ausländische Einkünfte	140 T€
= Summe der Einkünfte = zu versteuerndes Einkommen	400 T€
Die tarifliche Steuer (Grundtabelle, 40 %) beträgt	160 T€

$$\text{Höchstbetrag} = \frac{160\ \text{T€} \times 140\ \text{T€}}{400\ \text{T€}} = 56\ \text{T€}$$

tatsächlich gezahlte ausländische Steuer	./. 22 T€
Die festzusetzende Steuer beträgt	138 T€

Steuerbelastung bei Anwendung von § 34c Abs. 2 EStG

inländische Einkünfte	260 T€
+ ausländische Einkünfte (140 T€ ./. 22 T€)	118 T€
= Summe der Einkünfte = zu versteuerndes Einkommen	378 T€
Die tarifliche Steuer (Grundtabelle 40 %) beträgt	151 T€

Es gibt aber Fälle, bei denen die **Anwendung des § 34c Abs. 2 EStG** weitaus **günstiger** ist. Immer günstiger auf die Steuerbelastung wirkt sich die Anwendung der § 34c Abs. 2 EStG in folgenden Fällen aus:

- die ausländischen Einkünfte betragen Null oder sind negativ und trotzdem wurde ausländische Steuer bezahlt;
- die positiven ausländischen Einkünfte werden voll mit inländischen negativen Einkünften ausgeglichen.

Sind die ausländischen Einkünfte Null oder negativ, ist die Anrechnung der ausländischen Steuer nach § 34c Abs. 1 EStG deswegen nicht möglich, weil in diesem Fall keine deutsche Steuer auf ausländische Einkünfte entfällt.

Die ausländische Steuer kann in diesen Fällen aber nach § 34c Abs. 2 EStG bei der Ermittlung der Einkünfte abgezogen werden (R 34c (2) EStR).

BEISPIEL

Sachverhalt wie 4.7, Beispiel c).
Der Steuerpflichtige A führt in der BRD einen Gewerbebetrieb und unterhält eine Betriebsstätte in Kolumbien. Das Stammhaus in der BRD erzielt einen Gewinn von umgerechnet 100 T€ und die Betriebsstätte in Kolumbien (kein DBA) einen Verlust i. H. v. umgerechnet 50 T€. A zahlt umgerechnet 20 T€ kolumbianische Steuer.

LÖSUNG Da kein DBA mit Kolumbien besteht, sind die gewerblichen Verluste in der BRD nach dem Welteinkommensprinzip zu erfassen. § 2a Abs. 1 Nr. 2 EStG findet keine Anwendung (§ 2a Abs. 2 EStG). Sinnvollerweise stellt A einen Antrag nach § 34c Abs. 2 EStG.

inländische Einkünfte	100 T€
+ ausländische Einkünfte (./. 50 T€ ./. 20 T€)	./. 70 T€
= Summe der Einkünfte = zu versteuerndes Einkommen	30 T€
Die tarifliche Steuer (Grundtabelle, 15 %) beträgt	4,5 T€

Die Steuerersparnis durch Stellung des Antrags nach § 34c Abs. 2 EStG beträgt 8 T€ (12,5 T€ ./. 4,5 T€).

5.3 Steuerabzug in Verbindung mit § 10d EStG

Übersteigen die inländischen negativen Einkünfte betragsmäßig die positiven ausländischen Einkünfte, dann können ausländische Steuern nicht nach § 34c Abs. 1 EStG angerechnet werden. Da aber die ausländische Steuer nach § 34c Abs. 2 EStG bei der Ermittlung der Einkünfte berücksichtigt werden kann, führt dies in diesen Fällen zu einem höheren Verlustabzug nach § 10d EStG.

BEISPIEL

Der Steuerpflichtige A ermittelt in seinem inländischen Gewerbebetrieb einen Verlust von umgerechnet 100 T€. In der kolumbianischen Betriebsstätte erwirtschaftet er einen Gewinn von umgerechnet 50 T€ und zahlt umgerechnet 20 T€ kolumbianische Steuer.

LÖSUNG Da kein DBA mit Kolumbien besteht, sind die gewerblichen Einkünfte in der BRD zu erfassen.

inländische Einkünfte (Gewerbebetrieb)	./. 100 T€
+ ausländische Einkünfte (Gewerbebetrieb)	50 T€
= Einkünfte = zu versteuerndes Einkommen	./. 50 T€
Die tarifliche deutsche Steuer beträgt	0 €

Eine Anrechnung der ausländischen Steuer von umgerechnet 20 T€ ist nach **§ 34c Abs. 1 EStG** nicht möglich, da keine deutsche Steuer angefallen ist; außerdem beträgt der anrechenbare Höchstbetrag 0 €.
Auf Antrag ist aber ein Steuerabzug nach § 34c Abs. 2 EStG möglich. Die ausländische Steuer wird danach bei der Ermittlung der Einkünfte berücksichtigt.

inländische Einkünfte (Gewerbebetrieb)	./. 100 T€
+ ausländische Einkünfte (Gewerbebetrieb 50 T€ ./. 20 T€)	30 T€
= Summe der Einkünfte	./. 70 T€

Als **Ergebnis** ist festzuhalten, dass sich für den aktuellen Veranlagungszeitraum keine unmittelbare steuerliche Auswirkung ergibt; indessen erhöht sich das Verlustabzugsvolumen nach § 10d EStG.

5.4 Wahlrecht zwischen § 34c Abs. 1 und Abs. 2 EStG bei Einkünften aus verschiedenen ausländischen Staaten

Hat ein Steuerpflichtiger ausländische Einkünfte aus mehreren verschiedenen ausländischen Staaten, so kann er je nach Lage des Falles für jedes Land gesondert die Anrechnung der ausländischen Steuern nach § 34c Abs. 1 EStG oder den Abzug der ausländischen Steuern nach § 34c Abs. 2 EStG wählen. Das Antragsrecht muss für die gesamten Einkünfte und Steuern aus demselben Staat einheitlich ausgeübt werden (R 34c (4) EStR).

5.5 Einkünftebezogener Abzug ausländischer Steuern

Infolge der Novellierung des § 34c Abs. 2 EStG durch das Steueränderungsgesetz 1992 können ausländische Steuerbeträge bei der Ermittlung der Einkünfte(früher: beim Gesamtbetrag der Einkünfte) abgezogen werden. Da die Ermittlung der Einkünfte einkunftsartenbezogen erfolgt, müssen, wenn mehrere ausländische Einkünfte aus demselben Staat resultieren, die ausländischen Steuern verhältnismäßig auf die einzelnen Einkünfte aufgeteilt werden. Die entsprechenden Teilbeträge sind bei Anwendung der Abzugsmethode bei den einzelnen Einkunftsarten als Betriebsausgaben bzw. als Werbungskosten abzuziehen. Klarstellend ist darauf hinzuweisen, dass sich der Steuerpflichtige nur landbezogen für die Anrechnungsmethode oder die Abzugsmethode entscheiden kann; es ist nicht möglich, bei mehreren Einkünften aus einem ausländischen Staat einkünftebezogen zwischen der Anrechnungsmethode und der Abzugsmethode zu wechseln. Bei zusammenveranlagten Ehegatten wird eine einheitliche Ausübung des Wahlrechts nicht gefordert (R 34c (3) EStR).

5.6 Anwendung der § 34c Abs. 1 und 2 EStG bei zusammenveranlagten Ehegatten

Die Vorschrift des **§ 34c Abs. 1 EStG** ist eine Tarifvorschrift. Danach ist bei der Ermittlung des Höchstbetrages der anrechenbaren ausländischen Steuer nach § 34c Abs. 1 und 2 EStG eine einheitliche Summe der Ehegatten zu bilden (R 34c (3) Sätze 7 und 8 EStR). Außerdem ist nach § 68a EStDV für jeden einzelnen ausländischen Staat die Höchstbetragsberechnung gesondert durchzuführen. Dabei sind die Einkünfte aus dem ausländischem Staat und die anrechenbaren Steuern aus diesem Staat zusammenzurechnen.

Die Vorschrift des **§ 34c Abs. 2 EStG** ist dagegen den Einkunftsermittlungsvorschriften zuzuordnen. Daher müssen zusammenveranlagte Ehegatten das Antragsrecht nach § 34c

Abs. 2 EStG für ausländische Steuern und Einkünfte aus demselben Staat **nicht** einheitlich ausüben (R 34c (4) Satz 2 EStR).

BEISPIELE

a)	Ehemann	Ehefrau
inländische Einkünfte	30 000 €	40 000 €
ausländische Einkünfte aus Staat A	./. 10 000 €	20 000 €
(nach DBA-Anrechnungsmethode)		
ausländische Steuer	(1 000 €)	(2 000 €)
Summe der Einkünfte (keine Anwendung von § 2a EStG)	80 000 €	
Sonderausgaben	./. 10 000 €	
zu versteuerndes Einkommen	70 000 €	
ESt (ohne ausländische Steuer)	16 436 €	

Die Ehegatten stellen für die Berücksichtigung der ausländischen Steuer keinen Antrag nach § 34c Abs. 2 EStG.

LÖSUNG

Die ausländische Steuer wird nach § 34c Abs. 1 EStG angerechnet:

Anrechenbare ausländische Steuer:

$$\text{Höchstbetrag} = \frac{10\,000\,€ \times 16\,436\,€}{80\,000\,€} = \quad 2\,054\,€$$

festzusetzende deutsche Steuer 14 382 €

b) Sachverhalt wie a), der Ehemann stellt jedoch für die Berücksichtigung der ausländischen Steuer einen Antrag nach § 34c Abs. 2 EStG; die Ehefrau stellt keinen Antrag.

LÖSUNG	Ehemann	Ehefrau
inländische Einkünfte	30 000 €	40 000 €
ausländische Einkünfte aus Staat A	./. 11 000 €	20 000 €
Summe der Einkünfte (keine Anwendung von § 2a EStG)	79 000 €	
Sonderausgaben	./. 10 000 €	
zu versteuerndes Einkommen	69 000 €	
ESt	16 060 €	

Höchstbetragsrechnung nach § 34c Abs. 1 EStG für die Ehefrau:

Anrechenbare ausländische Steuer:

$$\frac{9\,000\,€\ \text{(ausländische Einkünfte: saldiert Einkünfte beider Ehegatten)} \times 16\,060\,€}{79\,000\,€\ \text{(Summe der Einkünfte beider Ehegatten)}} = 1\,829\,€$$

festzusetzende deutsche Steuer 14 231 €

c) Sachverhalt wie a), aber Ehegatten stellen für die Berücksichtigung der ausländischen Steuer den Antrag nach § 34c Abs. 2 EStG

LÖSUNG	Ehemann	Ehefrau
inländische Einkünfte	30 000 €	40 000 €
ausländische Einkünfte aus Staat A	./. 11 000 €	18 000 €
Summe der Einkünfte (keine Anwendung von § 2a EStG)	77 000 €	
Sonderausgaben	./. 10 000 €	
zu versteuerndes Einkommen	67 000 €	
ESt	15 318 €	

5.7 Anrechnung bzw. Abzug fiktiver Steuern

Nach einigen DBA (z. B. Indien, Spanien) ist eine **Anrechnung fiktiver ausländischer Quellensteuern** auf Dividenden/Zinsen, Lizenzgebühren bis zu einem bestimmten Höchstbetrag zulässig; d. h. selbst wenn im Ausland **keine** oder eine **niedrigere** Quellensteuer einbehalten wird, erfolgt bei der ESt-Veranlagung i. R. d. § 34c EStG eine Anrechnung ausländischer Steuern bzw. auf Antrag ein Abzug der fiktiven Steuern bei der Ermittlung der Einkünfte (vgl. Übersicht bei Vogel, DBA, Art. 23 Rz. 191).

Ein **Abzug fiktiver Steuern** bei der Ermittlung der Einkünfte gemäß § 34c Abs. 2 EStG ist **ab dem Veranlagungszeitraum** 1994 nicht mehr möglich (vgl. § 34c Abs. 6 Satz 2 EStG). Das Wahlrecht auf Abzug bleibt jedoch in Höhe des eventuell tatsächlich gezahlten Steuerbetrages erhalten. Bei Abzug der tatsächlich gezahlten Steuer ist eine Anrechnung des Differenzbetrages zwischen tatsächlich gezahlter und als gezahlt geltender ausländischer Steuer nicht zulässig. Kommt nur die Anrechnung fiktiver Steuern in Betracht, weil ein Abzug gesetzlich nicht zulässig ist, wird das Antragsrecht auf Abzug anderer ausländischer Steuern aus demselben Staat nicht ausgeschlossen.

Ab dem Veranlagungszeitraum 2009 ist die **Anrechnung** nach § 34c Abs. 1 EStG und der **Abzug** nach § 34c Abs. 2 EStG von fiktiven ausländischen Quellensteuern auf Kapitaleinkünfte, die der **Abgeltungsteuer** unterliegen, nicht mehr möglich (§ 34c Abs. 6 Satz 2 i. V. m. Abs. 1 Satz 3 EStG).

5.8 Gesonderte und ggf. einheitliche Feststellung von Einkünften im Rahmen von § 34c Abs. 2 EStG

Die Vorschrift des § 34c Abs. 2 EStG ist den Einkünfteermittlungsvorschriften zuzuordnen. Die Ausübung des Wahlrechts zugunsten des § 34c Abs. 2 EStG wirkt sich auf die Höhe der Einkünfte aus, da in diesem Fall die ausländische Steuer als Betriebsausgabe/Werbungskosten zu berücksichtigen ist. § 34c Abs. 2 ist deshalb bereits auf der Ebene der gesonderten und ggf. einheitlichen Feststellung der Einkünfte zu berücksichtigen.

In den Fällen der gesonderten und einheitlichen Feststellung der Einkünfte kann jeder Beteiligte einen Antrag stellen. Eine Bindung an die Wahlentscheidung eines anderen Beteiligten besteht nicht.

Das Antragsrecht auf Abzug ausländischer Steuern bei der Ermittlung der Einkünfte nach § 34c Abs. 2 EStG muss für die gesamten Einkünfte und Steuern aus demselben Staat auch dann einheitlich ausgeübt werden, wenn Einkünfte aus einem Staat teils in gesonderten und ggf. einheitlichen Feststellungen und teils direkt bei der Einkommensteuerveranlagung erfasst werden.

BEISPIEL

Ein Steuerinländer D ist zusammen mit anderen in der Bundesrepublik Deutschland unbeschränkt steuerpflichtigen Personen an einer Grundstücksgemeinschaft beteiligt, die Vermietungseinkünfte aus in der Schweiz belegenen Immobilien erzielt. Diese Vermietungseinkünfte unterliegen in der Schweiz ebenfalls der Besteuerung. Das DBA-Schweiz sieht zur Vermeidung der Doppelbesteuerung die Anwendung der DBA-Anrechnungsmethode vor.

LÖSUNG Die an der Grundstücksgemeinschaft beteiligten Personen müssen ihr Wahlrecht nach § 34c Abs. 2 EStG nicht einheitlich ausüben. Je nach Sachlage kann sich die Anrechnung der ausländischen Steuer nach § 34c Abs. 1 EStG bei einem Beteiligten günstiger auswirken. In diesem Fall wird das Antragswahlrecht in der zuerst beim zuständigen Finanzamt eingereichten Feststellungs- oder Steuererklärung ausgeübt. Entsprechendes gilt, wenn ausländi-

sche Einkünfte aus einem ausländischen Staat in mehreren Feststellungsbescheiden gesondert festgestellt werden.
Bis zur Unanfechtbarkeit des Feststellungs- bzw. Steuerbescheids, der aufgrund der zuerst eingereichten Erklärung ergangen ist, kann der Antrag nachgeholt oder zurückgenommen werden.

5.9 Berücksichtigung der ausländischen Steuern nach § 34c Abs. 1 und 2 EStG bei Dividenden aus ausländischen Beteiligungen nach dem StSenkG (2001) – Halbeinkünfteverfahren bis zum Veranlagungszeitraum 2008

Durch das Steuersenkungsgesetz (StSenkG) vom 23. 10. 2000, (BStBl I 2000, 1433) gilt für Ausschüttungen aus Anteilen an ausländischen Kapitalgesellschaften ab Veranlagungszeitraum 2001 das Halbeinkünfteverfahren.

Die ausländische Dividende rechnet – wie bisher – zu den Einnahmen aus ausländischem Kapitalvermögen, ist aber gemäß § 3 Nr. 40 d EStG zur Hälfte steuerfrei.

Sämtliche Werbungskosten, die in unmittelbarem wirtschaftlichen Zusammenhang zu den Einnahmen stehen, die dem Halbeinkünfteverfahren unterliegen, können nach § 3c Abs. 2 EStG nur noch zur Hälfte berücksichtigt werden. Dies gilt unabhängig davon in welchem Veranlagungszeitraum die Dividenden angefallen sind.

Dagegen wird der Werbungskostenpauschbetrag (§ 9a Satz 1 Nr. 2 EStG) und der Sparerfreibetrag (§ 20 Abs. 4 EStG) in vollem Umfang gewährt (Heinicke in Schmidt, EStG-Kommentar, § 3c Anm. 31).

Die von der ausschüttenden Kapitalgesellschaft im Ausland einbehaltene ausländische Quellensteuer kann i. R. d. § 34c Abs. 1 vollständig angerechnet (R 34c (2) Satz 3 EStR). Wird der Abzug der ausländischen Steuer nach § 34c Abs. 2 EStG beantragt, kann der Abzug nur insoweit erfolgen, als die Dividenden steuerpflichtig sind, also nur zur Hälfte.

Die hälftige Dividendenfreistellung hat allerdings einen indirekten Einfluss auf die Höhe des Anrechnungsbetrages, da hierdurch die Größen der Höchstbetragsberechnungsformel

$$\frac{\text{ausländische Einkünfte} \times \text{ESt}}{\text{Summe der inländischen und ausländischen Einkünfte}}$$

beeinflusst werden.

BEISPIEL

Gewinn vor Steuern der ausländischen Kapitalgesellschaft	200 T€
ausländische Gewinnsteuer 35 %	./. 70 T€
ausschüttbarer Gewinn	130 T€
ausländische Quellensteuer auf ausgeschütteten Gewinn	./. 30 T€
Zufluss beim inländischen Anteilseigner	100 T€
zuzüglich der ausländischen Quellensteuer	30 T€
ausländische Einkünfte	130 T€
zu versteuerndes Einkommen	65 T€
deutsche ESt (40 %)	26 T€
Anrechnung der ausländischen Steuer	
$\frac{65\ \text{T€}}{65\ \text{T€}} \times 26\ \text{T€} = 26\ \text{T€}$	./. 26 T€
noch zu zahlende ESt	0 T€
Dividende nach in- und ausländischer Steuer	100 T€

Nach § 4 Abs. 3 InvStG dürfen die ausländischen Steuern auf Dividenden in- und ausländischer Investmentanteile bei der Einkommensteuerveranlagung wegen des Halbeinkünfteverfahrens nur zur Hälfte berücksichtigt werden.

Nach § 40 Abs. 4 KAGG und nach § 19 AuslInvestmG ist die Höchstbetragsberechnung für jedes Investment-Sondervermögen, an dem der Stpfl. beteiligt ist, gesondert durchzuführen.

5.10 Anrechnung ausländischer Quellensteuer auf Zinsen und Dividenden im Steuerabzugsverfahren nach § 32d Abs. 5 EStG ab Veranlagungszeitraum 2009 (§ 52a Abs. 15 EStG)

5.10.1 Allgemeines

Die Besteuerung der laufenden Kapitalerträge i. S. d. § 20 Abs. 1 EStG hat sich durch die Einführung der Abgeltungsteuer nicht wesentlich geändert. Wie bisher werden die Erträge aus der laufenden Kapitalnutzung (z. B. Dividenden oder Zinsen) erfasst. Neu ist dagegen, dass nunmehr auch ausländische Dividenden der Abgeltungsteuer unterliegen, wenn die Aktien in einem inländischen Depot verwahrt werden (§ 43 Abs. 1 Nr. 6 EStG).

Für die ausländischen Zins- und Dividendeneinkünfte ist nach den gängigen DBA (Art. 10 und 11 OECD-MA) in der Regel dem Ansässigkeitsstaat das Besteuerungsrecht zugewiesen unter Anrechnung der ausländischen Quellensteuer.

5.10.2 Anrechnung der ausländischen Quellensteuer

Gem. § 32d Abs. 5 i. V. m. Abs. 1 EStG i. d. F. des JStG 2009 ist die Abgeltungsteuer um die anrechenbare und keinem Ermäßigungsanspruch mehr unterliegende ausländische Steuer zu mindern. Da diese Minderung bereits im Steuerabzugsverfahren erfolgen soll, um einen möglichst abgeltenden Steuerabzug zu gewährleisten, muss die ausländische Steuer durch den Steuerabzugsverpflichtenden (z. B. Kreditinstitut) berücksichtigt werden. Dort müssen auch die Voraussetzungen für die Steueranrechnung überprüft werden (§ 43a Abs. 3 Satz 1 EStG). Die Anrechnung ist auf 25 % der ausländischen Steuer begrenzt (§ 32d Abs. 5 Satz 3 EStG).

§ 32d Abs. 5 i. V. m. Abs. 1 EStG ist damit als Sondervorschrift zu § 34c EStG für die Anrechnung der ausländischen Quellensteuer zu verstehen (vgl. Schmidt, EStG-Kommentar, § 32d Anm. 18). Die Neuregelung bewirkt, dass diese Einkünfte aus dem Anwendungsbereich des Anrechnungs- und Abzugsverfahren des § 34c EStG ausgenommen werden. Daher ist in diesen Fällen vorrangig zu prüfen, ob die ausländischen Kapitalerträge der Abgeltungsteuer nach § 34 d EStG unterliegen und nicht unter § 20 Abs. 8 EStG (Subsidiaritätsprinzip) fallen.

Bei der Anrechnung der ausländischen Steuer i. S. d. § 32d Abs. 5 EStG bedarf es einer Unterscheidung zwischen der Konstellation ohne DBA (§ 32d Abs. 5 Satz 1 EStG) und den Fällen, bei denen ein DBA abgeschlossen wurde (§ 32d Abs. 5 Satz 2 EStG).

5.10.2.1 Fälle ohne Doppelbesteuerungsabkommen

Nach § 32d Abs. 5 Satz 1 EStG ist bei unbeschränkt Steuerpflichtigen, die mit ausländischen Kapitalerträgen im ausländischen Staat zu einer der deutschen Einkommensteuer entsprechenden Steuer herangezogen werden, die auf ausländische Kapitalerträge festgesetzte und gezahlte und um einen entstandenen Ermäßigungsanspruch gekürzte ausländische Steuer, jedoch höchstens 25 % ausländische Steuer auf den einzelnen Kapitalertrag, auf die deutsche Steuer anzurechnen. § 34c Abs. 1 Satz 1 EStG erfordert hierbei, dass der ausländische

Kapitalertrag zu einer der deutschen Einkommensteuer entsprechenden Steuer herangezogen werden muss, damit die Anrechnung derselben im Rahmen des Einbehalts von Kapitalertragsteuer erfolgen kann. Für die Prüfung, ob eine ausländische Steuer der deutschen Einkommensteuer entspricht, kann das in Anhang 12 des amtlichen Einkommensteuer-Handbuchs veröffentlichte Verzeichnis ausländischer Steuern in Nicht-DBA-Staaten herangezogen werden (BMF vom 14. 12. 2007 AZ IV B 8 – S 2000/07/0001).

5.10.2.2 Fälle mit Doppelbesteuerungsabkommen

Gem. § 32 d Abs. 5 Satz 2 EStG ist, soweit in einem DBA die Anrechnung einer ausländischen Steuer einschließlich einer als gezahlt geltenden Steuer auf die deutsche Steuer vorgesehen ist, Satz 1 entsprechend anzuwenden. Diese Norm regelt somit auch die Anrechnung fiktiver Quellensteuer – allerdings ist die Anrechnung auch in diesem Fall nur bis Null möglich.

Zu beachten ist dabei, dass die Voraussetzungen für die Anrechnung fiktiver Quellensteuer in den einzelnen DBA unterschiedlich geregelt sind.

5.10.3 Abzug der ausländischen Quellensteuer

Ein alternativer Abzug der ausländischen Steuer von den Kapitaleinkünften bei der Ermittlung der Einkünfte nach § 34c Abs. 2 EStG ist nach § 32 d Abs. 5 EStG nicht mehr möglich.

5.10.4 Wegfall der Per-country-limitation

Mit der Neuregelung des § 32 d Abs. 5 EStG wendet sich der Gesetzgeber in Satz 1 für Zwecke der Abgeltungsteuer von der in § 34c Abs. 1 **Satz 1** EStG verankerten Per-country-limitation ab. Stattdessen wurde die Anrechenbarkeit einzig auf 25 % der ausländischen Steuer auf den einzelnen Kapitalertrag beschränkt. Nach Kappung der ausländischen Steuer auf 25 % ist die anrechenbare Quellensteuer in voller Höhe mit in- und ausländischen Erträgen im Rahmen einer Topfbildung verrechenbar. Ein eventueller Überhang anrechenbarer Quellensteuer ist auf das Folgejahr nicht übertragbar, kann aber für Zwecke der Veranlagung bescheinigt werden. In § 32 d Abs. 5 **Satz 3** EStG wird klargestellt, dass durch die Anrechnung der ausländischen Steuer die Kapitalertragsteuer höchstens bis auf Null reduziert werden kann.

5.10.5 Anrechnung im Veranlagungsverfahren

Nach § 2 Abs. 5 **Satz 1** EStG bleiben die Kapitaleinkünfte, die dem Steuerabzugsverfahren unterliegen, im Rahmen der Einkommensteuerveranlagung außer Ansatz. Der Steuerabzug hat grundsätzlich abgeltende Wirkung (§ 43 Abs. 5 EStG).

Wird die ausländische Steuer aber nicht im Rahmen des Steuerabzugsverfahrens berücksichtigt, so ist eine Anrechnung der ausländischen Steuer im Veranlagungsverfahren nach § 32 d Abs. 4 und 5 EStG möglich (antragsgebunden!). Unterlagen die Kapitalerträge bislang keiner Besteuerung, so müssen sie zwingend im Rahmen der Einkommensteuererklärung angegeben werden (§ 32 d Abs. 3 EStG); z. B. Zinseinkünfte aus Privatdarlehen.

5.10.6 Kapitalerträge aus Investmentvermögen

Mit Einführung der Abgeltungsteuer wird, soweit Erträge aus Investmentanteilen zu den Einkünften aus Kapitalvermögen (§ 20 Abs. 2 EStG) zählen, die Anrechnung der ausländischen Steuer beim Anleger wie bei einer Direktanlage bereits beim Steuerabzug erfolgen und nicht wie bislang erst im Rahmen der Veranlagung (§ 4 Abs. 2 Satz 8 InvStG).

Danach ist die ausländische Quellensteuer für jedes Investmentvermögen zusammengefasst zu berechnen.

5.10.7 Steuerbescheinigungen für ausländische thesaurierende Fonds

Anteilseigener von ausländischen thesaurierenden Fonds unterliegen mit ihren als zugeflossen geltenden thesaurierten Erträgen (ausschüttungsgleiche Erträge) nicht dem Kapitalertragsteuerabzug nach § 7 InvStG. Dennoch hat der Steuerpflichtige die als zugeflossen geltenden ausschüttungsgleichen Erträge im Rahmen seiner persönlichen Einkommensteuererklärung anzugeben und zu versteuern (§ 32 d Abs. 3 EStG).

Bei Veräußerung von Anteilen eines ausländischen thesaurierenden Fonds muss die inländische Depot-Bank allerdings von den kumulierten als zugeflossen geltenden ausschüttungsgleichen Kapitalerträgen einen Steuerabzug vornehmen. Man spricht von einem sog. nachholenden Kapitalertragsteuerabzug, der die bereits im Veranlagungsverfahren besteuernden Kapitalerträge erfasst (§ 7 Abs. 1 Satz 1 Nr. 3 InvStG).

Die Bank erteilt in diesem Fall eine Steuerbescheinigung (vgl. Muster I, BMF vom 18. 12. 2009 BStBl I 2010, 79).

5.10.8 Sparer-Pauschbetrag nach § 20 Abs. 9 EStG

Mit Einführung der Abgeltungsteuer wurde der Werbungskostenabzug in tatsächlicher Höhe durch den pauschalierenden Werbungskostenabzug nach § 20 Abs. 9 EStG (sog. **Sparer-Pauschbetrag**) ersetzt.

Gegen diesen pauschalen Werbungskostenabzug ist nunmehr vor dem FG Münster (AZ 6 K 1847/10 E) ein Finanzgerichtsverfahren anhängig. In der Sache wird gerügt, dass durch den pauschalierenden Werbungskostenabzug eine Ungleichbehandlung der Kapitaleinkünfte gegenüber anderen Einkunftsarten erfolge, bei denen eine volle Berücksichtigung der Aufwendungen möglich sei.

5.10.9 Subsidiaritätsklausel

Gehören die ausländischen Einkünfte aus den Kapitaleinlagen zu anderen Einkunftsarten, sind sie im Rahmen dieser zu besteuern (vgl. § 20 Abs. 8 EStG). In diesen Fällen bleibt es bei der Berücksichtigung der mit den Kapitalanlagen zusammenhängenden Aufwendungen als Werbungskosten oder Betriebsausgaben. Dividendeneinkünfte unterliegen dann dem Teileinkünfteverfahren, d. h. sie sind zu 60 % einkommensteuerpflichtig und die damit zusammenhängenden Aufwendungen sind nur zu 60 % steuerlich zu berücksichtigen (vgl. §§ 3 Nr. 40, 3c Abs. 2 EStG). Die Einkünfte sind in die Veranlagung zur Einkommensteuer einzubeziehen und werden im Rahmen der normalen Tarifermittlung berücksichtigt.

BEISPIEL

A lässt in seinem Depot bei der inländischen X-Bank sowohl Aktien der inländischen Y-AG als auch Aktien von der ausländischen Z-AG verwahren. Die Y-AG zahlt in 2009 eine Dividende in Höhe von 10 000 € an A. Die Z-AG zahlt eine Dividende in Höhe von 5 000 €.

LÖSUNG Sowohl die Dividende der Y-AG als auch der Z-AG unterliegen der Abgeltungsteuer. Die inländische Y-AG überweist nach Abzug von 25 % Abgeltungsteuer (ohne Annexsteuern) 7 500 € auf das Konto des A bei der X-Bank. Sie ist zum Kapitalertragsteuereinbehalt nach § 43 Abs. 1 Nr. 1 i. V. m. § 44 Abs. 1 Satz 3 EStG verpflichtet.
a) Die ausländische Z-AG hat im Inland keine Abgeltungsteuereinbehaltungspflicht. Da die Aktien jedoch in einem inländischen Depot des A verwaltet werden, ist die X-Bank verpflichtet, die Abgeltungsteuer von der Dividende (25 % von 5 000 €) 1 250 € einzubehalten und abzuführen (§ 43 Abs. 1 Nr. 1 und 6 i. V. m. § 44 Abs. 1 Satz 4 Nr. 1 EStG). A bekommt 3 750 € gutgeschrieben.
b) Der Kapitalertragsteuerabzug in Form der Abgeltungsteuer hat grundsätzlich abgeltende Wirkung (§ 43 Abs. 5 EStG). Eine Anlage KAP braucht A nicht abzugeben. Eventuell einbehaltene ausländische Quellensteuer kann nach Maßgabe des § 32 d Abs. 5 EStG bereits auf Bankenebene nach der Tarifformel des § 32 d Abs. 1 EStG angerechnet werden.

5.11 Zinsinformationsverordnung (ZIV)

Aufgrund der Ermächtigungsnorm des § 45e EStG wurde die sog. Zinsinformationsverordnung (ZIV) am 26. 01. 2004 erlassen.

Seit dem 01. 07. 2005 wird die EU-Zinsrichtlinie von allen EU-Mitgliedstaaten angewendet. Diese soll die effektive Besteuerung von Zinserträgen natürlicher Personen im Gebiet der EU sicherstellen. Die Regelung beschränkt sich auf grenzüberschreitende Zinszahlungen und lässt innerstaatliche Regelungen über die Besteuerung von Zinserträgen unberührt. Die Richtlinie wurde durch die Zinsinformationsverordnung (ZIV) in deutsches Recht umgesetzt. Mit dem BMF-Schreiben vom 30. 01. 2008 (BStBl I 2008, 320) hat die Finanzverwaltung das Anwendungsschreiben zur ZIV vom 06. 01. 2005 aktualisiert.

Die EU-Zinsrichtlinie sieht vor, dass bei grenzüberschreitenden Zinszahlungen regelmäßig ein Informationsaustausch stattfinden soll.

Dieser Informationsaustausch läuft (vereinfacht) wie folgt ab:

Deutsche Zahlstellen (i. d. R. Kreditinstitute) leisten Zinszahlungen an im Ausland ansässige natürliche Personen (wirtschaftliche Eigentümer). Über die Höhe dieser Zinszahlungen informieren die Zahlstellen das Bundeszentralamt für Steuern (BZSt), welches diese Informationen an die zuständigen ausländischen Steuerbehörden für Zwecke der Einkommensbesteuerung weiterleitet. Im umgekehrten Fall (Zinszahlung aus dem Ausland an eine im Inland ansässige natürliche Person) erhält das BZSt von den ausländischen Steuerbehörden Informationen über Zinszahlungen. Diese Informationen werden an das jeweilige zuständige inländische Finanzamt für Zwecke der Einkommensbesteuerung weitergeleitet.

Statt der Auskunftserteilung nach Deutschland kann für eine Übergangszeit von den in den Mitgliedstaaten Belgien, Luxemburg und Österreich niedergelassenen Zahlstellen ein Steuerabzug (Quellensteuer) vorgenommen werden. Diese Quellensteuer wird durch die zuständige ausländische Steuerbehörde ohne Angabe des Namens des wirtschaftlichen Eigentümers an das BZSt überwiesen.

Diese Quellensteuer beläuft sich

- in den ersten drei Jahren nach Inkrafttreten der Zinsrichtlinie (01. 07. 2005 bis 30. 06. 2008) auf 15 %,
- in den darauf folgenden drei Jahren (01. 07. 2008 bis 30. 06. 2011) auf 20 %,
- und anschließend auf 35 % der Zinserträge.

Neben den EU-Staaten haben auch die abhängigen und assoziierten Gebiete sowie bestimmte Drittstaaten (Andorra, Liechtenstein, Monaco, San Marino, Schweiz) entsprechende Regelungen umgesetzt.

6 Abzug ausländischer Steuern nach § 34c Abs. 3 EStG

6.1 Vorbemerkung

Nach § 34c Abs. 3 EStG besteht eine weitere Möglichkeit, die im Ausland gezahlten Steuern im Inland bei der Ermittlung der Einkünfte aus den einzelnen Einkunftsarten als Betriebsausgaben oder Werbungskosten zu berücksichtigen. Die Regelung stellt sich als sog. **Auffangvorschrift** oder als **Billigkeitsmaßnahme** dar, sofern die engen Voraussetzungen des in § 34c Abs. 1 i. V. m. § 34 d EStG geregelten Steueranrechnungsverfahrens nicht erfüllt sind. Die meisten praktischen Schwierigkeiten wie beim Steuerabzug nach § 34c Abs. 2 EStG ergeben sich hier nicht, weil der Abzug nach § 34c Abs. 3 EStG obligatorisch ohne Ausübung eines Wahlrechts zu erfolgen hat.

6.2 Tatbestandsvoraussetzungen und Rechtsfolgen

Der Steuerabzug nach § 34c Abs. 3 EStG knüpft an die Tatbestandsvoraussetzungen der Steueranrechnung nach § 34c Abs. 1 EStG an und ermöglicht eine Steuerermäßigung, wenn die Steueranrechnung deswegen ausgeschlossen ist, weil

- die ausländische Steuer nicht der deutschen ESt entspricht (Anhang 12 zu R 34c (2) EStR) oder
- die ausländische Steuer nicht von dem Staat erhoben wird, aus dem die Einkünfte stammen (z. B. Steuern eines Drittstaates auf Einkünfte einer im Ausland gelegenen Betriebsstätte) oder
- keine ausländischen Einkünfte i. S. d. § 34 d EStG vorliegen.

Die dritte Variante des § 34c Abs. 3 EStG betrifft die Fallgestaltung, dass im Ausland eine Einkunftsquelle besteht und dort auch besteuert wird, diese aber nicht unter einer der Katalogziffern des § 34 d EStG zu subsumieren ist. Sofern das Ergebnis der ausländischen Einkunftsquelle im Inland nach dem Welteinkommensprinzip zu erfassen ist, können die ausländischen Steuerbeträge bei der Einkunftsermittlung abgezogen werden.

Der Steuerabzug nach § 34c Abs. 3 EStG kann nur im Verhältnis zu Nicht-DBA-Staaten eingreifen (vgl. § 34c Abs. 6 Satz 1 EStG). Als Rechtsfolge des § 34c Abs. 3 EStG ergibt sich, dass die ausländischen Steuern in **voller Höhe** und ohne Einschränkung **durch einen Höchstbetrag** bei der Einkunftsermittlung abzuziehen sind. Der Steuerabzug ist **von Amts wegen** zu berücksichtigen.

BEISPIEL

Der deutsche Steuerpflichtige A liefert eine Beregnungsanlage in das Entwicklungsland E; die dort von einheimischen Arbeitskräften montiert wird. Das Land E erhebt eine Liefersteuer, die 10 % des Auftragsvolumens beträgt. Es besteht kein DBA.

LÖSUNG Da die im Ausland erhobene Liefersteuer (so genannte Hammerschlagsteuer) wohl nicht der deutschen ESt vergleichbar ist, sondern eher einer USt entspricht, scheidet das Anrechnungsverfahren nach § 34c Abs. 1 EStG aus. Da gleichwohl die durch das Auslandsgeschäft erzielten gewerblichen Einkünfte der deutschen Besteuerung unterliegen, gestattet das deutsche EStG im Billigkeitsweg den Abzug der im Ausland erhobenen Steuer bei der Ermittlung der Einkünfte. Klarstellend ist darauf hinzuweisen, dass § 34c Abs. 3 EStG nicht fordert, dass ausländische Einkünfte i. S. d. § 34 d EStG vorliegen müssen. Der Steuerabzug ist im Übrigen von Amts wegen zu berücksichtigen.

7 Steuerpauschalierung und Freistellung nach § 34c Abs. 5 EStG, insbesondere Pauschalierungserlass und Auslandstätigkeitserlass

7.1 Allgemeines

Nach § 34c Abs. 5 EStG können die obersten Finanzbehörden der Länder mit Zustimmung des Bundesministers für Finanzen die auf ausländische Einkünfte entfallende deutsche ESt entweder erlassen oder in einem Pauschbetrag festsetzen, wenn dies aus volkswirtschaftlichen Gründen zweckmäßig erscheint oder die Durchführung der Steueranrechnung besonders schwierig ist.

Auf Grund dieser Gesetzesermächtigung ist mit Schreiben des BMF vom 10.04.1984 BStBl I 1984, 252 der so genannte »**Pauschalierungserlass**« für die Pauschalierung der ESt und KSt und mit Schreiben des BMF vom 31.10.1983 BStBl I 1983, 470 der sog. »**Auslandstätigkeitserlass**« ergangen.

7.2 Sinn und Zweck des Pauschalierungserlasses

Der Pauschalierungserlass will aus volkswirtschaftlichen Gründen Einkünfte aus gewerblicher und selbstständiger Tätigkeit, die in Nicht-DBA-Staaten erwirtschaftet werden, steuerlich begünstigen. Statt der Anrechnung ausländischer Steuern werden auf Antrag ausländische unternehmerische Einkünfte mit einem pauschalen Steuertarif i. H. v. 25% erfasst. Dadurch ergeben sich insbesondere für Einkünfte aus Entwicklungs- und Schwellenländern Steuervorteile, wenn diese Länder aus wirtschafts- und beschäftigungspolitischen Gründen das außenwirtschaftliche Engagement von ausländischen Investoren steuerlich begünstigen. Die deutsche Steuergesetzgebung und Finanzverwaltung tragen durch den Pauschalierungserlass den wirtschaftlichen Belangen dieser Staaten Rechnung und flankieren somit die Außenwirtschafts- und Entwicklungspolitik der BRD.

7.3 Einzelheiten zum Pauschalierungserlass

Der Pauschalierungserlass ist nur anwendbar bei ausländischen Einkünften, die aus einem Staat stammen, mit dem **kein DBA** besteht. Die Pauschalierung wird nur **auf Antrag vom Finanzamt** durchgeführt.

Pauschal können nur **bestimmte unternehmerische Einkünfte** besteuert werden (vgl. Pauschalierungserlass vom 10.04.1984 [a. a. O.], Tz. 3). Dazu gehören vorrangig Einkünfte aus Gewerbebetrieb, die durch die Tätigkeit einer im ausländischen Staat befindlichen Betriebsstätte (§ 12 AO) erwirtschaft werden; diese Betriebsstätteneinkünfte müssen buchtechnisch aus dem Gewinn des Gesamtunternehmens ausgegliedert werden können. Die Pauschalierung besteht auch für gewerbliche Beteiligungseinkünfte (Mitunternehmerschaft), wenn die Beteiligung zu einem Betriebsvermögen eines inländischen gewerblichen Unternehmens gehört. Auch bestimmte Einkünfte aus selbstständiger Tätigkeit, die in einer ausländischen festen Einrichtung erzielt werden, können pauschal besteuert werden. Schließlich können Beteiligungseinkünfte einer inländischen Muttergesellschaft an einer ausländischen Tochtergesellschaft unter den weiteren Voraussetzungen des Pauschalierungserlasses steuerlich begünstigt werden. Die ausländischen, gewerblichen Einkünfte müssen sich als aktiv bzw. produktiv i. S. d. § 2a Abs. 2 EStG darstellen (vgl. Pauschalierungserlass vom 10.04.1984 [a. a. O.], Tz. 5).

Die **Steuerermäßigung** besteht nach dem Pauschalierungserlass darin, dass die ESt bzw. KSt für die ausländischen Einkünfte **mit 25 % festgesetzt** wird. Gleichzeitig sind diese Einkünfte bei der Einkommensermittlung und bei der Ermittlung des Steuersatzes für die übrigen Einkünfte unberücksichtigt (Abgeltungswirkung) zu lassen.

Die gleichzeitige Anrechnung der ausländischen Steuer nach § 34c Abs. 1 EStG oder ihr Abzug bei der Einkommensermittlung nach § 34c Abs. 2 EStG ist nicht möglich.

BEISPIEL

Der inländische Unternehmer U hat ein zu versteuerndes Einkommen i. H. v. umgerechnet 100 000 €. Aus seiner im Ausland (Nicht-DBA-Staat) gelegenen Betriebsstätte (Produktion) hat er Einkünfte von umgerechnet 50 000 € (ausländische Steuersatz 10% = 5 000 €).

LÖSUNG

inländische Einkünfte	100 000 €
ESt (Grundtabelle, 30 %)	30 000 €
ausländische Einkünfte	50 000 €
ausländische Steuer	5 000 €
Pauschalierung 25 %	12 500 €
inländische Steuer gesamt	42 500 €
Gesamtbelastung	47 500 €
Steuerbelastung bei Anrechnungsmethode:	
Summe der Einkünfte	150 000 €
ESt (Grundtabelle, 35 %)	52 500 €
anrechenbare ausländische Steuer	5 000 €
festzusetzende ESt	47 500 €
Gesamtbelastung	52 500 €

Die pauschale Besteuerung schließt aber weder die Anrechnung noch den Abzug ausländischer Steuern aus demselben Staat aus, die auf andere als die pauschal besteuerten Einkünfte entfallen. Kommt im selben Veranlagungsfall neben der pauschalen Besteuerung die Anrechnung ausländischer Steuern nach § 34c Abs. 1 EStG in Betracht, so sind vor der Berechnung des Anrechnungshöchstbetrags der Betrag der pauschal zu besteuernden Einkünfte aus der Summe der Einkünfte und die Pauschalsteuer aus dem aufzuteilenden Steuerbetrag herauszurechnen (vgl. Pauschalierungserlass vom 10. 04. 1984 [a. a. O.], Tz. 8).

Hat der Steuerpflichtige innerhalb desselben Staates mehrere Einkünfte i. S. d. Pauschalierungserlasses, so sind die Gewinne und Verluste miteinander zu verrechnen; das bedeutet, dass der Antrag auf Anwendung der Pauschalierung nur einheitlich gestellt werden kann. Bei einem Gesamtverlust kann der Pauschalierungserlass nicht angewendet werden. Der Antrag empfiehlt sich vor allem dann, wenn die ausländische Steuer sehr gering ist oder wenn die gesamte Steuerbelastung bei Anwendung der Anrechnungs- bzw. Abzugsmethode höher ist als bei Anwendung der Pauschalierungsmethode.

Bezüglich der weiteren persönlichen und sachlichen Voraussetzungen im Einzelnen wird auf den Text des Pauschalierungserlasses verwiesen.

Mit Schreiben des BMF vom 22. 09. 2003 (BStBl I 2003, 747) wurde der Pauschalierungserlass für Körperschaften ab VZ 2004 aufgehoben, mit der Begründung, dass der Erlass wegen der Absenkung des Körperschaftsteuersatzes auf 25 % ohne Bedeutung ist.

7.4 Auslandstätigkeitserlass

Nach dem so genannten Auslandstätigkeitserlass (früher: Montageerlass von 1983) wird bei unbeschränkt steuerpflichtigen Arbeitnehmern von der Besteuerung des Arbeitslohnes für im Ausland ausgeübte Tätigkeit unter bestimmten Voraussetzungen abgesehen, nämlich wenn

- mit dem ausländischen Staat **kein DBA** besteht,
- die im Ausland ausgeübte **Tätigkeit** grundsätzlich für einen **inländischen Arbeitgeber** (Lieferant, Hersteller, Auftragnehmer) geleistet wird und produktiven Zwecken dient,
- die Tätigkeit **mindestens drei Monate** ununterbrochen in dem ausländischen Staat ausgeübt wird.

Über Beginn, Ende und etwaige Unterbrechungen der Auslandstätigkeit sind im Auslandstätigkeitserlass nähere Regelungen enthalten.

Die Rechtsfolge des Auslandstätigkeitserlasses besteht vorrangig in einem **Verzicht** (**Steuererlass** i. S. d. § 227 AO) auf die Besteuerung der Auslandstätigkeit. Vom Arbeitgeber oder Arbeitnehmer ist eine **Freistellungsbescheinigung beim zuständigen Betriebsstättenfinanzamt** zu beantragen. Auf Grund dessen ist der Arbeitgeber berechtigt, von der Besteuerung des fraglichen Arbeitslohns abzusehen. Die Freistellungsbescheinigung stellt indessen keinen Grundlagenbescheid dar und bindet das Finanzamt nicht in Besteuerungsverfahren des einzelnen Arbeitnehmers (BFH vom 28. 08. 1991 BStBl II 1992, 107). Eine weitere Rechtsfolge besteht darin, dass der steuerfreie Arbeitslohn i. R. d. Progressionsvorbehalts nach § 32b Abs. 1 Nr. 3 EStG berücksichtigt werden muss. Wird keine Freistellung beim Betriebsstättenfinanzamt beantragt, so muss der Arbeitgeber den Lohnsteuerabzug vom Arbeitslohn vornehmen. Der Arbeitnehmer kann dann allerdings die Steuerbefreiung i. R. d. Veranlagung beim Wohnsitzfinanzamt geltend machen.

Wegen der weiteren Einzelheiten wird auf den Auslandstätigkeitserlass verwiesen.

8 Progressionsvorbehalt nach § 32b EStG

8.1 Grundsätze

Die Regelungen über den Progressionsvorbehalt nach § 32b EStG sind eine Folge davon, dass eine unbeschränkt steuerpflichtige natürliche Person mit ihren Welteinkünften nach dem Prinzip der wirtschaftlichen Leistungsfähigkeit besteuert wird. Trotz der Aufteilung der Einkunftsquellen auf mehrere Staaten soll eine Person nicht besser und nicht schlechter gestellt werden als eine andere Person, die gleich hohe Einkünfte nur in einem Staat zu versteuern hat (Prinzip der Besteuerung nach der Leistungsfähigkeit).

Sofern ein solcher Steuerpflichtiger Einkünfte aus einem **Nicht-DBA-Staat** bezieht, wird diesen Besteuerungsprinzipien dadurch Rechnung getragen, dass die auf diese Einkünfte entrichteten ausländischen Steuern nach den Vorschriften des § 34c Abs. 1 bis 5 sowie des § 34 d EStG steuermindernd bei der Festsetzung der inländischen ESt berücksichtigt werden.

Sofern ein Steuerpflichtiger Einkünfte aus einem **DBA-Staat** bezieht, richtet sich die steuerliche Behandlung der ausländischen Einkünfte und der im Ausland entrichteten Steuern vorrangig nach den Regeln des jeweiligen DBA. Prinzipiell sind die Techniken der Anrechnungsmethode oder der Freistellungsmethode anzuwenden.

Nach der **Anrechnungsmethode** werden die ausländischen Einkünfte im Inland der Besteuerung unterworfen. Nach § 34c Abs. 6 Satz 2 EStG werden die auf die ausländischen Einkünfte gezahlten Steuern entweder nach § 34c Abs. 1 angerechnet oder nach § 34c Abs. 2 bei der Ermittlung der Einkünfte abgezogen (z. B. Einkünfte aus Vermietung und Verpachtung aus der Schweiz nach Art. 6 i. V. m. Art. 24 Abs. 1 Nr. 2 DBA-Schweiz).

Nach der **Freistellungsmethode** werden die ausländischen Einkünfte von der deutschen Besteuerung ausgenommen. Zur Ermittlung des anzuwendenden Steuersatzes werden jedoch die ausländischen Einkünfte wieder in das zu versteuernde Einkommen mit einbezogen (**Progressionsvorbehalt**). Danach ist der Progressionsvorbehalt nach § 32b Abs. 1 Nr. 3 EStG nur dann anzuwenden, wenn in einem DBA die sog. Freistellungsmethode zur Vermeidung der Doppelbesteuerung vorgesehen ist. Ebenso wie bei steuerfreien Lohnersatzleistungen (vgl. § 32b Abs. 1 Nr. 1 EStG) erhöhen die steuerfreien ausländischen Einkünfte die wirtschaftliche Leistungsfähigkeit des Steuerpflichtigen (vgl. BFH vom 11. 09. 1987 BStBl II 1987, 856).

Zweck der Einbeziehung der Auslandseinkünfte ist daher die »erhöhte« oder »ermäßigte« Besteuerung der steuerpflichtigen Einkünfte nach der tatsächlichen Leistungsfähigkeit des Steuerpflichtigen (BFH vom 25. 05. 1970 BStBl II 1970, 660). Dementsprechend kann der »positiv« oder »negativ« wirkende Progressionsvorbehalt zur Erhöhung oder Ermäßigung des Steuersatzes führen; ggf. kann der Steuersatz auf Null sinken. Die Anwendung des Progressionsvorbehalts muss dazu führen, dass die der deutschen Besteuerung verbleibenden Einkünfte dem Steuersatz unterworfen werden, der sich ergeben würde, wenn das DBA nicht vorhanden wäre (BFH vom 30. 05. 1990 BStBl II 1990, 906). Das BVerfG hat die Verfassungsmäßigkeit der Regelungen über den Progressionsvorbehalt in ständiger Rechtsprechung bestätigt (zuletzt Beschlüsse vom 27. 03. 1998 IStR 1998, 344 und IStR 1998, 376).

Die Freistellungsmethode ist nach den geltenden DBA i. d. R. bei folgenden Einkünften anzuwenden:

- unbewegliches Vermögen (Land- und Forstwirtschaft sowie Vermietung und Verpachtung; insoweit sind die Besonderheiten der DBA mit Schweiz und Spanien zu beachten);
- Gewerbebetrieb (Unternehmensgewinne aus Betriebsstätten);
- selbstständiger Tätigkeit im Rahmen einer festen Einrichtung;
- nichtselbstständige Tätigkeit, soweit nicht die so genannte 183-Tage-Regelung greift.

8.2 Systematische Vorbemerkung

Die einkommensteuerliche Regelung über den Progressionsvorbehalt ist eine **einseitige** (nationale) Regelung und bezieht sich auf eine **zweiseitige** (internationale) Regelung über den Progressionsvorbehalt in einem DBA. So gesehen hat die einkommensteuerliche Regelung über den Progressionsvorbehalt im Verhältnis zu einer abkommensrechtlichen Regelung über den Progressionsvorbehalt keine **eigenständige** bzw. nur eine **deklaratorische** Bedeutung (vgl. Heinicke in Schmidt, EStG-Kommentar, § 32b Anm. 15). Der BFH hat in verschiedenen Urteilen (BFH vom 19. 12. 2001 BStBl II 2003, 302 und vom 19. 11. 2003, BStBl II 2004, 549) entschieden, dass die Anwendung des Progressionsvorbehaltes in DBA-Fällen lediglich voraussetze, dass das DBA die Berücksichtigung eines Progressionsvorbehaltes nicht verbiete. Allerdings kommt der in § 32b Abs. 2 EStG enthaltenen Regelung über die Berechnung des besonderen Steuersatzes materiell-rechtliche Bedeutung zu; insoweit wird in § 32b Abs. 2 EStG die konkrete Rechtsfolge für den abgabenrechtlichen Progressionsvorbehalt geregelt.

8.3 Erscheinungsformen des Progressionsvorbehalts i. S. d. § 32b Abs. 1 Nr. 3 EStG

Beim Progressionsvorbehalt für steuerfreie ausländische Einkünfte wird zwischen dem
- positiven Progressionsvorbehalt und dem
- negativen Progressionsvorbehalt

unterschieden.

8.3.1 Positiver Progressionsvorbehalt

Der **positive Progressionsvorbehalt** kommt in Betracht, wenn die ausländischen Einkünfte positiv sind (Gewinne, Überschuss der Einnahmen über die Werbungskosten), und bewirkt eine Erhöhung des Steuersatzes.

8.3.2 Negativer Progressionsvorbehalt

Der **negative Progressionsvorbehalt** wird veranlasst durch negative ausländische Einkünfte (Verluste, Überschuss der Werbungskosten über die Einnahmen) und führt zu einer Minderung des Steuersatzes oder ggf. zu einem Null-Steuersatz (vgl. H 32b [Ausländische Verluste] EStH). Diese fiskalisch nicht begrüßte Wirkung ist ausgeschlossen, soweit die negativen ausländischen Einkünfte passiver Art sind und auf diese somit die Regelung des § 2a EStG zur Anwendung gelangt (vgl. BFH vom 17. 10. 1990 BStBl II 1991, 136 sowie BFH vom 17. 11. 1999 BStBl II 2000, 605).

8.4 Personenkreis

Dem Progressionsvorbehalt nach § 32b Abs. 1 Satz 1 HS 1 EStG unterliegen Personen, die zeitweise oder während des gesamten Veranlagungszeitraums unbeschränkt steuerpflichtig sind sowie nach § 32b Abs. 1 Satz 1 HS 2 beschränkt steuerpflichtige Arbeitnehmer, die Einkünfte aus nichtselbstständiger Arbeit beziehen und soweit § 50 Abs. 2 Satz 2 Nr. 4 EStG Anwendung findet. Ebenso gilt der Progressionsvorbehalt nach § 2 AStG auch bei erweiterter beschränkter Steuerpflicht.

8.5 Sachliche Anwendungsvoraussetzungen

Nach § 32b Abs. 1 Nr. 2 – 5 EStG sind die ausländischen Einkünfte aufgeführt, die in den Progressionsvorbehalt einzubeziehen sind:
- § 32b Abs. 1 Nr. 2 EStG beschreibt den Progressionsvorbehalt bei wechselnder bzw. zeitlich begrenzter Steuerpflicht (s. im Einzelnen 8.12).
- § 32b Abs. 1 Nr. 3 EStG betrifft alle Einkünfte, die nach einem DBA steuerfreie Einkünfte i. S. v. § 2 Abs. 1 EStG sind. Das sind ausländische Einkünfte bei denen – anders als bei sonstigen zwischenstaatlichen Übereinkommen – ein Progressionsvorbehalt nicht ausdrücklich ausgeschlossen ist; entscheidend ist nur, dass das DBA der BRD die Anwendung des Progressionsvorbehaltes nicht verbietet (Heinicke in Schmidt, EStG-Kommentar, § 32b EStG Anm. 33 und BFH/NV 2009, 769).
- § 32b Abs. 1 Nr. 4 EStG betrifft den Progressionsvorbehalt bei Steuerfreiheit nach sonstigen zwischenstaatlichen Übereinkommen. Das sind vor allem Privilegienprotokolle und Sitzstaatabkommen mit internationalen Organisationen oder Übereinkommen

über diplomatische oder konsularische Beziehungen (s. Übersicht BMF vom 20.08.2007 BStBl I 2007, 656).

- § 32b Abs. 1 Nr. 5 EStG betrifft den Progressionsvorbehalt bei den sog. Grenzpendlern (s. im Einzelnen 8.11).

BEISPIELE

a) Der in Deutschland unbeschränkt steuerpflichtige D ist Bediensteter des Europäischen Patentamts. Er erzielt vom 01.01.2009 bis 31.12.2009 Einkünfte aus nichtselbstständiger Arbeit.

LÖSUNG In Art. 16 Abs. 1 Sätze 1 und 2 des Protokolls über die Vorrechte und Immunitäten der Europäischen Patentorganisation ist formuliert: »... sind diese Gehälter und Bezüge von der staatlichen ESt befreit. Die Vertragsstaaten können jedoch die befreiten Gehälter und Bezüge bei der Festsetzung des auf Einkommen aus anderen Quellen zu erhebenden Steuerbetrags berücksichtigen.« Die steuerfreien Einkünfte aus nichtselbstständiger Arbeit sind daher in die Steuersatzberechnung einzubeziehen.

b) Der in Deutschland unbeschränkt steuerpflichtige E ist Bediensteter der Europäischen Gemeinschaft. Er erzielt vom 01.01.2009 bis 31.12.2009 Einkünfte aus nichtselbstständiger Arbeit.

LÖSUNG Nach Art. 13 Abs. 2 des Protokolls über die Vorrechte und Befreiungen der Europäischen Gemeinschaft ist der Arbeitslohn von der inländischen Besteuerung auszunehmen. Eine positive oder negative Aussage zum Progressionsvorbehalt enthält der Gesetzestext nicht. Auch in diesem Fall kommt nach neuerer BFH-Rechtsprechung (s. o.) der Progressionsvorbehalt zum Ansatz.

8.6 Einschränkung des Progressionsvorbehaltes bei EU-/EWR-Staaten im Jahressteuergesetz 2009 durch § 32b Abs. 1 Satz 2 und 3 EStG

8.6.1 Rechtsentwicklung

Die EuGH-Rechtsprechung (Rs. C-152/03 Fall Ritter-Coulais, DStR 2006, 362, Folgeentscheidung BFH/NV 2007, 410 und Rs. C-182/06 Fall Luxemburg, DStR 2007, 1339) hatte die EG-Rechtmäßigkeit der Verlustabzugsbeschränkung und damit des negativen Progressionsvorbehaltes im EU-Bereich in Frage gestellt.

8.6.2 Gesetzliche Neuregelung

Der Gesetzgeber hat daraufhin zunächst im JStG 2008 allgemein die Beschränkung auf positive Progressionsvorbehalte in § 32b Abs. 1 Nr. 5 a. F. EStG gestrichen.

Im Zuge des JStG 2009 wurde dann § 32b Abs. 1 Nr. 3 EStG, der den Progressionsvorbehalt durch DBA freigestellte Einkünfte vorsieht, um einen Satz 2 und 3 ergänzt.

Die Ergänzung des § 32b Abs. 1 Nr. 3 EStG durch die Sätze 2 und 3 erfolgte folgerichtig parallel zur Aufhebung des § 2a EStG in EU-/EWR-Fällen (s. E 2.9.2).

Nachdem die Regelung bisher vorsah, dass bei **allen** nach DBA steuerfreien Einkünften der Progressionsvorbehalt zu berücksichtigen war (vorbehaltlich § 2a EStG), wird dieser nunmehr auf **Dritt-Staaten-Fälle** begrenzt. Dies gilt sowohl für den positiven als auch den negativen Progressionsvorbehalt.

Für nach DBA steuerbefreite positive und negative Einkünfte aus einem **EU-/EWR-Mitgliedstaat** gibt es demnach keinen Progressionsvorbehalt mehr, sofern sie unter den

Katalog der in § 32b Abs. 1 Satz 2 EStG genannten Einkünfte fallen. Dies sind im Einzelnen folgende Einkünfte aus EU-/EWR-Staaten:

- Einkünfte aus Land- und Forstwirtschaft,
- Einkünfte aus **passiven** gewerblichen Betriebsstätten,
- Vermietungserträge aus unbeweglichem Vermögen,
- Erträge aus der Überlassung von Schiffen,
- Verluste aus dem Ansatz des niedrigeren Teilwerts oder der Veräußerung von Wirtschaftsgütern i. S. d. Nr. 3 und 4, die zu einem Betriebsvermögen gehören.

Daher unterliegen z. B. nach DBA steuerbefreite **Arbeitslöhne** bei ins EU-/EWR-Ausland entsandten Mitarbeitern weiterhin dem (positiven) Progressionsvorbehalt. Ebenso sind **aktive** ausländische Betriebsstätteneinkünfte weiterhin beim Progressionsvorbehalt zu berücksichtigen.

Die Neuregelung des § 32b Abs. 1 Satz 2 EStG gilt rückwirkend ab dem VZ 2008 (§ 52 Abs. 43a EStG).

Da die Änderung des § 2a EStG (s. E 2.8.2) durch das JStG 2009 auf Drittstaaten beschränkt und für alle Fälle anwendbar ist, die bei Verabschiedung des Gesetzes noch nicht bestandskräftig sind, führt dies zu einer teilweise schwierigen Übergangsproblematik (s. im Einzelnen E 2.8).

BEISPIEL

V vermietet seit mehreren Jahren eine Ferienwohnung in Frankreich. Die Verluste aus der Vermietung der Ferienwohnung in Frankreich fallen nicht mehr in den Anwendungsbereich des § 2a Abs. 1 Nr. 6a EStG (Drittstaatenregelung s. E 2.8). Das DBA-Frankreich sieht für Vermietungseinkünfte die Freistellungsmethode vor.

LÖSUNG Die positiven und negativen Einkünfte aus der Wohnungsvermietung in Frankreich wirken sich daher bis einschließlich 2007 über den Progressionsvorbehalt bei der ESt-Veranlagung des V aus.

Ab VZ 2008 sind die Einkünfte dagegen nicht mehr, also weder bei der Ermittlung der Einkünfte noch im Rahmen des Progressionsvorbehaltes, zu berücksichtigen (§ 32b Abs. 1 Satz 2 Nr. 3 EStG).

Eine Besonderheit ist bei gewerblichen Betriebsstätten im EU-/EWR-Raum in § 32b Abs. 1 Satz 2 Nr. 2 EStG geregelt.

Danach scheidet bei gewerblichen Betriebsstätten der positive und negative Progressionsvorbehalt aus, sofern die Einkünfte aus einer im EU-/EWR-Staat belegenen Betriebsstätte stammen, die nicht die Voraussetzungen des § 2a Abs. 2 EStG (sog. Aktivitätsklausel) erfüllen.

Das heißt, dass bei einer produktiven ausländischen Betriebsstätte im EU-/EWR-Staat der Verlust nach wie vor im Rahmen des negativen Progressionsvorbehaltes zu berücksichtigen ist. Es handelt sich hierbei um eine Art Exculpationsmöglichkeit für den Fall, dass gewerbliche EU-/EWR-Betriebsstätten die Aktivitätsklausel des § 2a Abs. 2 EStG erfüllen (vgl. Wagner in Blümich, § 32b EStG, Anm. 67).

BEISPIEL

U hat aus einer französischen Betriebsstätte, die Waren herstellt, Verluste i. H. v. 10 000 € erwirtschaftet.

LÖSUNG Da nach DBA-Frankreich für gewerbliche Einkünfte aus Betriebsstätten die Freistellungsmethode gilt, sind nach § 32b Abs. 1 Nr. 3 i. V. m. Abs. 1 Satz 2 Nr. 2 und § 2a Abs. 2 EStG die Verluste im Rahmen des negativen Progressionsvorbehaltes zu berücksichtigen.

8.7 Berechnung des Progressionsvorbehalts mittels Hinzurechnungsmethode

Das Jahressteuergesetz 1996 führte zu einer Neuregelung des § 32b Abs. 1 und 2 EStG. Nachdem die Rechtsprechung der Finanzgerichte (vgl. BFH vom 11. 10. 1989 BStBl II 1990, 157 und BFH vom 30. 05. 1990 BStBl II 1990, 906) die Technik der Schattenveranlagung angewendet hatte, änderte der Gesetzgeber das Verfahren der Durchführung des Progressionsvorbehalts, indem die Methode der Hinzurechnung eingeführt wurde (vgl. Heinicke in Schmidt, EStG-Kommentar, § 32b Anm. 6). Die positiven und negativen Einkünfte, letztere unter dem Vorbehalt des § 2a Abs. 1 und Abs. 2 EStG, werden danach dem zu versteuernden Einkommen zur Ermittlung des Steuersatzeinkommens lediglich hinzugerechnet oder abgezogen. Sie werden in anderen Jahren als dem Entstehungsjahr nicht berücksichtigt (vgl. BT-Drucks. 13/901 zu Art. 1, zu Nr. 23 § 32b EStG).

8.7.1 Berechnung des Progressionsvorbehalts

In einer ersten Stufe ist zunächst das zu versteuernde Einkommen zu ermitteln. Diesem Einkommen sind für die Anwendung des Progressionsvorbehalts u. a. die aufgrund von DBA steuerfreien Einkünfte hinzuzurechnen oder von ihm abzuziehen. Der sich danach ergebende besondere Steuersatz ist auf das nach § 32a EStG zu versteuernde Einkommen anzuwenden.

§ 32a Abs. 2 EStG ist letztmals für den Veranlagungszeitraum 2003 anzuwenden (§ 52 Abs. 42 EStG). Damit ist die aufwändige Berechnung des Steuersatzes auf Grund der Mittelwertmethode hinfällig.

BEISPIEL

Der verheiratete A hat im Inland ein zu versteuerndes Einkommen von 60 000 €. Seine aufgrund eines DBA steuerfreien, jedoch dem Progressionsvorbehalt unterliegenden Einkünfte betragen 40 000 €.

LÖSUNG

zu versteuerndes Einkommen	60 000 €
zuzüglich steuerfrei Einkünfte	40 000 €
für Steuersatz maßgebliches Einkommen	100 000 €
Abrundung (auf Eingangsbetrag der Tabellenstufe)	99 994 €
Steuer lt. ESt-Tabelle 2009	25 898 €

durchschnittlicher Steuersatz bezogen auf 99 994 €

Rechenschritt: $\frac{25\,898\text{ €} \times 100}{99\,994\text{ €}} = 25{,}899\,\%$

Anwendung des durchschnittlichen Steuersatzes auf das auf den Eingangsbetrag der Tabellenstufe abgerundete zu versteuernde Einkommen von

59 998 € × 25,899 % =	15 538 €
Zum Vergleich: Die ESt beträgt lt. Tabelle bei einem zu versteuernden Einkommen von 60 000 € =	11 396 €
Wirkung des Progressionsvorbehalts = Mehrsteuer von	4 142 €

Hinweis:

Anzumerken ist, dass die Anwendung des Progressionsvorbehalts auch dann zu einer Steuer führen kann, wenn das zu versteuernde Einkommen den Grundfreibetrag nicht übersteigt. Innerhalb dieser Eingangsstufe der anzuwendenden Tabelle (Steuer = 0 €) wird das zu versteuernde Einkommen auf den nächsten durch 36 (Grundtabelle) bzw. 72 (Splittingtabelle) teilbaren Betrag abgerundet und für den VZ 2002 um 18 (Grundtabelle) bzw. 36 (Splittingtabelle) erhöht. Dieser Betrag wird dem »Progressionssteuersatz« unterworfen (vgl. hierzu BFH vom 09. 08. 2001 BStBl II 2001, 778).

8.7.2 Ermittlung der ausländischen Einkünfte nach deutschem Steuerrecht

Die **ausländischen** Einkünfte, die den besonderen Steuersatz beeinflussen, sind nach den Regeln des deutschen Steuerrechts zu ermitteln (vgl. H 32b [Ausländische Einkünfte] EStH). Betriebsausgaben und Werbungskosten (auch evtl. Pauschbeträge) sind daher bei der Berechnung des im Progressionsvorbehalt von den zu berücksichtigenden ausländischen Einkünfte (Steuersatzeinkommen) abzuziehen. Diese Betriebsausgaben bzw. Werbungskosten dürfen die **inländischen Einkünfte** aber nicht mindern (vgl. § 3c EStG und BFH vom 06. 10. 1993 BStBl II 1994, 113).

Enthalten die steuerfreien ausländischen Einkünfte außerordentliche Einkünfte i. S. d. § 34 Abs. 2 EStG, so sind diese Einkünfte nach Maßgabe des § 32b Abs. 2 Nr. 2 EStG mit 1/5 zu berücksichtigen. Zu den außerordentlichen Einkünften gehören insbesondere Veräußerungsgewinne und Vergütungen für eine mehrjährige Tätigkeit im Ausland (vgl. § 34 Abs. 2 EStG).

8.8 Ausschluss des negativen Progressionsvorbehalts nach § 2a Abs. 1 EStG

Soweit negative ausländische Einkünfte vorhanden sind, mindern diese die wirtschaftliche Leistungsfähigkeit einer in der BRD unbeschränkt steuerpflichtigen Person; entsprechend ist es geboten, diese negativen ausländischen Einkünfte bei der Berechnung des besonderen Steuersatzes zu berücksichtigen. Es entspricht der nunmehr gefestigten Rechtsauffassung in der Rechtsprechung und Verwaltung, **dass diese negativen ausländischen Einkünfte nur nach Maßgabe des § 2a EStG steuermindernd berücksichtigt werden können** (vgl. H 32b [Ausländische Verluste] EStH und BFH vom 1. 10. 1990 BStBl II 1991, 136 sowie BFH vom 17. 11. 1999 BStBl II 2000, 605). Dementsprechend ist der negative Progressionsvorbehalt bei so genannten aktiven Verlusten anzuwenden und bei so genannten passiven Verlusten zu versagen (vgl. § 2a Abs. 1 und Abs. 2 EStG).

Aufgrund der Änderung des § 2a EStG durch das JStG 2009, ist der Ausschluss des negativen Progressionsvorbehaltes nur bei **sog. Drittstaaten**, nicht mehr bei EU-/EWR-Staaten möglich (s. 8.6 und E 2.8.2).

8.9 Berücksichtigung der ausländischen Steuern

Es gilt der Grundsatz, dass bei Freistellung mit Progressionsvorbehalt die im Ausland bezahlten Steuern nicht berücksichtigt werden können, eine Steueranrechnung (§ 34c Abs. 1 EStG) oder ein Steuerabzug (§ 34c Abs. 2 EStG) sind ausgeschlossen.

8.10 Verlustabzug nach § 10d EStG

Die Anwendung des § 10d EStG i. R. d. negativen Progressionsvorbehaltes ist ab dem Veranlagungszeitraum 1996 nicht mehr möglich (vgl. H 32b [Allgemeines] EStH und § 52 Nr. 23a Satz 2 EStG a. F.). Ein negativer Progressionsvorbehalt kann daher nicht nach § 10d EStG zurück- oder vorgetragen werden.

BEISPIEL

Der nicht verheiratete A hat im Inland ein zu versteuerndes Einkommen i. H. v. 40 000 €. Im Ausland hat er Verluste i. H. v. 60 000 € erwirtschaftet, die nach dem entsprechenden DBA steuerfrei sind, jedoch dem Progressionsvorbehalt unterliegen.

LÖSUNG

zu versteuerndes Einkommen	40 000 €
abzüglich steuerfreie Einkünfte	./. 60 000 €
für den Steuersatz maßgebliches Einkommen	0 €
Steuersatz	0 %
ergibt eine Steuer von	0 €

Der verbleibende Verlust von 20 000 € kann nicht als negativer Progressionsvorbehalt nach § 10 d EStG zurück- oder vorgetragen werden.

8.11 Verhältnis des Progressionsvorbehaltes zu § 3 EStG

§ 3 EStG sieht für bestimmte Einkünfte Steuerfreiheit ohne Progressionsvorbehalt vor. Diese Vorschrift geht weiter als die Steuerfreistellung nach einem DBA mit Progressionsvorbehalt. Da ein DBA jedoch kein zusätzliches Besteuerungsrecht (auch keinen zusätzlichen Progressionsvorbehalt) begründen kann, ist in diesen Fällen keine Anwendung des Progressionsvorbehalts möglich (BFH vom 22. 01. 1997 BStBl II 1997, 358).

BEISPIEL

Der Arbeitnehmer A ist im Veranlagungszeitraum 09 in Deutschland unbeschränkt steuerpflichtig. Er übt zeitweise eine nichtselbstständige Tätigkeit für einen dänischen Arbeitgeber in Dänemark aus. Der auf diese Tätigkeit entfallende Arbeitslohn besteht teilweise aus einer nach § 3 Nr. 64 EStG steuerfreien Auslandszulage (Kaufkraftausgleich). Die auf diese Tätigkeit entfallenden Werbungskosten können weder ausschließlich dem Grundgehalt noch der Auslandszulage zugeordnet werden. Nach Art. 15i. V. m. Art. 24 Abs. 1 DBA-Dänemark sind die auf die Tätigkeit in Dänemark entfallenden Einkünfte in Deutschland steuerfrei, unterliegen jedoch dem Progressionsvorbehalt.

LÖSUNG Dem Progressionsvorbehalt unterliegt nur das Grundgehalt. Die auf die Tätigkeit entfallenden Werbungskosten sind auf das Grundgehalt und die Auslandszulage aufzuteilen. Nur soweit sie auf das Grundgehalt entfallen, mindern sie die Höhe des Progressionsvorbehalts (vgl. BFH vom 13. 08. 1997 BStBl II 1998, 21).

Eine besondere Fallkonstellation ergibt sich, wenn ausländische Einkünfte sowohl nach einem DBA als auch nach innerstaatlichem Recht steuerfrei sind.

BEISPIEL

Der in der BRD ansässige und unbeschränkt steuerpflichtige deutsche Staatsbürger Legler bezieht vom französischen Staat eine Invalidenrente wegen seiner früheren Zugehörigkeit zur Fremdenlegion.

LÖSUNG Nach deutschem Steuerrecht sind diese Einkünfte als wiederkehrende Bezüge nach § 22 Nr. 1 EStG steuerbar; es greift indessen die innerstaatliche Regelung des § 3 Nr. 6 EStG ein, die Steuerfreiheit anordnet. Rechtsprechung und Finanzverwaltung gehen bei der Auslegung dieser Vorschrift davon aus, dass vergleichbare Leistungen, die aus öffentlichen Mitteln anderer EU-Staaten gezahlt werden, im Inland steuerfrei sind (BFH vom 22. 01. 1997 BStBl II 1997, 358 und H 6 Nr. 6 [EU-Mitgliedstaaten] EStH).

Bei dieser Rechtslage muss dann nicht mehr geprüft werden, ob abkommensrechtlich ein Progressionsvorbehalt angeordnet ist (vgl. auch H 32b [Leibrente] EStH). Da das Abkommensrecht Schrankenrecht darstellt, kann daraus kein verschärfter Besteuerungszugriff abgeleitet werden (vgl. Baranowski, IWB Fach 3a Gr. 1, 593, Anmerkung). Im Übrigen müsste nach dem

DBA-Frankreich geprüft werden, ob wegen des ausschließlichen Besteuerungsrechts des Quellenstaates überhaupt ein Progressionsvorbehalt zur Anwendung käme (vgl. Art. 14 Abs. 1, Abs. 2 Nr. 2; Art. 20 Abs. 1a DBA-Frankreich).

8.12 Anwendung des Progressionsvorbehaltes bei unbeschränkt Steuerpflichtigen nach § 1 Abs. 3 und § 1a EStG

Nach § 32b Abs. 1 Nr. 5 EStG werden bei einem beschränkt Steuerpflichtigen, der auf Antrag nach den Voraussetzungen des § 1 Abs. 3, § 1a oder § 50 Abs. 2 Satz 2 Nr. 4 EStG unbeschränkt steuerpflichtig wird, die ausländischen Einkünfte, die nicht der deutschen Besteuerung unterliegen, i. R. d. Progressionsvorbehaltes berücksichtigt. Die Einbeziehung in den Progressionsvorbehalt dient dazu, unangemessene Steuervorteile im Vergleich zu anderen unbeschränkt Steuerpflichtigen zu vermeiden (BT-Drucks. 13/1558, 156).

BEISPIEL

A, wohnhaft in Belgien, erzielt seine Einkünfte ausschließlich in der BRD. Seine Ehefrau erzielt weitere Einkünfte in Belgien; die Einkünfte der Ehefrau betragen weniger als umgerechnet 12 272 €.

LÖSUNG Stellt A den Antrag nach § 1 Abs. 3 EStG i. V. m. § 1a Abs. 1 Nr. 2 EStG, als unbeschränkt steuerpflichtig behandelt zu werden, erhält A den Splittingtarif; allerdings lösen die Einkünfte der Ehefrau den positiven Progressionsvorbehalt aus (§ 32b Abs. 1 Nr. 5 EStG).

Erzielt die Ehefrau dagegen Verluste, werden diese Verluste **ab VZ 2008** i. R. d. negativen Progressionsvorbehaltes berücksichtigt.

8.13 Anwendung des Progressionsvorbehalts bei nur zeitweiser unbeschränkter Steuerpflicht – § 32b Abs. 1 Nr. 2 EStG

Nach § 32b Abs. 1 Nr. 2 EStG ist bei der Festsetzung der ESt u. a. dann ein besonderer Steuersatz (§ 32b Abs. 2 EStG) anzuwenden, wenn ein zeitweise unbeschränkt Steuerpflichtiger ausländische Einkünfte bezogen hat, die im Veranlagungszeitraum nicht der deutschen ESt unterlegen haben. Diese Regelung gilt kraft ausdrücklicher gesetzlicher Bestimmung »nur für Fälle der zeitweisen unbeschränkten Steuerpflicht einschließlich der in § 2 Abs. 7 Satz 3 geregelten Fälle«. Wie sich aus dem Wort »einschließlich« ableiten lässt, erfasst sie nicht nur die in § 2 Abs. 7 Satz 3 EStG geregelte Situation, in der ein Steuerpflichtiger in einem Teil des Kalenderjahres unbeschränkt steuerpflichtig ist und in einem anderen beschränkt steuerpflichtige Einkünfte i. S. d. § 49 EStG erzielt. Sie greift vielmehr ihrem Wortlaut nach auch dann ein, wenn in einem Teil des Kalenderjahres unbeschränkte Steuerpflicht besteht und im anderen Teil **keine in der Bundesrepublik zu besteuernden Einkünfte** anfallen.

§ 32b Abs. 1 Nr. 2 EStG ist unabhängig davon anzuwenden, ob das jeweilige DBA ausdrücklich der Bundesrepublik als Ansässigkeits- oder Quellenstaat ein Besteuerungsrecht mit Progressionsvorbehalt einräumt. Entscheidend ist allein, dass das DBA der Bundesrepublik die Besteuerung der Einkünfte des Steuerpflichtigen aus nichtselbstständiger Arbeit uneingeschränkt gestattet und den **Progressionsvorbehalt nicht ausdrücklich verbietet.** Angesichts dieser Rechtslage entscheidet sich allein nach dem deutschen innerstaatlichen Steuerrecht, ob ein Progressionsvorbehalt anzuwenden ist.

In zwei Entscheidungen (BFH vom 19. 12. 2001 BFH/NV 2002, 584) zum DBA-USA, und BFH vom 15. 05. 2002 (BStBl II 2002, 660) zum DBA eines EU-Staats hat der BFH zur

Auslegung von § 32b Abs. 1 Nr. 2 EStG Stellung genommen und dabei seine bisherige Rechtsprechung geändert.

Mit Urteil vom 19. 12. 2001 (a. a. O.) hat der BFH für den Fall des Wegzugs eines Steuerpflichtigen in einen **Nicht-EU-Staat** die Anwendbarkeit des Progressionsvorbehalts auf die nach dem Wegzug erzielten Einkünfte bejaht. In Fortentwicklung dieser Rechtsprechung hat er mit Urteil vom 15. 05. 2002 (a. a. O.) entschieden, dass die nach einem Wegzug erzielten Einkünfte auch dann im Wege des Progressionsvorbehalts zu berücksichtigen sind, wenn sich der neue Wohnsitz des Steuerpflichtigen in einem **EU-Staat** befindet.

BEISPIELE

a) A war bis zum 30. 03. 2009 Arbeitnehmer eines Automobilkonzerns und für diesen in Deutschland tätig. Zum 01. 04. 2009 wurde A an ein Konzernunternehmen in die USA versetzt. Er kündigte seine Mietwohnung und nahm seine Familie mit in die USA.

LÖSUNG Die unbeschränkte Steuerpflicht endete am 30. 03. 2009. Nach § 2 Abs. 7 EStG i. V. m. § 32b Abs. 1 Nr. 2 EStG ist das ab dem 01. 04. 2009 im Ausland erzielte Einkommen in den Progressionsvorbehalt mit einzubeziehen.

b) Ein zunächst in Frankreich unbeschränkt steuerpflichtiger Arbeitnehmer A verlegt seinen Wohnsitz am 01. 06. 2008 von Frankreich nach Deutschland. In der Zeit vom 01. 06. 2008 bis 31. 07. 2009 arbeitet er bei einem deutschen Arbeitgeber in Stuttgart und wohnt für diese Zeit in Deutschland. Nach seiner Rückkehr nach Frankreich am 01. 08. 2009 begründet er dort erneut einen Wohnsitz.

LÖSUNG In der Zeit vom 01. 06. 2008 bis 31. 07. 2009 ist A im Inland unbeschränkt steuerpflichtig, da er einen Wohnsitz i. S. d. § 8 AO unterhält. Vor dem 01. 06. 2008 und nach dem 31. 07. 2009 war er in Deutschland nicht steuerpflichtig.
Für beide Jahre sind Veranlagungen zur unbeschränkten Steuerpflicht durchzuführen.
Bei beiden Veranlagungen ist der Progressionsvorbehalt nach § 32b Abs. 1 Nr. 2 EStG anzuwenden auf die ausländischen Einkünfte des gesamten Kalenderjahres, die nicht der deutschen ESt unterliegen (z. B. Arbeitslohn in Frankreich vor und nach der Tätigkeit in Deutschland).

8.14 Progressionsvorbehalt und Arbeitnehmer-Pauschbetrag bei zeitweise unbeschränkter Steuerpflicht

Durch die Neuregelung im JStG 2007 ist bei Arbeitnehmern, die steuerpflichtigen Arbeitslohn bezogen haben, der Arbeitnehmer-Pauschbetrag (§ 9a Abs. 1 Nr. 1a EStG) vorrangig vom steuerpflichtigen Arbeitslohn abzuziehen. Sind die mit dem steuerpflichtigen Arbeitslohn zusammenhängenden Werbungskosten höher, kommen diese zum Abzug. Der Arbeitnehmer-Pauschbetrag darf dann bei den nicht der deutschen Einkommensteuer unterliegenden Arbeitnehmereinkünften nicht abgezogen werden (§ 32b Abs. 2 Satz 1 Nr. 2a EStG; das BFH-Urteil vom 17. 12. 2003 BStBl II 2005, 96 ist daher seit dem VZ 2007 nicht mehr anwendbar).

BEISPIEL

Arbeitnehmer A begründete im Juli 2009 seinen Wohnsitz in Deutschland und bezog folgende Einkünfte:

Steuerpflichtiger Arbeitslohn (Juli bis Dezember 2009)	100 000 €
Werbungskosten dazu	./. 2 000 €
Einkünfte nach § 19 EStG	98 000 €
Ausländischer Arbeitslohn (Januar bis Juni 2009)	40 000 €
Werbungskosten keine	

LÖSUNG Der gesamte im Ausland bezogene Arbeitslohn (40 000 €) unterliegt dem Progressionsvorbehalt. Der Arbeitnehmer-Pauschbetrag kommt nicht zum Abzug, weil er A aufgrund seiner höheren tatsächlichen Werbungskosten bei seinem steuerpflichtigen Arbeitslohn nicht zusteht.

8.15 Ausländische Einkünfte aus Organschaft

Nach § 32b Abs. 1a EStG sind aus einer ausländischen Betriebsstätte steuerfreie Beteiligungserträge der Organgesellschaft einem unbeschränkt steuerpflichtigen Organträger i. R. d. Progressionsvorbehaltes als unmittelbar bezogen zuzurechnen. Bei Personengesellschaft erfolgt die anteilige Zurechnung bei den unbeschränkt steuerpflichtigen Gesellschaftern.

Die Vorschrift soll verhindern, dass der Organträger durch die Zwischenschaltung einer inländischen Organgesellschaft bessergestellt wird als ein Steuerpflichtiger, der unmittelbar eine ausländische Betriebsstätte unterhält.

Teil E Steuerliche Behandlung von negativen Einkünften und Gewinnminderungen mit Auslandsbezug

1 Beschränkung der Verlustverrechnung gemäß § 2a Abs. 1 und 2 EStG

1.1 Allgemeines

§ 2a Abs. 1 und 2 EStG wurde durch das Haushaltsbegleitgesetz 1983 mit Wirkung ab Veranlagungszeitraum 1983 eingeführt. Seither wurde die Regelung mehrfach geändert bzw. ergänzt. Letzte Änderungen erfolgten durch das Steuerentlastungsgesetz 1999/2000/2002, durch das Steuerbereinigungsgesetz 1999 und zuletzt durch das Jahressteuergesetz (JStG) 2008 und tiefgreifend durch das JStG 2009.

Durch die Einführung dieser Vorschrift wollte der Gesetzgeber vermeiden, dass volkswirtschaftlich nicht sinnvolle Verluste ins Inland »transportiert« werden nur zu dem Zweck, die deutsche Steuerbelastung zu senken. Initiatoren von Verlustzuweisungsmodellen boten z. B. den Erwerb von Häusern, Wohnungen, Beteiligungen an Touristikvorhaben, Erwerb von Plantagen oder Tierfarmen an (vgl. BT-Drucks. 9/1074, 62).

Die zugewiesenen Verluste aus dem Ausland wirkten sich bei Geltung des Welteinkommensprinzips oder im Falle der Anwendbarkeit eines DBA in den Fällen der Freistellungsmethode i. R. d. nationalen Progressionsvorbehalts auf die inländischen Steuerbelastungen aus.

Entsprechend beinhalten die Regelungen des § 2a Abs. 1 und Abs. 2 EStG Einschränkungen

- des Verlustausgleichs und
- des Verlustabzugs sowie
- der Berücksichtigung von Gewinnminderungen.

1.2 Zeitlicher Anwendungsbereich des § 20 Abs. 1 und 2 EStG

1.2.1 Fassung des Haushaltsbegleitgesetzes 1983

Mit Wirkung ab 01. 01. 1983 sind durch das Haushaltsbegleitgesetz 1983 die Regelungen des § 2a Abs. 1 und 2 EStG über die Beschränkung der Verlustverrechnung bei Auslandstätigkeiten erstmals in das EStG eingefügt worden. Entsprechend sind bestimmte negative ausländische Einkünfte ab dem **Veranlagungszeitraum 1983** nach diesen Regelungen zu beurteilen.

1.2.2 Fassung des Steuerreformgesetzes 1990

Mit dem Steuerreformgesetz vom 25. 07. 1988 BGBl I 1988, 1093 ist die bislang im Auslandsinvestitionsgesetz enthaltene Regelung über den erweiterten Verlustausgleich in den Fällen, dass durch ein DBA ausländische Einkünfte von der deutschen ESt freizustellen sind (vgl. § 2 AIG), in das Einkommensteuerrecht übernommen worden; entsprechend sind ab dem **Veranlagungszeitraum 1990** die Regelungen des § 2a Abs. 3 und 4 EStG anzuwenden.

1.2.3 Fassung des Steueränderungsgesetzes 1992

Mit dem Steueränderungsgesetz 1992 vom 25.02.1992 BGBl I 1992, 297 ist § 2a Abs. 1 und Abs. 2 EStG erweitert und neu gefasst worden. Insbesondere sind weitere Tatbestände über die mittelbaren Auslandsverluste (unmittelbare und mittelbare Beteiligungsverluste) aufgenommen worden. Durch diese Novellierung sind weitere Durchbrechungen des Nettoprinzips in das EStG eingefügt worden. Die neuen Regelungen sind ab dem **Veranlagungszeitraum 1992** anzuwenden.

1.2.4 Fassung des Steuerentlastungsgesetzes 1999/2000/2002

Durch das Steuerentlastungsgesetz 1999/2000/2002 vom 24.03.1999 BGBl I 1999, 402 ist der antragsgebundene Abzug ausländischer Betriebsstättenverluste nach § 2a Abs. 3 und 4 EStG a. F. bei Anwendbarkeit der Freistellungsmethode künftig nicht mehr möglich. Für die Hinzurechnungsbesteuerung ergibt sich eine Verlängerung der Anwendungsdauer bis zum Veranlagungszeitraum 2008 (vgl. § 52 Abs. 3 EStG); auf den Text dieser Anwendungsvorschrift wird hingewiesen.

1.2.5 Fassung des Steuerbereinigungsgesetzes 1999 und Jahressteuergesetzes 2008

Mit dem Steuerbereinigungsgesetz 1999 vom 22.12.1999 BGBl I 1999, 2601 ist § 2a Abs. 1 Satz 1 Nr. 6 EStG steuerverschärfend geändert worden. In die eingeschränkte Verlustverrechnung ist die entgeltliche Überlassung von Schiffen einbezogen worden, sofern die überlassende Person nicht nachweist, dass die Schiffe ausschließlich oder fast ausschließlich im Inland eingesetzt werden; bei **Handelsschiffen** wird das eingeschränkte Verlustverrechnungsverbot unter den im Gesetz genannten Voraussetzungen nicht praktiziert (§ 2a Abs. 1 Nr. 6 Buchst. b EStG).

Das Steuerbereinigungsgesetz 1999 hat die Anwendungsvorschrift des § 52 Abs. 3 EStG im Hinblick auf die bis ins Jahr 2008 gegebene Fortgeltung der Hinzurechnungsregelungen des § 2a Abs. 3 und 4 EStG modifiziert und ab 1999 für anwendbar erklärt.

Durch das JStG 2008 wurde die Begrenzung der Hinzurechnungsbesteuerung bis VZ 2008 aufgehoben und zeitlich unbegrenzt zugelassen (§ 52 Abs. 3 Satz 3 EStG).

1.2.6 Fassung des Jahressteuergesetzes 2009

Der EuGH hatte in seiner Rechtsprechung EG-rechtliche Bedenken, zunächst gegen den – im JStG 2008 gestrichenen – Ausschluss des negativen Progressionsvorbehaltes (§ 32b Abs. 1 Nr. 5 EStG a. F.) und später auch allgemein gegen die Anwendung von § 2a EStG im EU-/EWR-Bereich (z. B. Rs. C-347/04, Fall Rewe, BStBl II 2007, 492; Rs. C-35/08 Fall Busley/Cibrian DStR 2009, 2186).

Darauf hat der Gesetzgeber reagiert und im JStG 2009 die Anwendung von § 2a Abs. 1 und 2 EStG nach Aufforderung durch die EU-Kommission nunmehr auf **Drittstaaten** beschränkt.

1.3 Systematische Einordnung

1.3.1 Erscheinungsformen der Auslandsverluste und Gewinnminderungen

1.3.1.1 Unmittelbare Auslandsverluste

Negative ausländische Einkünfte, die ein Steuerpflichtiger (natürliche oder juristische Person) dadurch erzielt, dass im Ausland unmittelbar eine land- und forstwirtschaftliche oder eine gewerbliche Betriebsstätte bewirtschaftet wird, im Ausland belegenes unbewegliches Vermögen durch Vermietung und Verpachtung genutzt wird oder eine stille Beteiligung an einem ausländischen Unternehmen Verluste einbringt, können als **unmittelbare Auslandsverluste** i. S. d. § 2a Abs. 1 und 2 EStG bezeichnet werden.

1.3.1.2 Mittelbare Auslandsverluste

Soweit Verluste oder Gewinnminderungen sich dadurch ergeben, dass im Inland Teilwertabschreibungen auf Beteiligungen an ausländischen Kapitalgesellschaften vorgenommen werden oder Verluste aus der Veräußerung von Anteilen an ausländischen Kapitalgesellschaften entstehen oder Gewinnminderungen in Bezug auf eine Beteiligung an einer zwischengeschalteten inländischen Körperschaft festgestellt werden, kann man von **mittelbaren Auslandsverlusten** sprechen (zur Terminologie: vgl. Biergans, Die Verlustausgleichsbeschränkungen, IWB Fach 3 Gr. 3, 987). Bei den mittelbaren Auslandsverlusten kann weiter differenziert werden zwischen **Auslandsbeteiligungsverlusten** (vgl. § 2a Abs. 1 Nr. 3 und Nr. 4 EStG) und **Beteiligungsverlusten an Zwischengesellschaften** (vgl. § 2a Abs. 1 Nr. 7 EStG).

1.3.2 Durchbrechung des Welteinkommensprinzips und des Nettoprinzips

Systematisch ist § 2a Abs. 1 und Abs. 2 EStG unmittelbar nach den Regelungen über die sieben Einkunftsarten und die Ermittlung des zu versteuernden Einkommens (vgl. § 2 EStG) platziert. Die weitgehende Versagung des Verlustausgleichs und des Verlustabzugs führt zu einer Durchbrechung des **Welteinkommensprinzips** und des **Nettoprinzips.**

Nach dem **Welteinkommensprinzip** werden der Besteuerung **alle** positiven und negativen Einkünfte unterworfen, die ein Steuerpflichtiger im Inland und im Ausland erzielt.

Das **Nettoprinzip** besagt, dass der Besteuerung ein Ergebnis zugrunde zu legen ist, das sich aus der Saldierung aller positiven und negativen Einkünfte eines Steuerpflichtigen ergibt.

Diese beiden Prinzipien werden durch die eingeschränkte Verlustverrechnung des § 2a Abs. 1 und Abs. 2 EStG sicherlich durchbrochen.

1.3.3 Beschränkung des Anwendungsbereichs des § 2a EStG auf Drittstaaten

Die Vorschrift des § 2a EStG galt bisher für negative Einkünfte aus **allen** ausländischen Staaten.

Aus den oben dargestellten Gründen hat zunächst die Verwaltung mit BMF-Schreiben vom 30. 07. 2008 (BStBl I 2008, 810) die Anwendung des § 2a EStG nur noch auf **sog. Drittstaaten** eingeschränkt und zwar für alle offenen Fälle. Durch das JStG 2009 hat der Gesetzgeber danach § 2a EStG europarechtskonform umgestaltet.

Damit findet § 2a EStG nur noch Anwendung auf Tatbestände, die **außerhalb von EU-/ EWR-Mitgliedstaaten** verwirklicht werden (Drittstaaten sind nicht EU-Mitgliedstaaten bzw. EWR-Mitgliedstaaten, die keine umfassende Rechtshilfe zugesagt haben). Zu den EWR-

Staaten gehören zwar Island, Norwegen und Liechtenstein. Wegen der fehlenden umfassenden Rechtshilfe wird Liechtenstein von der Neuregelung bis jetzt jedoch nicht erfasst und im Ergebnis wie ein Drittstaat behandelt.

Damit greift die Verlustausgleichsbeschränkung nach § 2a Abs. 1 und 2 EStG nur noch ein, wenn die Verluste in einem **Drittstaat** entstanden sind.

1.4 Sachlicher Anwendungsbereich des § 2a Abs. 1 und 2 EStG

Bei der Anwendung der Regelungen des § 2a Abs. 1 und 2 EStG auf Auslandssachverhalte muss bei den **unmittelbaren Auslandsverlusten** aus Drittstaaten unterschieden werden, ob dieselben in einem

- **Nicht-DBA-Drittstaat** oder in einem
- **DBA-Drittstaat**

entstanden sind.

1.4.1 Auslandsverluste aus Nicht-DBA-Drittstaaten

Für die Auslandsverluste, die aus einem Nicht-DBA-Drittstaat stammen, gelten ausschließlich die nationalen, einseitigen Regelungen über die Vermeidung der Doppelbesteuerung bzw. über die Bekämpfung der Steuerflucht oder Steuervermeidung. Daraus folgt, dass mangels Anwendbarkeit abkommensrechtlicher Regelungen das Welteinkommensprinzip und das Nettoprinzip durch § 2a Abs. 1 und 2 EStG unmittelbar eingeschränkt werden.

1.4.2 Auslandsverluste aus DBA-Drittstaaten

Für die Auslandsverluste, die aus einem DBA-Drittstaat stammen, gelten vorrangig die internationalen, zweiseitigen Regelungen des jeweiligen DBA (vgl. § 2 AO). Dabei ist zu unterscheiden, ob das betreffende DBA für die ausländischen Einkünfte die Freistellungsmethode oder die Anrechnungsmethode für anwendbar erklärt.

Stammen die Verluste aus einem DBA-Drittstaat und sieht das DBA für die ausländischen Einkünfte die Freistellungsmethode vor, so werden die ausländischen Verluste nur i. R. d. negativen Progressionsvorbehalts berücksichtigt, so dass der auf die im Inland zu besteuernden Einkünfte anzuwendende Steuersatz geringer wird und sogar bis auf Null vermindert werden kann.

Heftig umstritten war die Frage, ob i. R. d. abkommensrechtlich angeordneten Freistellungsmethode (Art. 23 A OECD-MA) die Regelungen des § 2a Abs. 1 und 2 EStG mit der Folge angewendet werden können, dass für diese Fälle ein negativer Progressionsvorbehalt mit steuerlicher Entlastungswirkung ausgeschlossen ist. Diese von der Finanzverwaltung vertretene Rechtsauffassung wurde vom BFH in seinen Urteilen vom 17. 10. 1990 BStBl II 1991, 136 und vom 17. 11. 1999 BStBl II 2009, 605 bestätigt (vgl. H 2a [Allgemeines] EStH).

Stammen die negativen schädlichen Einkünfte aus einem DBA-Drittstaat und sieht das DBA die Anrechnungsmethode für diese Einkünfte vor, so unterliegen diese Verluste unmittelbar den Regelungen des § 2a Abs. 1 EStG und sind im Inland nur i. R. d. eingeschränkten Verlustverrechnung zu berücksichtigen (s. BFH vom 17. 11. 1999 BStBl II 2000, 605).

Fraglich ist dagegen, ob eine auf diese ausländischen Einkünfte erhobene **ausländische Steuer** (weil nach ausländischem Steuerrecht diese Einkünfte positiv sind) gleichwohl auf die deutsche Steuer nach § 34c Abs. 1 EStG angerechnet oder bei der Ermittlung der Einkünfte nach § 34c Abs. 2 EStG abgezogen werden kann. Diese Frage wurde unterschiedlich diskutiert (siehe Beckermann/Jarosch, FR 1984, 108; Hellwig, DB 1984, 2264). Die Finanzverwaltung hat entschieden (R 34c (2) EStR), dass die ausländischen Steuern in diesen Fällen zu berücksichtigen sind. Allerdings ist dabei zu beachten, dass die Anrechnung der ausländischen Steuern nach § 34c Abs. 1 EStG in den meisten Fällen nicht möglich ist, weil auf Grund der Höchstbetragsberechnung bei ausländischen Verlusten ein Anrechnungsvolumen fehlt. Der anrechenbare Höchstbetrag wird in diesen Fällen immer Null betragen (s. BFH vom 26. 03. 1991 BStBl II 1991, 704).

Durch das Steueränderungsgesetz 1992 (BStBl I 1992, 146) sind in § 34c Abs. 2 EStG die Worte »des Gesamtbetrages« ersatzlos gestrichen worden. Danach sind die ausländischen Steuern erstmals für den Veranlagungszeitraum 1992 (s. § 52 Abs. 1 EStG) schon bei der »Ermittlung der Einkünfte« und nicht erst bei der Berechnung des Gesamtbetrages der Einkünfte abzuziehen. Das bedeutet, dass die nach § 34c Abs. 2 EStG zu berücksichtigenden Steuern ab 01. 01. 1992 als Betriebsausgaben/Werbungskosten abgezogen werden können, soweit sie auf ausländische Einkünfte entfallen, die nicht steuerfrei sind.

1.5 Bearbeitungsreihenfolge

Bei der Behandlung eines grenzüberschreitenden Steuerfalles mit negativen Einkünften sollte folgendes Bearbeitungsschema eingehalten werden:

1. Ermittlung der negativen ausländischen Einkünfte nach den deutschen Vorschriften über die Einkünfteermittlung; ggf. Anwendung der Vorschriften über die Verluste bei beschränkter Haftung nach § 15a EStG (R 15a [Ausländische Verluste] EStR),
2. Feststellung der Anwendbarkeit eines bestehenden DBA,
3. Einordnung der ausländischen Einkunftsquellen in den Passivkatalog des § 2a Abs. 1 und Abs. 2 EStG,
4. Feststellung der Rechtsfolgen:

a) bei negativen passiven ausländischen Einkünften aus einem DBA-Drittstaat, für die die Freistellungsmethode gilt, **entfällt der negative Progressionsvorbehalt,**
b) bei negativen passiven ausländischen Einkünften, die aus einem Nicht-DBA-Drittstaat bzw. einem DBA-Drittstaat mit Anrechnungsmethode stammen, **gilt die eingeschränkte Verlustverrechnung.**

2 Einzelheiten zu § 2a Abs. 1 und 2 EStG

2.1 Persönlicher Anwendungsbereich

2.1.1 Natürliche Personen

Die Regelungen des § 2a Abs. 1 und Abs. 2 EStG betreffen Einzelpersonen, die in der BRD als natürliche Personen unbeschränkt einkommensteuerpflichtig sind.

2.1.2 Personenvereinigungen

Sofern im Inland Vereinigungen von Personen steuerlich zu behandeln sind, ergeben sich keine spezifischen Steuerfragen. Der einzelne Gemeinschafter, Gesellschafter, Mitunternehmer usw. unterliegt mit dem auf ihn entfallenden Anteil an den negativen ausländischen Einkünften den Verlustverrechnungsbeschränkungen des § 2a Abs. 1 und Abs. 2 EStG.

2.1.3 Kapitalgesellschaften bzw. Körperschaftsteuersubjekte

Inländische Kapitalgesellschaften entfalten in zunehmendem Ausmaß wirtschaftliche Aktivitäten im Ausland. Die aus solchen Betätigungen im Ausland erwirtschafteten negativen Einkünfte unterliegen ebenfalls den Verlustverrechnungsbeschränkungen des § 2a Abs. 1 und Abs. 2 EStG. Nach § 8 Abs. 1 KStG i. V. m. R 32 Abs. 1 Nr. 1 KStR sind die sämtlichen Regelungen des § 2a EStG auch i. R. d. Ermittlung des zu versteuernden Einkommens bei Gesellschaften zu berücksichtigen, die der KSt unterliegen.

2.2 Negative Einkünfte im Sinne des § 2a Abs. 1 EStG

In § 2a Abs. 1 EStG werden zunächst allgemein die ausländischen Einkunftsquellen aus Drittstaaten aufgeführt, für deren Verluste die eingeschränkte Verrechnung des § 2a Abs. 1 EStG eingreift.

Bei den in § 2a Abs. 1 Nr. 1 bis 7 EStG aufgezählten Tatbeständen handelt es sich nicht um Einkunftsarten in technischem Sinne (§ 2 Abs. 1 EStG), sondern um eine Umschreibung der Tätigkeiten und Quellen, bei denen der Gesetzgeber »unerwünschte« Verluste annimmt. Die Umqualifizierung von Einkunftsarten nach dem Subsidiaritätsprinzip (§ 20 Abs. 3 EStG, § 21 Abs. 3 EStG) oder nach § 8 Abs. 2 KStG hat infolgedessen keine Auswirkung auf die Regelung des § 2a Abs. 1 EStG (vgl. BFH vom 31. 03. 2004 BStBl II 2004, 742).

BEISPIELE

a) Eine inländische AG betreibt in einem ausländischen Drittstaat einen land- und forstwirtschaftlichen Betrieb, in dem Verluste entstehen.

LÖSUNG Nach § 8 KStG sind diese Einkünfte als solche aus Gewerbebetrieb zu behandeln. Gleichwohl ist der Verlust nach § 2a Abs. 1 Nr. 1 EStG nicht ausgleichsfähig, weil er objektiv aus einer passiven land- und forstwirtschaftlichen Tätigkeit herrührt.

b) Die Beteiligung einer inländischen OHG als stille Gesellschafterin an einem ausländischen Unternehmen in einem Drittstaat führt zu Verlusten.

LÖSUNG Es handelt sich zwar um Einkünfte aus Gewerbebetrieb der (OHG); für Zwecke des § 2a Abs. 1 EStG ist objektiv davon auszugehen, dass die Verluste aus einer passiven Einkunftsquelle (Beteiligung als stiller Gesellschafter) entstanden sind.

2.3 Verhältnis von § 2a EStG zu § 15a EStG

Grundsätzlich gilt, dass die beiden Bestimmungen nebeneinander anzuwenden sind. Mit beiden Vorschriften will der Gesetzgeber bestimmte steuerliche Gestaltungspraktiken sanktionieren, so dass bei der konkreten Steuerbehandlung die beiden Bestimmungen so anzuwenden und auszulegen sind, dass die gesetzlichen Zwecke voll verwirklicht werden (vgl. auch Heinicke in Schmidt, EStG-Kommentar, § 2a, Anm. 10).

Die Finanzverwaltung hat für die Anwendung der beiden Bestimmungen ab dem Veranlagungszeitraum 1999 neue Regeln formuliert:

Bisher wurden ausländische Verluste zunächst daraufhin überprüft, ob sie den Verlustausgleichsbeschränkungen des § 2a EStG unterliegen. Auf den danach ausgleichsfähigen und abzugsfähigen Verlust war sodann die Regelung des § 15a EStG anzuwenden.

Nach der **geänderten Rechtsauffassung der Finanzverwaltung** (R 15a (5) EStR) soll vorrangig geprüft werden, ob sich bei Anwendung des § 15a EStG für den Gesellschafter ein ausgleichsfähiger Verlust ergibt. Diese Feststellung ist bereits auf der Ebene der Personengesellschaft zu treffen; ggf. ist schon hier im Feststellungsverfahren für die Personengesellschaft zu prüfen, ob die Verlustausgleichsbeschränkung des § 15a EStG greift und lediglich ein verrechenbarer Verlust nach § 15a Abs. 4 EStG festzustellen ist. Noch im Feststellungsverfahren für die Personengesellschaft wird danach zu prüfen sein, ob und ggf. inwieweit es sich um einen Verlust i. S. d. § 2a Abs. 1 Nr. 2 EStG (Verlust aus passiver Tätigkeit) oder i. S. d. § 2a Abs. 2 EStG (Verlust aus aktiver Tätigkeit) handelt; diese Entscheidung kann u. E. nur für die Gesellschaft getroffen werden. Bei der nachfolgenden Einkommensteuer- bzw. Körperschaftsteuerveranlagung des einzelnen Gesellschafters ist dann zu prüfen, ob für den Anteil am Verlust aus passiver Tätigkeit ein Ausgleich mit positiven Einkünften derselben Art aus demselben Staat in Betracht kommt.

2.4 Katalog der negativen ausländischen Drittstaaten-Einkünfte

2.4.1 Enumerationsprinzip

In § 2a Abs. 1 EStG zählt der Gesetzgeber jene negativen Einkünfte und Gewinnminderungstatbestände auf, hinsichtlich derer die Beschränkungen der Verlustverrechnung gelten. Da die Regelungen des § 2a Abs. 1 und Abs. 2 EStG belastender Art sind, ist der Katalog der inkriminierten Einkünfte bzw. Steuerquellen abschließend (**Enumerationsprinzip**) und kann zu Lasten des Steuerpflichtigen nicht extensiv ausgelegt werden.

Wie bereits dargestellt, kann man systematisch bei den negativen ausländischen Einkünften aus Drittstaaten zwischen unmittelbaren und mittelbaren Auslandsverlusten (Beteiligungsverluste) unterscheiden. Dabei ist die Regelungstechnik des EStG bezüglich der Beschränkung der Verlustverrechnung zu beachten; in § 2a Abs. 1 EStG wird für die dort genannten Einkünfte generell die Beschränkung der Verlustverrechnung angeordnet und in § 2a Abs. 2 EStG werden Ausnahmen von der Verlustverrechnungsbeschränkung bzw. die Wiederherstellung des gesetzlichen Regelfalles (Welteinkommensprinzip und Nettoprinzip) angeordnet.

2.4.2 Negative Einkünfte aus einer in einem ausländischen Drittstaat belegenen land- und forstwirtschaftlichen Betriebsstätte (§ 2a Abs. 1 Nr. 1 EStG)

Die Verluste aus land- und forstwirtschaftlicher Betätigung in einem ausländischen Drittstaat stellten sich fiskalisch als besonders bedenklich dar und waren letztlich der gesetzgeberische Anlass für die Regelungen des § 2a EStG.

BEISPIEL

a) A betreibt eine Rinderfarm in Paraguay (Nicht-DBA-Land) mit Verlusten, die im Rahmen eines Verlustzuweisungsmodells dem Steuerpflichtigen anteilig zugerechnet werden sollen.
b) Die B-KG mit Sitz im Inland (Nahrungsmittelhersteller) betreibt in Kolumbien (Nicht-DBA-Land) eine zu ihrem Betriebsvermögen gehörende land- und forstwirtschaftliche Betriebsstätte; es wurden Verluste erwirtschaftet.

Voraussetzung für das Eingreifen der Verlustverrechnungsbeschränkung ist, dass die ausländischen land- und forstwirtschaftlichen Einkünfte aus einer ausländischen **Betriebsstätte i. S. d. § 12 AO** herrühren.

2.4.3 Negative Einkünfte aus einer in einem ausländischen Drittstaat belegenen gewerblichen Betriebsstätte (§ 2a Abs. 1 Nr. 2 EStG)

Bei den ausländischen Betriebsstätteneinkünften aus Drittstaaten bedient sich der Gesetzgeber einer besonderen Regelungstechnik. Nach dem Regel-Ausnahme-Gegenausnahme-Prinzip werden alle negativen Einkünfte, die in ausländischen Betriebsstätten aus Drittstaaten i. S. d. § 12 AO erzielt werden, als **passiv** eingestuft (§ 2a Abs. 1 Nr. 2 EStG). Nach der Regelung des § 2a Abs. 2 Satz 1 EStG werden die meisten handwerklichen, technischen, kaufmännischen und dienstleistungsbezogenen Betriebsstätteneinkünfte als **aktiv** qualifiziert. Voraussetzung ist, dass die Betriebsstätte ausschließlich oder fast ausschließlich sich mit solchen gewerblichen Tätigkeiten befasst. Zu den aktiven Tätigkeiten gehören auch Holdingsaktivitäten einer ausländischen Betriebsstätte, wenn diese mindestens zu einem Viertel an ausländischen Kapitalgesellschaften beteiligt ist und diese Gesellschaft ihrerseits aktive gewerbliche Leistungen erbringt (§ 2a Abs. 2 Satz 1 HS 2 EStG). Nach der Regelung des § 2a Abs. 2 Satz 1 EStG sind aber gleichwohl einzelne gewerbliche Einkünfte als **passiv** zu qualifizieren (vgl. 2.6); solche sind Einkünfte aus Drittstaaten

- aus der Herstellung von Waffen,
- aus der Errichtung und dem Betrieb von Fremdenverkehrsanlagen und
- aus der Vermietung und Verpachtung von Wirtschaftsgütern einschließlich der Überlassung von Rechten, Plänen, Mustern, Verfahren, Erfahrungen und Kenntnissen.

2.4.4 Teilwertabschreibung bzw. Veräußerungs- oder Auflösungsverluste im Zusammenhang mit einer zum Betriebsvermögen gehörenden Beteiligung an einer ausländischen Kapitalgesellschaft aus Drittstaaten (§ 2a Abs. 1 Nr. 3 EStG)

Durch das StÄndG 1992 ist § 2a Abs. 1 Nr. 3 EStG mit Wirkung ab Veranlagungszeitraum 1992 in das EStG eingefügt worden. Danach unterfallen negative Einkünfte

- aus dem Ansatz des niedrigeren Teilwerts eines zu einem Betriebsvermögen gehörenden Anteils an einer ausländischen Körperschaft aus Drittstaaten oder
- aus der Veräußerung oder Entnahme eines zu einem Betriebsvermögen gehörenden Anteils an einer ausländischen Körperschaft aus Drittstaaten oder aus der Auflösung oder Herabsetzung des Kapitals einer ausländischen Körperschaft aus Drittstaaten

dem eingeschränkten Verlustausgleich. Dieses Verbot greift jedoch **nicht** ein, wenn der Steuerpflichtige am Nennkapital der ausländischen Kapitalgesellschaft **zu mindestens einem Viertel beteiligt** ist und die Gesellschaft einer **produktiven Tätigkeit** i. S. d. § 2a Abs. 2 Satz 1 EStG nachgeht (§ 2a Abs. 2 Satz 1 HS 2 EStG). Den negativen Einkünften sind Gewinnminderungen gleichgestellt (§ 2a Abs. 1 Satz 2 EStG). Die **produktive Tätigkeit** der ausländischen Kapitalgesellschaft schließt die Anwendung des § 2a Abs. 1 Nr. 3 EStG jedoch nur dann aus, wenn die Voraussetzungen des § 2a Abs. 2 Satz 1 EStG bei der Körperschaft entweder bei ihrer **Gründung** oder **während der letzten fünf Jahre** vor und in dem Veranlagungszeitraum vorgelegen hatten, in dem die negativen Einkünfte bezogen werden (§ 2a Abs. 2 Satz 2 EStG). Die Rechtsfolge des § 2a Abs. 1 Nr. 3 EStG besteht darin, dass die negativen Einkünfte bzw. Gewinnminderungen, die sich aus Teilwertabschreibungen, sowie Veräußerungs- und Entnahmeverlusten ergeben, sich steuerlich nicht auswirken. In Ausnahmefällen kann sich allerdings ein beschränkter Verlustausgleich oder ein beschränkter Verlustvortrag ergeben, wenn art- und staatengleiche positive Einkünfte gegeben sind (vgl. dazu R 2a (6) EStR). Ausgeschlossen ist ein Ausgleich bzw. Abzug mit Gewinnausschüttungen (vgl. Heinicke in Schmidt, EStG-Kommentar, § 2a Anm. 41).

BEISPIEL

Der Inländer A beteiligt sich zu 50 % am Kapital einer Limited Corporation; in Kanada, deren alleiniger Geschäftszweck der Erwerb und die Bewirtschaftung von land- und forstwirtschaftlichem Grundbesitz ist. Er hält die Beteiligung in seinem inländischen Betriebsvermögen. Die Bilanzen der ausländischen Gesellschaft weisen seit Jahren Verluste aus.

LÖSUNG Sofern eine dauernde Wertminderung der Beteiligung festgestellt werden kann (§ 6 Abs. 1 Nr. 2 EStG), kann auch steuerlich eine Teilwertabschreibung vorgenommen werden. Allerdings muss diese Teilwertabschreibung aufgrund der Regelung des § 2a Abs. 1 Nr. 3 Sätze 1 und 2 EStG wieder außerbilanziell hinzugerechnet werden (vgl. Krabbe, IStR 1992, 57).

2.4.5 Negative Einkünfte bei im Privatvermögen gehaltener Beteiligung an einer ausländischen Kapitalgesellschaft aus Drittstaaten (§ 2a Abs. 1 Nr. 4 EStG)

Auch die Regelung des § 2a Abs. 1 Nr. 4 EStG ist durch das StÄndG 1992 mit Wirkung ab Veranlagungszeitraum 1992 in das Gesetz eingearbeitet worden. Danach unterfallen der eingeschränkten Verlustverrechnung jedwede Verluste i. S. d. § 17 EStG, die sich bei Veräußerung einer wesentlichen Beteiligung an einer ausländischen Kapitalgesellschaft aus Drittstaaten oder bei deren Auflösung ergeben. Die Begründung des Gesetzgebers zur Einführung des § 2a Abs. 1 Nr. 4 EStG ist dieselbe, die für die Einfügung der oben angegebenen Nr. 3 in den Katalog des § 2a Abs. 1 EStG maßgeblich war. Bei produktiv tätigen ausländischen Kapitalgesellschaften aus Drittstaaten ist der Aktivitätsvorbehalt des § 2a Abs. 2 Satz 2 EStG zu beachten.

2.4.6 Negative Einkünfte aus der Beteiligung an einem Handelsgewerbe als stiller Gesellschafter und aus partiarischen Darlehen, wenn der Schuldner Wohnsitz, Sitz oder Geschäftsleitung in einem ausländischen Drittstaat hat (§ 2a Abs. 1 Nr. 5 EStG)

Als Einkunftsquelle aus dem Bereich der Kapitaleinkünfte nennt § 2a Abs. 1 Nr. 5 EStG nur die **stille Beteiligung** sowie das **partiarische Darlehen;** die Produktivitätsklausel des § 2a Abs. 2 EStG greift hier nicht ein. Nicht unter die Regelung des § 2a Abs. 1 Nr. 5 EStG fallen Verluste, die ein atypisch stiller Gesellschafter im Zusammenhang mit einem Auslandsengagement zu tragen hat; derartige Verlustanteile beurteilen sich nach § 2a Abs. 1 Nr. 2i. V. m. Abs. 2 EStG. Dagegen dürfte nach dem Urteil des BFH vom 10. 11. 1987 BStBl II 1988, 186 die **typische Unterbeteiligung** unter § 2a Abs. 1 Nr. 5 EStG fallen; diese Beurteilung ist nicht unbedenklich, da der Begriff Unterbeteiligung nicht mit der stillen Gesellschaft vergleichbar ist. Letztere erfordert nach § 230ff. HGB eine Vermögenseinlage in das Handelsgewerbe, wogegen die Unterbeteiligung lediglich eine schuldrechtliche Beziehung zum Hauptbeteiligten kennzeichnet.

BEISPIEL

Der Inländer A stellt dem Ausländer B (in einem Drittstaat), der an einer dort bestehenden Personengesellschaft beteiligt ist, 500 000 € zur Verfügung. Als Vergütung erhält er 25 % des Anteils des B am Gewinn und Verlust der Personengesellschaft. Im Jahre 09 wird dem A ein Verlustanteil i. H. v. 100 000 € zugewiesen, für den nach dem geltenden DBA ein deutsches Besteuerungsrecht gegeben ist.

LÖSUNG Die Verluste können im Inland nach § 2a Abs. 1 Nr. 5 EStG nicht berücksichtigt werden, da sie den Kapitaleinkünften aus stiller Beteiligung gleichgestellt werden.

Negative ausländische Kapitaleinkünfte **anderer Art** (z. B. Einkünfte aus einem refinanzierten Darlehen, mit dem ein ausländisches Unternehmen ausgestattet wird) sind von dieser Vorschrift nicht betroffen. Sie bleiben weiterhin ausgleichsfähig.

2.4.7 Negative Einkünfte aus der Vermietung oder der Verpachtung unbeweglichen Vermögens oder von Sachinbegriffen, wenn diese in einem ausländischen Drittstaat belegen sind (§ 2a Abs. 1 Nr. 6 EStG)

Nur die **ausdrücklich** genannten Sachverhalte fallen unter diese Regelung, und zwar ausnahmslos, weil die Produktivitätsklausel des § 2a Abs. 2 EStG auch insoweit nicht anzuwenden ist. Ausländische negative Einkünfte z. B. aus der zeitlich begrenzten **Überlassung von Rechten** (Urheberrechte, Lizenzen usw.) an Ausländer (§ 21 Abs. 1 Nr. 3 EStG) werden von § 2a Abs. 1 Nr. 6 EStG nicht berührt.

Mit § 2a Abs. 1 Nr. 6 EStG sind insbesondere ausländische Bauherrenmodelle und bestimmte steuersparende Immobilien-Leasingmodelle angesprochen.

BEISPIEL

Der Inländer A vermietet ein Wohnobjekt in der Schweiz (DBA mit Anrechnungsmethode).
LÖSUNG Etwaige Verluste aus der Vermietung sind nach § 2a Abs. 1 Nr. 6 EStG im Inland grundsätzlich nicht zu berücksichtigen.

Durch das StÄndG 1992 und durch das StBereinG 1999 sind die negativen Einkünfte aus Vermietung und Verpachtung von Schiffen (§ 2a Abs. 1 Nr. 6b EStG) der eingeschränkten Verlustverrechnung unterworfen worden. Wegen der Einzelheiten darf auf die einschlägigen Kommentierungen hingewiesen werden.

Die Regelung des § 2a Abs. 1 Nr. 6c EStG erfasst negative ausländische Einkünfte bzw. Gewinnminderungen, die mittelbar bei in einem Drittstaat belegenem unbeweglichem Betriebsvermögen oder bei Schiffen durch Teilwertabschreibungen usw. eintreten.

2.4.8 Negative Einkünfte bei Beteiligung an einer inländischen Körperschaft, die ihrerseits negative Einkünfte i. S. d. § 2a Abs. 1 Nr. 1 bis 6 EStG erzielt (§ 2a Abs. 1 Nr. 7 EStG)

Diese durch das StÄndG 1992 eingefügte Vorschrift hielt der Gesetzgeber für erforderlich, um Umgehungen bei Einschaltung von Zwischengesellschaften zu verhindern.

Negative Einkünfte nach § 2a Abs. 1 Nr. 7 EStG, die mittelbar auf einen bei der inländischen Körperschaft verwirklichten Tatbestand der Nr. 1 bis 6 zurückzuführen sind, dürfen beim Anteilseigner mit positiven Einkünften der Nr. 7 ausgeglichen werden, wenn die Einkünfte aus Tatbeständen derselben Nummer oder im Fall der Nr. 3 und 4 dieser beiden Nummern zurückzuführen sind (R 5 Abs. 1 Satz 3 EStR).

Ein Ausgleich von negativen Einkünften i. S. d. § 2a Abs. 1 Nr. 7 EStG ist auch mit Einkünften nach der jeweiligen Nummer zulässig, auf deren Tatbestände die Einkünfte der Nr. 7 zurückzuführen sind (R 2a Abs. 1 Satz 4 EStR und H 2a [Beteiligungen an inländischen Körperschaften mit Drittstaatenbezug] EStH).

BEISPIELE

a) Der Steuerpflichtige S hält im Betriebsvermögen eine Beteiligung an der inländischen Kapitalgesellschaft A, die eine nicht aktive gewerbliche Betriebsstätte im Drittstaat X hat. Außerdem hat er im Privatvermögen eine Beteiligung an der inländischen Kapitalgesellschaft B, die ebenfalls über eine nicht aktive gewerbliche Betriebsstätte im Drittstaat X verfügt.

Während die A in den Jahren 07 bis 09 in ihrer ausländischen Betriebsstätte Verluste erleidet, erzielt die B in diesem Zeitraum Gewinne. Im Jahr 08 nimmt der Steuerpflichtige eine Teilwertabschreibung auf die Beteiligung an der A vor. Im Jahr 09 veräußert der Steuerpflichtige die Beteiligung an der B und erzielt hieraus einen Veräußerungsgewinn nach § 17 EStG.

LÖSUNG Die Gewinnminderung aufgrund der Teilwertabschreibung in 08 erfüllt einen Tatbestand des § 2a Abs. 1 Nr. 7 (hier Buchst. a) i. V. m. Nr. 2 EStG.
Die Veräußerung der Beteiligung an der B in 09 erfüllt einen Tatbestand des § 2a Abs. 1 Nr. 7 (hier Buchst. c) i. V. m. Nr. 2 EStG. Die negativen Einkünfte aus der Teilwertabschreibung in 08 sind daher in 09 mit dem Veräußerungsgewinn zu verrechnen.

b) Der Steuerpflichtige R hat eine nicht aktive gewerbliche Betriebsstätte im Drittstaat X und eine Beteiligung an einer inländischen Kapitalgesellschaft A, die in X ebenfalls eine nicht aktive gewerbliche Betriebsstätte unterhält. Während der Steuerpflichtige mit seiner ausländischen Betriebsstätte Gewinne erzielt, erleidet die ausländische Betriebsstätte der A Verluste. Der Steuerpflichtige veräußert die Beteiligung an der A mit Verlust.

LÖSUNG Die negativen Einkünfte aus der Veräußerung der Beteiligung erfüllen einen Tatbestand des § 2a Abs. 1 Nr. 7 (Buchst. a oder c) i. V. m. Nr. 2 EStG. Sie sind mit den positiven Einkünften aus der eigengewerblichen ausländischen Betriebsstätte auszugleichen, da diese Betriebsstätte den Tatbestand des § 2a Abs. 1 Nr. 2 EStG erfüllt.

2.5 Produktivitätsklausel (§ 2a Abs. 2 EStG)

2.5.1 Grundsatz

Die Beschränkung der Verlustverrechnung nach § 2a Abs. 1 EStG greift bei jenen Einkunftsquellen nicht ein, die in dieser Bestimmung nicht erwähnt sind oder bei denen nach der Regelung des § 2a Abs. 2 EStG eine Ausnahme vom grundsätzlichen Verlustverrechnungsverbot angeordnet ist. So gesehen ist bei diesen sog. **aktiven bzw. produktiven Auslandsbetätigungen** in Drittstaaten, die zu negativen Einkünften führen, der Verlustausgleich und Verlustabzug uneingeschränkt möglich.

Durch die in § 2a Abs. 2 EStG enthaltene Produktivitätsklausel sollen volkswirtschaftlich erwünschte Tätigkeiten von Betriebsstätten in einem Drittstaat wieder von der Anwendung des § 2a Abs. 1 EStG ausgenommen werden.

2.5.2 Produktive Auslandsverluste aus Drittstaaten

Eine in einem ausländischen Drittstaat belegene gewerbliche Betriebsstätte stellt dann keine schädliche Einkunftsquelle (§ 2a Abs. 1 Nr. 2 EStG) dar, wenn die negativen Einkünfte der **Betriebsstätte** ausschließlich oder fast (90 %) ausschließlich stammen aus

- der Herstellung oder Lieferung von Waren (außer Waffen),
- der Gewinnung von Bodenschätzen sowie
- der Bewirkung gewerblicher Leistungen, soweit diese nicht der Errichtung oder dem Betrieb von Anlagen, die dem Fremdenverkehr dienen, oder in der Vermietung oder der Verpachtung von Wirtschaftsgütern einschließlich der Überlassung von Rechten, Plänen, Mustern, Verfahren, Erfahrungen und Kenntnissen bestehen.
- Das Halten von Beteiligungen von mindestens 25 % an einer ausländischen Drittstaaten-Kapitalgesellschaft, die ihrerseits (fast) ausschließlich die vorgenannten Tätigkeiten zum Gegenstand hat, gilt ebenfalls als produktiv.

Die Voraussetzung der fast ausschließlichen Ausübung der produktiven Tätigkeit kann angenommen werden, wenn das Betriebsergebnis der gewerblichen Betriebsstätte zu mindestens 90 % auf diesen Tätigkeiten beruht und das Betriebsvermögen zu mindestens 90 % diesen Tätigkeiten gewidmet ist (s. BFH vom 30.08.1995 BStBl II 1996, 122). Dies ist für jedes Wirtschaftsjahr gesondert zu prüfen (R 2aAbs. 3 EStR).

Das Kriterium der Ausschließlichkeit beurteilt sich nach dem Verhältnis der Bruttoerträge (R 2a Abs. 3 EStR; R 32 Abs. 1 Nr. 1 KStR). Diese werden grundsätzlich als Solleinnahmen verstanden. Sofern die passiven Bruttoerträge nicht 10 % der gesamten Bruttoerträge übersteigen, wird der Betriebsstätte der aktive Charakter nicht genommen.

2.5.2.1 Lieferung oder Herstellung von Waren ohne Waffen

Begünstigte Einkünfte der ausländischen Betriebsstätte aus Drittstaaten sind auch der gewerbliche Grundstückshandel sowie u. U. die Herstellung von immateriellen Wirtschaftsgütern wie z. B. Filmen (Fleischmann, DStR 1983, 191). Was man unter Waffen versteht, regelt sich nach § 1 des Waffengesetzes (BGBl I 1976, 432); der Begriff ist weit auszulegen.

2.5.2.2 Gewinnung von Bodenschätzen

Als produktive Tätigkeit gilt das Unterhalten einer Betriebsstätte aus Drittstaaten zur **Gewinnung** von Bodenschätzen. Sofern die Betriebsstätte lediglich dazu dient, Bodenschätze **aufzusuchen**, dürfte darin ein **Bewirken** gewerblicher Leistungen bestehen, das steuerlich unschädlich ist (vgl. Heinicke in Schmidt, EStG, § 2a, Rz. 20, 22).

2.5.2.3 Bewirkung gewerblicher Leistungen

Darunter fallen grundsätzlich alle Leistungen einer ausländischen Betriebsstätte aus Drittstaaten, die im Rahmen eines Gewerbebetriebs erbracht werden, es sei denn, es handelt sich um Leistungen, die unabhängig von der Rechtsform des Unternehmens den schädlichen Einkunftsquellen i. S. d. § 2a Abs. 1 EStG zuzuordnen sind.

Als passiv wird die Errichtung und der **Betrieb von Fremdenverkehrsanlagen** angesehen; somit wird die verlustbringende Investitionstätigkeit und auch der laufende Betrieb einer entsprechenden Anlage als steuerschädlich qualifiziert. Streitig ist, ob die Errichtung und das Betreiben von Skiliftanlagen dem Fremdenverkehrsgewerbe zuzuordnen ist (vgl. Schuhmann, FR 1998, 95).

2.5.2.4 Vermietung oder Verpachtung von Wirtschaftsgütern

Sofern die Geschäftstätigkeit der ausländischen Betriebsstätte aus Drittstaaten darin besteht, **einzelne Wirtschaftsgüter** zu vermieten oder Rechte, **Pläne, Verfahren oder Kenntnisse usw. entgeltlich zu überlassen,** sind etwaige negative Einkünfte als passiv einzuordnen.

2.5.2.5 Holdingaktivitäten

Die Regelung des § 2a Abs. 2 Satz 1 HS 2 EStG stellt klar, dass in den Fällen, in denen wesentliche (25 %) Beteiligungen an Drittstaaten-Kapitalgesellschaften gehalten werden, die ihrerseits produktive Tätigkeiten ausüben, **aktive Beteiligungserträge** entstehen. Die Beteiligungen müssen unmittelbar gehalten werden und die Kapitalgesellschaften müssen im Ausland ihren Sitz haben.

2.5.2.6 Aktive mittelbare negative Einkünfte (Beteiligungsverluste)

Die Regelung des § 2a Abs. 2 Satz 2 EStG will **Auslandsbeteiligungsverluste** in den Fällen des § 2a Abs. 1 Nr. 3 und 4 EStG dann nicht als passiv und damit als steuerschädlich qualifizieren, wenn die ausländische Kapitalgesellschaft aus Drittstaaten nachweislich produktiven wirtschaftlichen Tätigkeiten i. S. d. § 2a Abs. 2 Satz 1 EStG nachgegangen ist.

Der Aktivitätsvorbehalt ist daran geknüpft, dass die ausländische Kapitalgesellschaft seit ihrer Gründung oder während der letzten fünf Jahre vor Verlustentstehung produktiv tätig gewesen ist.

2.5.3 Nicht aufgeführte Auslandsverluste

Die in § 2a Abs. 1 EStG aufgeführten schädlichen Verluste bilden einen abschließenden Katalog. Deswegen fallen alle dort **nicht** aufgeführten Verluste nicht unter das Verrechnungsverbot.

Zu erwähnen sind beispielhaft folgende Verluste:

- gewerbliche Verluste, ohne dass im ausländischen Drittstaat eine Betriebsstätte unterhalten worden ist;
- gewerbliche Verluste, die unter Einschaltung eines ständigen Vertreters im ausländischen Drittstaat erzielt worden sind (streitig);
- Verluste aus selbstständiger Tätigkeit in einem ausländischen Drittstaat;
- Verluste bei den Einkünften aus Kapitalvermögen mit Ausnahme der stillen Beteiligung und partiarischen Darlehen;
- Verluste aus der Vermietung und Verpachtung von einzelnen Wirtschaftsgütern und Rechten.

2.6 Durchführung des Verlustverrechnungsverbotes

Entsprechend dem Gesetzeszweck können **ausländische** Drittstaaten-Verluste i. S. d. § 2a Abs. 1 EStG mit **inländischen** Einkünften grundsätzlich nicht verrechnet werden.

Ausgleichsfähig sind nach § 2a Abs. 1 Satz 2 EStG aber **ausländische Drittstaaten-Verluste mit ausländischen positiven Einkünften** der jeweils selben Art bzw. derselben Katalogziffer aus demselben ausländischen Staat innerhalb desselben Veranlagungszeitraumes.

Einkünfte der jeweils selben Art sind grundsätzlich alle unter einer Nummer aufgeführten Tatbestände, soweit sie nicht unter die Aktivitätsklausel des § 2a Abs. 2 EStG fallen. Dies gilt auch bei den Nummern, die in Buchstaben aufgegliedert sind. Die Tatbestände in § 2a Abs. 1 Satz 1 Nr. 3 und 4 EStG sind dabei zusammen zu zählen (R 2a Abs. 1 Sätze 1 und 2 EStR).

Ist ein solcher Verlustausgleich im selben Veranlagungszeitraum nicht möglich, dann besteht noch eine Verrechnungsmöglichkeit mit **positiven ausländischen Einkünften** aus Drittstaaten derselben Art und demselben Drittstaat in den folgenden **Veranlagungszeiträumen**. Das StÄndG 1992 hat die zeitliche Beschränkung des Verlustabzugs für ausländische Einkünfte aufgehoben; der zukunftsbezogene Verlustabzug ist nunmehr zeitlich unbegrenzt möglich.

BEISPIEL

Der unbeschränkt steuerpflichtige S bewirtschaftet in der Schweiz zwei Gebäude. Daraus erzielt er folgende Einkünfte (umgerechnet in €):

Veranlagungszeitraum	**07**	**08**	**09**
Gebäude 1	./. 5 000 €	2 000 €	2 000 €
Gebäude 2	1 000 €	1 000 €	1 000 €
Saldo	./. 4 000 €	3 000 €	3 000 €
Verlustabzug	0 €	./. 3 000 €	./. 1 000 €
ausländische Einkünfte	./. 4 000 €	0 €	+ 2 000 €
verbleibende negative Einkünfte	./. 4 000 €	./. 1 000 €	0 €

LÖSUNG Da nach Art. 6, 24 Abs. 1 Nr. 2 DBA-Schweiz für Einkünfte aus Vermietung und Verpachtung die Anrechnungsmethode vorgesehen ist, sind die Verluste nach § 2a Abs. 1 Nr. 6a EStG im Inland nicht ausgleichsfähig.

Die Regelung des § 2a Abs. 1 Satz 1 EStG beinhaltet indessen eine beschränkte Verlustausgleichsmöglichkeit für Einkünfte derselben **Art aus demselben Staat.** Für das Jahr 07 ergeben sich mithin negative ausländische Einkünfte aus Vermietung und Verpachtung, die mit anderen positiven inländischen Einkünften **nicht** verrechnet werden können. Die Sonderregelung des § 2a Abs. 1 EStG bewirkt, dass ein horizontaler und auch ein vertikaler Verlustausgleich nach § 2 Abs. 3 EStG (Mindestbesteuerung) nicht zu prüfen ist. Für das Jahr 08 ergibt sich ein positiver Saldo ausländischer Einkünfte i. H. v. 3 000 €; bis zu diesem Betrag kann ein Verlustvortrag nach § 2a Abs. 1 Satz 3 EStG beansprucht werden. Die zum Jahresende 08 verbleibenden negativen Einkünfte betragen 1 000 €. Im Jahr 09 mindert der Verlustvortrag die aktuellen positiven ausländischen Einkünfte auf 2 000 €; das bisherige Verlustvortragsvolumen ist aufgezehrt.

Bei zusammenveranlagten Ehegatten sind negative Einkünfte nach § 2a Abs. 1 EStG des einen Ehegatten mit positiven Einkünften des anderen Ehegatten der jeweils selben Art aus demselben Staat auszugleichen oder zu verrechnen, soweit sie nicht mit eigenen positiven Einkünften ausgeglichen oder verrechnet werden können (R 2a Abs. 7 EStR).

BEISPIEL

Der im Inland unbeschränkt steuerpflichtige J vermietet in Vaduz/Liechtenstein ein zu seinem Privatvermögen zählendes Mehrfamilienhaus mit einem Verlust von 100 000 €. Seine mit ihm zusammenveranlagte Ehefrau vermietet ebenfalls in Vaduz/Liechtenstein ein dem Privatvermögen zuzurechnendes Mehrfamilienhaus mit einem Überschuss von 60 000 €. Mit Liechtenstein hat Deutschland kein DBA abgeschlossen.

LÖSUNG Die Verlustausgleichs- und Verlustabzugsbeschränkung nach § 2a Abs. 1 Satz 1 EStG wirkt sich unmittelbar auf die Steuer-Bemessungsgrundlage aus.

Der Vermietungsüberschuss der Ehefrau von 60 000 € ist bis zur Höhe von 0 € mit dem Vermietungsverlust des Ehemanns auszugleichen. Der verbleibende, nach § 2a Abs. 1 Satz 1 Nr. 6a EStG nicht ausgleichsfähige, aber in zukünftigen Veranlagungszeiträumen verrechnungsfähige Verlust ist für Zwecke der Steuer-Bemessungsgrundlage nach § 2a Abs. 1 Satz 5 EStG i. H. v. 40 000 € gesondert festzustellen.

Für Ehegatten sind stets getrennte Feststellungen zu treffen.

Fallen in einem Folgejahr außerordentliche Einkünfte i. S. d. §§ 34, 34b EStG aus einer ausländischen Betriebsstätte (Drittstaat) der jeweils selben Art aus demselben Staat an, sind die außerordentlichen Einkünfte zunächst in voller Höhe mit den festgestellten negativen Einkünften zu verrechnen; nur die ggf. verbleibenden positiven außerordentlichen Einkünfte werden als tarifbegünstigt in die Besteuerung einbezogen bzw. 1/5 im Rahmen des Progressionsvorbehaltes nach § 32b Abs. 2 Nr. 2 EStG berücksichtigt.

BEISPIEL

Zum 31. 12. 2009 festgestellte negative Einkünfte i. S. d. § 2a EStG aus einer im ausländischen Drittstaat gelegenen Betriebsstätte (§ 2a Abs. 2 EStG ist nicht erfüllt)	100 000 €
laufender Gewinn 2009 aus der ausländischen Betriebsstätte	50 000 €
verbleibende negative Einkünfte nach Verrechnung	50 000 €
außerordentliche positive Einkünfte 2009 aus der ausländischen Betriebsstätte §§ 16, 34 Abs. 2 EStG	70 000 €
verbleibende positive außerordentliche Einkünfte	20 000 €
Ansatz im Rahmen des Progressionsvorbehaltes zu 1/5	4 000 €

2.7 Gesonderte Feststellung

Am Schluss eines Veranlagungszeitraums ist für die verbleibenden negativen Einkünfte unter sinngemäßer Anwendung des § 10 d Abs. 3 EStG eine gesonderte Feststellung durchzuführen (vgl. § 2a Abs. 1 Satz 5 EStG). Dies gilt auch für Zwecke des negativen Progressionsvorbehaltes.

2.8 Übergangsprobleme durch die Änderung der §§ 2a und 32b EStG

2.8.1 Beschränkung der Anwendung des § 2a Abs. 1 und 2 EStG durch das BMF-Schreiben vom 30. 07. 2008 (BStBl I 2008, 810)

Aufgrund der geänderten EuGH-Rechtsprechung (s. 1.2.6) sahen sich Verwaltung und Gesetzgeber wegen der Anwendung des § 2a EStG auf EU-/EWR-Staaten stark unter Druck gesetzt. Daher hat die Verwaltung bereits im Jahre 2008 mit dem BMF-Schreiben vom 30. 07. 2008 (BStBl I 2008, 810) im Vorgriff auf eine Gesetzesänderung geregelt, dass § 2a Abs. 1 und 2 EStG nur noch auf Drittstaaten sowie auf den EWR-Staat Liechtenstein angewendet wird.

Negative Einkünfte mit Bezug auf EU-/EWR-Staaten (außer Liechtenstein) sollen dagegen nicht mehr in den Anwendungsbereich des § 2a EStG fallen.

Der Erlass sieht vor, dass die Grundsätze des BMF-Schreibens in allen noch offenen Fällen anzuwenden sind. Dagegen sollen für Verluste, die nach § 2a EStG bereits bestandskräftig gesondert festgestellt und noch nicht verrechnet wurden, weiterhin § 2a Abs. 1 Satz 3 – 5 EStG Anwendung finden (§ 52 Abs. 3 Satz 3 EStG).

BEISPIEL

In der bestandskräftigen Einkommensteuerveranlagung für VZ 2006 wurden bei A negative Einkünfte aus der Vermietung einer in Dänemark belegenen Eigentumswohnung i. H. v. 2 000 € nicht berücksichtigt und nach § 2a Abs. 1 EStG gesondert festgestellt. Im VZ 2007 erzielte A aus der Vermietung dieser Wohnung positive Einkünfte i. H. v. 3 000 €. Die Veranlagung für den VZ 2007 steht noch aus.

LÖSUNG Der zum 31. 12. 2006 gesondert festgestellte Verlust i. H. v. 2 000 € ist nach § 2a Abs. 2 Satz 3 – 5 EStG mit den positiven Einkünften in 2007 zu verrechnen. Die verbleibenden Vermietungseinkünfte i. H. v. 1 000 € wirken sich bei der Veranlagung 2007 über den positiven Progressionsvorbehalt aus, da das DBA-Dänemark für diese Einkünfte die Freistellungsmethode vorsieht.

2.8.2 Neuregelung der §§ 2a und 32b EStG durch das Jahressteuergesetz 2009

Das BMF-Schreiben vom 30.07.2008 (BStBl I 2008, 810) wurde dann durch eine gesetzliche Neuregelung des § 2a EStG mit der Einschränkung des Anwendungsbereiches auf die Drittstaaten und Liechtenstein durch das JStG 2009 ersetzt.

Parallel dazu wurde auch § 32b Abs. 1 Nr. 3 EStG an die Neuregelung des § 2a EStG angepasst.

Nachdem die bisherige Regelung des § 32b Abs. 1 Nr. 3 EStG die Anwendung des Progressionsvorbehaltes bei allen ausländischen Einkünften vorsah, die nach DBA im Inland steuerfrei sind (Freistellungsmethode), wird nach § 32b Abs. 1 Satz 2 EStG der Anwendungsbereich nunmehr für bestimmte Einkünfte ebenfalls auf Drittstaatenfälle begrenzt. Dies gilt sowohl für den positiven als auch für den negativen Progressionsvorbehalt. Die in § 32b Abs. 1 Satz 2 Nr. 1 – 5 EStG aufgeführten nach DBA steuerfreien Einkünfte aus EU-/EWR-Mitgliedstaaten fallen damit **nicht** mehr unter den positiven und negativen Progressionsvorbehalt (s. D 8.6).

Die Neuregelung des § 32b Abs. 1 Satz 2 EStG gilt rückwirkend ab VZ 2008 (§ 52 Abs. 43a EStG). Daher sind ab VZ 2008 entstehende positive Einkünfte aus den in § 32b Abs. 1 Satz 2 Nr. 1 – 5 EStG aufgezählten Einkunftsquellen vom Progressionsvorbehalt auszunehmen. Eine Verrechnung von alten nach § 2a EStG festgestellten Verlusten erübrigt sich dadurch.

Die Änderungen des § 2a EStG sind für alle Fälle anwendbar, die bei Verabschiedung des Gesetzes noch nicht bestandskräftig sind (also auch rückwirkend).

Diese unterschiedlichen Übergangsregelungen führen in der Praxis zwangsläufig zu erheblichen Problemen.

BEISPIELE

a) A ist Eigentümer einer vermieteten Eigentumswohnung in Frankreich (Freistellungsmethode). Die in der Vergangenheit erzielten Verluste waren wegen § 2a Abs. 1 Nr. 6 EStG beim negativen Progressionsvorbehalt nicht zu berücksichtigen. Zum 31.12.2006 wurden bestandskräftig insgesamt Verluste i. H. v. 10 000 € festgestellt.

LÖSUNG A kann die zum 31.12.2006 festgestellten Verluste als negative Progressionseinkünfte erst abziehen, wenn und soweit er in den Jahren ab 2007 entsprechende positive Einkünfte aus Vermietung und Verpachtung in Frankreich erzielt.

Sofern er im Jahr 2007 wiederum Verluste aus seiner Wohnung in Frankreich erzielen sollte, sind diese beim negativen Progressionsvorbehalt zu berücksichtigen.

b) Im unter Vorbehalt der Nachprüfung ergangenen ESt-Bescheid 2006 wurden bei einem Steuerpflichtigen negative Einkünfte aus Vermietung einer in Spanien belegenen Eigentumswohnung i. H. v. 2 000 € (Anrechnungsmethode) nicht berücksichtigt und bestandskräftig nach § 2a Abs. 1 EStG gesondert festgestellt.

LÖSUNG Der ESt-Bescheid 2006 ist zu ändern und die Verluste aus der Vermietung der Ferienwohnung können im Rahmen des allgemeinen Verlustausgleichs mit anderen positiven Einkünften verrechnet werden. Der bestandskräftige Feststellungsbescheid zum 31.12.2006 ist nach § 2a Abs. 1 Satz 5 EStG i. d. F. vor dem JStG 2009 i. V. m. § 10d Abs. 4 Satz 4 EStG aufzuheben bzw. zu ändern.

Sofern bereits zum 31.12.2005 eine bestandskräftige Feststellung nach § 2a EStG durchgeführt wurde und auch der dieser Feststellung zugrunde liegende ESt-Bescheid bestandskräftig ist, kann dieser Verlust nur mit Überschüssen künftiger Jahre verrechnet werden.

c) A verfügt über eine vermietete Wohnung in
aa) Spanien,
bb) Schweiz.
Er erzielte im Jahr 2008 daraus dem Grunde nach anzuerkennende Verluste.

LÖSUNG Sowohl im Fall aa), als auch im Fall bb), unterliegen nach den mit Spanien und der Schweiz abgeschlossenen DBA die V + V-Einkünfte in Deutschland der Anrechnungsmethode. Nach der gesetzlichen Regelung sind die Vermietungsverluste aus Spanien im Jahr 2008 voll mit anderen positiven inländischen Einkünften ausgleichsfähig.
Dagegen sind die negativen Einkünfte aus der Immobilie in der Schweiz nicht mit anderen positiven inländischen Einkünften ausgleichsfähig, da § 2a EStG bei Drittstaaten weiterhin anzuwenden ist.

d) **Abwandlung des Beispiels c):** Es ergaben sich keine Verluste, sondern positive Überschüsse.
LÖSUNG Sowohl die Einkünfte aus der spanischen als auch der schweizerischen Immobilie unterliegen unverändert der vollen Besteuerung in Deutschland (Anrechnungsmethode).

e) A betreibt in Deutschland ein Bauunternehmen in der Rechtsform eines Einzelunternehmens. Aus einer in Frankreich belegenen Baubetriebsstätte erzielte er im Jahr 2008 einen Verlust.
LÖSUNG Der Verlust aus der französischen Betriebsstätte ist nach § 32b Abs. 1 Nr. 3 i. V. m. Abs. 1 Satz 2 Nr. 2 EStG nicht vom Progressionsvorbehalt ausgenommen. Da die Einkünfte auch nicht § 2a EStG unterliegen, sind sie im Rahmen des negativen Progressionsvorbehaltes zu berücksichtigen.

2.9 System des § 2a EStG

Die Anwendung des neugefassten § 2a EStG lässt sich symptomatisch in zwei Fallgruppen einteilen:
- Verluste aus einem ausländischen Drittstaat,
- Verluste aus einem ausländischen EU-/EWR-Staat.

Die Wirkungsweise der einzelnen Fallgruppen ist in folgender Übersicht dargestellt:

Verluste aus einem Drittstaat		
mit DBA		**ohne DBA**
Freistellungsmethode • Verlustberücksichtigung nicht im Inland, sondern im DBA-Staat • Ausschluss des negativen Progressionsvorbehaltes außer bei gewerblichen Verlusten (§ 2a Abs. 1, 2 i. V. m. § 32b Abs. 1 Nr. 3 EStG) • Keine Berücksichtigung der ausländischen Steuer	**Anrechnungsmethode** • Welteinkommensprinzip (§ 1 Abs. 1 EStG) Nichtberücksichtigung von »schädlichen Verlusten« i. S. d. § 2a EStG bei der Einkunftsermittlung • Berücksichtigung der ausländischen Steuer nach § 34c Abs. 2 EStG (R 34c (2) EStR)	• Welteinkommensprinzip (§ 1 Abs. 1 EStG) Nichtberücksichtigung von »schädlichen Verlusten« i. S. d. § 2a EStG bei der Einkunftsermittlung • Berücksichtigung der ausländischen Steuer nach § 34c Abs. 2 EStG (R 34c (2) EStR)

Verluste aus einem EU-/EWR-Staat		
mit DBA		**ohne DBA**
Freistellungsmethode • Verlustberücksichtigung nicht im Inland, sondern nur im DBA-Staat • Versagung des negativen und Verzicht auf den positiven Progressionsvorbehalt nach Maßgabe des Passivkatalogs des § 32b Abs. 1 Satz 2 EStG • **Beachte:** § 32b Abs. 1 Satz 2 Nr. 2 EStG: Bei produktiven Verlusten i. S. d. § 2a Abs. 2 EStG aus ausländischen Betriebsstätten positiver und negativer Progressionsvorbehalt	**Anrechnungsmethode** • Volle Verlustberücksichtigung der Verluste Keine Anwendung des § 2a Abs. 1, 2 EStG • Berücksichtigung der ausländischen Steuer nach § 34c Abs. 2 EStG (R 34c (2) EstR)	Gibt es nicht, da mit allen EU-/EWR-Staaten ein DBA besteht

3 Berücksichtigung von ausländischen gewerblichen Verlusten nach § 2a Abs. 3 und 4 EStG (früher § 2 AIG)

3.1 Grundsätze

3.1.1 Aufhebung des Abzugs ausländischer Betriebsstättenverluste durch das Steuerentlastungsgesetz 1999/2000/2002 und Steuerbereinigungsgesetz 1999

Vorab ist festzustellen, dass ab Veranlagungszeitraum 1999 die Möglichkeit, ausländische Betriebsstättenverluste aus DBA-Staaten auf Antrag bei der Einkunftsermittlung abzuziehen, weggefallen ist. Diese Streichung trifft Einzelunternehmer, Mitunternehmerschaften, aber auch Kapitalgesellschaften. Mit der Anwendungsvorschrift des § 52 Abs. 3 EStG in der Fassung des Steuerbereinigungsgesetzes 1999 werden die Regelungen über die **Hinzurechnung (Nachversteuerung)** gemäß § 2a Abs. 3 Satz 3 bis 6 EStG provisorisch verrechneter Verluste bis zum Veranlagungszeitraum 2008 weiterhin für anwendbar erklärt; das Gleiche gilt für die durch das StBereinG 1999 neu gefasste Regelung des § 2a Abs. 4 EStG, die für die Fälle der Umwandlung einer ausländischen Betriebsstätte in eine Kapitalgesellschaft ebenfalls eine grundsätzliche Nachversteuerung vorsieht.

Das JStG 2008 hat die Begrenzung der Hinzurechnung bis VZ 2008 wieder aufgehoben, so dass nun die **Nachversteuerung zeitlich unbegrenzt** möglich ist (§ 52 Abs. 3 Satz 3 EStG).

3.1.2 Bisherige Regelung über den Abzug ausländischer Betriebsstättenverluste gemäß § 2a Abs. 3 EStG

Die Steuerpolitik der frühen siebziger Jahre war gekennzeichnet durch Regelungen, mit denen grenzüberschreitende Investitionen in ausländischen Staaten, insbesondere in Entwicklungsländern steuerlich gefördert wurden (vgl. AIG vom 18. 08. 1969 BGBl I 1969, 1211 und Entwicklungsländer-Steuergesetz vom 21. 05. 1979 BGBl I 1979, 564). Die bereits im AIG enthaltenen Regelungen über den Abzug ausländischer Betriebsstättenverluste (§ 2 AIG) wurde durch das Steuerreformgesetz 1990 inhaltsgleich in das Einkommensteuerrecht übernommen (§ 2a Abs. 3 und 4 EStG). Die ehemals als vernünftig angesehene Regelung wird vom heutigen Gesetzgeber als systemwidrig kompliziert und anwendungsunfreundlich angesehen; mit der Abschaffung sollen auch solche Gestaltungen getroffen werden, die bei Steuerpflichtigen zu fiskalisch unerwünschten Steuerentlastungseffekten geführt haben (vgl. BT-Drucks. 14/265, 168).

3.1.3 Systematik der Regelungen des § 2a Abs. 3 und 4 EStG

Ein Vergleich der Regelungen über die eingeschränkte Verlustverrechnung (§ 2a Abs. 1 und 2 EStG) und über den Abzug ausländischer Betriebsstättenverluste (§ 2a Abs. 3 und 4 EStG) zeigt, dass unter der Überschrift des § 2a EStG »negative ausländische Einkünfte« systematisch unterschiedlichste Regelungszwecke verfolgt werden. Bei der eingeschränkten Verlustverrechnung will der Gesetzgeber die innerstaatlich bestehenden begünstigenden Regelungen über die Verlustverrechnung zurücknehmen und bei der erweiterten Verlustverrechnung wollte der gleiche Gesetzgeber Verlustverrechnungsmöglichkeiten eröffnen, die durch die Wirkungsweise von DBA verschlossen waren.

Die Regelungen des § 2a Abs. 3 und 4 EStG sind vor folgendem wirtschaftlichen und steuerlichem Hintergrund zu sehen:

Erzielt ein inländischer Unternehmer gewerbliche Einkünfte aus einer Betriebsstätte in einem ausländischen Staat, mit dem ein DBA besteht, so ist in den meisten DBA geregelt, dass die gewerblichen Einkünfte von der deutschen Besteuerung freigestellt und lediglich dem positiven oder negativen Progressionsvorbehalt zu unterwerfen sind. Das hat zur Folge, dass sich für den inländischen Unternehmer gewerbliche Verluste aus Investitionen in einem ausländischen Staat, mit dem ein DBA besteht, lediglich über den negativen Progressionsvorbehalt auswirken. Im »steuerberechtigten« ausländischen Staat bleibt der Verlust steuerlich außen vor, wenn dort keine positiven Einkünfte anderer Art erzielt werden, mit denen der Verlust verrechnet werden könnte. Diese ungünstige Situation tritt insbesondere dann ein, wenn Anlaufverluste in den ersten Jahren eines Auslandsengagements erwirtschaftet werden.

Entstehen dagegen gewerbliche Verluste aus Investitionen in einem ausländischen Staat, mit dem kein DBA besteht, oder das DBA sieht die Anrechnungsmethode vor, so hat der Steuerpflichtige die Möglichkeit, den gesamten gewerblichen Verlust mit inländischen Einkünften auszugleichen (§ 2 Abs. 1 EStG – Welteinkommensprinzip); nach geltender Rechtslage (seit 1999) ist allerdings § 2 Abs. 3 und § 10 d EStG zu beachten. Das eingeschränkte Verlustverrechnungsverbot des § 2a Abs. 1 EStG greift in den meisten Fällen wegen der Produktivitätsklausel des Abs. 2 nicht ein. Wird auf diesen nach ausländischen Grundsätzen ermittelten ausländischen gewerblichen Verlust im Ausland noch Steuer bezahlt, so kann diese Steuer daneben nach § 34c Abs. 2 EStG bei der Ermittlung der Einkünfte berücksichtigt werden.

Die bisherige Regelung des § 2a Abs. 3 und 4 EStG wollte dem Steuerpflichtigen für ausländische gewerbliche Verluste aus einem DBA-Staat, bei dem die Freistellungsmethode gilt, ein Wahlrecht einräumen, diese entweder wie inländische Verluste oder i. R. d. negativen Progressionsvorbehalts zu berücksichtigen.

3.1.4 Rechtslage bis einschließlich Veranlagungszeitraum 1998

§ 2a Abs. 3 Satz 1 und 2 EStG ermöglichte auf Antrag den Verlustausgleich und Verlustabzug für Verluste aus gewerblichen Betriebsstätten in einem ausländischen Staat, mit dem ein DBA bestand, wenn die Einkünfte nach dem DBA in Deutschland steuerbefreit und die Aktivitätsvoraussetzungen des § 2a Abs. 2 EStG erfüllt waren. Soweit ein Verlust nicht ausgeglichen werden konnte, war § 10 d EStG entsprechend anzuwenden. Der Verlustausgleich und Verlustabzug trat an die Stelle des negativen Progressionsvorbehalts.

Hierbei war Folgendes zu beachten:

Die Einkünfte waren unabhängig von der Einkünfteermittlung im Ausland nach den Vorschriften des deutschen Einkommensteuerrechts zu ermitteln. Es waren alle Betriebsausgaben zu berücksichtigen, die mit den im Ausland erzielten Einnahmen im wirtschaftlichen Zusammenhang standen. Der Verlustabzug nach § 2a Abs. 3 Satz 1 und 2 EStG setzte eine aktive Tätigkeit der ausländischen gewerblichen Betriebsstätte i. S. d. § 2a Abs. 2 EStG voraus (H 5 [Allgemeines] EStH 2001).

Hatte der Steuerpflichtige in dem betreffenden ausländischen Staat mehrere gewerbliche Betriebsstätten, so konnte ein Verlust nur abgezogen werden, soweit nach Verrechnung mit Betriebsstättengewinnen aus demselben Staat noch ein Verlust aus aktiven Betriebsstätten i. S. d. § 2a Abs. 2 EStG verblieb. Für die Berechnung des Verlustabzugs war mit nach dem DBA befreiten positiven Einkünften aus aktiven und ggf. nicht aktiven gewerblichen Betriebsstätten in demselben ausländischen Staat zu saldieren.

Es fand eine »Pro-Staat-Berechnung« statt.

Der Verlustausgleich und Verlustabzug setzte einen **Antrag** beim Wohnsitzfinanzamt voraus.

Das Antragsrecht musste für die gesamten nach dem DBA befreiten Einkünfte aller in einem ausländischen Staat belegenen gewerblichen Betriebsstätten einheitlich ausgeübt werden. Der Antrag konnte betragsmäßig nicht begrenzt werden.

Auch die Beteiligung an einer ausländischen Mitunternehmerschaft galt als Betriebsstätte. Der Anwendung des § 2a Abs. 3 EStG stand nicht entgegen, dass eine ausländische Personengesellschaft im Ausland als juristische Person besteuert wurde. Die Mitunternehmer konnten ihr Antragswahlrecht nach § 2a Abs. 3 EStG unterschiedlich ausüben.

Zu beachten war, dass der Verlustabzug nach § 2a Abs. 3 EStG an die Stelle des negativen Progressionsvorbehalts trat, dieser war also nicht zusätzlich zu berücksichtigen.

3.1.5 Rechtslage ab Veranlagungszeitraum 1999

§ 2a Abs. 3 Satz 1 und 2 EStG ist ab diesem Zeitpunkt weggefallen, d. h. ein Verlustausgleich und Verlustabzug für die dort genannten negativen Einkünfte kann nicht mehr gewählt werden. Es verbleibt vielmehr zwingend beim Ansatz des im DBA vorgesehenen negativen Progressionsvorbehalts.

3.1.6 Nachversteuerung

Ein Betrag bis zur Höhe des – bis einschließlich Veranlagungszeitraum 1998 – nach § 2a Abs. 3 Satz 1 und 2 EStG abgezogenen Verlustes ist in den folgenden Veranlagungszeiträumen – nach neuer Rechtslage (§ 52 Abs. 3 EStG) zeitlich unbegrenzt – wieder hinzuzurechnen, sofern ein Nachversteuerungstatbestand vorliegt. Die Nachversteuerung (= Hinzurechnung) tritt an die Stelle des positiven Progressionsvorbehalts, dieser ist also nicht zusätzlich zu berücksichtigen.

Die Nachversteuerung ist durchzuführen, wenn

- insgesamt positive, nach DBA steuerfreie gewerbliche Einkünfte aus in diesem ausländischen Staat belegenen Betriebsstätten anfallen – § 2a Abs. 3 Satz 3 i. V. m. § 52 Abs. 3 EStG,
- eine gewerbliche Betriebsstätte in eine Kapitalgesellschaft umgewandelt wird – § 2a Abs. 4 Nr. 1 i. V. m. § 52 Abs. 3 EStG,
- eine Betriebsstätte entgeltlich oder unentgeltlich übertragen wird – § 2a Abs. 4 Nr. 2 i. V. m. § 52 Abs. 3 EStG.
- eine Betriebsstätte aufgegeben wird, jedoch die ursprünglich von der Betriebsstätte ausgeübte Geschäftstätigkeit ganz oder teilweise von einer Gesellschaft, an welcher der inländische Steuerpflichtige zu mindestens 10 % unmittelbar oder mittelbar beteiligt ist, oder von einer ihm nahestehenden Person i. S. d. § 1 Abs. 2 AStG fortgeführt wird – § 2a Abs. 4 Nr. 3 i. V. m. § 52 Abs. 3 EStG.

In Veräußerungs- und Aufgabefällen ist bei der Nachversteuerung (= Hinzurechnung) weder ein Freibetrag nach § 16 Abs. 4 EStG noch ein ermäßigter Steuersatz nach § 34 EStG zu gewähren (BFH vom 16. 11. 1989 BStBl II 1990, 204).

3.1.7 Gesonderte Feststellung des verbleibenden Betrags – § 2a Abs. 3 Sätze 5 und 6 in Verbindung mit § 52 Abs. 3 EStG

Ab 1996 ist der am Schluss eines Veranlagungszeitraums der Hinzurechnung unterliegende und noch nicht hinzugerechnete – verbleibende – Betrag gesondert festzustellen. Dies gilt auch für einen Verlustabzug nach dem AIG, der noch nicht hinzugerechnet worden ist.

3.1.8 Gesamtrechtsnachfolge

Der nach § 2a Abs. 3 EStG bzw. nach dem AIG abgezogene und noch nicht hinzugerechnete Betrag geht nach bisheriger Auffassung im Erbfall auf den Erben über. Allerdings ist ein Revisionsverfahren (AZ I R 13/09) vor dem BFH anhängig, indem es um die Nachversteuerung von nach § 2 AIG, der inhaltsgleichen Vorgängervorschrift des § 2a Abs. 3 EStG, abgezogenen Verlusten des Erblassers aus einer US-amerikanischen Betriebsstätte beim Erben geht. Das Finanzgericht Nürnberg hatte die Klage im Urteil vom 30. 10. 2008 AZ VII/220/2004 als unbegründet abgewiesen.

Der Erbe will in diesem Fall erreichen, dass der Hinzurechnungsbetrag nicht angesetzt wird. Er begründet dies damit, dass die Vererblichkeit der Nachversteuerungspflicht im Hinblick auf die Entscheidung des Großen Senats des BFH vom 17. 12. 2007 (BStBl II 2008, 608) zum Übergang nicht ausgeglichener Verluste nach § 10 d EStG auf den Erben entfallen sei.

Die Verwaltung geht aber weiterhin davon aus, dass die nicht hinzugerechneten Verluste nach § 2a Abs. 3 EStG a. F. beim Erben hinzuzurechnen sind (R 5 Abs. 4 EStR).

3.2 Neueste Entwicklung beim Abzug von Verlusten aus EU-/EWR-Betriebsstätten durch die EuGH-Rechtsprechung

3.2.1 Problemstellung bei ausländischen Betriebsstättenverlusten

Nach Abschaffung des § 2a Abs. 3 EStG i. d. F. von 1998 gibt es für Gewerbebetriebe mit Sitz im Inland keine gesetzliche Möglichkeit mehr, Verluste einer in einem DBA-Staat gelegenen Betriebsstätte im Inland bei der Ermittlung des Gesamtbetrags der Einkünfte zum Abzug zu bringen.

In den meisten DBA, die die BRD mit ausländischen Staaten abgeschlossen hat, ist vereinbart, dass die Betriebsstätteneinkünfte von der inländischen Besteuerung ausgenommen sind (Freistellung ggfs. mit Progressionsvorbehalt) und nur ein Betriebsstättenstaat zu versteuern ist. D.h. es kann deswegen nur im Ausland zu einer Berücksichtigung von Verlusten aus dieser Betriebsstätte kommen (sog. Symmetriethese).

Fraglich war nun lange Zeit, ob dieser Umstand gegen europäisches Gemeinschaftsrecht verstößt, namentlich gegen die Niederlassungsfreiheit nach Art. 43 EG sowie gegen die Kapitalverkehrsfreiheit nach Art. 56 EG, wenn es sich bei dem DBA-Staat zugleich um einen EU-/EWR-Staat handelt.

Der EuGH hat dies in seiner Entscheidung vom 15. 05. 2008, Rs. C-414/06 »Lidl Belgium« (BStBl II 2009, 692) verneint. Beide Grundfreiheiten stünden dem nicht entgegen, dass eine in einem Mitgliedstaat ansässige Gesellschaft nicht die Verluste ihrer in einem anderen Mitgliedstaat belegenen Betriebsstätte abziehen kann, sofern nach einem DBA die Einkünfte dieser Betriebsstätte im Betriebsstättenstaat besteuert werden und die Verluste dort für künftige Steuerzeiträume berücksichtigt werden können.

Im Urteilsfall hatte die Muttergesellschaft (Lidl Belgium) mit Sitz in Deutschland, in ihrer in Luxemburg belegenen Betriebsstätte einen Verlust erwirtschaftet. Diesen begehrte die Muttergesellschaft von ihren inländischen Einkünften abzuziehen. Wie sich im Laufe des EuGH-Verfahrens im Rahmen des mündlichen Vortrages herausstellte, konnte der Verlust mit späteren Gewinnen aus der luxemburgischen Betriebsstätte verrechnet werden.

Der EuGH sieht in seiner Begründung in diesem Fall nur die Niederlassungsfreiheit tangiert, weil die Wirkungen auf den Kapitalverkehr eine zwangsläufige Folge einer eventuellen Beschränkung der Niederlassungsfreiheit sein würden. Die Niederlassungsfreiheit ist allerdings berührt, weil Deutschland Betriebsstätten im EU-Ausland steuerlich weniger günstig behandelt als in Deutschland belegene.

Als Rechtfertigung, dass Deutschland Betriebsstätten im EU-Ausland steuerlich schlechter stellt, hat der EuGH folgende Rechtfertigungsgründe aufgeführt:

a) Die Aufteilung der Besteuerungsbefugnis zwischen den betroffenen Mitgliedstaaten durch ein DBA: Hierdurch wird die Symmetrie zwischen dem Recht zur Besteuerung der Gewinne und der Möglichkeit, Verluste in Abzug zu bringen, gewahrt.
b) Die Notwendigkeit, eine doppelte Berücksichtigung von Verlusten zu verhindern: Es darf verhindert werden, dass die Gesellschaft den Betriebsstättenverlust im Sitzstaat des Stammhauses abzieht und den Verlust dann noch einmal mit späteren Betriebsstättengewinnen im Betriebsstättenstaat verrechnet.

Allerdings greifen die Rechtfertigungsgründe nach Auffassung des EuGH dann nicht durch, wenn eine ausländische Betriebsstätte die **Möglichkeit** zur Berücksichtigung von Verlusten im ausländischen Staat für den betreffenden Zeitraum **ausgeschöpft hat** und wenn **keine Möglichkeit besteht**, dass die Verluste der Betriebsstätte in dem ausländischen Staat für künftige Zeiträume berücksichtigt werden können. Da Lidl Belgium GmbH & Co. KG die Verluste in Luxemburg allerdings verrechnen konnte, lag insoweit kein Verstoß gegen Gemeinschaftsrecht vor.

3.2.2 Umsetzung der Rechtsprechung durch und Verwaltung nationaler Gerichte

Im fortgesetzten Revisionsverfahren, das dem EuGH-Urteil »Lidl Belgium« zugrunde lag, hat der BFH entschieden (BFH vom 18.07.2008 BStBl II 2009, 630), dass auch nach Streichung des § 2a Abs. 3 EStG a. F. Verluste aus einer ausländischen Betriebsstätte prinzipiell nicht abzugsfähig sind. Sie werden ebenso wie entsprechende Gewinne von der inländischen Besteuerungsgrundlage ausgenommen. Davon abweichend kommt ein phasengleicher Verlustabzug nur dann ausnahmsweise in Betracht, sofern und soweit die Steuerpflichtige nachweist, dass die Verluste im Quellenstaat steuerlich **unter keinen Umständen** anderweitig verwertbar sind.

Die Finanzverwaltung hat diese Entscheidung mit einem sog. Nichtanwendungserlass belegt (BMF vom 13.07.2009 BStBl I 2009, 835), denn sie lässt die Frage offen, wann ein Verlust i. S. d. Rechtsprechung **endgültig** ist und **wie** im Falle von endgültigen Verlusten die Verlustberücksichtigung in technischer Hinsicht genau zu erfolgen hat.

Zu der Frage, wann ein Verlust der ausländischen Betriebsstätte endgültig im Ausland nicht mehr verwertbar ist, vertritt die Verwaltung bislang die Auffassung, dass es allein auf die **rechtliche bzw. tatsächliche Möglichkeit der Verlustberücksichtigung** (Verlustvor- bzw. Verlustrücktrag) im Betriebsstättenstaat ankommt. Unerheblich ist nach ihrer Auffassung, ob tatsächlich ein Verlustabzug erfolgt bzw. der Steuerpflichtige diesen in Anspruch nimmt. D.h. die Berücksichtigung eines ausländischen Verlustes im Inland ist dann nicht möglich, wenn es im ausländischen Staat rechtlich einen Verlustvor- oder Verlustrücktrag gibt oder der Steuerpflichtige tatsächlich von der rechtlichen Möglichkeit keinen Gebrauch macht (BMF vom 04.08.2008 BStBl I 2008, 837).

Zur Begründung verweist die Verwaltung auf den Grundsätze des EuGH-Urteils vom 23.10.2008 Rs. C-157/07 »Krankenheim Wannsee« (BStBl II 2009, 566), in dem der EuGH ausführt, dass ein Staat die evtl. ungünstigen Auswirkungen der Besonderheiten einer steuerlichen Regelung eines anderen Staates nicht zu berücksichtigen habe. Auch zwinge die Niederlassungsfreiheit einen Staat nicht dazu, seine Steuervorschriften auf die Vorschriften eines anderen Mitgliedstaates abzustimmen, um in allen Situationen eine Besteuerung zu gewährleisten, die jegliche Ungleichheit, die sich aus nationalen Steuerregelungen ergibt, beseitigt (vgl. dazu auch EuGH-Urteile vom 06.12.2007 Rs. C-298/05 »Columbus Container« und vom 28.02.2008 Rs. C-293/06 »Deutsche Shell«).

Eine wesentliche Erkenntnis aus diesen Entscheidungen ist m. E., dass der EuGH im Ergebnis die Nichtberücksichtigung von Verlusten akzeptiert, selbst wenn sie z. B. durch die Veräußerung der ausländischen Betriebsstätte endgültig werden. Daraus lässt sich schließen, dass eine doppelte Nichtberücksichtigung von (endgültigen) Verlusten per se nicht gegen Europarecht verstößt.

Die Verwaltung folgert nun konsequenterweise daraus, dass ausländische Verluste im Inland auch dann nicht zu berücksichtigen sind, wenn die Verlustberücksichtigung im

Betriebsstättenstaat zeitlich begrenzt und damit auch zu einem endgültigen Ausfall führen kann (s. Verf. des Bay. Landesamtes für Steuern vom 19. 02. 2010 DStR 2010, 411).

Die Rechtsprechung des BFH scheint in dieser Frage noch nicht einheitlich zu sein (s. BFH vom 03. 02. 2010 BStBl II 2010, 599; BFH vom 09. 05. 2010 DB 2010, 1733).

BEISPIEL

Der Bauunternehmer B betreibt in Stuttgart ein Bauunternehmen, das sich auf Rohbauarbeiten spezialisiert hat. Er unterhielt im Jahre 2007 in Frankreich eine Baubetriebsstätte. Aus dieser Betriebsstätte erzielt er einen Verlust i. H. v. 100 000 €. Der Bauunternehmer B gibt an, auf Grund der negativen Erfahrungen in Frankreich keine Betriebsstätte mehr unterhalten zu wollen. Er beantragt daher den Verlustausgleich des Betriebsstättenverlustes in Deutschland.

LÖSUNG Zunächst ist zu prüfen, ob für den Betriebsstättenverlust in Frankreich nach französischem Recht eine Verlustvor- oder Rücktragsmöglichkeit gegeben ist. Dies ist nach in Frankreich geltenden Rechtsvorschriften wohl auch tatsächlich der Fall. Danach besteht unabhängig von der Absicht des B in Frankreich künftig keine Betriebsstätte mehr zu begründen, die (theoretische) Möglichkeit des Verlustausgleichs. Dies genügt allerdings aus deutscher Sicht, den Verlusttransfer nach Deutschland zu versagen.
Unabhängig davon unterliegt der Betriebsstättenverlust in Deutschland dem negativen Progressionsvorbehalt nach § 32b Abs. 1 Nr. 3 i. V. m. Abs. 1 Satz 2 Nr. 2 EStG.

Zu der Frage, ob ein Verlustabzug phasengleich, d. h. im Verlustentstehungsjahr vorzunehmen ist, scheint der 1. Senat des BFH dazu zu tendieren, dass endgültige Verluste im Verlustentstehungsjahr zum Abzug zu bringen sind (BStBl II 2009, 630). Das FG Hamburg Urteil vom 18. 11. 2009 (IStR 2010, 109) hat entschieden, dass Verluste phasengleich im Jahr der Entstehung zu berücksichtigen sind. Der Eintritt der Endgültigkeit soll dabei als ein rückwirkendes Ereignis i. S. d. § 175 Abs. 1 Satz 1 Nr. 2 AO anzusehen sein, wogegen das FG Düsseldorf Urteil vom 18. 11. 2009 (AZ 6K 308/04) entschieden hat, dass die Berücksichtigung des ausländischen Beriebsstättenverlustes nur dann möglich ist, wenn bereits im Verlustentstehungsjahr ausgeschlossen ist, dass es künftig zu einer Verrechnung im Betriebsstättenstaat kommen kann.

Es ist abzuwarten wie sich die Rechtsprechung in dieser Frage weiterentwickelt. Meines Erachtens scheint die Lösung des FG Hamburg, dass der Eintritt der Endgültigkeit als ein rückwirkendes Ereignis i. S. d. § 175 AO angesehen wird, überzeugend.

Teil F Methoden zur Vermeidung der Doppelbesteuerung bei inländischen Kapitalgesellschaften

1 Allgemeines

Für den Bereich der KSt sind die Maßnahmen zur Vermeidung bzw. Minderung der Doppelbesteuerung in § 26 KStG geregelt.

Die im KStG kodifizierten Bestimmungen zur Vermeidung einer Doppelbesteuerung entsprechen im Wesentlichen den für den Bereich der ESt geltenden Maßnahmen des § 34c EStG. So ist nach § 26 Abs. 1 KStG – ebenso wie nach § 34c Abs. 1 EStG – als Grundfall die Methode der direkten Anrechnung vorgesehen.

Die Regelung stimmt auch hinsichtlich der Voraussetzungen für die Anrechnung mit § 34c Abs. 1 EStG überein.

Bei der Berechnung der auf die ausländischen Einkünfte entfallenden inländischen KSt ist indessen – anders als nach § 34c Abs. 1 EStG – nicht von einer Durchschnittsbelastung, sondern von der Tarifbelastung auszugehen (§ 26 Abs. 6 KStG). Daran hat auch die Neufassung des § 26 Abs. 6 KStG durch das Steuersenkungsgesetz nichts geändert. Der Ermittlung des Anrechnungshöchstbetrages ist somit bis einschließlich Veranlagungszeitraum 2000 ein Steuersatz von 40 %, ab dem Veranlagungszeitraum 2001 ein Steuersatz von 25 % für den Veranlagungszeitraum 2003 ein Steuersatz von 26,5 % (§ 23 Abs. 1i. V. m. § 34 Abs. 1 und 11a KStG n. F.), ab dem Veranlagungszeitraum 2004 wiederum ein Steuersatz von 25 % und ab dem Veranlagungszeitraum 2008 einen Steuersatz von 15 % zugrunde zu legen.

Statt der Methode der direkten Anrechnung kann nach § 26 Abs. 6 Satz 1 KStG i. V. m. § 34c Abs. 2, 3 und 5 EStG alternativ auch die Abzugs- oder die Pauschalierungsmethode angewendet werden. Auch insoweit besteht Übereinstimmung mit den Regelungen des Einkommensteuerrechts. Dementsprechend erstreckt sich der Anwendungsbereich des Pauschalierungserlasses nicht nur auf die einkommensteuerlich relevanten Auslandseinkünfte, sondern darüber hinaus auch auf die Einkünfte, die eine unbeschränkt steuerpflichtige Körperschaft aus einer im Ausland befindlichen Betriebsstätte, der Beteiligung an einer ausländischen Personengesellschaft oder – nur noch befristet relevant – der Beteiligung an einer ausländischen Tochterkapitalgesellschaft bezieht. Voraussetzung für die Pauschalierung ist jedoch in jedem Falle, dass die ausländische Betriebsstätte, Personen- oder Tochtergesellschaft nahezu ausschließlich Tätigkeiten i. S. d. § 2a Abs. 2 EStG ausübt, also aktiv tätig ist. Im Falle er Beteiligung an einer ausländischen Kapitalgesellschaft ist darüber hinaus eine Beteiligungsquote von mindestens 10 % sowie eine Mindestbesitzzeit von zwölf Monaten erforderlich (BMF vom 10. 04. 1984 BStBl I 1994, 252).

Zwischenzeitlich ist die Pauschalierungsmethode infolge der Absenkung des Körperschaftsteuersatzes auf 25 % bzw. 15 % (§ 23 Abs. 1 KStG n. F.) als Maßnahme zur Minderung der Doppelbesteuerung für den Bereich der KSt durch Erlass des BMF vom 28. 09. 2003 (BStBl I 2003, 747) ab VZ 2004 aufgehoben worden. Darüber hinaus ist gerade für den letztgenannten Fall der Beteiligung einer inländischen Muttergesellschaft an einer ausländischen Tochtergesellschaft das Problem der Doppelbesteuerung durch das Steuersenkungsgesetz mit Wirkung für künftige Veranlagungszeiträume wesentlich entschärft worden. Nach § 8b Abs. 1 KStG n. F. sind nämlich Dividenden, die eine inländische Körperschaft von einer ausländischen

Kapitalgesellschaft erhält, künftig unabhängig von der Beteiligungsquote und der Besitzzeit im Inland steuerfrei.

Durch das Steuersenkungsgesetz sind die Regelungen des § 26 Abs. 2 bis 5 KStG mit Wirkung vom Veranlagungszeitraum 2001 (§ 34 Abs. 1 KStG n. F.) aufgehoben worden. Da die von einer (inländischen oder ausländischen) Tochterunternehmung an ihre inländische Muttergesellschaft ausgeschütteten Dividenden bei der Ermittlung des Einkommens der inländischen Muttergesellschaft nach § 8b Abs. 1 KStG n. F. künftig unabhängig von der Beteiligungsquote, der Besitzzeit sowie der Tätigkeit des Tochterunternehmens außer Ansatz bleiben, kann eine wirtschaftliche Doppelbesteuerung insoweit nicht mehr entstehen. Der von einer ausländischen Tochterunternehmung ausgeschüttete Gewinn unterliegt vielmehr lediglich einmalig einer ausländischen KSt. Eine indirekte Anrechnung der von der Tochtergesellschaft gezahlten ausländischen Steuer ist daher nicht mehr erforderlich.

Die Besteuerung ausländischer Einkünfte zeigt das Schaubild auf der folgenden Seite.

2 Ausländische Einkünfte aus einer in einem DBA-Staat gelegenen Betriebsstätte/(Tochter-)Personengesellschaften

2.1 Das Doppelbesteuerungsabkommen sieht die Freistellungsmethode vor (Regelfall)

2.1.1 Positive ausländische Einkünfte

Aufgrund der Freistellung lt. DBA dürfen diese positiven ausländischen Einkünfte nicht in die inländische Steuerbemessungsgrundlage einbezogen werden und somit keine inländische KSt auslösen. Es kommt weder eine Anrechnung der ausländischen Steuer auf die deutsche KSt, noch ein Abzug der ausländischen Steuer bei der Ermittlung der Einkünfte in Betracht.

Aufgrund der rechtlichen Unselbstständigkeit einer Betriebsstätte sind i. R. d. Buchführung grundsätzlich auch alle Geschäftsvorfälle zu erfassen, welche die ausländische Betriebsstätte betreffen (§ 238 HGB, §§ 140, 146 Abs. 1 und 2 Satz 1 AO). Dies gilt grundsätzlich selbst dann, wenn die ausländische Betriebsstätte eine eigene Buchhaltung hat.

Eine Ausnahme besteht, wenn für ausländische Betriebsstätten nach ausländischem Recht eine Verpflichtung besteht, Bücher zu führen und diese Verpflichtung erfüllt wird (Regelfall). In diesem Fall sind jedoch die Ergebnisse der dortigen Buchführung – unter Berücksichtigung der erforderlichen Anpassungen an die deutschen handelsrechtlichen und steuerrechtlichen Vorschriften – in die Buchführung des inländischen Unternehmens zu übernehmen, soweit sie für die Besteuerung von Bedeutung sind.

Somit haben die nach DBA steuerbefreiten positiven ausländischen Einkünfte **innerhalb der Bilanz** zu einer Erhöhung des vorläufigen Jahresergebnisses geführt.

Dagegen hat die ausländische Steuer vom Einkommen das vorläufige Jahresergebnis gemindert.

Insgesamt betrachtet ist daher in der GuV der Kapitalgesellschaft der Nettobetrag der ausländischen DBA-Einkünfte erfasst.

Da jedoch die ausländischen Einkünfte von der inländischen Besteuerung freigestellt sind, müssen bei der Ermittlung des Einkommens die erforderlichen Korrekturen durch außerbilanzmäßige Zu- und Abrechnungen vorgenommen werden.

Die ausländische Steuer vom Einkommen ist als nichtabziehbare Ausgabe außerbilanzmäßig hinzuzurechnen. Im Gegenzug wird der Bruttobetrag der ausländischen Einkünfte außerbilanzmäßig abgerechnet.

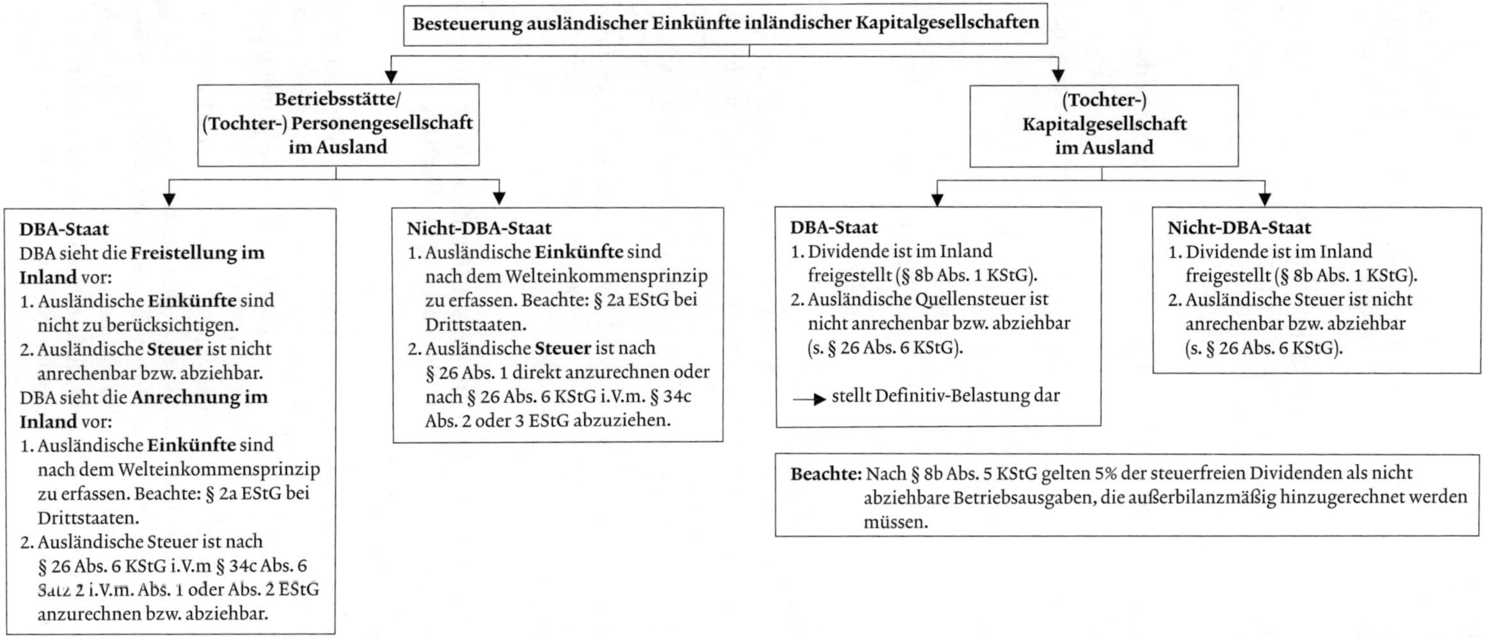
Besteuerung ausländischer Einkünfte inländischer Kapitalgesellschaften
Betriebsstätte/ (Tochter-) Personengesellschaft im Ausland
(Tochter-) Kapitalgesellschaft im Ausland
DBA-Staat
DBA sieht die Freistellung im Inland vor:
1. Ausländische Einkünfte sind nicht zu berücksichtigen.
2. Ausländische Steuer ist nicht anrechenbar bzw. abziehbar.
DBA sieht die Anrechnung im Inland vor:
1. Ausländische Einkünfte sind nach dem Welteinkommensprinzip zu erfassen. Beachte: § 2a EStG bei Drittstaaten.
2. Ausländische Steuer ist nach § 26 Abs. 6 KStG i.V.m § 34c Abs. 6 Satz 2 i.V.m. Abs. 1 oder Abs. 2 EStG anzurechnen bzw. abziehbar.
Nicht-DBA-Staat
1. Ausländische Einkünfte sind nach dem Welteinkommensprinzip zu erfassen. Beachte: § 2a EStG bei Drittstaaten.
2. Ausländische Steuer ist nach § 26 Abs. 1 direkt anzurechnen oder nach § 26 Abs. 6 KStG i.V.m. § 34c Abs. 2 oder 3 EStG abzuziehen.
DBA-Staat
1. Dividende ist im Inland freigestellt (§ 8b Abs. 1 KStG).
2. Ausländische Quellensteuer ist nicht anrechenbar bzw. abziehbar (s. § 26 Abs. 6 KStG).
→ stellt Definitiv-Belastung dar
Nicht-DBA-Staat
1. Dividende ist im Inland freigestellt (§ 8b Abs. 1 KStG).
2. Ausländische Steuer ist nicht anrechenbar bzw. abziehbar (s. § 26 Abs. 6 KStG).
Beachte: Nach § 8b Abs. 5 KStG gelten 5% der steuerfreien Dividenden als nicht abziehbare Betriebsausgaben, die außerbilanzmäßig hinzugerechnet werden müssen.

2.1.2 Negative ausländische Einkünfte

Nach dem Welteinkommensprinzip müssen auch ausländische Verluste vollständig erfasst werden. Da aber ein DBA mit Freistellungsmethode das Welteinkommensprinzip durchbricht, sind auch ausländische Verluste von der inländischen Besteuerung freigestellt, also im Inland grundsätzlich nicht zu berücksichtigen.

Weil die ausländischen Verluste aber innerhalb der Bilanz zu einer Verminderung des Jahresergebnisses geführt haben, sind sie außerbilanzmäßig hinzuzurechnen.

Eine ausländische Steuer vom Einkommen wird i. d. R. nicht angefallen sein, ggf. ist sie außerbilanzmäßig hinzuzurechnen.

2.2 Das Doppelbesteuerungsabkommen sieht die Anrechnungsmethode vor (Art. 23 B OECD-M-DBA)

Wenn das DBA für die Einkünfte die Anrechnungsmethode vorsieht, sind folgende Möglichkeiten zu prüfen:

a) Direkte Anrechnung gemäß § 26 Abs. 1 KStG
Siehe 3.1a).

b) Abzug von der Bemessungsgrundlage (§ 26 Abs. 6 Satz 1 KStG, § 34c Abs. 6 i. V. m. Abs. 2 EStG)
Siehe 3.1b).

c) Fiktive direkte Anrechnung nach DBA
Einige DBA mit Entwicklungsländern sehen die Anrechnung einer höheren als der tatsächlich gezahlten ausländischen Steuer auf die inländische KSt vor. Dabei ist aber zu beachten, dass nach § 34c Abs. 6 Satz 2 HS 2 EStG bei nach dem Abkommen als gezahlt geltenden ausländischen Steuerbeträgen die Anwendung von § 34c Abs. 2 EStG ausgeschlossen ist.

Das Wahlrecht zum Abzug ausländischer Steuern wird auf die tatsächlich gezahlten Steuern beschränkt. Die fiktiven Steuerbeträge können zwar angerechnet, aber nicht als Betriebsausgaben (oder Werbungskosten) abgezogen werden.

3 Ausländische Einkünfte aus einer in einem Nicht-DBA-Staat gelegenen Betriebsstätte/(Tochter-)Personengesellschaft

3.1 Positive ausländische Einkünfte

Nach dem Welteinkommensprinzip sind auch im Ausland erzielte Einkünfte der inländischen Besteuerung zu unterwerfen. Die ausländischen Einkünfte müssen daher in die Bemessungsgrundlage für die inländische KSt (zu versteuerndes Einkommen) einbezogen werden.

Durch die Übernahme des Betriebsstättenergebnisses haben die ausländischen Einkünfte innerhalb der Bilanz bereits zu einer Erhöhung des Jahresergebnisses um den Nettobetrag geführt. Daher muss nur noch die ausländische Steuer vom Einkommen außerbilanzmäßig hinzugerechnet werden, damit der Bruttobetrag in die Bemessungsgrundlage einbezogen wird. Die inländische Besteuerung der ausländischen Einkünfte kann jedoch (wahlweise) aufgrund der Anrechnungs- oder der Abzugsmethode gemildert bzw. beseitigt werden.

a) **Direkte Anrechnung der ausländischen Steuer auf die inländische KSt-Anrechnungsmethode** (§ 26 Abs. 1 und 6 KStG, § 34c Abs. 1 EStG)
Gemäß § 26 Abs. 1 KStG kann die der deutschen KSt entsprechende, festgesetzte und gezahlte und keinem Ermäßigungsanspruch mehr unterliegende ausländische Steuer auf die deutsche KSt angerechnet werden, die auf die Einkünfte aus diesem Staat entfällt.
Die Anrechnung der ausländischen Steuer ist also der Höhe nach auf die deutsche KSt beschränkt, die aufgrund der steuerpflichtigen ausländischen Einkünfte ausgelöst wird. Diese ist gemäß § 34c Abs. 1 Satz 2 EStG in der Weise zu ermitteln, dass die auf das zu versteuernde Einkommen (also inklusive der ausländischen Bruttoeinkünfte) entfallende KSt im Verhältnis der ausländischen Einkünfte zur Summe der Einkünfte aufgeteilt wird.
Formel:

$$\text{Höchstbetrag der Anrechnung} = \frac{\text{Ausländische Einkünfte} \times \text{KSt}}{\text{Summe der Einkünfte}}$$

Der Höchstbetrag der Anrechnung beträgt maximal 15 % der zu versteuernden ausländischen Einkünfte
Die Höchstbetragsberechnung ist für jedes Land durchzuführen (§ 68a Satz 2 EStDV). Übersteigt eine ausländische Steuer den Höchstbetrag, so wird der Überhang auch dann nicht angerechnet, wenn eine andere ausländische Steuer unter dem Höchstbetrag liegt (Saldierungsverbot).

b) **Statt der Anrechnung ist die ausländische Steuer auf Antrag bei der Ermittlung der Einkünfte abzuziehen – Abzugsmethode** (§ 26 Abs. 6 KStG i. V. m. § 34c Abs. 2 EStG)
Da der Abzug wahlweise **anstelle** der Anrechnung erfolgt, müssen auch bei der Anwendung des § 34c Abs. 2 EStG die Voraussetzungen des § 34c Abs. 1 Satz 1 EStG vorliegen. Der Abzug verringert die Summe der Einkünfte und damit auch das zu versteuernde Einkommen.

c) Kann eine Anrechnung gemäß § 26 Abs. 1 KStG nicht erfolgen, weil dessen Voraussetzungen nicht erfüllt sind, so **ist** die festgesetzte und gezahlte und keinem Ermäßigungsanspruch mehr unterliegende ausländische Steuer bei der Ermittlung der Einkünfte abzuziehen, soweit sie auf Einkünfte entfällt, die der deutschen KSt unterliegen (§ 26 Abs. 6 KStG i. V. m. § 34c Abs. 3 EStG).

3.2 Negative ausländische Einkünfte

Nach dem Welteinkommensprinzip sind auch im Ausland erwirtschaftete Verluste bei der inländischen Besteuerung zu berücksichtigen. Die ausländischen Verluste müssen daher grundsätzlich in die Besteuerungsgrundlage für die deutsche KSt einbezogen werden.

Durch die Übernahme des Betriebsstättenergebnisses haben die ausländischen Verluste **innerhalb der Bilanz** bereits zu einer Verminderung des Jahresergebnisses geführt. Eine ausländische Steuer ist i. d. R. nicht angefallen.

Gemäß § 2a Abs. 1 Nr. 2 EStG dürfen jedoch ausländische negative Einkünfte aus einer in einem ausländischen Drittstaat belegenen gewerblichen Betriebsstätte nur mit positiven Einkünften der jeweils selben Art aus demselben Staat ausgeglichen werden. Soweit der Verlust mit diesen positiven ausländischen Drittsttaaten-Einkünften ausgeglichen werden kann, findet dieser Ausgleich bereits innerhalb der Bilanz statt. Nur soweit der Verlust nach dieser Vorschrift nicht ausgeglichen werden kann, ist er außerbilanziell hinzuzurechnen.

§ 2a Abs. 1 Nr. 2 EStG ist jedoch gemäß § 2a Abs. 2 EStG nicht anzuwenden, wenn die Kapitalgesellschaft nachweist, dass die negativen Einkünfte aus einer produktiv tätigen Betriebsstätte stammen. In diesem Fall ist der Verlustausgleich uneingeschränkt möglich.

§ 2a Abs. 1 Nr. 2 EStG schränkt den Verlustausgleich für negative ausländische Einkünfte aus einer in einem ausländischen Drittstaat belegenen gewerblichen Betriebsstätte ein.

Soweit ein Verlustausgleich im Verlustentstehungsjahr gemäß § 2a Abs. 1 Nr. 2 EStG nicht möglich war, mindern diese negativen ausländischen Einkünfte die positiven ausländischen Einkünfte der jeweils selben Art, welche die Kapitalgesellschaft in den folgenden Veranlagungszeiträumen aus demselben Drittstaat erzielt (vgl. § 2a Abs. 1 Satz 3 EStG, beschränkter Verlustvortrag).

4 Ausländische Einkünfte aus Dividenden einer in einem DBA-Staat gelegenen Kapitalgesellschaft

4.1 Das Doppelbesteuerungsabkommen sieht die Freistellungsmethode vor (Regelfall nach den von der BRD tatsächlich abgeschlossenen DBA)

Dividenden, die eine deutsche Kapitalgesellschaft von einer ausländischen Kapitalgesellschaft, an der sie beteiligt ist, erhält, sind nach den von der BRD abgeschlossenen DBA regelmäßig von der deutschen KSt freizustellen, wenn eine bestimmte **Mindestbeteiligung** vorliegt.

Gemäß § 8b Abs. 5 KStG (gilt bis Veranlagungszeitraum 2000) gilt die Freistellung unabhängig von der in den jeweiligen DBA tatsächlich vereinbarten Mindestbeteiligung bereits bei einer Beteiligung von mindestens einem Zehntel (Erweiterung eines bestehenden DBA-Schachtelprivilegs). Nach § 8b Abs. 1 KStG (gilt ab Veranlagungszeitraum 2001) sind die Dividendeneinkünfte grundsätzlich freigestellt.

Aufgrund der Freistellung werden die Gewinnanteile, die von der ausländischen (Tochter-)Kapitalgesellschaft bezogen werden, nicht in die inländische Steuerbemessungsgrundlage einbezogen und lösen somit keine inländische KSt aus.

Die im Regelfall von dem ausländischen Staat einbehaltene Quellensteuer darf weder auf die deutsche KSt angerechnet noch bei der Ermittlung der Einkünfte abgezogen werden. Die ausländische Steuer stellt daher eine Definitivbelastung dar.

Die im Zusammenhang mit der Beteiligung entstehenden Aufwendungen sind unabhängig von ihrer Höhe stets als Betriebsausgaben abzugsfähig. Nach § 8b Abs. 5 KStG gelten von den Bezügen i. S. d. § 8b Abs. 1 KStG (also nur Gewinnausschüttungen) 5 % als Ausgaben, die nicht als Betriebsausgaben abgezogen werden dürfen und außerbilanzmäßig hinzugerechnet werden müssen. Im Ergebnis werden also 5 % der Auslandsdividende im Inland versteuert. § 3c Abs. 1 EStG ist insoweit nicht anwendbar.

Auf die Höhe der tatsächlichen Betriebsausgaben (z. B. Verwaltungskosten, Zinsen usw.) kommt es nicht an. Damit ist eine Hinzurechnung der pauschalen nicht abzugsfähigen Ausgaben i. H. v. 5 % auch dann vorzunehmen, wenn für die Beteiligung keine oder nur geringfügige Kosten angefallen sind (vgl. BMF vom 10. 01. 2000 BStBl I 2000, 71). Eine Hinzurechnung kann allerdings nur dann vorgenommen werden, wenn die ausländische Tochtergesellschaft auch tatsächlich eine Gewinnausschüttung vorgenommen hat.

Aufgrund der Buchung

Bank (netto)
Steuern vom Ertrag (Quellensteuer)
an Beteiligungserträge (brutto)

hat der Nettobetrag der ausländischen DBA-Einkünfte innerhalb der Bilanz zu einer Erhöhung des vorläufigen Jahresergebnisses geführt.

Um das oben beschriebene Ergebnis zu erreichen, müssen die erforderlichen Korrekturen bei der Ermittlung des Einkommens durch außerbilanzielle Zu- und Abrechnungen vorgenommen werden. Die ausländische Steuer vom Einkommen (Quellensteuer) ist als nichtabziehbare Ausgabe (§ 10 Nr. 2 KStG) außerbilanziell hinzuzurechnen. Anschließend wird der Bruttobetrag der ausländischen Einkünfte außerbilanziell abgerechnet.

BEISPIEL

Die M-GmbH ist zu 5 % an der österreichischen D-GmbH beteiligt. Die M-GmbH erhält eine Gewinnausschüttung der D-GmbH i. H. v. 20000 €. Aus der Finanzierung des Beteiligungskaufs sind bei der M-GmbH Schuldzinsen i. H. v. 5000 € angefallen. Die D-GmbH hat auf die Dividende 15 % österreichische Quellensteuer einbehalten, so dass lediglich der Nettobetrag von 17000 € überwiesen wurde. Die Quellensteuer wurde bei der M-GmbH über »Steueraufwand« verbucht (Buchungssatz: Bank 17000 € und Steueraufwand 3000 € an Beteiligungsertrag 20000 €).

LÖSUNG Die erhaltene Dividende ist bei der M-GmbH nach § 8b Abs. 1 KStG steuerfrei. Der Steueraufwand i. H. v. 3000 € ist außerbilanziell hinzuzurechnen (§ 10 Nr. 2 KStG). Hinsichtlich der Abzugsfähigkeit der übrigen Aufwendungen gilt § 8b Abs. 5 KStG. Danach gelten 5 % der steuerfreien Bezüge als Ausgaben, die nicht als Betriebsausgaben abgezogen werden dürfen (= 1000 €). Die Hinzurechnung ist unabhängig davon vorzunehmen, ob und ggf. in welcher Höhe tatsächlich Aufwendungen auf die Beteiligung angefallen sind. Die tatsächlich angefallenen Aufwendungen i. H. v. 5000 € sind voll abzugsfähig.

4.2 Das Doppelbesteuerungsabkommen sieht die Anrechnungsmethode vor (Art. 23 A Abs. 2 OECD-M-DBA)

Nach § 8b Abs. 1 KStG sind die Dividendenbezüge ab dem Veranlagungszeitraum 2001 grundsätzlich freigestellt weitergehend als DBA). Es findet keine Berücksichtigung der ausländischen Quellensteuer statt. Gemäß § 8b Abs. 5 KStG gelten 5 % der steuerfreien Dividenden als nicht abziehbare Betriebsausgaben, die außerbilanziell hinzugerechnet werden müssen.

5 Ausländische Einkünfte aus Dividenden einer in einem Nicht-DBA-Staat gelegenen Kapitalgesellschaft

Nach dem Welteinkommensprinzip sind von im Ausland ansässigen Kapitalgesellschaften gezahlte Dividenden grundsätzlich der inländischen Besteuerung zu unterwerfen. § 8b Abs. 1 KStG stellt diese Einkünfte aber grundsätzlich frei. Daher erfolgt keine Berücksichtigung der ausländischen Quellensteuer gemäß § 8b Abs. 5 KStG. Es ist eine Hinzurechnung von 5 % der steuerfreien Dividenden als nicht abziehbare Betriebsausgaben vorzunehmen.

6 Abzug der Verluste ausländischer Tochtergesellschaften bei der deutschen Muttergesellschaft im Rahmen einer Organschaft

Nach § 14 KStG können deutsche Muttergesellschaften Verluste ihrer inländischen Tochtergesellschaften im Rahmen einer sog. Organschaft unter bestimmten Voraussetzungen mit eigenen Gewinnen verrechnen. Tochtergesellschaften in anderen EU-Mitgliedstaaten fallen nicht unter diese Regelung. Das Niedersächsische FG hat mit Urteil vom 11. 02. 2010 AZ 6K 406/08 entschieden, dass § 14 KStG wohl insoweit gegen die Niederlassungsfreiheit nach Art. 43 und 48 des EG-Vertrages verstößt, als auch sog. »definitive« Verluste der Tochtergesellschaft von einem Abzug in Deutschland ausgeschlossen werden. Es stützt sich dabei auf das EuGH-Urteil vom 13. 12. 2005 Rs. C-446/03 »Marks & Spencer« (BB 2006, 23), demzufolge die EU-Staaten Verlustverrechnungsmöglichkeiten innerhalb eines Konzerns auf die im jeweiligen Mitgliedstaat ansässigen Gesellschaften beschränken können, da dies im Grundsatz spiegelbildlich der Besteuerung der jeweiligen Gewinne entspricht. Wenn Verluste der Tochtergesellschaften in deren Ansässigkeitsstaat aber in Folge eines wirtschaftlichen Misserfolges (z. B. nach Liquidation oder Verkauf der Tochtergesellschaft) steuerlich gar nicht mehr geltend gemacht werden können, muss der Staat der Muttergesellschaft derartige »definitive« Verluste zum Abzug zulassen, falls er einen entsprechenden Verlustabzug bei vergleichbaren Verlusten inländischer Tochtergesellschaften erlaubt.

Teil G Aufgabe, Zustandekommen, Auslegung, Missbrauch der Doppelbesteuerungsabkommen

1 Vermeidung internationaler Besteuerungskonflikte durch Doppelbesteuerungsabkommen

Das Nebeneinander nationaler Rechts-, Wirtschafts- und Steuersysteme verursacht nicht nur juristische Doppelbesteuerungen und wirtschaftliche Doppelbelastungen, sondern begünstigt auch Minder- und Nichtbesteuerungen oder gar Steuerverkürzungen. Solche Steuerwirkungen sind rechtlich und politisch teilweise unerwünscht und können legislativ und administrativ bekämpft werden.

Im deutschen Rechtsraum wurde die Aufgabe der Vermeidung grenzüberschreitender Besteuerungskonflikte frühzeitig erkannt. Beispielsweise kann auf den Vertrag vom 21.06.1899 zwischen Preußen und Österreich zur Beseitigung der Doppelbesteuerung sowie auf den Vertrag des Großherzogtums Baden mit dem Kanton Basel-Stadt aus dem Jahre 1913 betreffend der Besteuerung der Eisenbahnangestellten verwiesen werden. Als Vertragspartner internationaler Vereinbarungen traten die Bundesstaaten auf, da diese nach der Reichsverfassung 1870/71 steuerberechtigt waren. Das erste DBA des Deutschen Reiches wurde im Jahre 1925 mit dem Königreich Italien abgeschlossen. Es folgte im Jahr 1931 das DBA mit der Schweiz. Der Stand der zum 12.01.2010 geltenden DBA kann dem BMF-Schreiben vom 12.01.2010 (vgl. BMF vom 12.01.2010 BStBl I 2010, 35) entnommen werden.

1.1 Vermeidung der Doppelbesteuerung und Steuerverkürzung

Die primäre Aufgabe der DBA besteht darin, Doppelbesteuerungen zu vermeiden. Da sie aber gem. Art. 59 Abs. 2 GG im Wege der sog. Transformation (= Umwandlung oder auch Ratifizierung) in innerstaatliches Recht vom Bundestag und Bundesrat als Gesetz beschlossen werden, sind sie auch **unmittelbar anwendbares** innerstaatliches Recht, auf das sich der einzelne Bürger berufen kann. Wegen dieses gesetzlichen Charakters sind die Bestimmungen eines DBA in grenzüberschreitenden Fällen von der Finanzverwaltung **vorrangig und von Amts wegen**, und nicht etwa lediglich auf Antrag des Steuerpflichtigen hin, zu beachten (so auch klarstellend § 2 AO).

Zu **beachten** ist, dass nach Sinn und Zweck der Regelung, eine auftretende internationale Doppelbesteuerung zu beseitigen, die DBA kein nationales Besteuerungsrecht neu begründen, sondern lediglich einen bereits bestehenden nationalen Steueranspruch **aufrechterhalten, einschränken oder aufheben.** Niemals können sie den Umfang der sachlichen Steuerpflicht erweitern!

BEISPIELE

a) Der in der BRD ansässige Bauunternehmer Bauer erstellt im Land L während einer Bauzeit von zehn Monaten einen Industriebau und erzielt dabei einen Gewinn von 500 000 €. Es besteht ein DBA, das dem OECD-MA entspricht.

LÖSUNG Abkommensrechtlich entsteht keine Doppelbesteuerungslage. Das Land L darf als Quellenstaat die Einkünfte aus unternehmerischer Betätigung (Art. 7 Abs. 1 OECD-MA) nicht besteuern, weil abkommensrechtlich das Besteuerungsrecht eine Betriebsstätte im Land L voraussetzt. Bauausführungen und Montagen sind nur dann Betriebsstätten, wenn ihre Dauer zwölf Monate überschreitet (Art. 5 Abs. 3 OECD-MA).

b) Sachverhalt wie a), jedoch beträgt die Bauzeit 15 Monate und das anzuwendende DBA ordnet für Unternehmensgewinne die Freistellungsmethode an.

LÖSUNG Der Quellenstaat L kann den Betriebsstättengewinn aus der Bauausführung besteuern. Der Ansässigkeitsstaat BRD darf indessen diese ausländischen Einkünfte nicht besteuern (Art. 23 A Abs. 1 OECD-MA); er ist jedoch berechtigt, den Progressionsvorbehalt anzuwenden (Art. 23 A Abs. 3 OECD-MA, § 32b Abs. 1 Nr. 3 EStG). Ohne DBA wäre der Ansässigkeitsstaat berechtigt, die ausländischen Einkünfte mit der Maßgabe zu besteuern, dass die ausländischen Steuern nach den Grundsätzen des § 34c EStG auf die deutsche ESt anzurechnen bzw. bei der Ermittlung der Einkünfte abzuziehen sind.

1.2 Möglichkeit von Feineinstellungen

Die Aufgabe der einzelnen DBA besteht auch darin, zwischen zwei beteiligten Staaten umfassend die Besteuerungsinteressen abzugrenzen. Dieser Zweck kann durch einseitige, innerstaatliche Regelungen nur unzureichend bewältigt werden. Es leuchtet ein, dass die wirtschaftlichen Beziehungen und damit die steuerlichen Problemlagen im Verhältnis zu hochindustrialisierten Ländern, zu Schwellenländern oder zu Entwicklungsstaaten qualitativ und quantitativ unterschiedlich strukturiert sind und besondere Lösungen im beiderseitigem Interesse nahe legen. Ähnliches gilt für das Verhältnis zu den (ehemaligen) Staatshandelsländern (z. B. Russland, China) oder zu unmittelbaren Nachbarstaaten (Niederlande, Schweiz usw.). Abkommensrechtliche Sonderregelungen betreffen die Regelungsinhalte wie persönlicher, sachlicher und räumlicher Geltungsbereich von DBA, die Betriebsstättendefinition, die einzelnen Einkünfteartikel (Unternehmensgewinne, verbundene Unternehmen, Zinsen, Dividenden, Lizenzen, Einkünfte aus unselbstständiger Arbeit einschließlich Grenzgänger, Sportlereinkünfte, Ruhegehälter usw.) und die Methodenartikel (Anrechnungs- oder Freistellungsmethode); im verfahrensrechtlichen Bereich der DBA werden spezifische Fragen des Informationsaustausches und der Amtshilfe geregelt.

1.3 Bekämpfung der Steuerumgehung

Zu den Anliegen, Doppelbesteuerungen und Doppelbelastungen durch Doppelbesteuerungsabkommen zu vermeiden, tritt neuerdings und dringlicher die Aufgabe, die nationale und internationale Praxis der Steuervermeidung, Steuerabwehr und Steuerverkürzung zu bekämpfen. Auch diese Zwecke können durch einzelne DBA und durch ein Geflecht zweitseitiger Vereinbarungen mit möglichst vielen Staaten insbesondere jener der Europäischen Gemeinschaft (Art. 293 EGV) besser bewältigt werden. Die neueren DBA weisen in ihren Titeln und Überschriften auf das erweiterte Regelungsprogramm hin (z. B. DBA-USA vom 29. 08. 1989: Abkommen zur Vermeidung der Doppelbesteuerung und zur Verhinderung der Steuerverkürzung auf dem Gebiet der Steuern vom Einkommen).

1.4 Förderung der Rechtssicherheit

Das Abkommensrecht vermittelt den beteiligten Staaten und Steuerbürgern eine eindeutige und beständige Grundlage für Steuerplanungen. Völkervertragliche Regelungen treten üblicherweise erst nach langen Verhandlungen in Kraft und sind wegen des zeitlich und rechtlich aufwendigen Transformations- und Ratifikationsverfahrens langfristig konzipiert und damit wenig revisionsanfällig. Der Umstand, dass die deutsche Abkommenspraxis sich stark am OECD-Musterabkommen orientiert, führt national wie international zu dauerhafter Akzeptanz der Vorschriften, die durch den zum OECD-MA ergangenen OECD-MA-Kommentar noch gesteigert wird (veröffentlicht in: Debatin/Wassermeyer, Doppelbesteuerung, 10. Aufl., München).

1.5 Förderung und Sicherung internationaler Wirtschaftsbeziehungen

Das deutsche Abkommensrecht wird auch zur Förderung und Sicherung internationaler Wirtschaftsbeziehungen eingesetzt. Beispielsweise sind die steuerlichen und wirtschaftlichen Wirkungen einer konkreten in einem DBA für bestimmte Einkünfte angeordneten Methode zur Vermeidung der Doppelbesteuerung folgenreich (z. B. Nachholwirkung oder Abschirmwirkung) und können einen deutschen Unternehmer zu Investitionen im Ausland (de)motivieren. In diesem Zusammenhang kann auch die in mehreren DBA angeordnete fiktive Steueranrechnung erwähnt werden (s. C 3.3.1.2.3).

2 Zustandekommen von Doppelbesteuerungsabkommen

2.1 Grundsätzliches

In den Vertragsverhandlungen treffen das Rechtsverständnis, die unterschiedlichen Steuerphilosophien, die wirtschaftlichen Interessenlagen und die fiskalischen Ziele der Vertragspartner aufeinander. Aufgabe und Ziel der Vertragsverhandlungen ist es, einen für beide Partner ausgewogenen Kompromiss zu finden.

Bei der Entstehung eines völkerrechtlichen Vertrags (DBA) sind die Normen des Grundgesetzes und zudem die Regelungen des Wiener Übereinkommens über das Recht der Verträge (WÜRV) vom 23.05.1969 (BGBl II 1985, 927) zu berücksichtigen, insbesondere ist die grundgesetzliche Kompetenzordnung zu beachten (Art. 59 Abs. 2 GG).

Im Bereich der Steuern vom Ertrag und vom Vermögen liegt die Gesetzgebungskompetenz beim Bund (Art. 105 Abs. 2 GG). Da bezüglich dieser Steuern die Ertragshoheit teilweise bzw. ganz den Ländern zusteht (Art. 106 Abs. 3 und Art. 106 Abs. 2 Nr. 1 GG), bedarf ein DBA der Zustimmung sowohl des Bundestags als auch des Bundesrats (Art. 59 Abs. 2 Satz 2 und Art. 105 Abs. 3 GG).

2.2 Stufen der Vertragsverhandlungen

Das Zustandekommen eines DBA vollzieht sich in mehreren Stufen:

- **Bevollmächtigung der Unterhändler**
  Es werden durch den Bundespräsidenten Unterhändler mit Vertragsvollmacht beauftragt (Art. 59 Abs. 1 GG). Da der Bundesfinanzminister die Initiative für den Neuabschluss oder die Änderung eines DBA ergreift, sind die Unterhändler Beamte des Bundesfinanzministeriums; an den Vertragsverhandlungen sind auch Beamte des auswärtigen Amtes beteiligt.
- **Paraphierung des Abkommensentwurfs**
  Der Abschluss der Vertragsverhandlungen wird durch die Paraphierung (Art. 10 WÜRV) gekennzeichnet. Die jeweiligen Leiter der Verhandlungskommissionen der beteiligten Staaten setzen ihre Namenszeichen unter den ausgehandelten Vertragstext. Mit der Paraphierung wird dieser authentisch festgelegt.

- **Unterzeichnung des Abkommens**
  Mit der Unterzeichnung des Abkommens durch einen Bevollmächtigten des Bundespräsidenten wird der Vertragstext des DBA völkerrechtlich verbindlich. Mit der Unterzeichnung übernehmen die Staaten die Verpflichtung, das ausgehandelte Abkommen nach innerstaatlichem Recht wirksam werden zu lassen.
- **Transformation des Abkommens durch Zustimmungsgesetz**
  Das ausgehandelte Abkommen begründet erst dann Rechte und Pflichten für den Bürger eines Vertragsstaates, wenn das DBA innerstaatlich Gesetzescharakter angenommen hat. Die Transformation in innerstaatliches Recht erfolgt nach den Regeln über das Entstehen von Gesetzen (Art. 59 Abs. 2; Art. 70, 72, 105, 106; Art. 77, 78, 82 GG).
- **Ratifikation, Austausch der Ratifikationsurkunden, Inkrafttreten**
  Das völkerrechtliche Inkrafttreten eines DBA ist abhängig von der Ratifikation des Vertrags (Art. 14 WÜRV). Mit der Ratifikation erklären die Vertragsparteien, dass die Vertragstexte nach innerstaatlichem Recht verbindlich sind, und dass die beteiligten Staaten den Vertragstext als bindend ansehen und ihn auch anwenden wollen. Formal werden diese Rechtswirkungen durch den Austausch der Ratifikationsurkunden herbeigeführt (Art. 32 Abs. 1 DBA-USA).

Wegen der innerstaatlichen Geltung von DBA kann auf das Urteil des BFH vom 16. 03. 1994 BStBl II 1994, 508 verwiesen werden (betr.: Innerstaatliche Anwendung des DBA Italien 1989).

2.3 Normbestand der Doppelbesteuerungsabkommen

Den meisten DBA sind Anlagen beigefügt, die als **Protokolle, Schlussprotokolle, Protokollbestimmungen, Briefwechsel bzw. Notenwechsel** bezeichnet werden (DBA-USA und § 1 Zustimmungsgesetz vom 11. 01. 1991 BGBl II 1991, 354). Gelegentlich werden auch **Denkschriften** sowie **Verhandlungsprotokolle** verfasst und ausgetauscht. Zur Bindungswirkung solcher Protokolle vgl. Urteile des BFH vom 02. 09. 2009 AZ I R 90/08 und I R 111/08.

Die deutschen Zustimmungsgesetze zu den DBA beziehen sich durchweg auch auf die **Protokolle** und auf die **Brief- und Notenwechsel.** Soweit derartige **Dokumente verbindliche Bestandteile eines DBA** sein sollen, müssen sie auch **Gegenstand des innerstaatlichen Gesetzgebungsverfahrens** sein.

Denkschriften und Verhandlungsprotokolle sind Verlautbarungen, die von den Finanzministerien der beteiligten Staaten verfasst werden und als Informationsmaterial den gesetzgebenden Körperschaften zugeleitet werden. Derartiges Schrifttum wird regelmäßig nicht Bestandteil der DBA und wird auch nicht vom innerstaatlichen Gesetzgebungsverfahren erfasst.

3 Rechtscharakter der Doppelbesteuerungsabkommen

3.1 Abkommensrecht als spezielles Völkerrecht

DBA sind Teile des Völkervertragsrechts und verpflichten die vertragsschließenden Partner, deren Regelungen zu beachten. Insofern sind die **Adressaten** der DBA die **Vertragsstaaten.** Sie sind verpflichtet, durch legislative Akte das innerstaatliche Recht abkommenskonform auszugestalten oder durch administrative Maßnahmen sicherzustellen, dass in der Besteuerungspraxis die DBA beachtet werden. So regelt beispielsweise § 50d Abs. 1 EStG, dass im Falle des Steuerabzugs vom Kapitalertrag vorerst die KapESt nach nationalem Recht einzubehalten, abzuführen und anzumelden ist. In einem weiteren Verfahrensschritt kann der ausländische Gläubiger der Kapitalerträge gegenüber dem deutschen Steuerfiskus den Anspruch auf Erstattung der nicht abkommensgemäß einbehaltenen KapESt durchsetzen. Pflichten, welche die vertragsschließenden Staaten zu erfüllen haben, ergeben sich beispielsweise auch aus den Artikeln über das Verständigungsverfahren (Art. 25 OECD-MA), den Informationsaustausch (Art. 26 OECD-MA) und die Amtshilfe (Art. 27 OECD-MA).

3.2 Abkommensrecht als innerstaatliches Recht

Durch die mittels Zustimmungsgesetz (Art. 59 Abs. 2 GG) erfolgte Transformation der DBA in innerstaatliches Recht wirken die Regelungen der DBA auch in den konkreten Steuerschuldverhältnissen zwischen Staat und ihren Steuerbürgern (§ 2 AO), soweit diese Regelungen bestimmt genug sind. Adressaten der DBA sind somit auch die abkommensberechtigten Steuerbürger. Dies bedeutet, dass sich der einzelne Steuerbürger auf die Regelungen eines DBA berufen kann und die Finanzgerichte bei einem konkreten Steuerstreit dessen Regelungen zu beachten und anzuwenden haben. So folgt beispielsweise aus der abkommensrechtlichen für einen bestimmten Lebenssachverhalt angeordneten Freistellung ausländischer Einkünfte eine sachliche Steuerbefreiung i. S. d. § 3 EStG. Auch ist die in vielen DBA enthaltene Regelung des Art. 7 Abs. 2 OECD-MA über die Gewinnzuordnung zwischen Stammhaus und Betriebsstätte (dealing-at-arm's-length-Klausel) eine unmittelbar anzuwendende Rechtsnorm. Im völkerrechtlichen Schrifttum wird dieser Rechtszustand mit der self-executing-Wirkung völkerrechtlicher Regelungen beschrieben.

3.3 Treaty override

Mit dem Ausdruck treaty override wird eine Problemlage gekennzeichnet, die innerstaatliche verfassungsrechtliche und insbesondere völkerrechtliche Fragen aufwirft. Angesprochen sind innerstaatliche gesetzgeberische Akte, die in einem Widerspruch zu eingegangenen völkervertragsrechtlichen Verpflichtungen stehen. Für das deutsche Steuerrecht kann beispielhaft die Regelung des § 20 AStG zitiert werden, danach werden die Vorschriften über die Hinzurechnungsbesteuerung (§§ 7 bis 18 AStG) durch die Abkommen zur Vermeidung der Doppelbesteuerung nicht berührt. Des Weiteren sind in diesem Zusammenhang § 50d Abs. 8, Abs. 9 und Abs. 10 EStG zu nennen. Die Frage, ob diese oder vergleichbare innerstaatliche Regelungen abkommenswidrig, völkerrechtswidrig, ggf. verfassungswidrig sind, wird kontrovers diskutiert. Die Frage sollte einzelfallbezogen erörtert und entschieden werden. Als leitende Gesichtspunkte können genannt werden:

- Nach Art. 25 Satz 1 GG sind die allgemeinen Regeln des Völkerrechts und insbesondere der Grundsatz pacta sunt servanda Bestandteil des Bundesrechts und gehen den Gesetzen vor. Ob steuerliche Vorschriften in DBA zu diesen allgemeinen Regeln zu zählen sind, ist durchaus streitig.
- Das in § 2 AO angesprochene Vorrangverhältnis völkervertraglicher Regelungen über die Besteuerung gegenüber innerstaatlichem Steuerrecht kann als deklaratorisch, aber auch konstitutiv verstanden werden. Zu beachten ist dabei, dass § 2 AO wie jede andere Regelung des innerstaatlichen Steuerrechts und des transformierten Abkommensrechts im Rang einfachen Gesetzesrechts steht. Zeitlich später erlassene Regelungen derogieren aber früheres Recht und dies unabhängig davon, ob solches innerstaatlicher oder völkerrechtlicher Art ist.

- Missbräuchliche Inanspruchnahme der DBA ist weder nach unilateralem noch nach bilateralem Recht und Verständnis erlaubt; wenn ein treaty override die missbräuchliche Inanspruchnahme von abkommensrechtlichen Regelungen verhindert, könnte die innerstaatliche Regelung gerechtfertigt sein.

Die mit dem treaty override angesprochenen Kernfragen des Abkommensrechts sollten in der Praxis ergebnisorientiert diskutiert und entschieden werden. Eine bisherige abkommensrechtliche Regelung oder Rechtsposition verliert ihren Geltungsanspruch, wenn materielle Wertvorstellungen des parlamentarischen Gesetzgebers eine neue Gesetzesform angenommen haben (zum treaty override: Vogel in Vogel/Lehner, DBA, Einleitung Rz. 193 bis 205 und Vogel, IStR 2005, 29).

4 Auslegung von Doppelbesteuerungsabkommen

4.1 Vorbemerkung

Die Sonderstellung der DBA im Steuerrecht gibt immer wieder Anlass, sich mit der **Auslegung der Abkommen und ihrer einzelnen Bestimmungen** grundsätzlich zu befassen. Vorliegend soll den Studierenden und den interessierten Rechtsanwendern für ihr Studium und für ihre tägliche Praxis eine Wegweisung gegeben werden, wie der Sinn der Regelungen eines DBA erschlossen und wie ihr konkreter Norminhalt ermittelt werden kann.

4.2 Verhältnis des nationalen Steuerrechts zum Abkommensrecht

Der **nationale Steuergesetzgeber** regelt **souverän** das **innerstaatliche Steuerrecht.** Dies bedeutet, dass im Bereich der direkten Steuern der nationale Gesetzgeber die Steueransprüche begründet, die Regeln für die Ermittlung der steuerlichen Bemessungsgrundlagen normiert und notwendige verfahrensrechtliche Regelungen über die Festsetzung und Erhebung der Steuern erlässt.

In den **DBA** haben demgegenüber jeweils zwei **autonome Staaten** Regelungen darüber geschaffen, wie bestimmte Doppelbesteuerungslagen zwischenstaatlich verhindert oder behoben und wie Steuerverkürzungen vermieden werden können. Diese Regelungen besitzen aufgrund des beschlossenen Zustimmungsgesetzes zum DBA innerstaatliche Geltung.

Der beschriebene Rechtszustand wird üblicherweise von der Rechtsprechung und Literatur und auch in der Verwaltung bildlich mit zwei Rechtskreisen gekennzeichnet (vgl. für viele: Debatin, DBA und innerstaatliches Recht, DB 1992, Beihefter Nr. 23, 3): Zu unterscheiden ist **der Rechtskreis des innerstaatlichen Steuerrechts** und **der Rechtskreis der DBA.**

Ein konkreter grenzüberschreitender Steuerrechtsfall berührt sicherlich den Rechtskreis nationalen Steuerrechts und den des jeweiligen DBA. Eine überzeugende Steuerbehandlung muss zunächst die nationalen Steuerrechte des einen und des anderen Vertragsstaates im Auge behalten. In einem weiteren Schritt ist das bestehende DBA anzuwenden, das gerade dafür geschaffen ist, die Besteuerungskonflikte zwischen den beiden beteiligten Staaten und einem konkret betroffenen Steuerpflichtigen zu regeln. Wenn mithin einem DBA die Funktion zugewiesen wird, Doppelbesteuerung zu verhindern bzw. Minderbesteuerung zu bekämpfen, dann muss bei der Auslegung einer konkreten Abkommensbestimmung jene favorisiert werden, die diesen Zwecken am ehesten gerecht wird (**Prinzip der Entscheidungsharmonie,** Vogel, DBA, Einleitung Rz. 113).

4.3 Auslegungsgrundsätze für internationale Verträge

Im WÜRV vom 23.05.1969, dem die BRD durch Zustimmungsgesetz beigetreten ist (vgl. BGBl II 1987, 757), sind Auslegungsgrundsätze normiert worden, die innerstaatlich auch für die Interpretation von DBA zu beachten sind.

4.3.1 Allgemeine Auslegungsregeln (Art. 31 WÜRV)

Gegenstand der Auslegung ist sicherlich der **gesamte Vertragstext des jeweiligen Abkommens** (Art. 31 Abs. 1 WÜRV); weiterhin sind bei der Auslegung die dem Vertrag vorausgeschickte Präambel und die nachfolgenden Anlagen zu berücksichtigen; für die Auslegung zu beachten sind außerdem die **Übereinkünfte anlässlich des Vertragsabschlusses und sonstige Urkunden einer Vertragspartei,** die von der jeweils anderen Vertragspartei angenommen worden sind (Art. 31 Abs. 2 WÜRV).

4.3.2 Einzelne Auslegungsregeln

Wie auch bei der Auslegung rein nationaler Rechts- bzw. Steuernormen müssen bei der Interpretation eines internationalen Vertrags oder eines DBA jene Prinzipien beachtet werden, die von der juristischen Methodenlehre zur Verfügung gestellt worden sind. Diese Prinzipien sind auch in den entsprechenden Regelungen des WÜRV wiedergegeben.

Als **grammatische Interpretation** wird eine Auslegung bezeichnet, die den Wortsinn erfassen will. Nach Art. 31 Abs. 1 WÜRV soll die **gewöhnliche Bedeutung der Bestimmung bzw. eines Begriffs** ermittelt werden. Vorrangige Aufgabe des Rechtsanwenders ist es, den in einem Abkommen verwendeten Begriff aus dem Abkommen selbst zu deuten. In den neueren DBA der BRD werden in Anlehnung an Art. 3 und 5 OECD-MA eine größere Zahl von Begriffen definiert, denen meist eine andere Bedeutung zukommt als den wortgleichen Begriffen des innerstaatlichen Steuerrechts. Andere in einem Abkommen nicht definierte Begriffe wie beispielsweise die Worte »Kapitalgesellschaft« (BFH vom 25.02.2004 IWB 18/2004, 837) und »Kapitalanteil« (BFH vom 26.05.2004 BStBl II 2004, 767) müssen abkommensspezifisch ausgelegt werden. Der BFH (Urteil vom 30.05.1990 BStBl II 1990, 906) gibt als Richtschnur vor, dass in der Reihenfolge an erster Stelle der Wortlaut einer Abkommensbestimmung zu ermitteln sei.

Als **systematische** Interpretation wird eine Auslegung angesehen, die einen **Rechtsbegriff aus seiner Stellung in einem Abkommenszusammenhang** verstehen will (Art. 31 Abs. 1 WÜRV). Der BFH (a. a. O.) will in einem zweiten Schritt den auslegungsbedürftigen Abkommensbegriff nach seinem Sinn- und Vorschriftenzusammenhang interpretieren. So gewinnt beispielsweise der Begriff der »Unternehmensgewinne« (Art. 7 OECD-MA) für die Anwendung eines DBA sicherlich seine Konturen, wenn er nicht nur wörtlich i. S. d. Art. 7 OECD-MA begriffen, sondern im Hinblick auf andere Regelungen in einem DBA (Art. 7 Abs. 7 i. V. m. Art. 6 Abs. 6 OECD-MA) ausgelegt wird. Die systematische Interpretation der in einem DBA verwendeten Begriffe stellt sich mehrschichtig dar, wenn **Begriffe gedeutet** werden sollen, **die wortgleich in einem DBA, aber auch in dem Normbestand des nationalen Steuerrechts** verwendet werden. Zu erwähnen sind beispielsweise die abkommensrechtlichen Begriffe »Einkünfte aus unbeweglichem Vermögen« (§ 6 Abs. 1 OECD-MA) und »Unternehmensgewinne« (Art. 7 Abs. 1 OECD-MA), die im Abkommensrecht ihren festen Bedeutungsinhalt haben, die aber in den nationalen Steuerrechtsordnungen der Vertragsstaaten ebenfalls noch mit anderem Begriffsinhalt verwendet werden (vgl. § 3 Abs. 1 und 2 EStG – Gewinneinkünfte und Überschusseinkünfte).

Als **teleologische Interpretation** wird eine solche Auslegung angesehen, die sich darum bemüht, **Ziel und Zweck eines Ausdrucks bzw. einer Bestimmung** zu ermitteln. Diese Interpretationsmaxime gilt in besonderem Maße für DBA, die mit dem Ziel und Zweck abgeschlossen werden, Doppelbesteuerungen zu vermeiden und Nichtbesteuerungen abzuwehren. Allerdings hat der BFH in einer jüngeren Entscheidung die Auffassung vertreten, dass die Regelung des Art. 23 Abs. 3 DBA-Kanada 1981 nicht als Rückfallklausel zu werten sei, da der Zweck der Vermeidung einer Keinmalbesteuerung im Wortlaut dieser Norm nicht hinreichend zum Ausdruck komme (BFH vom 17. 12. 2003 BStBl II 2004, 260).

4.3.3 Auslegungsregel des Art. 3 Abs. 2 OECD-MA

Bei der Auslegung der in den DBA verwendeten Begriffe müssen insbesondere Art. 3 Abs. 2 OECD-MA und Art. 33 Abs. 4 WÜRV beachtet werden. Dabei muss der **speziellen, in einem DBA enthaltenen Auslegungsregel der Vorrang** eingeräumt werden. Für steuerliche Zwecke legen Art. 3 Abs. 2 OECD-MA und die vergleichbaren Regeln der derzeit geltenden deutschen DBA fest, dass ein in einem Abkommen **nicht definierter Ausdruck** die Bedeutung hat, die der abkommensanwendende Staat nach seinem Steuerrecht diesem Ausdruck beimisst; dieser Bedeutungsinhalt hat Vorrang vor dem Bedeutungsinhalt, den der andere Vertragsstaat diesem Ausdruck beimisst. So hat der BFH für Zwecke der Ermittlung des Begriffs »Einnahmen« i. S. d. Art. 17 Abs. 1 DBA-USA erkannt, dass die Auslegung dieses nicht im Abkommen definierten Begriffs sich nach den Vorgaben des deutschen Rechts zu richten habe (BFH vom 19. 11. 2003 BStBl II 2004, 560 zu der Frage, ob die 20 000 DM-Grenze überschritten ist).

4.3.4 Bedeutung des OEDC-MA-Kommentars

Der Rechtsanwender, der Inhalt, Sinn und Zweck einer Abkommensnorm in einem praktischen Rechtsfall zu konkretisieren hat, kann sich jeder anerkannten Methode bedienen und muss auf jede zur Verfügung stehende Erkenntnisquelle zurückgreifen. Insofern kann auf den OECD-MA-Kommentar verwiesen werden, dessen Aussagen verobjektiviert, generalisiert und damit zuverlässig sind. Es fällt auf, dass der Bundesfinanzhof in seinen Urteilen und Beschlüssen mit den Ausführungen im OECD-MA-Kommentar sich eingehend auseinandersetzt (vgl. BFH vom 14. 09. 1994 BStBl II 1995, 238; BFH vom 16. 12. 1998 BStBl II 1999, 207, BFH vom 21. 10. 1999 BStBl II 2000, 424 und BFH vom 26. 05. 2004 BStBl II 2004, 767, 768 und Schnitger, IStR 2002, 407).

4.3.5 Verständigungsverfahren

Eine **wichtige Erkenntnisquelle** für die Auslegung und Konkretisierung der DBA sind die **Ergebnisse der Verständigungsverfahren.** Verständigungsverfahren sind in allen neueren deutschen DBA vorgesehen (Art. 25 OECD-MA). Sie dienen vorrangig dazu, Besteuerungen zu vermeiden, die einem DBA nicht entsprechen. Die beteiligten Behörden sollen sich in diesem Verfahren über die Auslegung oder Anwendung einer konkret anwendbaren Abkommensbestimmung verständigen; es soll mithin eine Einzelfallregelung herbeigeführt werden, die den Anspruch des Abkommensberechtigten auf abkommensgemäße Besteuerung verwirklicht (zum Verständigungsverfahren: BMF vom 01.07.1997, Merkblatt, BStBl I 1997, 717 und Krabbe, IStR 2002, 458).

Wünschenswert wäre es, wenn wichtige Verhandlungsergebnisse unter Wahrung des Steuergeheimnisses auch veröffentlicht würden (so: Vogel, DBA, Art. 25, Rz. 70ff., 119).

4.4 Qualifikationskonflikte

Bei der Anwendung und Auslegung von Abkommensregelungen auf einen grenzüberschreitenden Steuerfall kann es durchaus vorkommen, dass die **Rechtsanwender** (Steuerpflichtige, Steuerberater, Finanzverwaltung und Finanzgerichtsbarkeit) in den beteiligten Vertragsstaaten **unterschiedliche Rechtsauffassungen** vertreten. Die Folgen derartiger Meinungsverschiedenheiten sind fiskalisch meistens nicht unbedeutend und führen beim Steuerpflichtigen zu Mehrbelastungen bzw. beim jeweiligen Fiskus zu steuerlichen Mehreinnahmen; andererseits können unterschiedliche Rechtsauffassungen in Einzelfällen steuerliche Entlastungen und korrespondierend dazu fiskalische Mindereinnahmen bewirken. Eine unterschiedliche Abkommensauslegung in den beteiligten Vertragsstaaten kann mit dem Arbeitsbegriff »**Qualifikationskonflikt**« gekennzeichnet werden. Qualifikationskonflikte können in unterschiedlichen Erscheinungen auftreten:

4.4.1 Subsumtionskonflikt

Als **Subsumtionskonflikt** kann eine Beurteilungslage charakterisiert werden, bei der die **Rechtsanwender** in den beteiligten Vertragsstaaten sich über die Auslegung eines in einem **DBA verwendeten Begriffes uneinig** sind.

BEISPIEL

Der deutsche Steuerpflichtige Alt beteiligt sich mit einer Einlage i. H. v. 100 000 € an einem ausländischen Unternehmen.

LÖSUNG Sowohl bei der Anwendung des innerstaatlichen Steuerrechts (vgl. § 15 Abs. 1 Nr. 2 und § 20 Abs. 1 Nr. 4 EStG) als auch bei der Anwendung und Auslegung eines DBA (vgl. Art. 7 Abs. 1 i. V. m. Art. 23 A sowie Art. 10 Abs. 1 und 2 und Art. 11 Abs. 1 und 2 i. V. m. Art. 23 B OECD-MA) muss entschieden werden, ob es sich dabei um eine atypische oder typische Beteiligung handelt. Bei einer typischen Beteiligung muss weiter entschieden werden, ob die Erträge als Dividenden oder Zinsen i. S. d. Abkommensrechts zu behandeln sind. Es muss nicht weiter erläutert werden, dass die zutreffende Qualifikation für das nationale wie für das internationale Steuerrecht von erheblicher Bedeutung ist und zu unterschiedlichen steuerrechtlichen Folgen führen kann.

4.4.2 Klassifizierungskonflikt

Als **Klassifizierungskonflikt** oder auch als **subjektiver Qualifikationskonflikt** kann eine Beurteilungslage angesehen werden, bei der zu entscheiden ist, ob einer **Rechtsperson Abkommensberechtigung** zukommt oder nicht. Insbesondere bei Personenvereinigungen kann es wegen der in den Vertragsstaaten unterschiedlichen Steuerbehandlung zu unterschiedlichen Ergebnissen kommen.

BEISPIELE

a) Die deutsche B-OHG hat Aktien an einer ausländischen AG im Betriebsvermögen bilanziert.

LÖSUNG Nach deutschem Rechtsverständnis ist die B-OHG zwar eine Person i. S. d. DBA (vgl. Art. 3 Abs. 1a OECD-MA). Da die OHG **als solche** in der BRD **nicht steuerpflichtig** ist, muss ihr die Abkommensberechtigung abgesprochen werden (vgl. Art. 4 Abs. 1 OECD-MA). Abkommensberechtigt sind nach deutschem Abkommensverständnis vielmehr die einzelnen Mitunternehmer der B-OHG. Dies schließt allerdings nicht aus, dass der andere Vertragsstaat die OHG als abkommensberechtigt anerkennt.

b) Die in den USA ansässige Personengesellschaft US-PS bezieht Dividenden von einer deutschen Aktiengesellschaft. Die US-PS soll in den USA als Körperschaftsteuersubjekt besteuert werden.

LÖSUNG Nach deutscher Rechtsauffassung ist eine US-amerikanische Personengesellschaft selbst nicht steuerpflichtig und damit nicht abkommensberechtigt. Nach US-amerikanischer Rechtsauffassung muss indessen die Abkommensberechtigung bejaht werden. Der Quellenstaat der Dividenden (BRD) muss die abkommensrechtlichen Steuererleichterungen der US-amerikanischen Personengesellschaft gewähren, jede andere Rechtsauffassung würde den Zielsetzungen der DBA widersprechen und müsste sich als rechtsmissbräuchlich erweisen (vgl. Krabbe, IWB Fach 3 Gr. 2, 753, 756, 759).

4.4.3 Subjektive und objektive Zurechnungskonflikte

Bei einem **subjektiven Zurechnungskonflikt** wird unter den Rechtsanwendern die Frage streitig beurteilt, welcher Person **ausländische bzw. inländische Einkünfte** zuzurechnen sind. Die bestehenden DBA enthalten regelmäßig keine besonderen Vorschriften über die persönliche Zuordnung von Einkünften. Diese Frage ist vielmehr ein Regelungsgegenstand des innerstaatlichen Steuerrechts (vgl. § 39 AO) und damit dem Abkommensrecht vorgelagert.

Schwierige Fragen könnten sich ergeben, wenn im Falle von ausländischen Kapitaleinkünften (Dividenden Art. 10 OECD-MA und Zinsen Art. 11 OECD-MA) die innerstaatliche Zurechnung (§§ 39, 42 AO), die Festlegung des Nutzungsberechtigten (Art. 10 Abs. 2 und Abs. 4, Art. 11 Abs. 2, 4 und 6 OECD-MA) und die Ansässigkeit des Nutzungsberechtigten im Wohnsitzstaat streitig ist.

Ein **objektiver Zurechnungskonflikt** ergibt sich etwa dann, wenn entschieden werden muss, ob **Einkunftsteile als inländische oder ausländische** zu qualifizieren sind; derartige Fragen sind häufig zu entscheiden im Zusammenhang mit der Abgrenzung eines Stammhausgewinns vom Betriebsstättengewinn (Art. 7 OECD-MA). Bei derartigen Problemstellungen kann es insbesondere vom Standpunkt der beteiligten Finanzverwaltungen zu heftigen und zähen Auseinandersetzungen kommen.

BEISPIEL

Der deutsche Unternehmer Stamm betreibt im Inland einen Sportartikelversand. In ausländischen Staaten unterhält er Vertriebsbetriebsstätten. Mehrere ausländische Abnehmer werden vom inländischen Stammhaus **direkt** beliefert.

LÖSUNG Die Frage, ob die Gewinne aus Direktlieferungen dem inländischen Stammhaus oder den ausländischen Betriebsstätten zuzuordnen sind, muss für jeden ausländischen Staat entschieden werden. Die Entscheidungskriterien sind dem jeweiligen DBA zu entnehmen.

4.4.4 Positiver und negativer Qualifikationskonflikt

Bei einem positiven Qualifikationskonflikt sieht sich der Steuerpflichtige mit einer Steuerbehandlung konfrontiert, die in beiden Vertragsstaaten zu einer DBA führt und durch ein bestehendes DBA nicht aufgelöst werden kann. Entsprechend ist als negativer Qualifikationskonflikt eine Steuerbehandlung zu kennzeichnen, bei der in den beteiligten Vertragsstaaten eine Nichtbesteuerung eintritt. Definitive Doppelbesteuerungen und Nichtbesteuerungen sind selbstverständlich in den Vertragsstaaten unerwünscht und können bei vernünftigem Rechtsverständnis von den Steuerpflichtigen auch nicht erstrebt werden.

BEISPIEL

Der in der BRD ansässige Steuerbürger Bar ist an einer gewerblich tätigen Kollektivgesellschaft (Personengesellschaft) in einem ausländischen Staat beteiligt, mit dem ein DBA abgeschlossen worden ist. B hat dieser Gesellschaft ein Darlehen über 100 000 € gewährt, das zu 8 % zu verzinsen ist. Ohne Berücksichtigung der Zinseinkünfte hat B einen Gewinnanteil von 10 000 € zu beanspruchen.

LÖSUNG Bei der Steuerbehandlung der Zinseinkünfte sind mehrere Interpretationsalternativen zu unterscheiden.

- Unter Zugrundelegung des Welteinkommensprinzips beträgt der in der BRD steuerbare Gewinnanteil einschließlich der Sondervergütungen (Zinsen) 18 000 € (vgl. § 15 Abs. 1 Nr. 2 EStG). Bei Anwendung des Art. 7 OECD-MA kann die Auffassung vertreten werden, dass der gesamte Gewinn durch den Betriebsstättenstaat (Quellenstaat) besteuert werden kann; korrespondierend dazu hat der Ansässigkeitsstaat diesen Gewinn unter Progressionsvorbehalt freizustellen (vgl. Art. 23 A OECD-MA). Sofern die Zinsen im Betriebsstättenstaat den dort zu ermittelnden Betriebsstättengewinn gemindert haben, werden die Zinsen in keinem Vertragsstaat der Besteuerung unterworfen (doppelte Nichtbesteuerung).
- Wenn indessen für die Zinseinkünfte der Zinsartikel (vgl. Art. 11 OECD-MA) angewendet wird, hat der Quellenstaat das Recht zur eingeschränkten Besteuerung dieser Zinsen. Nach dem Zinsartikel kann der Ansässigkeitsstaat die Zinsen in vollem Umfang steuerlich erfassen; er ist indessen verpflichtet, die vom Quellenstaat abkommensgemäß erhobenen ausländischen Steuern auf die deutsche Ertragsteuer anzurechnen (vgl. Art. 11 Abs. 2, Art. 23 B OECD-MA; Doppelbesteuerung mit Anrechnung).
- Sofern der Betriebsstättenstaat bei seiner Betriebsstättenbesteuerung die Zinsen nicht als Aufwendungen zum Abzug zulässt, erhöht sich die dortige Besteuerung um einen Betrag von 8 000 €. Wenn der Ansässigkeitsstaat lediglich den Gewinnanteil unter Progressionsvorbehalt freistellt und die Zinsen nach dem Zinsartikel besteuert, tritt eine Doppelbesteuerung für die Einkunftsteile »Zinsen« i. H. v. 8 000 € auf, ohne dass insoweit eine steuerliche Entlastung zum Zuge kommt (effektive Doppelbesteuerung). Denkbar wäre indessen, dass der Ansässigkeitsstaat die ausländische Steuer insoweit auf die inländische Ertragsteuer anrechnet, als diese für Zinseinkünfte angefallen sind oder die entsprechende Steuer bei der Ermittlung der Einkünfte zum Abzug zulässt (§ 34c Abs. 1, 2, 6 EStG, bzw. § 32d Abs. 5 EStG).

In diesem Zusammenhang ist auch § 50d Abs. 10 EStG zu beachten.

4.5 Lösung von Qualifikationskonflikten

Vorrangig kommt es darauf an, **Qualifikationskonflikte vorausschauend zu vermeiden**; diese Aufgabe stellt sich zuerst den Steuerpflichtigen und deren steuerlichen Beratern. Durch sach- und rechtskundige Wirtschafts-, Rechts- und Steuerplanung können Probleme im Bereich des Internationalen Steuerrechts schon im Vorfeld vermieden oder ausgeräumt werden.

Bevor Rechtsfragen erörtert werden, empfiehlt es sich, den zu **beurteilenden Sachverhalt genau zu ermitteln und festzustellen.** Diese Aufgabe stellt sich nicht nur den einzelnen Steuerpflichtigen und Beratern, sondern insbesondere den Finanzverwaltungen und Finanzgerichten in den beteiligten Vertragsstaaten.

Die **Finanzbehörden und die Finanzgerichte** der einzelnen Vertragsstaaten **wenden** die **steuerrechtlichen und abkommensrechtlichen Vorschriften** in ihrem Besteuerungsverfahren **autonom bzw. souverän an.** Dies schließt nicht aus, dass bei der innerstaatlichen Beurteilung eines grenzüberschreitenden Steuerfalls auch Rechtstatsachen und Rechtsansichten einfließen, die bei der Steuerbehandlung in dem anderen Vertragsstaat eine Rolle spielen oder gespielt haben. Dies dürfte insbesondere jene Steuerfälle betreffen, bei denen gemeinsame Betriebsprüfungen stattgefunden haben.

Doppelbesteuerungen oder Doppelbelastungen, für die nicht gelöste Qualifikationskonflikte verantwortlich sind, können in den jeweiligen Vertragsstaaten mit den dort bestehenden **außergerichtlichen und gerichtlichen Rechtsmitteln** ausgeräumt werden. Auch insoweit gilt, dass die jeweilige innerstaatliche Gerichtsbarkeit autonom und souverän entscheidet.

Ergeben sich im Rahmen einer Steuerveranlagung oder auch nach Einleitung eines Gerichtsverfahrens Doppelbesteuerungen und Doppelbelastungen, dann können diese durch **Einleitung eines Verständigungsverfahrens** einer befriedigenden Lösung zugeführt werden (vgl. Art. 25 OECD-MA). In einigen neueren DBA ist sogar für die Fälle abkommenswidriger Besteuerung ein **Schiedsverfahren** vorgesehen (vgl. Art. 25 Abs. 5 DBA-USA, Art. 25a DBA-Frankreich und Art. 41 Abs. 5 DBA-Schweden). Innerhalb der EU gilt die EU-Schiedsverfahrenskonvention, die auf der Grundlage des Art. 293 EGV geschaffen und zum 01. 01. 1995 in Kraft getreten ist.

Inhaltlich gibt der Kommentar zum OECD-Musterabkommen wertvolle Entscheidungshilfen zur Lösung von Qualifikationskonflikten in praktischen Steuerfällen. Danach sollte entsprechend den Regelungen des Art. 23 A und 23 B OECD-MA bei auftretenden Fallgestaltungen wie folgt verfahren werden (vgl. zu Art. 23, Ziffer 32.1 bis 32.7 OECD-MA-MK):

- in Fällen, in denen der Quellenstaat in Anwendung seines nationalen Steuerrechts (Art. 3 Abs. 2 OECD-MA) besteuert, sollte der Ansässigkeitsstaat eine Doppelbesteuerung durch Anwendung der Freistellungs- oder der Anrechnungsmethode vermeiden;
- in Fällen, in denen der Quellenstaat in Anwendung seines nationalen Steuerrechts sich an einer Besteuerung gehindert sieht, darf der Ansässigkeitsstaat davon ausgehen, dass der Quellenstaat die Einkünfte nicht besteuern kann; entsprechend kann der Ansässigkeitsstaat die ausländischen Einkünfte besteuern;
- in den Fällen, in denen die Vertragsstaaten lediglich einzelne Tatsachen unterschiedlich beurteilen oder im Abkommen verwendete Begriffe anders auslegen, sollte eine Steuerbehandlung, die zu Doppelbesteuerungen oder Mehrbelastungen führen, in den beteiligten Ländern durch Einleitung und Durchführung eines Verständigungsverfahrens abgeklärt werden.

Die im OECD-MA-Kommentar zu den ersten beiden Fallgruppen vertretene Auffassung erklärt im Ergebnis die Steuerbehandlung bzw. die Qualifikation im Quellenstaat als für den Ansässigkeitsstaat verbindlich (sog. Qualifikationsverkettung).

5 Missbrauch von Doppelbesteuerungsabkommen

5.1 Problemstellungen

Die **DBA sind vorrangig** geschaffen worden, um **Steuerbürger** vor einem **doppelten Zugriff durch die Steuerhoheiten zweier Staaten** zu schützen. Die abkommensrechtliche Begrenzung der Besteuerungsbefugnisse des Quellenstaates und die abkommensrechtliche Verpflichtung des Ansässigkeitsstaates, eine Doppelbesteuerung durch Freistellung oder Anrechnung zu vermeiden, werden in der Praxis von Rechtssubjekten oftmals so genutzt, dass unerwünschte Steuererleichterungen oder Nichtbesteuerungen eintreten. **Sinn und**

Zweck eines DBA soll es jedoch nicht sein, durch dessen **Inanspruchnahme Minder- oder Nichtbesteuerungen** zu begründen. Ein DBA soll bestehende Doppelbesteuerungen abmildern oder vermeiden, aber nicht doppelte Nichtbesteuerungen auslösen.

Beispielhaft können folgende Fallgestaltungen vorgestellt werden:

a) An sich nicht abkommensberechtigte Personen nutzen bestehende DBA für steuerliche Entlastungen (**treaty shopping**).

BEISPIEL

Anteilseigner A ist in Monaco ansässig. Er gründet in Zug/Schweiz eine Kapitalgesellschaft (CH-SA), in die er die Beteiligung an der deutschen D-GmbH einbringt.

LÖSUNG Nach der Gründung der CH-SA ist ein Konzernsachverhalt gegeben, der grundsätzlich zur Anwendung des so genannten Schachtelprivilegs führt. Danach unterliegen die von der D-GmbH an die CH-SA ausgeschütteten Dividenden abkommensrechtlich einer deutschen Quellenbesteuerung (KapESt) i. H. v. 5 % (Art. 10 Abs. 2 DBA-Schweiz). Es ist nun allerdings zu prüfen, ob die vorliegende rechtliche Konstruktion anerkannt werden kann. Als eine bislang nicht für das DBA-Schweiz abkommensberechtigte Person hat sich der Anteilseigner A durch Gründung einer Beteiligungsgesellschaft (CH-SA) in das DBA-Schweiz eingeklinkt. Diese Rechtsgestaltung führt zu einer Absenkung der deutschen Quellensteuer auf Ausschüttungen, die unter dem Gesichtspunkt des § 42 AO gegebenenfalls nicht anzuerkennen ist (vgl. BFH vom 29. 10. 1980 BStBl II 1982, 150 – Monaco-Urteil und BFH vom 27. 08. 1997 BStBl II 1998, 163 sowie BFH vom 29. 10. 1997 BStBl II 1998, 235). Missbräuchliche Rechtsgestaltungen können ab 1994 mit § 50d Abs. 3 EStG befriedigend gelöst werden. In anderen Fällen ist auch an § 4 Abs. 1 Satz 3 EStG zu denken.

b) Abkommensberechtigte Personen nutzen unterschiedliche Sachverhaltsbeurteilungen und Rechtsauslegungen (**Qualifikationskonflikte**) in den verschiedenen Staaten zu ihrem Vorteil aus.

BEISPIEL

Der Arbeitnehmer A arbeitet während 200 Tagen im Steuerjahr auf einer Montagestelle im Ausland (DBA-Staat); dort hat er aus tatsächlichen (weil z. B. die Besteuerung nicht durchgeführt wird) oder rechtlichen (weil z. B. der Tätigkeitsstaat 180 Arbeitstage zählt) Gründen keinerlei Abgaben zu entrichten.

LÖSUNG Nach dem Regelwerk des OECD-MA und der meisten geltenden DBA hat der Tätigkeitsstaat regelmäßig das Besteuerungsrecht und muss der Ansässigkeitsstaat die entsprechenden Einkünfte freistellen (Art. 15 Abs. 1 und 2, Art. 23 A OECD-MA). Es fragt sich, ob diese zu einer Nichtbesteuerung führende Steuerbehandlung in den beiden Staaten hingenommen werden kann. Nach bislang geübter Rechtspraxis sollen durch DBA nicht nur aktuelle Doppelbesteuerungen, sondern auch so genannte **virtuelle** Doppelbesteuerungslagen vermieden werden, die dann gegeben sind, wenn einem Staat nach Abkommensrecht zwar das Besteuerungsrecht zusteht, dieses aber aus tatsächlichen oder rechtlichen Gründen nicht ausgeübt wird bzw. werden kann (vgl. Vogel, DBA, Einleitung Rz. 74, 75 und BFH vom 17. 12. 2003 IStR 2004, 240). Grundsätzlich müssen derartige Gestaltungen mit ihren steuerlich unerwünschten Ergebnissen hingenommen werden. Die Steuerbehandlung ändert sich allerdings, wenn ein konkret anzuwendendes DBA für solche Fälle besondere Regelungen vorsieht (z. B. Rückfallklausel) oder § 50d Abs. 8 EStG anwendbar ist.

5.2 Rechtsmissbräuchliche Inanspruchnahme von Doppelbesteuerungsabkommen

Wie bei der Missbrauchsproblematik im nationalen Steuerrecht, so muss auch im Bereich des Internationalen Steuerrechts zwischen legalen Steuergestaltungen und Steuerpraktiken einerseits und illegalen bzw. missbräuchlichen Gestaltungen andererseits unterschieden werden. Die Berufung auf bestehende internationalrechtliche oder abkommensrechtliche Vorschriften ist rechtsstaatlich auch dann nicht zu beanstanden, wenn sich für den Steuerpflichtigen steuerliche Vorteile ergeben. So können inländische oder ausländische Bauunternehmungen oder andere Firmen, die grenzüberschreitend im Industrieanlagenbau tätig sind, ihre Einsatzzeiten im anderen Staat planen; entsprechend werden inländische bzw. ausländische Betriebsstätten (vgl. § 12 AO, Art. 5 Abs. 3 OECD-MA) begründet oder Arbeitnehmer sind an mehr oder weniger als 183 Tagen im Inland oder Ausland tätig (Art. 15 Abs. 2 OEDC-MA). Diese Gestaltungsmöglichkeiten stoßen aber dann an die Grenzen des rechtlich Zulässigen, wenn faktische oder juristische Konstruktionen festgestellt werden müssen, die wirtschaftlich nicht begründet, als sachfremd oder als gekünstelt anzusehen sind. Vorrangig kommt es in diesen Fällen darauf an, die Sachverhalte genau zu ermitteln; dann muss geklärt werden, ob und welche Einkünfteartikel (etwa Art. 15 OECD-MA [unselbstständige Arbeit]) zum Zuge kommen (zum Begriff der Montage-Betriebsstätte vgl. BFH vom 21. 04. 1999 BStBl II 1999, 694); dabei sind die maßgebenden abgabenrechtlichen und abkommensrechtlichen Begriffe korrekt auszulegen und anzuwenden. Fiskalisch unerwünschte Ergebnisse können schließlich gegebenenfalls mit speziellen oder generellen Missbrauchsvorschriften des Abkommens- und des innerstaatlichen Abgabenrechts korrigiert werden.

5.3 Missbrauchsregelungen für einzelne Fallgestaltungen

Es ist festzustellen, dass weder das allgemeine Völkerrecht noch das Europäische Recht noch das deutsche Abkommensrecht und auch nicht die innerstaatlichen Steuerrechtsordnungen in systematischer Weise gegen den Rechtsmissbrauch im internationalem Steuerrecht vorgehen. Das schließt nicht aus, dass in den genannten Rechtsgebieten einzelne Vorschriften normiert sind, welche die missbräuchliche Inanspruchnahme abkommensrechtlicher Regelungen verhindern wollen. Gelegentlich wird vorgeschlagen, in einem DBA-Anwendungsgesetz Regelungen für die Bekämpfung des Rechtsmissbrauchs zu verankern. Auch ohne derartige Vorschriften ist es der Steuerverwaltung mit Billigung der Steuergerichte immer wieder gelungen, die evidenten Fälle der Steuerumgehung und Steuerhinterziehung der Anwendung des § 42 AO in den Griff zu bekommen.

Hinzuweisen ist in diesem Zusammenhang auf den OECD-MA-Kommentar, der Vorschläge und Beispiele für innerstaatliche abkommensrechtliche Bestimmungen zur Erfassung und Bekämpfung des Rechtsmissbrauchs nennt; diese wurden von einzelnen Staaten entwickelt und in ihre DBA aufgenommen (vgl. OECD-MA-MK zu Art. 1 Tz. 13 – 20). Nachstehend werden ohne Anspruch auf Vollständigkeit einzelne Lebenssachverhalte und deren Steuerbehandlung vorgestellt.

5.3.1 Treaty shopping

Mit treaty shopping werden Gestaltungen charakterisiert, bei denen eine dritte Person in zweiseitige Geschäftsbeziehungen dergestalt einbezogen wird, dass im Ergebnis abkommensrechtliche Erleichterungen zu gewähren sind, die ohne Zwischenschaltung nicht beansprucht werden könnten.

In einigen DBA werden generell oder speziell für die Fälle des treaty shopping besondere Vorschriften bereitgestellt (vgl. Becker, DBA, Grundlagen I. 5, Rz. 28 m. w. N.). Das einzelne DBA muss daraufhin überprüft werden, ob dort spezifische Missbrauchregelungen normiert sind. Rechtlich kann auf die Regelung des § 50d Abs. 3 EStG verwiesen werden, der sich auch mit dem Problem des treaty shoppings befasst.

BEISPIEL

Der in einem Drittland ansässige Finanzier F beabsichtigt ein in der BRD ansässiges Unternehmen, das als GmbH errichtet worden ist, zu erwerben. Zu diesem Zweck gründet er in einem Staat der USA eine Ltd-Kapitalgesellschaft (K-Ltd), die mit entsprechenden finanziellen Mitteln ausgestattet wird. K-Ltd erwirbt alle Anteile an der deutschen GmbH. In den USA tritt die K-Ltd nur dadurch in Erscheinung, dass sie gelegentlich Erzeugnisse der deutschen GmbH vertreibt.
Die GmbH möchte wissen, ob die zu beschließenden Gewinnausschüttungen steuerlich als Schachteldividenden i. S. d. Art. 10 Abs. 2 Satz 1 Buchst. a DBA-USA sind und damit der reduzierte Quellensteuersatz i. H. v. 5 % zur Anwendung gelangt.

LÖSUNG Nach § 49 Abs. 1 Nr. 5a EStG unterliegen Dividenden deutscher Kapitalgesellschaften der beschränkten Steuerpflicht. Nach Art. 10 Abs. 2 Satz 1 Buchst. a DBA-USA können Dividenden im Quellenstaat mit 5 % ihres Bruttobetrags besteuert werden, wenn die nutzungsberechtigte US-Gesellschaft über mindestens 10% der stimmberechtigten Anteile der die Dividenden zahlenden Gesellschaft verfügt (Schachteldividenden). Art. 28 Abs. 1 Buchst. c DBA-USA macht diese Abkommensvergünstigungen davon abhängig, dass die dividendenberechtigte Gesellschaft in den USA aktiv gewerblich tätig ist (Aktivitätsklausel) und die Dividendenzahlung im Zusammenhang oder aus Anlass dieser Tätigkeit erfolgt. In der Verwaltungsvereinbarung zwischen der BRD und den USA vom 29. 08. 1989 (BStBl I 1991, 113) wird zu einem vergleichbaren Fall die Auffassung vertreten, dass die Abkommensvergünstigung zu versagen sei, da zwar eine geschäftliche Tätigkeit der K-Ltd gegeben sei, diese aber nicht erheblich sei. Nach der Regelung des § 50d Abs. 3 EStG kann die Abkommensvergünstigung nach innerstaatlichem Recht versagt werden, da weder beachtliche Gründe noch eine eigene (erhebliche) Wirtschaftstätigkeit bejaht werden können. Abschließend dürfte die vorgestellte Fallgestaltung nicht entschieden sein; immerhin wird in der Fachliteratur die Auffassung der Finanzverwaltung angegriffen (Becker, DBA, Art. 28, DBA-USA, Rz. 52).

5.3.2 Rückfallklauseln oder Subject-to-tax-Klauseln

Die Struktur und der Charakter des Abkommensrechts können dazu führen, dass zwar bestimmungsgemäß Doppelbesteuerungen vermieden, aber einzelfallbezogen auch Nichtbesteuerungen ermöglicht werden. Diese letztere Konstellation wird mit den Arbeitsbegriffen »weiße Einkünfte« bzw. »Keinmalbesteuerung« beschrieben.

BEISPIEL

Arbeitnehmer A. war im Jahre 05 während sieben Monaten in den USA beschäftigt. Der deutsche Arbeitgeber zahlte dafür Arbeitslohn i. H. v. 35 000 €. A. beantragte bei der Veranlagung für 05, diesen Lohn bei der inländischen Besteuerung freizustellen. A. hat in den USA keine Steuererklärungen abgegeben; er ist dort zu keiner Steuer herangezogen worden.

LÖSUNG Nach den Regelungen des DBA-USA und in Übereinstimmung mit den Grundsätzen des OECD-MA steht bei Einkünften aus unselbstständiger Arbeit dem Tätigkeitsstaat das Besteuerungsrecht zu und muss der Wohnsitzstaat die ausländischen Einkünfte bei Anwendung des Progressionsvorbehalts freistellen (Art. 15, Art. 23 Abs. 2 Buchst. a DBA-USA; Art. 15, Art. 23 A OEDC-MA). Die vorstehende Steuerbehandlung hätte zur Folge, dass aus tatsächlichen Gründen in den USA keine Besteuerung erfolgt und aus rechtlichen Gründen in Deutschland eine Besteuerung nicht erfolgen könnte. Die Anwendung des Art. 23 Abs. 2 letzter Satz DBA-USA ermöglichte bisher die Besteuerung der in den USA erzielten Einkünfte aus unselbstständiger Arbeit im Wohnsitzstaat Deutschland (vgl. BFH vom 11.06.1996 BStBl II 1997, 117). Der BFH wertet (Urteil vom 17.12.2003 BStBl II 2004, 260) die zitierte Regelung nur als Quellenklausel und nicht als Rückfallklausel für den Fall, dass im Quellenstaat keine Besteuerung erfolgt; der Quellenstaat habe ein natürliches Interesse daran, dass der Verzicht auf die Besteuerung dem Steuerpflichtigen selbst und nicht dem anderen Staat zugute kommen soll. In einem solchen Fall ist seit 2004 § 50d Abs. 8 EStG zu beachten.

Als **Rückfallklausel** oder **Subject-to-tax-Klausel** können nur solche Abkommensvorschriften angesehen werden, nach denen das Besteuerungsrecht an den Ansässigkeitsstaat zurückfällt, wenn der Quellenstaat von seinem Besteuerungsrecht tatsächlich keinen Gebrauch macht.

Für jedes DBA hat eine genaue Prüfung zu erfolgen, ob die verwendeten Regelungen als Quellenklauseln oder Rückfallklauseln zu werten sind. Die Rückfallklauseln finden sich bei den Verteilungsnormen (Zuweisungsartikel) und sind somit einkünftebezogen formuliert, sie können aber auch bei den Vermeidungsnormen (Methodenartikel) geregelt sein.

BEISPIELE

- Art. 23 Abs. 2 letzter Satz DBA-USA 1989 lautet:
  »Im Sinne dieses Absatzes gelten Gewinne oder Einkünfte einer in der BRD ansässigen Person als aus Quellen in den Vereinigten Staaten stammend, wenn sie in Übereinstimmung mit diesem Abkommen in den Vereinigten Staaten besteuert werden« (Quellenklausel).
- Art. 23 Abs. 3 DBA-Kanada 1981 lautete:
  »Für die Zwecke dieses Artikels gelten Gewinne oder Einkünfte einer in einem Vertragsstaat ansässigen Person als aus den Quellen innerhalb des anderen Vertragsstaats stammend, wenn sie in Übereinstimmung mit diesem Abkommen im anderen Vertragsstaat besteuert werden« (Quellenklausel).
- Die Protokollnotiz Nr. 16d zu Art. 24 DBA-Italien 1989 lautet:
  »Für Zwecke des Art. 24 Abs. 3 Buchst. a gelten die Einkünfte einer in einem Vertragsstaat ansässigen Person als aus dem anderen Vertragsstaat stammend, wenn sie im anderen Vertragsstaat in Übereinstimmung mit dem Abkommen effektiv besteuert worden sind« (Rückfallklausel).
- So lautet Art. 10 Abs. 3 DBA-Luxemburg:
  »Wenn eine natürliche Person ständig oder vorwiegend an Bord von Schiffen oder Luftfahrzeugen Dienste leistet, so gilt die Arbeit als in dem Vertragsstaat ausgeübt, in dem sich der Ort der Leitung des Unternehmens befindet, das Arbeitgeber ist. Solange dieser Staat die Einkünfte aus derartiger Arbeit nicht besteuert, hat der Wohnsitzstaat das Besteuerungsrecht für diese Einkünfte« (Rückfallklausel).

Sind die rechtlichen **Voraussetzungen** für die Anwendung der **Rückfallklauseln** gegeben, werden also die Einkünfte im Quellenstaat, in dem sie erwirtschaftet werden, **effektiv** nicht besteuert, dann ergibt sich als **Rechtsfolge**, dass die streitigen Einkünfte im Wohnsitzstaat zu besteuern sind. Dies bedeutet, dass für diese Einkünfte im Wohnsitzstaat die Freistellung von der (deutschen) Besteuerung **nicht** beansprucht werden kann. Auf den Grund der Nichtbesteuerung im Quellenstaat kommt es nicht an. Die Rückfallklauseln erfassen somit die Fälle, in denen der andere (Quellen)Staat die Einkünfte mangels innerstaatlicher Besteuerungsgrundlage nicht besteuern kann, sowie die Fälle, in denen rechtsirrtümlich von der Besteuerung abgesehen worden ist oder in denen mangels entsprechender Erklärung bzw. wegen Unkenntnis tatsächlich nicht besteuert worden ist.

Es ist darauf hinzuweisen, dass ein **Fall der Nichtbesteuerung dann nicht vorliegt** bzw. eine ausländische Besteuerung auch dann noch anzunehmen ist, wenn die ausländische Steuer nur aufgrund von Freibeträgen, eines Verlustausgleichs oder Verlustabzugs entfällt oder die betreffenden Einkünfte als negative Einkünfte bei der ausländischen Besteuerung berücksichtigt werden.

Abschließend muss noch festgestellt werden, dass in den Fällen, in denen die Rückfallklauseln Anwendung finden, die Regelungen über die **erhöhte Mitwirkungspflicht des § 90 Abs. 2 AO** Anwendung finden.

In den Fällen, dass im Ausland tatsächlich und nachträglich eine Besteuerung durchgeführt wird, ermöglicht § 175 Abs. 1 Satz 1 Nr. 2 AO eine **Änderung der ursprünglichen Veranlagung** (BFH vom 11. 06. 1996 BStBl II 1997, 117).

5.3.3 Switch-over-Klauseln – Sonderregelungen für Qualifikations- oder Zurechnungskonflikte

Mit den speziellen Fragen der Steuerbehandlung von Qualifikations- oder Zurechnungskonflikten befassen sich die so genannten **Switch-over-Klauseln.** Solche Regelungen finden sich beispielsweise in Abs. 21 des Protokolls zum DBA-USA 1989 und in Art. 28 Abs. 1 DBA-Österreich. Art. 28 Abs. 1 Satz 1 Buchst. a DBA-Österreich hat folgenden Wortlaut:

»Der Ansässigkeitsstaat vermeidet die Doppelbesteuerung durch Steueranrechnung nach Art. 23 und nicht durch Steuerbefreiung nach dem genannten Artikel, wenn in den Vertragsstaaten Einkünfte oder Vermögen unterschiedlichen Abkommensbestimmungen zugeordnet oder verschiedenen Personen zugerechnet werden (außer nach Art. 9) und dieser Konflikt sich nicht durch ein Verfahren nach Art. 25 regeln lässt und wenn aufgrund dieser unterschiedlichen Zuordnung oder Zurechnung die betreffenden Einkünfte oder Vermögenswerte unbesteuert blieben oder zu niedrig besteuert würden.«

Der **Regelungsgegenstand,** die **rechtlichen Voraussetzungen** und die **Folgen von Switch-over-Klauseln** sind insoweit mit den Rückfallklauseln vergleichbar, als mit beiden Regelungen Nichtbesteuerungen vermieden werden sollen; nach dem Wortlaut der zitierten Regelung im Protokoll des DBA-USA sollen aber auch Doppelbesteuerungen und Minderbesteuerungen vermieden werden.

Die **Anwendungsvoraussetzungen von Switch-over-Klauseln** sind insoweit enger gefasst, als deren Wirksamwerden voraussetzt, dass die Steuerbehörden der beiden Vertragsstaaten mit dem konkreten Steuerfall bereits administrativ befasst worden sind und sich über die Steuerbehandlung in einem konkreten Steuerfall nicht verständigen könnten. Der Sinn der Switch-over-Klauseln besteht mithin darin, persönliche und/oder sachliche Zurechnungskonflikte (Qualifikationskonflikte) sachgerecht zu lösen.

Die **Wirkungen der Switch-over-Klauseln** mit ihren Anwendungsfällen, der Vermeidung von effektiven Doppelbesteuerungen, der Abwehr einer doppelten Nichtbesteuerung (weiße Einkünfte) und der Minderbesteuerung besteht im **Übergang bzw. Wechsel von der Freistellungsmethode zur Anrechnungsmethode.** Es ist darauf hinzuweisen, dass die Texte der bestehenden Switch-over-Klauseln (Art. 45 Abs. 1 DBA-Dänemark, Protokoll Nr. 9 zu DBA-Kanada 2001, Protokoll Nr. 10 zu DBA-Norwegen, Art. 43 Abs. 1 DBA-Schweden und Protokoll Nr. 21 zu DBA-USA 1989 usw.) Öffnungsklauseln enthalten, die für künftige Rechtslagen Anpassungen ermöglichen.

BEISPIEL

Bei der Steuerbehandlung unternehmerischer Einkünfte können sich die Finanzbehörden zweier Vertragsstaaten nicht darüber einigen, wie bestimmte Einkünfte abkommensrechtlich zu behandeln sind. Der Quellenstaat ist der Auffassung, dass bezüglich der Veräußerung bestimmter Wirtschaftsgüter die Regelung des Art. 13 Abs. 2 OECD-MA eingreift und besteuert infolgedessen nach den bestehenden innerstaatlichen Vorschriften. Demgegenüber beansprucht der Wohnsitzstaat insoweit ein ausschließliches Besteuerungsrecht nach Art. 13 Abs. 5 OECD-MA (»können **nur** im anderen Vertragsstaat besteuert werden«).

LÖSUNG Bei der gegebenen Rechtslage ergibt sich ein objektiver Zurechnungskonflikt mit der Folge einer endgültigen Doppelbesteuerung durch beide Vertragsstaaten: Der Quellenstaat besteuert nach seinen innerstaatlichen Vorschriften und der Wohnsitzstaat beruft sich auf sein ihm abkommensrechtlich zugesichertes ausschließliches Besteuerungsrecht, das ihn nicht zur Anrechnung ausländischer Steuern verpflichtet.

Sofern für die Vertragsstaaten eine **Switch-over-Klausel** nach dem Muster des DBA-USA anwendbar wäre, könnte bei der Inlandsbesteuerung die ausländische Steuer angerechnet werden; die Bezugnahme auf die Switch-over-Klausel ist bei der Inlandsbesteuerung steuerbegünstigend und vermeidet finanzgerichtliche Verfahren.

Als problematisch stellt sich die Beurteilung des Beispiels dann dar, wenn spiegelbildlich divergent qualifiziert wird. Dann käme im Wohnsitzstaat nach der Switch-over-Klausel oder nach einer ggf. anwendbaren Rückfallklausel (subject-to-tax) die Anrechnungsmethode in Betracht, die insoweit belastend wirken würde, als im Quellenstaat wegen der dort vertretenen Qualifikation keine Abzugsteuer erhoben worden ist. Die Steuerbelastung würde sich allein am inländischen Steuerniveau des Wohnsitzstaates orientieren. Bei einer derartigen Sachverhaltsbeurteilung kann nur ein Gang zu den Finanzgerichten Klarheit verschaffen.

Anzumerken ist, dass über Inhalt, Voraussetzungen und Wirkungen der Switch-over-Klauseln auch im Hinblick auf nicht vorhandene bzw. nicht verfügbare gerichtliche Erkenntnisse wenig Klarheit herrscht (vgl. Petereit, IStR 2003, 577 und Vogel, DBA, Einleitung, Rz. 168ff.).

Innerstaatlich ist in diesem Zusammenhang auf die Switch-over-Klausel des § 20 Abs. 2 AStG hinzuweisen. Der Übergang zur Anrechnungsmethode sichert dem Ansässigkeitsstaat eine Besteuerung mit inländischem Steuerniveau (vgl. auch treaty override, G 3.3).

5.3.4 Remittance-Base-Principle

Einige in den DBA enthaltene Regelungen setzen das Remittance-Base-Prinzip um (z. B. Art. II Abs. 2 DBA-Großbritannien, Art. II Abs. 2 DBA-Irland, Art. 2 Abs. 2 DBA-Israel). Die entsprechende Regelung des **Art. II Abs. 2 DBA-Großbritannien** lautet:

»Ist nach diesem Abkommen für Einkünfte aus Quellen innerhalb eines der Gebiete dort eine Steuerermäßigung oder Steuerbefreiung zu gewähren, falls die Einkünfte in dem anderen Gebiet steuerpflichtig sind, und sind diese Einkünfte nach dem geltenden Recht des anderen Gebietes dort nur insoweit steuerpflichtig, als die entsprechenden Beträge in das andere Gebiet überwiesen oder dort entgegengenommen werden, so gilt die nach diesem Abkommen im erstgenannten Gebiet zu gewährende Steuerermäßigung oder Steuerbefreiung nur für die in das andere Gebiet überwiesenen oder dort entgegengenommenen Beträge.«

BEISPIEL

Ein in Großbritannien als lediglich resident (ansässig) geltender Steuerbürger S bezieht von einer deutschen AG Dividenden, die auf ein bei einem deutschen Bankinstitut eingerichtetes Konto überwiesen und dort »geparkt« werden.

LÖSUNG Nach britischem Steuerrecht ist der Steuerbürger S lediglich **resident** und nicht **domiciled** und somit nur mit den transferierten Einkünften steuerpflichtig. Um eine Nicht- oder Minderbesteuerung zu vermeiden, kann der Steuerbürger S die abkommensrechtlichen Steuerermäßigungen und Steuervergünstigungen vom Quellenstaat nicht beanspruchen bzw. muss dieser dieselben nicht gewähren, wenn diese nicht in Großbritannien versteuert werden müssen (vgl. Becker u. a., DBA-Großbritannien, Art. III Rz. 29).

5.3.5 Aktivitätsklauseln

Die in verschiedenen DBA enthaltenen **Aktivitätsklauseln** (Aktivitätsvorbehalte) stellen Regelungen dar, welche die Inanspruchnahme der in den deutschen DBA angeordneten Steuerfreistellungen (Steuerbefreiungen mit Progressionsvorbehalt) in ihrem Anwendungsbereich begrenzen. Derartige Steuerbefreiungen können zu Minderbesteuerungen führen, wenn im Quellenstaat eine geringe Besteuerung festzustellen ist und der Ansässigkeitsstaat abkommensrechtlich nicht besteuern kann. Minderbesteuerungen können auch dann in Betracht kommen, wenn sich im ausländischen Quellenstaat die Besteuerungsverhältnisse nach Abschluss eines DBA so geändert haben, dass dort lediglich eine geringe Steuerbelastung eintritt und bei Eingreifen der Freistellungsmethode im Wohnsitzstaat wegen der damit gegebenen Abschirmwirkung die ungerechtfertigte Steuerbegünstigung definitiv wird. Beispielhaft sind die in Art. 24 Abs. 1 Nr. 1 Buchst. a und b DBA-Schweiz enthaltenen Aktivitätsklauseln.

Lediglich dann, wenn in der ausländischen Betriebsstätte produktive bzw. aktive Wirtschaftstätigkeiten ausgeübt werden, kann im Ansässigkeitsstaat (Deutschland) für die entsprechenden Auslandseinkünfte die Freistellungsmethode zum Zuge kommen. Ähnliches gilt bei Schachteldividenden, die im Ansässigkeitsstaat (Deutschland) nur dann von der Besteuerung freigestellt werden können, wenn die maßgeblichen Kriterien des deutschen AStG erfüllt sind.

Weitere Aktivitätsklauseln finden sich beispielsweise in Art. 24 Abs. 1 Buchst. d DBA-Ägypten und Art. 24 Satz 1 Buchst. c DBA-Jugoslawien usw.

Die Typologie der im Abkommensrecht verwendeten Aktivitätsklauseln ist vielfältig und zugleich verwirrend (vgl. dazu Wassermeyer, IStR 2000, 65ff., Vogel, DBA, Art. 24, Rz. 74ff.).

BEISPIEL

Unternehmer Abel ist Produzent von Kfz-Teilen. Er unterhält in der Schweiz eine Zweigniederlassung, deren Erträge dort mit ca. 27 % durch Ertragsteuern belastet sind. Der Steuerberater Cleverle rät Abel, Wertpapiere als gewillkürtes Betriebsvermögen in die Schweizer Niederlassung einzulegen, da im Inland die entsprechenden Erträge einer summierten Steuerbelastung von ca. 50 % unterliegen.

LÖSUNG Für Betriebsstättengewinne kann der Betriebsstättenstaat nach Art. 7 Abs. 1 DBA-Schweiz das Besteuerungsrecht beanspruchen. Entsprechend hat der Sitzstaat des Unternehmens (Stammhaus) die Gewinne bei der Besteuerung freizustellen. Das DBA-Schweiz gewährt die Freistellung indessen nur für aktive Einkünfte; solche liegen u. a. vor, soweit die Gewinne nachweislich durch Herstellung, Bearbeitung und Verarbeitung oder durch Bank- und Versicherungsgeschäfte erarbeitet worden sind (vgl. Art. 24 Abs. 1 Nr. 1 Buchst. a DBA-Schweiz). Erträge aus Beteiligungen aus Kapitalgesellschaften und Zinsen aus sonstigen Kapitalanlagen erfüllen diese Voraussetzungen nicht und sind deshalb aus dem freizustellenden Gewinn auszugliedern. Eine doppelte Besteuerung ist gegebenenfalls durch Anrechnung zu vermeiden. Zu berücksichtigen ist indessen die Vereinfachungsregelung des Einführungsschreibens zum DBA-Schweiz 1971 (BStBl I 1975, 479, Tz. 3.1.2.2); die passiven Bruttoerträge dürfen nicht mehr als 10 % der gesamten Bruttoerträge der Betriebsstätte ausmachen und nicht einen Betrag von 120 000 DM übersteigen (vgl. auch BMF vom 17. 04. 1980, bei Beck'sche DBA-Textausgabe, DBA-Schweiz, Tz. 7.1); unter diesen Voraussetzungen kann von einer Ausgliederung abgesehen werden.

5.3.6 Definition des Nutzungsberechtigten – beneficial owner

Bei der Besteuerung von Dividenden, Zinsen und Lizenzgebühren ergeben sich gelegentlich bereits bei der **Inlandsbesteuerung** Zweifel bezüglich der **persönlichen Zurechnung.** Nach § 20 Abs. 5 EStG ist der Steuerbürger persönlich steuerpflichtig, der die Tatbestandsvoraussetzungen für die Kapitaleinkünfte erfüllt, dem also Kapitalerträge zugesagt bzw. gewährt worden sind oder der als Anteilseigner anzusehen ist.

Abkommensrechtlich haben die Bezieher von Einkünften wie Dividenden, Zinsen oder Lizenzgebühren gegenüber dem Quellenstaat regelmäßig Anspruch auf Abkommensvergünstigungen, sei es, dass im Quellenstaat keine oder nur eine reduzierte Quellenbesteuerung erfolgt. Derartige Vergünstigungen sollten nur dann gewährt werden, wenn persönlich und sachlich im anderen Staat, d. h. im Ansässigkeitsstaat eine Besteuerung stattfinden kann. Die neueren von Deutschland abgeschlossenen DBA gestehen den Beziehern der genannten Einkünfte die Abkommensvergünstigungen dann zu, wenn sie als **Nutzungsberechtigte** (beneficial owner) anzusehen sind. Der Begriff des Nutzungsberechtigten ist im OECD-MA nicht definiert und nur wenige deutsche DBA enthalten Aussagen zu diesem Begriff; allerdings findet sich in Nr. 10 des Protokolls zum DBA-USA folgende Formulierung:

»Für einen Vertragsstaat gilt der im anderen Vertragsstaat ansässige Bezieher von Dividenden, Zinsen oder Lizenzgebühren als Nutzungsberechtigter i. S. d. Art. 10, 11 und 12, wenn der Bezieher die Person ist, der die Einkünfte nach dem Recht des erstgenannten Staates steuerlich zuzurechnen sind.«

Jedenfalls für das DBA-USA ist somit eine parallele Beurteilung zwischen dem innerstaatlichen Recht und dem Abkommensrecht hergestellt. Die Beurteilung kann als Richtschnur für notwendige Auslegungen in anderen DBA herangezogen werden (vgl. Vogel, DBA, Vor Art. 10–12, Rz. 18, 26f).

BEISPIEL

Der unrechtmäßige Erbschaftsbesitzer X hat während zwei Jahren (Zwischenzeit) seit dem Tod des Erblassers E Dividenden und Zinsen aus ausländischen Aktien und Wertschriften vereinnahmt. Mit dem Alleinerben A hat sich X in einem Vergleich dahingehend geeinigt, dass das Aktienkapital und die aufgelaufenen Kapitalerträge dem Erben auszuzahlen sind.

LÖSUNG Dem Alleinerben A sind zivilrechtlich und steuerlich die Kapitalerträge zuzurechnen; der entsprechende Zufluss ist mit Auszahlung durch den Erbschaftsbesitzer X an den Erben A anzunehmen (§ 20 Abs. 1 Nr. 1 und Nr. 7, § 20 Abs. 5, §§ 8 und 10 EStG). Abkommensrechtlich ist der Alleinerbe A Nutzungsberechtigter; als solcher kann er von dem Quellenstaat die abkommensrechtlichen Steuerermäßigungen und Steuervergünstigungen beanspruchen (vgl. auch BFH vom 30. 04. 1991 BStBl II 1991, 574).

5.4 Nationale Missbrauchsregeln

5.4.1 Außensteuergesetz

Der deutsche Steuergesetzgeber hat die internationalen Minder- bzw. Nichtbesteuerungen frühzeitig erkannt und diese Sachverhalte durch die Verabschiedung des AStG zu bekämpfen versucht; spätere Novellierungen dieses Gesetzes haben zu Verbesserungen des rechtlichen Instrumentariums beigetragen, aber auch zu einer Verkomplizierung der Rechtslage geführt. Dazu s. Kapitel M.

5.4.2 Innerstaatliche Spezialnormen

5.4.2.1 Vorrang des innerstaatlichen Steuerabzugs vor abkommensrechtlichen Steuervergünstigungen (§ 50d Abs. 1 EStG)

Im engeren oder weiteren Zusammenhang mit der Bekämpfung von Rechtsmissbrauch im internationalen Steuerrecht steht die Regelung des § 50d Abs. 1 EStG; danach sind nach innerstaatlichem Recht die Regelungen über Abzugsteuern anzuwenden, wenn die Voraussetzungen (z. B. beschränkte Steuerpflicht mit inländischen Einkünften) gegeben sind. Unberührt von den innerstaatlichen Regelungen bleiben die abkommensrechtlichen Steuerermäßigungen und Steuerbefreiungen, die zu entsprechenden Erstattungsverfahren führen und nach deren Durchführung sich eine eingetretene Doppelbesteuerung in aller Regel erledigt hat. Der begünstigte Steuerbürger kann vom Quellenstaat (z. B. Deutschland) die völlige oder teilweise Erstattung der nicht abkommensgemäß einbehaltenen Steuerbeträge beantragen.

Die beschriebene Verfahrensweise ist verschiedentlich sogar in den DBA zusätzlich abgesichert (vgl. z. B. Art. 46 DBA-Dänemark; Art. 25b DBA-Frankreich; Nr. 7 zu Art. 25 DBA-Russland; Art. 28 DBA-Schweiz; Art. 29 DBA-USA).

Der Vorrang der innerstaatlichen Quellenbesteuerung hat fiskalische und rechtliche Gründe: Einmal gilt das Prinzip der »**Vorkasse**«, das zu einem (vorläufigen) Finanzaufkommen des Quellenstaates führt und in Zweifelsfällen das Steueraufkommen sichert. Rechtlich verfügen im Übrigen gerade bei Kapitaleinkünften und Lizenzeinkünften die privaten Gläubiger der Kapital- und Lizenzerträge nicht immer über jenes zuverlässige steuerliche Know-how, das nötig ist, um die zum Teil komplizierten Bestimmungen des DBA genau anzuwenden.

5.4.2.2 Missbrauchsausschluss (§ 50d Abs. 3 EStG)

Die Missbrauchsregel des seit dem Jahr 1994 geltenden **§ 50d Abs. 3 EStG** versagt den Anspruch auf Steuerentlastung. Sie wendet sich gegen das **treaty shopping** (s. 5.3.1) wenn ein Steuerausländer Abkommenserleichterungen vom Quellenstaat Deutschland aufgrund eines bestehenden DBA zu beanspruchen glaubt. Betroffen sind Quellensteuerreduzierungen aufgrund von DBA oder nach § 43b EStG in den Fällen von (Schachtel-) Dividenden, Zinsen und Lizenzgebühren. Die Anwendung des § 50d Abs. 3 EStG setzt voraus, dass folgende Punkte **gemeinsam** festgestellt werden können:

- Eine ausländische Gesellschaft (regelmäßig Kapitalgesellschaft) beruft sich auf Steuerentlastung.
- Es liegt eine Beteiligung von Gesellschaftern vor, die persönlich die beanspruchte Steuerentlastung bei unmittelbarem Einkünftebezug nicht erhalten könnten.

- Es fehlen wirtschaftliche oder andere Gründe, welche die Einschaltung der Gesellschaft rechtfertigen.
- Eine eigene Wirtschaftstätigkeit der Gesellschaft kann nicht festgestellt werden.

Als **Rechtsfolge** kommt regelmäßig die völlige Versagung der Steuerentlastung in Betracht; gegebenenfalls muss aber danach differenziert werden, ob **einzelne** Gesellschafter als **solche** steuerbegünstigt wären (streitig).

Im Besteuerungsverfahren unterliegt die ausländische Gesellschaft der erhöhten Mitwirkungspflicht nach § 90 Abs. 2 AO; im Falle der Nichtaufklärbarkeit des Sachverhalts hat die Gesellschaft die Feststellungslast zu tragen.

BEISPIEL

Eine niederländische B.V.-Gesellschaft, an der die auf den Bermudas ansässige B-Limited (Holdinggesellschaft) zu 100 % beteiligt ist, besitzt eine Tochtergesellschaft (T-GmbH) in Deutschland, die auf dem Unterhaltungssektor tätig ist. Die T-GmbH schüttet an die B.V.-Gesellschaft Gewinnanteile i. H. v. 900 000 € aus. Die B.V.-Gesellschaft, die weder über eigenes Personal, noch über eigene Geschäftsräume, noch über eine Geschäftsausstattung verfügt, beantragt, die KapESt auf Dividenden nach Art. 13 Abs. 4 DBA-Niederlande auf 10 % bzw. nach der Mutter-Tochter-Richtlinie (M-T-R 90/435 EWG) auf 0 % zu reduzieren.

LÖSUNG Die niederländische B.V.-Gesellschaft hat weder Anspruch auf die Quellensteuerreduzierung nach Art. 13 Abs. 4 DBA-NL und auch nicht nach der Mutter-Tochter-Richtlinie 90/435 EWG. Nach Auffassung des BFH (Urteil vom 20. 03. 2002 BStBl II 2002, 819) kann § 50d Abs. 3 EStG angewendet werden, ohne dass ein Verstoß gegen Abkommensrecht bzw. europäisches Gemeinschaftsrecht vorliegt. Gemeinschaftsrechtlich gestattet Art. 1 Abs. 2 M-T-R 90/435 EWG die Anwendung einzelstaatlicher und vertraglicher Bestimmungen zur Verhinderung von Steuerhinterziehung und Missbräuchen. Im Übrigen sind die Tatbestandsvoraussetzungen des § 50d Abs. 3 EStG erfüllt, da die niederländische B.V.-Gesellschaft als Basisgesellschaft funktionslos ist und lediglich dazu gegründet worden ist, um Einkünfte an eine Gesellschaft auf den Bermudas durchzuleiten.

5.4.2.3 Einschränkung der Freistellung bei ausländischen Einkünften aus nichtselbstständiger Tätigkeit nach § 50d Abs. 8 EStG

Bei Einkünften aus nichtselbstständiger Arbeit, die in Staaten erzielt worden sind, mit denen ein DBA abgeschlossen worden ist, wird die abkommensgemäße Freistellung von der deutschen Besteuerung nur gewährt, wenn der Steuerpflichtige nachweist, dass der Quellenstaat der Einkünfte aus nichtselbständiger Arbeit auf das abkommensgemäße Besteuerungsrecht verzichtet hat oder dass die in diesem Staat auf diese Einkünfte festgesetzten Steuern entrichtet worden sind.

Diese innerstaatliche Regelung wirkt wie eine abkommensrechtlich normierte Rückfallklausel (BMF vom 27. 01. 2004 BStBl I 2004, 173, Tz. 10). Praktisch kommt diese steuerliche Regelung dann zur Anwendung, wenn DBA keine Rückfallklauseln enthalten, aber auch nur insoweit als Einkünfte aus nichtselbstständiger Arbeit aus dem betreffenden DBA-Staat entstanden sind.

Die Beschränkung der Freistellung gilt für das Veranlagungsverfahren. Für das Lohnsteuerabzugsverfahren kann nach wie vor eine Freistellungsbescheinigung beantragt und ausgestellt werden. In diesen Fällen muss der Steuerpflichtige das Vorliegen der Voraussetzungen für die Freistellung im Veranlagungsverfahren nachweisen.

In den Fällen, in denen die Freistellung versagt worden ist, kann der Steuerpflichtige nach § 175 Abs. 1 Nr. 2 AO eine Korrektur der ursprünglichen Veranlagung erreichen.

Die Regelung des § 50d Abs. 8 EStG beinhaltet letztlich ein treaty override, dessen Zulässigkeit rechtlich bedenklich ist (s. 3.3).

5.4.2.4 § 50d Abs. 9 EStG

§ 50d Abs. 9 EStG betrifft nur die Besteuerung von unbeschränkt Steuerpflichtigen nach § 1 Abs. 1 oder Abs. 2 EStG. Aus diesem Grund konnte der BFH in der Entscheidung vom 02. 09. 2009 (AZ I R 90/08 und I R 111/08) zu den Abfindungen bzgl. Belgien sich auch nicht auf diese Rückfallklausel berufen. Da § 50d Abs. 8 EStG nur die Einkünfte aus nichtselbstständiger Arbeit betrifft, sah die Verwaltung auch Regelungsbedarf bzgl. sog. weißer Einkünfte aus anderen Einkunftsarten. Dies erfolgt nun zumindest teilweise durch die Regelung des § 50d Abs. 9 EStG, der zum einen in Form einer sog. Switch-over-Klausel in bestimmten Fällen einen Übergang von der abkommensrechtlich vorgesehenen Freistellung zur Anrechnungsmethode vorsieht (vgl. § 34c Abs. 6 Satz 5 EStG), in anderen Fällen wie eine echte Rückfallklausel wirkt.

§ 50d Abs. 9 EStG enthält zwei Fallgestaltungen:

In der **ersten Fallgestaltung** kann die BRD die Freistellung der ausländischen Einkünfte versagen, wenn ein ausländischer Staat nach dem mit Deutschland abgeschlossenen DBA nach deutscher Lesart zwar das Besteuerungsrecht für diese Einkünfte hätte, diese aber aufgrund seiner Abkommensauslegung nicht oder nur mit einem nach dem DBA begrenzten Steuersatz besteuert (§ 50d Abs. 9 Satz 1 Nr. 1 EStG).

Dies ist beispielsweise der Fall, weil beide Staaten

1. von unterschiedlichen Sachverhalten ausgehen,
2. die Abkommensbestimmungen unterschiedlich auslegen,
3. auf Grund von Vorschriften, die Art. 3 Abs. 2 OECD-MA entsprechen, Abkommensbegriffe nach ihrem nationalen Recht auslegen.

Diese Regelung soll das Entstehen sog. weißer Einkünfte verhindern. Hauptanwendungsfall sind dabei wohl die Qualifikationskonflikte im Zusammenhang mit der Besteuerung von Personengesellschaften.

Die folgenden Beispielsfälle zeigen Anwendungsmöglichkeiten auf:

BEISPIELE

a) Der in Deutschland ansässige A erzielt aus dem Staat X (DBA-Staat) Unternehmenseinkünfte (Betriebsstätteneinkünfte), die nach dem mit X abgeschlossenen DBA in Deutschland steuerbefreit sind. Nach dem Recht des Staates X liegen jedoch keine Unternehmenseinkünfte vor, sondern Einkünfte aus Vermögensverwaltung, die u. a. in Zinsen bestehen. Nach dem Recht des Staates X unterliegen Zinsen, die nicht ansässigen Personen zufließen, nicht der Besteuerung. Die Zinsen würden dann im Ergebnis in keinem Staat besteuert werden.

LÖSUNG § 50d Abs. 9 Nr. 1 EStG stellt in diesem Fall die Einmalbesteuerung der Einkünfte – nämlich in Deutschland – sicher.

b) Arbeitnehmer A wird von seinem deutschen Arbeitgeber nach Schweden zu einer Tochtergesellschaft entsandt. Der Arbeitslohn wird von dem inländischen Unternehmen der schwedischen Tochtergesellschaft intern weiterbelastet (Besteuerungsrecht demnach nach deutscher Auffassung in Schweden). Er hält sich insgesamt 150 Tage in Schweden auf. Der Arbeitnehmer erhält eine Bescheinigung der schwedischen Steuerverwaltung, wonach der Arbeitslohn nicht der schwedischen Besteuerung unterliegt (Steuerbescheid mit 0 €), weil er sich nicht mehr als 183 Tage in Schweden aufgehalten hat. Dieser Steuerbescheid gilt als Nachweis der Nichtversteuerung – also des Verzichts der Schweden auf ihr Besteuerungsrecht nach § 50d Abs. 8 EStG.

LÖSUNG Eine Freistellung der Arbeitseinkünfte nach dem DBA kann nicht gewährt werden. Zwar wurde ein Nachweis erbracht, der die Anforderungen des § 50d Abs. 8 EStG erfüllt. Unabhängig davon ist aber § 50d Abs. 9 Satz 1 Nr. 1 EStG zu prüfen. Demnach würde durch die Abkommensauslegung Schwedens der Arbeitslohn nicht besteuert werden. Um dies zu vermeiden, sieht die gesetzliche Regelung hier die Steuerpflicht der Einkünfte in Deutschland vor.

c) A und B sind Gesellschafter einer im Staat X errichteten Personengesellschaft. Die Personengesellschaft übt im Staat X eine Geschäftstätigkeit durch eine feste Geschäftseinrichtung aus. Nach dem DBA mit dem Staat X nimmt Deutschland als Ansässigkeitsstaat Betriebsstätteneinkünfte von der deutschen Besteuerung aus; im Übrigen entspricht das DBA dem OECD-MA. Staat X behandelt die Personengesellschaft als Steuersubjekt. A veräußert seinen Anteil an der Gesellschaft.

LÖSUNG Da Staat X die Personengesellschaft als Steuersubjekt behandelt, betrachtet er die Veräußerung des Anteils als Veräußerung eines Anteils an einer Kapitalgesellschaft. Er kann deshalb den Veräußerungsgewinn nicht besteuern (Art. 13 Abs. 5 OECD-MA), denn der Ansässigkeitssaat – Deutschland – hat nach DBA das Besteuerungsrecht.

Aus deutscher Sicht ist die Personengesellschaft kein Steuersubjekt. Daher wird die Veräußerung des Anteils als Veräußerung der Wirtschaftsgüter der Betriebsstätte behandelt. Hierauf ist Art. 13 Abs. 1 und/oder Abs. 2 OECD-MA anzuwenden. Diese Vorschriften weisen allerdings dem Staat X das Besteuerungsrecht zu, während Deutschland den Veräußerungsgewinn freizustellen hätte. Rechtsfolge wäre, dass dieser Gewinn in keinem Staat versteuert wird.

Da die Nichtbesteuerung in beiden Staaten ihre Ursache in der Anwendung unterschiedlicher Abkommensbestimmungen hat (sog. Qualifikationskonflikt), ist Deutschland als Ansässigkeitsstaat nicht verpflichtet, den Veräußerungsgewinn steuerfrei zu stellen. Das gilt auch für den Fall, dass das jeweilige DBA keine ausdrückliche Regelung enthält, die für negative Qualifikationskonflikte einen Übergang auf die Anrechnungsmethode vorsieht.

Die **zweite Fallgestaltung** wird von § 50d Abs. 9 Satz 1 Nr. 2 EStG abgedeckt. Dieser Regelung folgend wird die Steuerbefreiung nach einem DBA nicht gewährt, wenn die Einkünfte in dem anderen Staat nicht im Rahmen der beschränkten Steuerpflicht erfasst werden und es damit zu einer Nichtbesteuerung käme.

Insoweit greift die Regelung des § 50d Abs. 9 Satz 1 Nr. 2 EStG z. B. auch die Fälle auf, in denen der Quellenstaat von einem ihm abkommensrechtlich eingeräumten Besteuerungsrecht keinen Gebrauch macht, weil er den Umfang der in seinem Staat der beschränkten Steuerpflicht unterliegenden Einkünfte enger gesetzlich geregelt hat.

BEISPIELE

a) M ist Pilot einer Fluglinie, die ihren Unternehmenssitz in Großbritannien hat. M hat seinen Wohnsitz in Deutschland und ist unbeschränkt einkommensteuerpflichtig. In Großbritannien hat er keinen Wohnsitz. Er hält sich dort auch nicht auf.

LÖSUNG Nach Art. XI Abs. 5 DBA-Großbritannien können Vergütungen für Dienstleistungen, die an Bord eines Luftfahrzeuges einer britischen Luftfahrgesellschaft im internationalen Verkehr erbracht werden, von Großbritannien besteuert werden. Großbritannien macht aber von seinem abkommensrechtlich gegebenen Besteuerungsrecht keinen Gebrauch, weil im Rahmen der dortigen beschränkten Steuerpflicht nur die Einkünfte erfasst werden, soweit sich M tatsächlich in Großbritannien aufgehalten hat. Der Rest des Arbeitslohnes (Aufenthalt in Deutschland oder Drittstaaten) wäre demnach steuerfrei (Freistellungsmethode, Art. XVIII Abs. 2 Buchst. a i. V. mit Abs. 3 Buchst. b DBA-Großbritannien).

Nach § 50d Abs. 9 Satz 1 Nr. 2 EStG hat aber eine im Inland ansässige Person keinen Anspruch auf Steuerbefreiung für Einkünfte, die aufgrund eines DBA dem anderen Vertragsstaat zur Besteuerung zugewiesen sind, dort aber nicht besteuert werden, weil die Person dort nicht ansässig ist. § 50d Abs. 9 Nr. 2 EStG ist in diesen Fällen ab dem VZ 2007 anwendbar und auch bereits im Lohnsteuerabzugsverfahren zu berücksichtigen. Demnach unterliegt der Arbeitslohn der auf Deutschland entfällt, sicher der inländischen Besteuerung. Bzgl. des Arbeitslohns, der auf Drittstaaten entfällt, ist bislang ungeklärt, ob auch dieser nach § 50d Abs. 9 der inländischen Besteuerung unterliegt.

b) A und B sind an einer im Staat C neu errichteten, gewerblich tätigen Personengesellschaft beteiligt. Der Staat C gewährt als Investitionsanreiz ausländischen Investoren eine Steuerbefreiung über zehn Jahre.

LÖSUNG Da die Steuerbefreiung an die Nichtansässigkeit der im Staat C beschränkt steuerpflichtigen Gesellschafter A und B anknüpft, ist ein Anwendungsfall des § 50d Abs. 9 Satz 1 Nr. 2 EStG gegeben.

5.4.2.5 § 50d Abs. 10 EStG

Die mit dem JStG 2009 neu eingefügte Norm geht auf das BFH-Urteil vom 17. 10. 2007 (DStR 2008, 659) zurück und betrifft wohl fast ausschließlich sog. Inbound-Fälle. Auf die Norm wird im Rahmen der beschränkten Steuerpflicht eingegangen werden (vgl. Teil L 4.2.1.3).

5.4.2.6 Bauabzugssteuer in den Fällen von Doppelbesteuerungsabkommen (§ 48d EStG)

Ausländische Unternehmer, die Bauleistungen i. S. d. § 48 EStG erbringen, unterliegen ggf. der beschränkten Steuerpflicht. Auch in diesen Fällen besteht Steuerabzugspflicht, sofern keine Freistellungsbescheinigung erteilt worden ist. Die Abzugspflicht tritt nach § 48d EStG auch dann ein, wenn die Einkünfte nach einem DBA nicht besteuert werden können. Unberührt bleibt der Anspruch des Gläubigers der Gegenleistung auf Erstattung der einbehaltenen und abgeführten Bauabzugsteuer.

Zuständig ist das Finanzamt, das für die Umsatzbesteuerung des ausländischen Unternehmers zuständig ist (§ 48d Abs. 1 und § 48c Abs. 2 EStG sowie §§ 20a, 21 UStG).

Die Vorschriften der §§ 48ff. EStG dienen der Sicherung von Steueransprüchen und wollen Steuerverkürzungen vermeiden, sind aber im Hinblick auf das primäre und sekundäre europäische Gemeinschaftsrecht als bedenklich anzusehen; insbesondere könnten diese Vorschriften die Niederlassungsfreiheit (Art. 44 EGV) verletzen.

Teil H Aufbau, Begriffe und Wirkungsweise der Doppelbesteuerungsabkommen

1 Aufbau der Doppelbesteuerungsabkommen

Die neueren **deutschen DBA sind in Aufbau und Inhalt vereinheitlicht.** Zu dieser Gleichartigkeit hat das OECD-MA einen wesentlichen Beitrag geleistet. Die Mitgliedsstaaten dieser Organisation haben sich darauf verständigt, bei ihrer Vertragspolitik den Empfehlungen des Rats der OECD Folge zu leisten. Diesen Vorgaben entsprechend werden die neueren DBA wie folgt gegliedert:

- **Abschnitt I** (Art. 1 und 2 OECD-MA)
  legt den persönlichen und sachlichen Anwendungsbereich des DBA fest,
- **Abschnitt II** (Art. 3 bis 5 OECD-MA)
  gibt die für das DBA maßgeblichen **Begriffsbestimmungen** verbindlich vor.

Die folgenden drei Kapitel bilden den Kern eines DBA;

- **Abschnitt III** (Art. 6 bis 21 OECD-MA)
  enthält die **Einkünfteartikel** (Verteilungsnormen oder Zuordnungsartikel),
- **Abschnitt IV** (Art. 22 OECD-MA)
  enthält die Regeln über die **Besteuerung des Vermögens,** und
- **Abschnitt V** (Art. 23 A und 23 B OECD-MA)
  regelt die **Methoden zur Vermeidung der Doppelbesteuerung** (**Methodenartikel** bzw. Vermeidungsnormen).

Die abschließenden Kapitel enthalten in

- **Abschnitt VI** (Art. 24 bis 28 OECD-MA)
  besondere **Bestimmungen über die Gleichbehandlung,** das **Verständigungsverfahren,** den **Informationsaustausch,** die **Amtshilfe** usw. und in
- **Abschnitt VII** (Art. 27 bis 30 OECD-MA)
  sind die **Schlussbestimmungen** enthalten, die das **In-Kraft-Treten** und die **Kündigungen** eines DBA regeln.

2 Geltungsbereiche

In Art. 1 und Art. 2 eines DBA werden der **persönliche** Geltungsbereich und der **sachliche** Geltungsbereich eines DBA festgelegt. Darüber hinaus enthalten die DBA in anderen Kapiteln noch Regelungen über den **zeitlichen** (Art. 29 und 30 OECD-MA) und den **räumlichen** Geltungsbereich (Art. 28 OECD-MA).

2.1 Persönlicher Geltungsbereich (Abkommensberechtigung)

Die Rechtsfolge der Feststellung, dass ein DBA auf eine Person anwendbar ist, besteht darin, dass diese Person alle aus einem DBA sich ergebenden Vergünstigungen für sich beanspruchen kann (**Abkommensberechtigung**).

Nach Art. 1 OECD-MA findet das DBA auf **jene Personen Anwendung,** die in **einem der beiden Vertragsstaaten ansässig** sind. Zum Verständnis dieser Bestimmung muss auf die Definition der Person in Art. 3 Abs. 1 Buchst. a OECD-MA und auf den Begriff der Ansässigkeit in Art. 4 Abs. 1 OECD-MA zurückgegriffen werden. Als Person gelten danach natürliche Personen, Gesellschaften bzw. juristische Personen (Art. 3 Abs. 1 Buchst. b OECD-MA) und alle anderen Personenvereinigungen. Die Ansässigkeit einer Person bedeutet nach Art. 4 Abs. 1 OECD-MA die umfassende Steuerpflicht dieser Person in einem der beiden Vertragsstaaten.

Sofern danach eine Person in einem der Vertragsstaaten der umfassenden bzw. der unbeschränkten Steuerpflicht (vgl. § 1 Abs. 1 EStG, § 1 KStG, § 2 GewStG) unterliegt, kann sie die aus dem DBA sich ergebenden Schutzwirkungen für sich beanspruchen.

Der Umstand, dass eine Person zugleich in beiden Vertragsstaaten (**doppelte Ansässigkeit**) ansässig ist und somit in beiden Staaten der umfassenden bzw. der unbeschränkten Steuerpflicht unterliegt, ist für die Frage der Anwendbarkeit eines DBA auf die Person ohne Bedeutung; es muss allerdings zusätzlich für die konkrete Abkommensanwendung bestimmt werden, welcher der beiden Vertragsstaaten als Ansässigkeitsstaat und als Quellenstaat zu gelten hat (vgl. Art. 4 Abs. 2 OECD-MA). Ein DBA ist nur dann im Rahmen einer Falllösung weiter »verwendbar«, wenn feststeht, welcher der beiden beteiligten Staaten der Ansässigkeitsstaat ist. Der Staat, der nicht der Ansässigkeitsstaat ist, wird dann vom DBA auch (treffenderweise) als »anderer Staat« bezeichnet.

Die Feststellung, dass eine Person in keinem der beiden Vertragsstaaten unbeschränkt steuerpflichtig ist oder lediglich beschränkt, also nur mit den in einem Quellenstaat belegenen Steuergütern sachlich steuerpflichtig ist (Nichtansässigkeit), hat zur Folge, dass Abkommensschutz nicht gewährt werden kann.

BEISPIEL

Der in Albanien (Nicht-DBA-Staat) ansässige Antic (A) ist Eigentümer von bebauten Grundstücken in Deutschland, die vermietet werden. Er ist auch Inhaber von Aktien an verschiedenen Schweizer Aktiengesellschaften, die zur Absicherung von Krediten durch deutsche Banken für Grundstücksgeschäfte eingesetzt werden.

Kann Antic die Vorteile des DBA-Deutschland-Schweiz in Anspruch nehmen?

LÖSUNG Mit den Einkünften aus Vermietung und Verpachtung ist A in Deutschland beschränkt steuerpflichtig (§ 1 Abs. 4, § 49 Abs. 1 Nr. 4, § 50 Abs. 1 EStG); sie werden im Rahmen einer Veranlagung für beschränkt steuerpflichtige Personen erfasst (Veranlagungseinkünfte, § 50 Abs. 3 EStG).

Für die Schweizer Dividendenerträge (Abzugseinkünfte, § 50 Abs. 2 EStG) ergibt sich keine beschränkte Steuerpflicht mit inländischen Einkünften, weil der Schuldner der Kapitalerträge weder Wohnsitz, noch Geschäftsleitung und auch keinen Sitz im Inland hat (§ 49 Abs. 1 Nr. 5a EStG). Die Dividendenerträge können auch nicht gemäß § 20 Abs. 8 EStG den Einkünften aus Vermietung und Verpachtung zugerechnet werden. Der Umstand, dass das Aktienkapital als Sicherheit für Kredite zur Erzielung von Einkünften aus Vermietung und Verpachtung dienen könnte, führt zu keiner anderen Einkünftequalifikation.

Für A ist noch die Frage zu prüfen, ob er für das DBA-Deutschland-Schweiz abkommensberechtigt ist und somit die Quellensteuerreduktikon i. H. v. 15 % geltend machen kann (vgl. Art. 10 Abs. 2 Buchst. d DBA-Schweiz). Da A indessen weder in Deutschland noch in der Schweiz unbeschränkt steuerpflichtig ist und somit in keinem dieser Staaten ansässig ist, verbleibt es bei der schweizerischen Verrechnungssteuer i. H. v. 35 %. Möglicherweise kann A bei der Besteuerung in Albanien diese ausländische Steuer anrechnen.

Eine besondere Konstellation ergibt sich, wenn für **Personenvereinigungen** oder **Mitunternehmerschaften,** die grenzüberschreitend wirtschaften, die Abkommensberechtigung festgestellt werden muss. Die damit zusammenhängenden Fragen sind überaus vielschichtig und kompliziert; infolgedessen werden kontroverse Lösungen vertreten (vgl. Vogel, Zur Abkommensberechtigung ausländischer Personengesellschaften IStR 1999, 5 und Prokisch in: Vogel/Prokisch, DBA, Art. 1, Rz. 13). Im Rahmen dieses Grundkurses soll die Feststellung genügen, dass Personengesellschaften (Kollektivgesellschaften) zwar Personen i. S. d. DBA sind, nach deutschem Recht aber selbst nicht steuerpflichtig sind. Somit sind beispielsweise OHG und KG als solche nicht abkommensberechtigt, wohl aber deren Gesellschafter.

2.2 Sachlicher Geltungsbereich

Der **sachliche Anwendungsbereich eines Abkommens** legt fest, **für welche Steuerarten** der **Schutz eines DBA** gilt. Regelmäßig erstreckt sich ein DBA auf die direkten Steuern bzw. auf die Steuern vom Einkommen und Vermögen. Die entsprechenden Regelungen sind üblicherweise in Art. 2 eines Abkommens enthalten.

Nicht in den sachlichen Anwendungsbereich einbezogen sind die indirekten Steuern, also die USt und die Verbrauchssteuern. Die Harmonisierung des Umsatzsteuerrechts durch sekundäres Europarecht und die weltweite Übernahme dieser Strukturprinzipien machen Regelungen in DBA für diese Steuern entbehrlich.

Für die internationale Besteuerung von Erbschaften bestehen besondere DBA, die den Anforderungen dieses Regelungsbereichs bestens gerecht werden (vgl. OECD-MA (E) und BMF vom 22. 12. 2003 BStBl I 2004, 135).

Die unter ein Abkommen fallenden Steuern vom Einkommen und Vermögen müssen abkommensspezifisch festgestellt werden; insoweit muss jedes einzelne Abkommen genau geprüft werden.

Der Begriff der Steuer ist für die deutschen Rechtsanwender nach der Definition des § 3 AO zu bestimmen. So erfüllen Beiträge und Gebühren (z. B. Sozialversicherungsbeiträge) nicht die Tatbestandsmerkmale des Steuerbegriffs.

Von einem DBA werden nach Art. 2 Abs. 2 OECD-MA die Steuern vom Einkommen und Vermögen erfasst, also die Steuern auf einen periodenbezogenen Vermögenszuwachs und die Steuern auf die Vermögenssubstanz. Unerheblich ist, ob die Steuern sich auf ein Gesamteinkommen bzw. Gesamtvermögen oder auf einzelne Einkünfte oder Vermögensteile beziehen. Zu den Steuern vom Einkommen zählen auch die Steuern auf Gewinne aus der Veräußerung von beweglichen und unbeweglichen Wirtschaftsgütern sowie die Lohnsummensteuer.

2.2.1 Steuern in föderal gegliederten Staaten

Föderal strukturierte Staaten weisen Besteuerungshoheiten häufig auch den Gliedkörperschaften (Länder, Staaten, Kantone, Provinzen, Regionen) und den Kommunen zu. Es muss dann abkommensspezifisch festgestellt werden, ob und welche Steuern von einem DBA erfasst werden (Art. 2 Abs. 1a DBA-Australien: Bundeseinkommensteuer [Commonwealth income tax]; Art. 2 Abs. 3a DBA-Kanada: die von der kanadischen Regierung erhobene ESt [kanadische Steuern]; Art. 2 Abs. 3 Nr. 2 DBA-Schweiz: die von Bund, Kantonen, Bezirken, Kreisen, Gemeinden und Gemeindeverbänden erhobenen Steuern vom Einkommen und Vermögen [schweizerische Steuer]; Art. 2 Abs. 1a DBA-USA: die auf Grund des Internal Revenue Code erhobenen Bundeseinkommensteuern [Steuern der Vereinigten Staaten]).

2.2.2 Ergänzungsabgaben, Nebenabgaben, Ersatzabgaben, Zuschläge

Ob und inwieweit von einem DBA auch Zuschläge zu Ertragsteuern erfasst werden, muss ebenfalls abkommensspezifisch geprüft werden. Oft erstrecken die DBA ihren sachlichen Anwendungsbereich auf bereits **bestehende Zuschläge** (vgl. Art. 2 Abs. 3 Nr. 1 DBA-Schweiz: ESt einschließlich Ergänzungsabgaben). Für **zukünftige Besteuerungslagen** helfen Folgesteuerregelungen, welche die Anwendbarkeit von DBA auch auf alle Steuern gleicher oder ähnlicher Art ausdehnen, die künftig neben den zur Zeit bestehenden Steuern oder an deren Stelle erhoben werden (vgl. Art. 2 Abs. 4 OECD-MA; Art. 2 Abs. 4 DBA-Schweiz). Der derzeit in Deutschland geltende und zu erhebende Solidaritätszuschlag ist mithin regelmäßig in den sachlichen Anwendungsbereich eines Abkommens einbezogen.

Einige DBA verpflichten die Vertragspartner zur jährlichen Unterrichtung über die während eines Jahres eingetretenen Änderungen in ihren Steuergesetzen (Art. 2 Abs. 4 OECD-MA).

BEISPIELE

a) Der Schweizer Bürger Blocher (B) ist Eigentümer eines in Deutschland belegenen Mietshauses und wird zur deutschen ESt (§ 1 Abs. 4 EStG, § 49 Abs. 1 Nr. 6 EStG) nebst Solidaritätszuschlag (§§ 1, 2 SolZG) herangezogen.
LÖSUNG Nach dem DBA-Schweiz kann Deutschland die Einkünfte aus unbeweglichem Vermögen zur ESt und zum Solidaritätszuschlag veranlagen (Art. 2 Abs. 3 Nr. 1a, Abs. 4, Art. 6 DBA-Schweiz).

b) Der Schweizer Bürger Churer (CH) ist Inhaber von Aktien an der Dreistern AG. Die ausgezahlten Dividenden sind mit inländischer KapESt (25 %) und Solidaritätszuschlag (5,5 %) belastet (§ 1 Abs. 4, § 49 Abs. 1 Nr. 5a, §§ 43, 43a EStG, §§ 1, 2, 3 Nr. 5, 4 SolZG).
LÖSUNG Churer kann vom Bundesamt für Finanzen die Erstattung der Steuerbeträge verlangen, die über den abkommensrechtlich zulässigen Höchstsatz (15 %) hinausgehen (§ 50d Abs. 1 EStG; § 5 SolZG, Art. 10 Abs. 2d, Abs. 3, Art. 28 DBA-Schweiz).

c) Der deutsche Steuerbürger Dobler (D) ist Eigentümer eines in der Schweiz belegenen Ferienhauses, das ganzjährig an Touristen vermietet wird. Dobler wird in der Schweiz zur Bundeseinkommensteuer, Kantonalsteuer, Gemeindesteuer und Kirchensteuer herangezogen. Dobler möchte wissen, ob er diese Steuern auf seine deutsche ESt anrechnen kann.
LÖSUNG Dobler ist mit seinen Welteinkünften unbeschränkt einkommensteuerpflichtig (§§ 1 Abs. 1, 2, 21 EStG). Bei Einkünften aus unbeweglichem Vermögen wird eine gegebene Doppelbesteuerung nach dem DBA-Schweiz ausnahmsweise durch Anrechnung vermieden (Art. 6, Art. 24 Abs. 1 Nr. 2 DBA-Schweiz). Die Anrechnung erstreckt sich auf alle genannten Steuern; die schweizerischen Kirchensteuern werden nach einer Verständigungsvereinbarung als allgemeine Gemeindesteuern angesehen und sind mithin anrechenbar (vgl. BMF vom 23. 02. 1987, in: Beck'sche DBA-Textausgabe, DBA-Schweiz, Tz. 2.1).

2.3 Räumlicher Geltungsbereich

Grundsätzlich gilt ein **DBA im und für das Hoheitsgebiet der vertragsschließenden** Staaten. Es können aber Abkommens-Enklaven und Abkommens-Exklaven in den DBA vereinbart werden. Jedes einzelne DBA ist in Bezug auf solche Besonderheiten zu überprüfen.

2.4 Zeitlicher Geltungsbereich

Art. 30 und 31 OECD-MA regeln beispielhaft für unterzeichnete DBA das Inkrafttreten und die Kündigung. Auf die entsprechenden Abkommensvorschriften kann verwiesen werden.

3 Begriffsbestimmungen

Entsprechend dem Aufbau des OECD-MA werden üblicherweise in Art. 3 eines DBA die **Begriffe definiert,** die in dem **jeweiligen Vertrag verwendet** werden und denen ein **abkommensspezifischer Inhalt** beizumessen ist. Das OECD-MA benennt eine Reihe von Begriffen und bietet Definitionsvorschläge an. Für jedes einzelne DBA muss indessen geprüft werden, ob die Begriffe des OECD-MA auch in den Begriffskatalog des konkret anzuwendenden DBA aufgenommen und ob in diesem gleich lautende Definitionen formuliert worden sind.

Begriffe und Definitionen müssen in einem DBA nicht für alle nachfolgenden Abkommensregeln einheitlich formuliert werden; es können auch in einzelnen Abkommensvorschriften spezifische Begriffsbestimmungen enthalten sein (vgl. Art. 10 Abs. 3 und Art. 11 Abs. 3 OECD-MA).

Für nicht in einem Abkommen geregelte Begriffe gelten die Bestimmungen des Art. 3 Abs. 2 OECD-MA und die entsprechenden Artikel in dem geltenden DBA (s. G 4.3.3).

Alle Rechtsanwender und letztverbindlich die Gerichte haben das Geschäft der Interpretation abkommensrechtlich verwendeter Begriffe für jeden einzelnen Steuerrechtsfall zu erledigen.

3.1 Begriff der »Person« (Art. 3 Abs. 1 Buchst. a OECD-MA)

Rechtsvorschriften und auch DBA sind vorrangig für steuerpflichtige Personen geschaffen. Unter Personen i. S. d. DBA werden **natürliche Personen, Gesellschaften** und alle anderen **Personenvereinigungen** verstanden. Aus den Definitionen selbst lassen sich konkrete Rechtsfolgen, wie etwa die Abkommensberechtigung der genannten Rechtssubjekte (noch) nicht ableiten; diese Fragen werden in anderen Abkommensvorschriften geregelt.

Als Personen gelten auch **Personenvereinigungen,** also Kollektivgesellschaften ohne Rechtspersönlichkeit. In zahlreichen DBA wird allerdings der Begriff der Personenvereinigung nicht erwähnt. Die Berücksichtigung einer Personenvereinigung als Person sagt indessen nichts darüber aus, ob ein solches Gebilde auch abkommensrechtlich eine Gesellschaft darstellt und ggf. abkommensberechtigt ist.

Als Personen gelten auch die **juristischen Personen des öffentlichen Rechts,** also die Vertragsstaaten selbst, die Gebiets- und Personalkörperschaften, Anstalten und Stiftungen, soweit diese nach dem Recht der Vertragsstaaten steuerpflichtig sind. Diese Feststellung ist bedeutsam in den Fällen, in denen die genannten Rechtsträger Bezieher von Dividenden, Zinsen und Lizenzgebühren sind.

Als Personen sind auch **sonstige Rechtsträger des Privatrechts** zu begreifen, wie etwa rechtsfähige und nicht rechtsfähige Vereine und Zweckvermögen.

3.2 Begriff der Gesellschaft (Art. 3 Abs. 1 Buchst. b OECD-MA)

Der Ausdruck **Gesellschaft** umfasst **juristische Personen oder Rechtsträger,** die für die Besteuerung **wie juristische Personen** nach Art. 3 Abs. 1 Buchst. b OECD-MA behandelt werden. Unstreitig rechnen zu den Gesellschaften die juristischen Personen des Zivilrechts, also die klassischen Kapitalgesellschaften des Handelsrechts, die in einem oder in beiden der Vertragsstaaten eines DBA als Rechtsträger anerkannt sind. Weitergehende Erörterungen können und sollen vorliegend nicht angestellt werden, weil die steuerliche Behandlung eines grenzüberschreitenden Sachverhalts auf der Grundlage der jeweils gegebenen rechtlichen und steuerlichen Zusammenhänge in den beteiligten Staaten erfolgen muss. Diese Zusammenhänge sind meist sehr kompliziert.

3.3 Begriff des Unternehmens eines Vertragsstaats (Art. 3 Abs. 1 Buchst. c OECD-MA)

Die Regelung des Art. 3 Abs. 1 Buchst. c OECD-MA hat einen nur begrenzten Aussagegehalt. Es wird im OECD-MA und in den geltenden DBA der Begriff **des »Unternehmens eines Vertragsstaats«** selbst nicht definiert. Negativ wird mit der zitierten Regelung festgestellt, dass nicht das Unternehmen selbst, sondern die Person, die dieses betreibt, abkommensberechtigt ist.

BEISPIELE

a) Der deutsche Staatsbürger Hauser, der seinen ständigen Wohnsitz in Schaffhausen/Schweiz hat, betreibt in Singen/Deutschland ein Immobiliengeschäft; er verfügt hier über hochqualifiziertes Personal.
LÖSUNG Hauser ist in der Schweiz ansässig, betreibt aber ein **Unternehmen der Schweiz** und verfügt über eine **Betriebsstätte** in Deutschland.

b) Karcher, wohnhaft in Konstanz ist an einer Kollektivgesellschaft (Personenvereinigung) in der Schweiz beteiligt, die dort ein Bauunternehmen betreibt.
LÖSUNG Karcher ist Mitunternehmer an einer Personenvereinigung nach Schweizer Recht und betreibt anteilig als Mitunternehmer ein deutsches Unternehmen. Er unterhält in der Schweiz anteilig eine Betriebsstätte.

3.4 Begriff des Internationalen Verkehrs (Art. 3 Abs. 1 Buchst. d OECD-MA)

Der Begriff des **Internationalen Verkehrs** hat Bedeutung insbesondere für das Verständnis des Art. 8 OECD-MA, der sich mit der Steuerbehandlung der Seeschifffahrt, Binnenschifffahrt und Luftfahrt beschäftigt. Internationaler Verkehr ist jede Beförderung mit einem Seeschiff oder Luftfahrzeug, das von einer in einem Vertragsstaat ansässigen Person betrieben wird, oder ein Unternehmen, das von einer im anderen Vertragsstaat ansässigen Person betrieben wird, es sei denn, das Seeschiff oder Luftfahrzeug wird ausschließlich zwischen Orten im anderen Vertragsstaat betrieben.

Das Recht der Besteuerung steht nach dem Art. 8 OECD-MA **nur** dem Vertragsstaat zu, in dem sich der Ort der tatsächlichen Geschäftsleitung befindet. Für Details muss auf die einzelnen DBA und auf die dazu ergangenen Kommentierungen hingewiesen werden (vgl. auch OECD-MA-MK zu Art. 3, Tz. 5 und 6).

3.5 Begriff der zuständigen Behörde (Art. 3 Abs. 1 Buchst. e OECD-MA)

Nach dem OECD-MA ist der Ausdruck **zuständige Behörde** nicht ausdrücklich geregelt; vielmehr wird es den Vertragsstaaten überlassen, diesen Begriff zu erläutern. Auf Seiten Deutschlands ist die zuständige Behörde regelmäßig das Bundesministerium der Finanzen bzw. der Bundesminister der Finanzen.

3.6 Begriff des Staatsangehörigen (Art. 3 Abs. 1 Buchst. f OECD-MA)

Der Ausdruck **Staatsangehöriger** kann vom OECD-MA nicht erläutert werden, da das Recht der Staatsangehörigkeit von Staat zu Staat viele Besonderheiten und Unterschiedlichkeiten aufweist. Üblicherweise beziehen sich die deutschen DBA auf Art. 116 Abs. 1 GG (vgl. Art. 3 Abs. 1 Buchst. h Doppelbuchst. aa DBA-Schweiz und Art. 3 Abs. 1 Buchst. h Doppelbuchst. bb DBA-USA).

Für **juristische Personen** kann eine Staatsangehörigkeit als solche nicht festgestellt werden. Gleichwohl wird in den DBA von einer Staatsangehörigkeit der Gesellschaften, der Personengesellschaften und auch anderen Personenvereinigungen ausgegangen (vgl. Art. 3 Abs. 1 Buchst. g Doppelbuchst. ii OECD-MA; Art. 3 Abs. 1 Buchst. h Doppelbuchst. aa DBA-Schweiz und Art. 3 Abs. 1 Buchst. h Doppelbuchst. bb DBA-USA). Staatsangehörigkeit ist danach für die genannten Korporationen dann gegeben, wenn sie nach dem Recht der jeweiligen Vertragsstaaten gegründet worden sind; es gilt mithin die **Sitztheorie** oder das **Gründungsstatut.**

4 Wirkungsweise der Doppelbesteuerungsabkommen

4.1 Allgemeines

Die Wirkungsweise von DBA erschließt sich aus dem **Sinn und Zweck** derselben, nämlich **Doppelbesteuerungen oder Nichtbesteuerungen zu vermeiden.** Die rechtlichen Ursachen des Entstehens der Doppelbesteuerungslagen sind in der Konkurrenz der verschiedenen innerstaatlichen Steuerordnungen zu suchen. Soweit diese nationalen Regelwerke selbst Doppelbesteuerungen nicht vermeiden, können durch zwischenstaatliche Verträge solche Doppelbesteuerungen vermieden werden. **Innerstaatliches Steuerrecht** und **Abkommensrecht** sind demzufolge zwei Rechtsmaterien, die dem gleichen Zweck dienen, einerseits eine zutreffende Besteuerung zu ermöglichen und andererseits eine doppelte Besteuerung oder Nichtbesteuerung zu vermeiden.

Das **innerstaatliche Steuerrecht** regelt die persönliche, sachliche und zeitliche Steuerpflicht und bestimmt, wie die Besteuerungsgrundlagen zu ermitteln, die Steuern festzusetzen und zu erheben sind. Die konkrete Ausgestaltung der persönlichen und sachlichen Steuerpflicht erfolgt grundsätzlich autonom und souverän durch die nationalen Gesetzgeber und ohne Rücksicht auf andere Staaten und deren Steuerordnungen.

Der hauptsächliche Regelungsgegenstand des **Abkommensrechts** bildet die Befugnis oder Berechtigung (Zuständigkeit oder Kompetenz) zur Besteuerung von Einkünften bei grenzüberschreitenden Lebenssachverhalten zwischen zwei Staaten. Für die Steuerbehandlung solcher Fälle schaffen zwei Staaten vertraglich ein spezielles Regelungsgefüge, das Doppelbesteuerung und Nichtbesteuerung zwischen diesen Staaten vermeiden soll.

4.2 Regelungstechnik der Doppelbesteuerungsabkommen

Die älteren und insbesondere die neueren deutschen DBA bedienen sich sämtlich einer einheitlichen Regelungstechnik. Ausgehend von der innerstaatlich bekannten Unterscheidung zwischen beschränkter und unbeschränkter Steuerpflicht wird unterschieden zwischen dem

- **Quellenstaat** und dem
- **Ansässigkeitsstaat.**

Dieses **Begriffspaar** trägt dem Umstand Rechnung, dass eine individuell steuerpflichtige Person, die **grenzüberschreitend** tätig ist und infolgedessen konkrete Einkünfte erzielt, dem **Steuerzugriff zweier Staaten** unterliegt.

Der **Quellenstaat** ist der Staat, in dem ein nicht ansässiger Steuerpflichtiger Einkünfte erzielt. Dieser Staat wird seine Steuerhoheit gegenüber den nicht ansässigen Steuerbürgern nach dem **Territorialitäts- oder Quellenprinzip** realisieren.

Der **Ansässigkeitsstaat** ist der Staat, in dem ein Steuerpflichtiger kraft Wohnsitz, gewöhnlichen Aufenthalts oder eines anderen ähnlichen Merkmals einer umfassenden Steuerpflicht unterliegt (vgl. Art. 4 Abs. 1 OECD-MA). Dieser Staat wird seine Steuerhoheit gegenüber seinen ansässigen Steuerbürgern nach dem **Welteinkommens- oder Universalitätsprinzip** ausgestalten.

Doppelbesteuerungen entstehen regelmäßig, wenn der **Quellenstaat** und der **Ansässigkeitsstaat gemeinsam** auf ein **Steuergut zugreifen.** Aufgabe des DBA ist es, die gemeinsamen Zugriffsmöglichkeiten des Quellenstaats und des Ansässigkeitsstaats auf Steuergüter zu begrenzen und in den Fällen des doppelten Zugriffs Methoden zur Vermeidung der Doppelbesteuerung bereitzustellen.

4.3 Begrenzung der Steuerhoheiten der Vertragsstaaten durch Einkünfteartikel

Die Begrenzung der Steuerhoheiten der Vertragsstaaten erfolgt abkommensrechtlich insbesondere durch die **Einkünfteartikel.** Deren Inhalt und Ausgestaltung ergibt sich prototypisch aus den Art. 6 bis 22 OECD-MA.

In diesen Bestimmungen wird völkerrechtlich festgelegt, welcher der Staaten (Quellenstaat und/oder Ansässigkeitsstaat) bestimmte Einkünfte **allein, anteilig** oder **nicht** besteuern darf. Es wird lediglich die Befugnis oder Berechtigung zur Besteuerung einzelner Einkunftsquellen zwischenstaatlich geregelt. Daraus folgt, dass in DBA regelmäßig keine Steueransprüche für die einzelnen Abkommenspartner gegenüber ihren Steuerbürgern begründet werden.

Der **Einkünftebegriff des Abkommensrechts** darf nicht gleichgesetzt werden mit dem **Einkünftebegriff des deutschen Ertragsteuerrechts.** Es werden im Abkommensrecht nach wirtschaftlichen Gesichtspunkten für beide Staaten einzelne Einkunftsquellen oder Steuergüter beschrieben und mit zweiseitiger Verbindlichkeit die Besteuerungsbefugnisse der beiden Staaten festgelegt. Mit diesen Regelungen können bereits Doppelbesteuerungslagen vermieden oder gemildert werden. Die Einkünfteartikel werden im Übrigen auch als **Verteilungs- bzw. Zuteilungsnormen oder Zuweisungsartikel** charakterisiert.

4.4 Einkünfteartikel bzw. Verteilungsnormen

Die **Einkünfteartikel** übernehmen die Funktion von **Verteilungsnormen.** Einige bedeutsame Wesensmerkmale der Verteilungsnormen sind zu nennen.

Adressat der Verteilungsnormen ist regelmäßig, aber nicht ausschließlich, der Quellenstaat. **Regelungsgegenstand** der Einkünfteartikel ist die Besteuerungskompetenz der Vertragsstaaten für die Einkunftsquellen bei grenzüberschreitender steuerrelevanter Tätigkeit.

Die **Rechtssprache** der Einkünfteartikel ist insofern bemerkenswert, als dort das Modalverb »**können**« verwendet wird. Damit wird die besondere Rechtsnatur von Zuteilungsnormen offenbar. Es wird die Besteuerungskompetenz für ein Steuergut abkommensrechtlich zwischen zwei Staaten festgelegt. Ob der einzelne Staat diese dergestalt zugewiesene Besteuerungsmöglichkeit auch durch die Schaffung innerstaatlicher Normen in Anspruch nimmt oder darauf verzichtet, ist dessen souveräne Entscheidung. Der Vertragsstaat eines DBA kann auch gegen den Wortlaut eines konkreten DBA innerstaatliche Besteuerungsansprüche schaffen. Bei der dann gegebenen Kollision zwischen innerstaatlichem Steuerrecht und Abkommensrecht gebührt dem DBA der Vorrang (§ 2 AO). Aus dem beschriebenen Sachverhalt folgt die Feststellung, dass Abkommensrecht **Schrankenrecht** ist, also dem Quellenstaat oder dem Ansässigkeitsstaat Schranken für die Besteuerung auferlegt.

Drei mögliche **Varianten** der Zuteilung von Besteuerungsmöglichkeiten sind zu unterscheiden:

1. Der Quellenstaat darf Einkünfte **uneingeschränkt** besteuern.
2. Der Quellenstaat darf Einkünfte **eingeschränkt** besteuern.
3. Der Quellenstaat darf Einkünfte **nicht** besteuern.

Zu beachten ist, dass die Zuteilung bzw. Verteilung von Steuerkompetenzen selbst nicht voraussetzungslos ist. Es muss jeweils geprüft werden, für welche Einkunftsquelle die Besteuerungskompetenz geregelt ist. So besteht bei gewerblichen Einkünften, die im Ausland erzielt werden, nur dann ein Besteuerungsrecht des Quellenstaats, wenn dort eine Betriebsstätte vorhanden ist (vgl. Art. 7 Abs. 1 OECD-MA) oder im Falle der selbstständigen Einkünfte, wenn dort eine ständige Einrichtung festgestellt werden kann (vgl. Art. 14 OECD-MA a. F.).

BEISPIELE

a) Alber in Augsburg ist Eigentümer dreier Mietwohngrundstücke in Amsterdam/Niederlande, in Zürich/Schweiz und in Wien/Österreich.

LÖSUNG Nach Art. 4 Abs. 1 DBA-Niederlande 1959 hat bei Einkünften aus unbeweglichem Vermögen der Staat das Besteuerungsrecht, in dem das Vermögen liegt. Nach Art. 6 Abs. 1 DBA-Schweiz 1959 und nach Art. 6 DBA-Österreich 2000 können bzw. dürfen Einkünfte aus unbeweglichem Vermögen in dem Staat besteuert werden, in dem dieses Vermögen liegt.

Die Wortwahl »hat das Besteuerungsrecht« oder »können bzw. dürfen besteuert werden« sind gleichwertig. Die unterschiedlichen Formulierungen erklären sich allein aus der Tatsache, dass das DBA-Niederlande aus dem Jahre 1959, das DBA-Schweiz aus dem Jahre 1971 und das DBA-Österreich aus dem Jahre 2000 stammt.

Die zitierten Zuteilungsnormen weisen dem Quellenstaat bzw. dem Belegenheitsstaat das Besteuerungsrecht zu. Die Vermeidung der Doppelbesteuerung, die sich dadurch ergibt, dass auch der Wohnsitzstaat Besteuerungsrechte in Anspruch nehmen kann, wird durch die **Methodenartikel** bzw. Vermeidungsnormen bewerkstelligt. Im Ergebnis muss Deutschland die Einkünfte aus der Nutzung der Mietwohngrundstücke in Amsterdam und in Wien steuerlich unter Anwendung des Progressionsvorbehalts freistellen (vgl. Art. 20 Abs. 1 und 2

DBA-Niederlande und Art. 23 Abs. 1 Buchst. a und c DBA-Österreich). In diesem Fall ist jedoch § 32b Abs. 1 Satz 2 Nr. 3 EStG im Anschluss daran zu beachten. Im Falle des Mietwohngrundstücks in Zürich kann Deutschland ein Besteuerungsrecht beanspruchen, muss aber die Schweizer Steuer auf die deutsche ESt anrechen (vgl. Art. 24 Abs 1 Nr. 2 DBA-Schweiz).

b) Der Schweizer Bürger Churer ist Eigentümer eines selbst genutzten Einfamilienhauses in Lindau/BRD.

LÖSUNG Nach Art. 6 Abs. 1 DBA-Schweiz können Einkünfte aus unbeweglichem Vermögen in dem Staat besteuert werden, in dem dieses Vermögen liegt (Belegenheitsprinzip). Steuerberechtigt i. S. d. DBA ist somit auch die BRD. Die Besteuerung durch die BRD scheitert aber daran, dass innerstaatlich nach § 49 Abs. 1 Nr. 6 i. V. m. § 21 Abs. 1 EStG nur Einkünfte aus Vermietung und Verpachtung an Dritte besteuert werden können, jedoch nicht (mehr) der Nutzungswert einer selbst genutzten Wohnung im eigenen Haus. Sofern nach Schweizer Steuerrecht eine Nutzungswertbesteuerung möglich ist, kann die Schweiz ihren Steuerbürger Churer nach dem Welteinkommensprinzip erfassen (so: Art. 21 Abs. 1 Buchst. b DBA-Schweiz). Art. 6 Abs. 1 DBA-Schweiz begründet für den Quellenstaat (Deutschland) **kein** ausschließliches Besteuerungsrecht.

c) Der deutsche Bürger Deutsch ist Eigentümer eines Chalets in St. Moritz/Schweiz, das er selbst nutzt.

LÖSUNG Nach Art. 6 Abs. 1 DBA-Schweiz kann der Belegenheitsstaat die Einkünfte aus unbeweglichem Vermögen besteuern; hierzu rechnet nach einhelliger Auffassung auch der Nutzungswert des selbst genutzten Immobiliareigentums (vgl. Ellsell in: Becker u. a., DBA, Art. 6 OECD-MA, Rz. 268). Daraus folgt, dass Deutsch in der Schweiz als beschränkt Steuerpflichtiger der dortigen Nutzungswertbesteuerung unterliegt. In Deutschland scheitert die steuerliche Erfassung an den nicht vorhandenen Besteuerungsgrundlagen. Die schweizerische Steuer ist definitiv und kann auf deutsche ESt nicht angerechnet werden.

d) Der deutsche Unternehmer Berber unterhält in Frankreich eine Vertriebsbetriebsstätte.

LÖSUNG Nach Art. 4 DBA-Frankreich können die einer Betriebsstätte zuzurechnenden Unternehmensgewinne durch den Betriebsstättenstaat besteuert werden. Die Zuweisung des Besteuerungsrechts an den Quellenstaat ist indessen davon abhängig, dass dort tatsächlich eine Betriebsstätte i. S. d. Art. 2 Abs. 1 Nr. 7 DBA-Frankreich unterhalten wird und die erwirtschafteten Gewinne auch dieser Betriebsstätte zuzurechnen sind (vgl. auch Art. 5 Abs. 1 und 2 i. V. m. Art. 7 OECD-MA). Die Doppelbesteuerung wird dadurch vermieden, dass der Ansässigkeitsstaat diese Einkünfte von der Bemessungsgrundlage der deutschen Steuer unter Anwendung des Progressionsvorbehalts ausnimmt (vgl. Art. 20 Abs. 1 Buchst. a DBA-Frankreich; Art. 23 A OECD-MA).
§ 32b Abs. 1 Satz 2 Nr. 2 EStG ist jedoch zu beachten.

e) Der deutsche Rechtsanwalt Regler berät einen Unternehmer in den Niederlanden; er unternimmt dorthin eine Geschäftsreise und vereinnahmt ein Honorar i. H. v. 10 000 €.

LÖSUNG Nach Art. 9 Abs. 1 DBA-Niederlande hat der Quellenstaat bei Einkünften aus selbstständiger Arbeit das Besteuerungsrecht, wenn die Arbeit in diesem Staat ausgeübt wird oder ausgeübt worden ist. Die Ausübung selbstständiger Arbeit im Quellenstaat liegt indessen nur dann vor, wenn der selbstständig Tätige seine Arbeit unter Benutzung einer ihm dort regelmäßig zur Verfügung stehenden Einrichtung ausübt (Art. 9 Abs. 2 DBA-Niederland).
Die Zuweisung des Besteuerungsrechts an den Quellenstaat wird mithin von dem **Bestehen einer Einrichtung** abhängig gemacht, die der selbstständig tätigen Person **regelmäßig** zur Verfügung stehen muss. Sofern nach innerstaatlichem Recht der Niederlande eine Besteuerungsmöglichkeit bereits bei bloßer Ausübung der selbstständigen Arbeit gegeben sein sollte,

wird dieser Staat an der Verwirklichung seines national begründeten Besteuerungsrechts durch Abkommensrecht eingeschränkt (vgl. auch Art. 14 OECD-MA a. F.).
Im konkreten Fall kann mangels einer Einrichtung, die nach ähnlichen Kriterien wie eine Betriebsstätte auszulegen ist, keine Besteuerung in den Niederlanden durchgesetzt werden. Allein steuerberechtigt ist Deutschland.

f) Der deutsche Privatier Pauli bezieht Dividenden als Aktionär einer italienischen Aktiengesellschaft.
LÖSUNG Nach Art. 10 Abs. 1 DBA-Italien können die Dividenden im Staat der Ansässigkeit des Nutznießers besteuert werden. Sie können nach Art. 10 Abs. 1 DBA-Italien jedoch auch im Staat der Ansässigkeit der Gesellschaft bzw. im Quellenstaat der Dividenden besteuert werden; allerdings darf der Quellenstaat lediglich eine Steuer bis zur Höhe von 15 % des Bruttobetrags der Dividenden erheben. Diese Regelung gilt für so genannte Streubesitzdividenden. Die zitierte Regelung ist ein Beispielfall für ein **eingeschränktes Besteuerungsrecht des Quellenstaats** (vgl. auch Art. 10 OECD-MA). Der Zugriff auf das Steuergut Dividenden wird zwischen dem Ansässigkeitsstaat und dem Quellenstaat dergestalt aufgeteilt, dass dieser vorab bis zu 15 % des Bruttobetrags der Dividenden besteuern kann und der Ansässigkeitsstaat im Übrigen das volle Besteuerungsrecht geltend machen **kann.** Auch für ausländische Dividendenerträge gilt die Abgeltungssteuer und § 32d Abs. 5 EStG. Abkommensrechtlich ergibt sich die Steuerbehandlung aus Art. 24 Abs. 3 Buchst. b, i DBA-Italien und Art. 23 B OECD-MA.

g) Der deutsche Sparer Spohn vereinnahmt Zinserträge aus Schweizer Wertschriften.
LÖSUNG Nach Art. 11 DBA-Schweiz können Zinsen, die an eine in einem Vertragsstaat ansässige Person gezahlt werden, **nur** in diesem Staat beteuert werden. Das DBA-Schweiz weist mithin das Besteuerungsrecht für das Steuergut Zinsen uneingeschränkt dem Ansässigkeitsstaat zu. Der Quellenstaat hat demzufolge **kein Besteuerungsrecht,** so dass innerstaatlich und abkommensrechtlich **keine Doppelbesteuerungslage** entstehen kann.
Die Zuweisungsregel des Art. 11 Abs. 2 DBA-Schweiz beschränkt mithin ein etwaiges nach innerstaatlichem Recht des Quellenstaats bestehendes Besteuerungsrecht für Zinsen. Festzuhalten ist indessen, dass der Quellenstaat berechtigt ist, im Abzugswege die innerstaatliche Quellensteuer vorab zu realisieren. Dieser ist jedoch verpflichtet, die nicht abkommensgemäß erhobene Steuer an den Empfänger der Kapitaleinkünfte zu erstatten (vgl. Art. 28 DBA-Schweiz); Voraussetzung ist, dass die Versteuerung der Zinserträge im Ansässigkeitsstaat nachgewiesen wird.
Die Zuteilungsnorm des Art. 11 DBA-Schweiz weicht von jener des OECD-MA ab, die dem Quellenstaat ein Besteuerungsrecht von 10 % des Bruttobetrags der Zinsen zugesteht (vgl. Art. 11 Abs. 2 OECD-MA).

4.5 Methodenartikel oder Vermeidungsnormen

Die durch die Einkünfteartikel in den DBA geregelte Verteilung der Besteuerungskompetenzen verhindert in den meisten Fällen eine Doppelbesteuerung nicht. Vielmehr wird durch die Zuweisung eines Besteuerungsrechts an den Quellenstaat eine solche gerade verursacht, wenn der Ansässigkeitsstaat auch besteuern kann. Aufgabe der **Vermeidungsnormen** ist es, solche Doppelbesteuerungslagen zu verhindern oder abzuschwächen.

Vermeidungsnormen werden auch als **Methodenartikel** bezeichnet; damit wird ausgedrückt, dass zur Vermeidung von internationalen juristischen Doppelbesteuerungen mehrere Methoden oder Verfahren, insbesondere die Befreiungs- oder Anrechnungsmethode zur Anwendung kommen können.

Adressat der Vermeidungsnormen ist regelmäßig der Ansässigkeitsstaat bzw. der Wohnsitzstaat des abkommensberechtigten Steuerbürgers.

Als **Hauptmethoden** der Vermeidung der Doppelbesteuerung kommen die **Befreiungsmethode**, die regelmäßig einen Progressionsvorbehalt auslöst, und insbesondere die **Anrechnungsmethode** in Betracht.

Der **praktische Anwendungsbereich** dieser Methoden umfasst im Wesentlichen zwei Fallgestaltungen:

1. Der Quellenstaat hat für bestimmte Steuergüter ein **uneingeschränktes** Besteuerungsrecht. Der Ansässigkeitsstaat muss dann die entsprechenden Einkünfte von der Besteuerung ausnehmen bzw. freistellen **oder** die Steuer des Quellenstaats anrechnen.
2. Der Quellenstaat hat für bestimmte Steuergüter (z. B. Dividenden, Zinsen, Lizenzen) ein eingeschränktes Besteuerungsrecht. Der Ansässigkeitsstaat rechnet in diesen Fällen regelmäßig die Steuer des Quellenstaats an. Ausnahmsweise kann auch eine Freistellung in Betracht kommen.

Vermeidungsnormen sind dann entbehrlich, wenn durch die Zuteilungsnormen eines DBA dem Quellenstaat oder dem Wohnsitzstaat in **ausschließlicher** Weise Besteuerungsrechte zugewiesen worden sind. Dies erfolgt häufig durch die Verwendung des Wörtchens »**nur**«.

- Sofern die Zuweisung dergestalt erfolgt, dass die Einkünfte **nur im Quellenstaat** besteuert werden können, darf der Wohnsitzstaat nicht besteuern. Gegenüber dem Wohnsitzstaat besteht ein Freistellungsanspruch (vgl. Art. 19 und Art. 20 OECD-MA).
- Sofern die Zuweisung dergestalt erfolgt, dass die Einkünfte **nur im Ansässigkeitsstaat** besteuert werden können, darf der Quellenstaat nicht besteuern. Soweit dort eine Besteuerung nach innerstaatlichem Recht verwirklicht worden ist, besteht innerstaatlich und auch abkommensrechtlich ein Anspruch auf steuerliche Entlastung gegenüber dem Quellenstaat.

Die Wahl der Vermeidungstechnik (z. B. Freistellungsmethode oder Anrechnungsmethode) wird durch die Vertragspartner eines DBA festgelegt. Die Entscheidung zugunsten der einen oder anderen Methode wird entsprechend den allgemeinen steuerpolitischen Vorgaben, den konkreten steuerlichen Notwendigkeiten und in der Tradition langjährig geübter Abkommenspolitik getroffen. Es ist nicht geboten, dass die beiden Vertragspartner eines DBA für einzelne Einkünfte in gleicher Weise verfahren. So kann ein Vertragspartner beispielsweise für Einkünfte aus unbeweglichem Vermögen die Freistellungsmethode anordnen und der andere Vertragspartner für diese Einkünfte die Anrechnungsmethode festlegen (vgl. Art. 24 Abs. 1 Nr. 1 und 2 sowie Abs. 2 DBA-Schweiz).

BEISPIELE

a) Der deutsche Rechtsanwalt Richtig ist Aufsichtsratsmitglied bei der schwedischen S-AB in Stockholm. Er bezieht für seine Tätigkeit Aufsichtsratsvergütungen.

LÖSUNG Nach Art. 16 DBA-Schweden können Vergütungen, die eine in einem Vertragsstaat ansässige Person als Aufsichtsratsmitglied einer Gesellschaft bezieht, die im anderen Vertragsstaat ansässig ist, im anderen Vertragsstaat besteuert werden (vgl. Art. 16 OECD-MA). Der Ansässigkeitsstaat des Aufsichtsratsmitglieds kann bezüglich dieser Vergütung ebenfalls sein Besteuerungsrecht durchsetzen, muss aber die ausländische Steuer anrechnen (vgl. Art. 23 Abs. 1 Buchst. b Doppelbuchst. cc DBA-Schweden).

b) Der deutsche Kapitalanleger Legler hat einem Investor in Portugal ein Bankdarlehen gewährt. Dem Investitionsvorhaben hat die Regierung von Portugal zugestimmt.

LÖSUNG Nach dem DBA-Portugal können Zinsen, die aus einem Vertragsstaat stammen und an eine in einem anderen Vertragsstaat ansässige Person gezahlt werden, im anderen Vertragsstaat besteuert werden (Art. 11 Abs. 1 DBA-Portugal). Bei Zinsen, die für investive Darlehen gezahlt werden, kann der Quellenstaat eine Abzugsteuer i. H. v. 10 % des Bruttobetrags der Zinsen beanspruchen (Art. 11 Abs. 1 Buchst. a DBA-Portugal). Da in Portugal üblicherweise nach innerstaatlichem Steuerrecht eine KapESt für Zinsen i. H. v. 20 % der Bemessungsgrundlage zu entrichten ist, kann gegenüber der portugiesischen Steuerverwaltung ein Erstattungsanspruch i. H. v. 10 % geltend gemacht werden (siehe dazu BMF vom 27.05.1986 DB 1986, 1311 und ASt-Kartei Ba-Wü, DBA-Portugal Nr. 1). Die Doppelbesteuerung wird durch die Vermeidungsnorm des Art. 24 Abs. 2 Buchst. c DBA-Portugal vermieden, nach der eine **fiktive Steueranrechnung** i. H. v. 15 % des Bruttobetrags der Zinsen in Betracht kommt.

c) Der verwitwete, ehemalige Ministerialrat Macher hat sich nach seiner Pensionierung in die Schweiz zurückgezogen. Er bezieht ein Ruhegehalt vom zuständigen Landesamt für Besoldung und Versorgung.

LÖSUNG Nach Art. 19 DBA-Schweiz können Vergütungen einschließlich der Ruhegehälter, die von einem Vertragsstaat für erbrachte Dienste gewährt werden, **nur** in diesem Staat besteuert werden. Die genannte Verteilungsnorm weist dem Quellen- bzw. Kassenstaat das Besteuerungsrecht zu und schließt den Ansässigkeitsstaat von der Besteuerung aus. Der Ansässigkeitsstaat hat die Einkünfte von der Besteuerung auszunehmen und kann, soweit das Abkommensrecht dies zulässt oder das innerstaatliche Recht entsprechende Vorschriften bereitstellt, den Progressionsvorbehalt anwenden. Die Besteuerung in Deutschland richtet sich nach den Regeln der beschränkten Steuerpflicht (§§ 1 Abs. 4, § 49 Abs. 1 Nr. 4 EStG).

4.6 Prüffolge

4.6.1 Steuerinländer mit Auslandseinkünften in DBA-Fällen

Sofern ein Steuerfall zu beurteilen ist, bei dem ein DBA berücksichtigt werden muss, ist für einen Steuerinländer mit ausländischen Einkünften folgende Prüffolge zu empfehlen:

1. Vorrangig ist festzustellen, nach welchen innerstaatlichen Vorschriften die aus dem Ausland stammenden Einkünfte steuerbar sind (Welteinkommensprinzip, sieben Einkunftsarten).
2. Mit der Prüfung der **Verteilungsnormen** (Einkünfteartikel) wird festgestellt, ob und in welchem Umfang der ausländische Staat (Quellenstaat) die dort erwirtschafteten Einkünfte besteuern kann.

Mit der Prüfung der **Vermeidungsnormen** (Methodenartikel) wird für den Ansässigkeitsstaat festgestellt, welche ausländischen Einkunftsteile

a) bei der inländischen Steuerbehandlung von der Freistellungsmethode erfasst werden oder
b) bei der inländischen Steuerbehandlung der Anrechnungsmethode unterliegen.

4.6.2 Steuerausländer mit Inlandseinkünften in DBA-Fällen

Bei der Steuerbehandlung eines solchen Falles kann in unterschiedlicher Weise verfahren werden. Vorgeschlagen wird folgende Prüffolge:

1. Es erfolgt eine Prüfung der innerstaatlichen Besteuerungsgrundlagen; insofern muss festgestellt werden, ob unbeschränkt steuerpflichtige Personen mit inländischen Einkünften der inländischen Besteuerung unterliegen (vgl. § 1 Abs. 4; § 49 Abs. 1 und Abs. 2 EStG).

2. Mit der anschließenden Prüfung der Verteilungsnormen (Einkünfteartikel) wird festgestellt, ob der Durchsetzung der innerstaatlichen Besteuerungsbefugnisse abkommensrechtliche Schranken entgegenstehen (Abkommensrecht ist Schrankenrecht).
3. Da die Vermeidungsnormen (Methodenartikel) sich an den Ansässigkeitsstaat richten, entfällt regelmäßig eine entsprechende Prüfung.

Es wird auch vertreten, vorrangig die Einkünfteartikel eines konkret anzuwendenden DBA zu prüfen und danach die Besteuerungsgrundlagen nach innerstaatlichem Recht abzuklären. Diese Verfahrensweise ist insofern ökonomisch, als das Abkommensrecht ohnehin das innerstaatliche Steuerrecht einschränkt.

Teil I Begriff und Funktion der Ansässigkeit

1 Begriff der Ansässigkeit

1.1 Abkommensrechtliche Regelungen der Ansässigkeit

Der **Begriff der Ansässigkeit** findet sich in den DBA nicht als Substantiv, sondern regelmäßig als Adjektiv. So wird in Art. 1 OECD-MA geregelt, dass das Abkommen für Personen gilt, die in einem Vertragsstaat **ansässig** sind. In Art. 3 Abs. 1 Buchst. c OECD-MA wird als Unternehmen eines Vertragsstaats ein solches Unternehmen definiert, das von einer in einem Vertragsstaat **ansässigen** Person betrieben wird. In Art. 4 OECD-MA, der die Überschrift »ansässige Personen« trägt, wird begrifflich geklärt, was unter »einer in einem Vertragsstaat ansässigen Person« im Sinne eines Abkommens zu verstehen ist. In weiteren Artikeln des OECD-MA (z. B. Art. 6ff.) wird der in Art. 4 OECD-MA beschriebene Ausdruck »ansässige Personen« dazu verwendet, die Besteuerungsrechte der vertragsschließenden Staaten gegeneinander abzugrenzen.

1.2 Funktionen der Ansässigkeit

Die dargestellten Textbeispiele lassen erkennen, dass dem Begriff der Ansässigkeit mehrere **Funktionen** zukommen:

- Die Ansässigkeit in einem der beteiligten Vertragsstaaten vermittelt einer natürlichen oder juristischen Person, ggf. auch einer Personenvereinigung, die **Abkommensberechtigung**, also den Schutz des jeweiligen DBA (**persönlicher Geltungsbereich** des DBA).
- Die Ansässigkeit legt für die konkrete Anwendung eines DBA fest, **welcher Staat als Ansässigkeitsstaat und welcher Staat als Quellenstaat** zu gelten hat. Der Ansässigkeitsstaat besteuert als (Wohn-) Sitzstaat nach den Regeln der unbeschränkten Steuerpflicht (Welteinkommensprinzip), während der andere Staat als Quellenstaat nach den Regeln der beschränkten Steuerpflicht (Territorialitätsprinzip) besteuert (**Festlegung des Ansässigkeitsstaates** bzw. (Wohn-) Sitzstaates und des Quellenstaates); in Ausnahmefällen kann allerdings im Quellenstaat auch eine unbeschränkte Steuerpflicht eintreten (Fall der **doppelten Ansässigkeit**).
- Die rechtliche Bedeutung der Ansässigkeit erfordert Regelungen, nach welchen Kriterien der Staat der Ansässigkeit zu bestimmen ist, wenn bei einer Person Wohnsitz, gewöhnlicher Aufenthalt und Staatsangehörigkeit in beiden Vertragsstaaten begründet sein sollte (**Kollisionsregel bei doppelter Ansässigkeit). In der Praxis ist dieser Fall des Art. 4 Abs. 2 OECD-MA der häufigste Anwendungsfall der Ansässigkeitsprüfung.**
- Der Begriff der Ansässigkeit zeitigt auch Ausstrahlungswirkungen auf das innerstaatliche Steuerrecht der Vertragsstaaten. Der Abkommensberechtigte kann materiell und formell die in den jeweiligen DBA **geregelten Entlastungen für seine Besteuerung** im Quellen- und Ansässigkeitsstaat geltend machen (**innerstaatliche Wirkung der DBA**).

2 Festlegung des persönlichen Geltungsbereichs eines Doppelbesteuerungsabkommens bzw. Abkommensberechtigung

Nach Art. 1 OECD-MA und den dieser Regelung nachgebildeten Vorschriften in sämtlichen neueren DBA Deutschlands gilt ein Abkommen für solche Personen, **die in einem der Vertragsstaaten ansässig sind.** Dabei genügt es, dass eine Person i. S. d. DBA **in einem** der vertragsschließenden Staaten ansässig ist; selbstverständlich ist die Abkommensberechtigung auch dann gegeben, wenn die Ansässigkeit **in beiden** Vertragsstaaten begründet ist.

Die tatbestandlichen Voraussetzungen der Ansässigkeit ergeben sich aus den jeweiligen DBA; regelmäßig wird nach Art. 1 i. V. m. Art. 4 Abs. 1 OECD-MA gefordert, dass

- eine Person i. S. d. DBA gegeben ist, für die
- Steuerpflicht begründet ist, die
- nicht nur quellenbezogen ist.

Die so definierte und festzustellende Ansässigkeit einer Person begründet deren **Abkommensberechtigung** für das jeweilige DBA. Die Abkommensberechtigung beinhaltet das Recht, in den Vertragsstaaten, also dem Ansässigkeitsstaat und dem Quellenstaat abkommensgemäß besteuert zu werden.

2.1 Unmittelbare Geltung des Doppelbesteuerungsabkommens für die Steuerbürger der Vertragsstaaten

Mit der Feststellung, dass ein DBA auf eine Person anzuwenden ist, wird der persönliche Geltungsbereich des jeweiligen DBA abgesteckt. Völkerrechtliche Verträge wirken üblicherweise zwischen den vertragsschließenden Staaten und begründen regelmäßig keine subjektiven Rechte der Bürger der jeweiligen Staaten. Die Eigenart der DBA besteht indessen darin, nicht nur Rechte und Pflichten zwischen den vertragsschließenden Staaten festzuschreiben, diese Verträge begründen darüber hinaus konkrete Rechte und Pflichten der Steuerbürger und der beteiligten Staaten. Diese unmittelbare Geltung der DBA für die einzelnen Personen wird charakterisiert durch den Begriff der Self-executing-Wirkung (vgl. Schaumburg, IStR, Rz. 16.36 m.w.N.). Der einzelne in den Vertragsstaaten ansässige Steuerbürger kann mithin die konkreten aus dem DBA sich ergebenden Rechte für sich beanspruchen (**Abkommensberechtigung**) und muss die besonderen abkommensrechtlichen Pflichten erfüllen oder deren Obliegenheiten beachten. Der abkommensberechtigte Steuerbürger kann insbesondere gegenüber dem Quellenstaat Steuererleichterungen beanspruchen, auch kann er vom Ansässigkeitsstaat jene Entlastungen verlangen, die das DBA bereitstellt. Die Rechte sind in den Vertragsstaaten i. R. d. üblichen Veranlagungsverfahrens oder in besonderen steuerlichen Verfahren (z. B. Abzugs-, Entlastungs-, Erstattungs-, Freistellungs-, Vergütungs-, Verständigungsverfahren) geltend zu machen und auch von den Steuerbehörden zu beachten.

2.2 Kreis der abkommensberechtigten Personen

Als **abkommensberechtigte Personen** kommen insbesondere Personen i. S. d. DBA in Betracht (vgl. Art. 3 Abs. 1 Buchst. a OECD-MA):

- **Natürliche Personen,** die in einem der vertragsschließenden Staaten aufgrund ihres Wohnsitzes, ihres ständigen Aufenthalts oder eines ähnlichen Merkmals steuerpflichtig sind, sind abkommensberechtigt (vgl. Art. 4 Abs. 1 Satz 1 OECD-MA).

- **Gesellschaften** sind abkommensberechtigte Personen i. S. d. DBA. Das OECD-MA versteht unter Gesellschaften juristische Personen oder Rechtsträger, die für die Besteuerung wie juristische Personen behandelt werden (vgl. Art. 3 Abs. 1 Buchst. b OECD-MA). Der abkommensrechtliche Begriff der Gesellschaft erfasst sicherlich jene Kapitalgesellschaften, die nach deutschem Körperschaftsteuerrecht oder entsprechenden ausländischen Regelwerken steuerlich erfasst werden und in einem Vertragsstaat kraft des Ortes der Geschäftsleitung oder eines ähnlichen Merkmals steuerpflichtig sind (vgl. Art. 4 Abs. 1 Satz 1 OECD-MA).
- Die **Vertragsstaaten** selbst oder deren **Gebietskörperschaften** sind als solche ebenfalls in den persönlichen Geltungsbereich der DBA aufgenommen (vgl. Art. 4 Abs. 1 Satz 1 a. E. OECD-MA). Sofern einzelne DBA für die Vertragsstaaten selbst oder deren Gebietskörperschaften keine ausdrücklichen Regelungen über deren Einbeziehung in den Geltungsbereich des DBA enthalten, muss die Abkommensberechtigung aus dem Wortlaut bzw. dem Sinnzusammenhang der jeweiligen DBA abgeleitet werden (vgl. OECD-MA-MK zu Art. 4, Tz. 8.1).
- **Personenvereinigungen** sind nach Art. 3 Abs. 1 Buchst. a OECD-MA Personen i. S. d. DBA. Sie könnten in den persönlichen Geltungsbereich eines DBA einbezogen werden. Konkrete Rechte und Pflichten können für sie jedoch nur dann erwachsen, wenn sie in einem Vertragsstaat auch selbst steuerpflichtig sind (vgl. Art. 4 Abs. 1 Satz 1 OECD-MA); dies ist nach deutschem Steuerrecht grundsätzlich nicht der Fall. Wegen Einzelheiten vgl. auch das BMF-Schreiben vom 16. 01. 2010 BStBl I 2010, 354 »Anwendung der DBA auf Personengesellschaften«.

2.3 Steuerpflicht in einem Vertragsstaat – Anknüpfungspunkte

Nach Art. 4 Abs. 1 Satz 1 OECD-MA und den dieser Regelung entsprechenden Vorschriften in den neueren DBA Deutschlands muss die Steuerpflicht zumindest in einem Vertragsstaat begründet sein. Der Regelungszusammenhang mit dem zweiten Satz dieser Vorschrift (vgl. Art. 4 Abs. 1 Satz 2 OECD-MA) führt dazu, diese **Steuerpflicht als eine umfassende bzw. unbeschränkte** zu begreifen. Es ist also festzustellen, ob eine Person in einem Vertragsstaat kraft eines Merkmals wie Wohnsitz, ständiger Aufenthalt, Geschäftsleitung oder eines ähnlichen Merkmals umfassend steuerpflichtig ist. Diese Steuerpflicht berechtigt einen Vertragsstaat, nach dem Welteinkommensprinzip zu besteuern.

2.3.1 Natürliche Personen

Bei **natürlichen Personen** wird nach deutschem Steuerrecht die unbeschränkte Steuerpflicht (vgl. § 1 Abs. 1 EStG) durch Begründung eines Wohnsitzes (vgl. § 8 AO) oder aufgrund eines gewöhnlichen Aufenthalts (vgl. § 9 AO) ausgelöst. Insoweit sind für die Entscheidung von Zweifelsfragen die Judikatur der Finanzgerichtsbarkeit und ggf. die Anweisungen der Finanzverwaltung des jeweiligen Vertragsstaats zu berücksichtigen. Methodisch kann insoweit auf Art. 3 Abs. 2 OECD-MA und auf die vergleichbaren Vorschriften in den neueren DBA verwiesen werden.

Im ausländischen Staat bestimmt sich dies nach dem dortigen Recht. So bestimmt sich z. B. in der Schweiz die steuerliche Ansässigkeit für natürliche Personen auf Bundesebene nach Art. 3 des Gesetzes über die direkte Bundessteuer (DBG).

In **Deutschland** ist zur Frage einer Wohnsitzbegründung oder -verlegung ausschließlich auf § 8 AO abzustellen. Melderechtliche Vorschriften oder bürgerlich-rechtliche Vorschriften zur Begründung, Beibehaltung oder Aufgabe eines Wohnsitzes sind unbeachtlich (vgl. z. B. BFH vom 23. 11. 1988 BStBl II 1989, 182).

Nach § 8 AO hat jemand dort einen Wohnsitz, wo er eine Wohnung unter Umständen innehat, die darauf schließen lassen, dass er die Wohnung beibehalten und benutzen wird. Benutzt wird eine Wohnung von demjenigen, der sich in ihr ständig oder doch mit einer gewissen Regelmäßigkeit und Gewohnheit tatsächlich aufhält. Maßgebend ist hierbei der jeweilige Einzelfall.

Die Rechtsprechung hat jedoch gewisse **Sachverhaltsvermutungen** aufgestellt:

- Die Familie wohnt noch in einer inländischen Wohnung: Vermutung der Beibehaltung auch für den anderen Ehepartner (BFH vom 06. 02. 1985 BStBl II 1985, 331).
- Bei einer befristeten Versetzung ins Ausland unter Beibehaltung der eingerichteten frei nutzbaren inländischen Wohnung: Vermutung der Beibehaltung der inländischen Wohnung (BFH vom 17. 05. 1995 BStBl II 1996, 2).
- Eine Untervermietung der Wohnung ist Indiz für Aufgabe der inländischen Wohnung (BFH vom 17. 05. 1995 BStBl II 1996, 2).

Diese Anscheinsvermutungen können jedoch widerlegt werden (BFH vom 17. 05. 1995, a. a. O.). Nicht maßgebend ist hierbei die Frage, von welcher Wohnung der Stpfl. seiner Arbeit nachgeht (BFH vom 19. 03. 1997 IStR 1997, 376). Nach der Lebenserfahrung spricht es hiernach für eine Beibehaltung einer inländischen Wohnung i. S. d. § 8 AO, wenn jemand eine Wohnung, die er vor und nach einem Auslandsaufenthalt nutzt, während des Auslandsaufenthalts voll eingerichtet und damit in einem nutzungsbereiten Zustand beibehält.

2.3.2 Natürliche Personen, Grenzpendler gemäß § 1 Abs. 3 EStG

Bei **natürlichen Personen**, die nach **§ 1 Abs. 3 EStG als fiktiv unbeschränkt** steuerpflichtig zu behandeln sind, wird aus deutscher Sicht **keine umfassende Steuerpflicht** begründet. Diese Regelung gewährt dem betreffenden Steuerpflichtigen (sog. Grenzpendler) bei der deutschen Besteuerung insoweit steuerliche Entlastungen, als personenbezogene Steuererleichterungen (z. B. Sonderausgaben, außergewöhnliche Belastungen) auch auf diese Anwendung finden, wenn die Voraussetzungen dieser Bestimmung erfüllt sind; gleichwohl ändert diese Regelung nichts an der quellenbezogenen Steuerpflicht dieser Steuersubjekte (vgl. § 1 Abs. 3 Satz 1 und Satz 3 EStG). Regelmäßig wird der nach § 1 Abs. 3 EStG in Deutschland unbeschränkt steuerpflichtige Bürger indessen in seinem Heimat- bzw. Ansässigkeitsstaat ebenfalls unbeschränkt steuerpflichtig sein und aus diesem Grunde die Steuererleichterungen des DBA in Anspruch nehmen können, die der Heimatstaat mit dem Quellenstaat Deutschland abgeschlossen hat (vgl. Wilke in: Becker u. a., DBA, Art. 4 OECD-MA, Rz. 20). So darf auch bei einer fiktiv steuerpflichtigen Person i. S. d. § 1 Abs. 3 EStG die Steuer für die in Deutschland bezogenen Dividenden den nach Abkommensrecht zulässigen Steuersatz nicht übersteigen (BFH vom 13. 11. 2002 BStBl II 2003, 587).

Ein **Sonderproblem** ergibt sich hinsichtlich der Ansässigkeit wegen der Fiktion der unbeschränkten Steuerpflicht.

Personen, die in der Bundesrepublik Deutschland über keinen Wohnsitz oder gewöhnlichen Aufenthalt verfügen, können auf Antrag nach § 1 Abs. 3 EStG als unbeschränkt einkommensteuerpflichtig behandelt werden. Voraussetzung hierfür ist das Vorliegen beschränkt steuerpflichtiger inländischer Einkünfte i. S. d. § 49 EStG. Die »originäre« unbeschränkte Einkommensteuerpflicht, die an den Tatbestand eines Wohnsitzes anknüpft, verbleibt dabei im ausländischen Wohnsitzstaat. Für die Auslegung des Art. 4 Abs. 1 DBA sind Personen, die unter § 1 Abs. 1 oder 2 EStG fallen, unter DBA-rechtlichen Gesichtspunkten in der Bundesrepublik Deutschland ansässig. Personen hingegen, die nach § 1 Abs. 3 EStG als unbeschränkt einkommensteuerpflichtig behandelt werden, können nicht nach Art. 4 Abs. 1 DBA als in der Bundesrepublik Deutschland ansässig angesehen werden. Eine Ansässigkeit besteht im tatsächlichen ausländischen Wohnsitzstaat (vgl. BMF vom 25. 01. 2000 IStR 2000, 188).

2.3.3 Gesellschaften im Sinne des Doppelbesteuerungsabkommens

Bei **Gesellschaften** i. S. d. DBA, zu denen nach deutscher Sicht unstreitig Kapitalgesellschaften zu zählen sind, ergibt sich die umfassende Steuerpflicht auf Grund des Kriteriums der Geschäftsleitung oder eines anderen Kriteriums (vgl. Art. 4 Abs. 1 OECD-MA). Bemerkenswert ist, dass das OECD-MA und viele von Deutschland abgeschlossene DBA die unbeschränkte Steuerpflicht auf Grund des Sitzes einer Gesellschaft unerwähnt lassen; allerdings stellt der Sitz einer Gesellschaft ein anderes Merkmal i. S. d. Art. 4 Abs. 1 Satz 1 OECD-MA dar. Im Übrigen kann wegen der Auslegung der Begriffe »Geschäftsleitung« (vgl. § 10 AO) und »Sitz« (vgl. § 11 AO) auf die finanzgerichtliche Judikatur und ggf. auf die Anweisungen der Finanzverwaltung des jeweiligen Vertragsstaats Bezug genommen werden (vgl. Art. 3 Abs. 2 OECD-MA).

Aus der Verwendung des Wortes »tatsächliche« Geschäftsleitung folgt, dass bei der Interpretation des Begriffes auf die tatsächlichen Verhältnisse des Einzelfalles abzustellen ist. Wegen der deutlichen Parallelen zwischen § 10 AO und Art. 4 Abs. 8 Satz 1 (bzw. Art. 4 Abs. 3 OECD-MA) wird der abkommensrechtliche Begriff »Mittelpunkt der tatsächlichen Geschäftsleitung« unter Hinzuziehung der Kommentierung und Rechtsprechung zum Begriff »Mittelpunkt der geschäftlichen Oberleitung« des § 10 AO interpretiert (vgl. Hardt in Debatin/Wassermeyer, DBA, Art. 4 DBA-Schweiz Rz. 247). Im Kommentar zum OECD-MA 2000 wurde im Rahmen des »Update 2000« zu Art. 4 eine neue Nr. 24 eingefügt, in der erstmals der Ausdruck »Ort der tatsächlichen Geschäftsleitung« erläutert wird. Die Begriffsdefinition dieses Kommentars stimmt dabei weitgehend mit deutschem Recht überein. Der Ort der Geschäftsleitung befindet sich dort, wo der für die Geschäftsleitung maßgebende Wille gebildet wird. Dabei gelten folgende Grundsätze:

- Es ist **unbeachtlich, wo die abgegebenen Willenserklärungen wirksam werden oder wo die angeordneten Maßnahmen auszuführen** sind. Darum braucht der Ort, an dem sich die meisten und wichtigsten Geschäftsvorfälle abspielen, nicht stets der Mittelpunkt der Geschäftsleitung zu sein.
- Die tatsächliche Geschäftsleitung liegt i. d. R. **nur an einem Ort.** An diesem Ort müssen in gewisser Regelmäßigkeit die **notwendigen Entscheidungen getroffen** werden. Dies ist in der Regel in den Büroräumen des leitenden Geschäftsführers (BFH vom 29. 04. 1987 BFH/NV 1988, 64). Ist der Geschäftsführer an mehreren Orten tätig, ist der Mittelpunkt der geschäftlichen Oberleitung da, wo nach den tatsächlichen Verhältnissen des Einzelfalls dauernd die für die Geschäftsführung nötigen Maßnahmen von einiger Wichtigkeit angeordnet werden. Dies kann im Zweifelsfall auch am Wohnsitz des Geschäftsführers sein (BFH vom 23. 01. 1991 BStBl II 1991, 554).
- Bei der Beurteilung ist auf die Geschäftsführung im engeren Sinne, die sog. laufende Geschäftsführung, abzustellen. Zu ihr gehören die tatsächlichen und rechtsgeschäftlichen Handlungen, die der gewöhnliche Betrieb der Gesellschaft mit sich bringt, und solche organisatorischen Maßnahmen, die zur gewöhnlichen Verwaltung der Gesellschaft gehören (»**Tagesgeschäfte**«). Zu ihnen gehören nicht die Festlegung der Grund-

sätze der Unternehmenspolitik und die Mitwirkung der Gesellschafter an ungewöhnlichen Maßnahmen bzw. an Entscheidungen von besonderer wirtschaftlicher Bedeutung. Von der laufenden Geschäftsführung ist deshalb die Mitwirkung der Gesellschafter an einzelnen Geschäftsleitungsentscheidungen zu unterscheiden (BFH vom 07.12.1994 BStBl II 1995, 175). Geschäftsleitung meint also nicht die Entscheidungsbefugnis in besonders wichtigen Angelegenheiten, sondern die wichtigen Entscheidungen für den normalen laufenden Geschäftsablauf.

- Bei einer Aufteilung in kaufmännische und technische Leitung kommt es nicht auf die oberste (technische) Betriebsleitung an, sondern darauf, wo sich die **kaufmännische Leitung** befindet. Dies gilt auch dann, wenn in einem Betrieb die den eigentlichen Geschäftsgegenstand betreffenden Leistungen die kaufmännischen Leistungen in ihrer wirtschaftlichen Bedeutung überragen (BFH vom 23.01.1991 BStBl II 1991,554).

Obwohl der Begriff »Mittelpunkt der tatsächlichen Geschäftsleitung« abkommensrechtlich nicht definiert ist, werden in Art. 4 Abs. 8 **Satz 2** – im Gegensatz zu Art. 4 Abs. 3 OECD-MA – folgende Differenzierungen (**Negativabgrenzungen**) gemacht:

- Eine Beteiligung an der Gesellschaft allein begründet keinen Mittelpunkt der tatsächlichen Geschäftsleitung, auch wenn es sich um den Alleingesellschafter handeln sollte.
- Der Ort, wo konzernleitende Entscheidungen getroffen werden, stellt keinen Mittelpunkt der tatsächlichen Geschäftsleitung dar. Hierunter sind Maßnahmen zu verstehen, die nicht die Geschäfte der Konzerngesellschaft betreffen, sondern das Interesse der Konzernleitung bzw. des konzernbeherrschenden Gesellschafters oder Unternehmens.
- Der Ort, an dem die Person ansässig ist, die die konzernleitenden Entscheidungen trifft, stellt auch keinen Mittelpunkt der tatsächlichen Geschäftsleitung dar.

Diese Negativabgrenzungen gelten jedoch nur, wenn die dort genannten Voraussetzungen allein vorliegen, d. h. wenn weitere Umstände hinzutreten, kann im Einzelfall etwas Abweichendes gelten. Dabei sind die Umstände des Einzelfalls mit dem Sinn und Zweck der Regelung des Art. 4 Abs. 8 Satz 2 abzuwägen.

2.3.4 Deutsche juristische Personen des öffentlichen Rechts

Bei **deutschen juristischen Personen des öffentlichen Rechts** ist zu unterscheiden, ob diese Rechtsträger Einkünfte im Rahmen ihrer Betriebe gewerblicher Art erwirtschaften oder als Träger öffentlicher Gewalt Einkünfte erzielen. **Betriebe gewerblicher Art** von juristischen Personen des öffentlichen Rechts sind in Deutschland unbeschränkt steuerpflichtig (vgl. § 1 Abs. 1 Nr. 6 KStG) und damit auch als **in einem Vertragsstaat ansässige Personen** zu behandeln, die abkommensberechtigt sind. Sofern juristische Personen des öffentlichen Rechts als Träger öffentlicher Gewalt Einkünfte erzielen, sind sie nur beschränkt steuerpflichtig mit ihren inländischen Einkünften, von denen ein Steuerabzug vorzunehmen ist (vgl. § 2 Nr. 2 KStG). Die Fassung des Art. 4 Abs. 1 OECD-MA erkennt diese Rechtsträger an als abkommensberechtigte Personen; damit wird die bereits gängige Rechtsauffassung bestätigt (vgl. OECD-MA-MK zu Art. 4, Tz. 8.1). Deutsche juristische Personen des öffentlichen Rechts sind mithin uneingeschränkt abkommensberechtigt; diese Feststellung trifft spiegelbildlich auch für ausländische juristische Personen des öffentlichen Rechts zu.

2.3.5 Personenvereinigungen

Die Abkommensberechtigung von **Personenvereinigungen** (Gesellschaften bürgerlichen Rechts, Partnerschaften, OHG, KG usw.), denen zivilrechtlich als solche keine Rechtsträgerschaft zukommt, ist auf der Grundlage des Art. 4 Abs. 1 OECD-MA und der entsprechenden Regelungen in den geltenden DBA zu diskutieren. Maßgebend ist danach, ob eine Person, also auch eine Personenvereinigung (vgl. Art. 3 Abs. 1 Buchst. a OECD-MA) in einem Vertragsstaat steuerpflichtig ist. Aus dem Blickwinkel des deutschen Steuerrechts muss diese Frage grundsätzlich verneint werden, da bekanntermaßen nach deutschem Ertragsteuerrecht die Personengesellschaften als solche nicht steuerpflichtig sind; vielmehr werden deren Gesellschafter nach dem Mitunternehmer-Konzept bzw. nach dem Transparenzprinzip erfasst. Mithin muss eine **Abkommensberechtigung deutscher Personenvereinigungen** verneint werden; dies schließt nicht aus, dass deutsche DBA für diese Frage Sonderregelungen bereithalten (vgl. Vogel in: Vogel/Lehner, DBA, Rz. 13ff. m.w.N.). Diese Feststellung ist weiter nicht nachteilig, weil die eine Personenvereinigung bildenden Gesellschafter als natürliche oder juristische Personen umfassend steuerpflichtig und damit selbst abkommensberechtigt sind. Wegen Einzelheiten vgl. das BMF-Schreiben vom 16.04.2010 BStBl I 2010, 354 »Anwendung der DBA auf Personengesellschaften«. Die Sonderregelungen sind in der Anlage enthalten.

2.4 Ausschluss der Abkommensberechtigung bei Quellenbesteuerung

Nach Art. 4 Abs. 1 Satz 2 OECD-MA und den vergleichbaren Vorschriften in den deutschen DBA kann von einer »in einem Vertragsstaat ansässigen Person« dann nicht gesprochen werden, wenn eine Person in einem Staat nur mit Einkünften aus Quellen in diesem Staat oder mit in diesem Staat gelegenem Vermögen steuerpflichtig ist. Die DBA knüpfen an die internationale Besteuerungspraxis an, nach der die meisten Staaten zwischen (Wohn-) Sitzbesteuerung mit Welteinkommensprinzip und Quellenbesteuerung mit Territorialprinzip unterscheiden. Eine Besteuerung, die lediglich auf einzelne Steuerquellen in einem Staat beschränkt ist, vermittelt keine Abkommensberechtigung.

2.5 Beispiele zur Abkommensberechtigung

BEISPIELE

a) A hat in Stuttgart einen Wohnsitz und bezieht Dividenden aus der Beteiligung an einer Schweizer Aktiengesellschaft.
LÖSUNG A ist für das DBA-Schweiz abkommensberechtigt (vgl. Art. 1, Art. 4 Abs. 1 DBA-Schweiz) und kann gegenüber dem Wohnsitz- und dem Quellenstaat die Abkommensvorteile des DBA-Schweiz beanspruchen.

b) Die B-GmbH (Produktionsunternehmen) mit Sitz und Geschäftsleitung in Stuttgart verfügt in den Niederlanden (NL) über eine Betriebsstätte, die Vorprodukte fertigt.
LÖSUNG Die B-GmbH ist für das DBA-NL abkommensberechtigt. Das DBA-NL enthält keine ausdrückliche Regelung über den persönlichen Geltungsbereich; es besteht aber Einigkeit, dass das DBA-NL auf Personen anwendbar ist, die in einem der Vertragsstaaten ansässig sind (vgl. Rademacher in: Becker u.a., DBA, Art. 1 DBA-NL, Rz. 1).

c) Die C-Corporation mit Sitz und Geschäftsleitung in New York bezieht Lizenzgebühren von einem deutschen Unternehmen.
LÖSUNG Die C-Corporation ist eine Kapitalgesellschaft nach amerikanischem Recht und dort voll steuerpflichtig; sie ist mithin für das DBA-USA abkommensberechtigt (vgl. Art. 1, Art. 4 Abs. 1 DBA-USA und Andersen, DBA-USA, Art. 4, Rz. 15).

d) Die Stadt D in Deutschland hat Geldvermögen in Luxemburg angelegt.
LÖSUNG Das DBA-Luxemburg enthält keine Regelung über den persönlichen Geltungsbereich und trifft somit auch keine Aussage zur Abkommensberechtigung hoheitlich tätiger juristischer Personen des öffentlichen Rechts; gleichwohl wird die Abkommensberechtigung der Stadt D allgemein und traditionell angenommen (vgl. OECD-MA-MK zu Art. 4, Tz. 8.1).

e) Die E-OHG, an der die Gesellschafter E, F und G beteiligt sind, hat Sitz und Geschäftsleitung in Frankfurt und bezieht Mieteinkünfte aus einem in Brüssel/Belgien belegenen Geschäftsgrundstück.
LÖSUNG Die E-OHG ist selbst kraft **ausdrücklicher** Regelungen für das DBA-Belgien abkommensberechtigt (vgl. Art. 1, Art. 3 Abs. 1 Nr. 3 und 4, Art. 4 Abs. 1 DBA-Belgien und Wilke in: Becker u. a., DBA, Art. 3 DBA-Belgien, Rz. 3). Die Personenvereinigung selbst kann somit sowohl im Quellenstaat als auch im Sitzstaat die Abkommensvergünstigungen des DBA-Belgien geltend machen. Durch die DBA-Vorschriften werden indessen nicht die nationalen Besteuerungs- bzw. Zurechnungsprinzipien außer Kraft gesetzt. Den Gesellschaftern E, F, G sind die Einkünfte anteilig zuzurechnen und bei ihrer persönlichen Veranlagung sind die Einkünfte freizustellen und ist der Progressionsvorbehalt anzuwenden (vgl. Art. 6, Art. 23 Abs. 1 Nr. 1 DBA-Belgien).

f) Der Schweizer Unternehmer H unterhält in Deutschland eine Betriebsstätte; diese bezieht Lizenzgebühren von einem Unternehmen in Argentinien.
LÖSUNG Nach dem zwischen Deutschland und Argentinien abgeschlossenen DBA setzt die Abkommensberechtigung voraus, dass ein Steuerbürger als eine »in einem Vertragsstaat ansässige Person« zu qualifizieren ist. H ist mit seinen Einkünften aus der Betriebsstätte in Deutschland lediglich beschränkt steuerpflichtig. Auch in Argentinien ist H als Bezieher von Lizenzeinkünften lediglich beschränkt steuerpflichtig. Es ist also festzustellen, dass H für das DBA, das Deutschland mit Argentinien abgeschlossen hat, nicht abkommensberechtigt ist (vgl. Art. 1, Art. 4 Abs. 1 DBA-Argentinien); daraus folgt, dass bei der deutschen Betriebsstätte eine fiktive Anrechnung von argentinischen Steuern i. S. d. Art. 23 Abs. 3 Buchst. a DBA-Argentinien nicht möglich ist. Allerdings ergibt sich nach innerstaatlichem deutschen Steuerrecht eine Anrechnungsberechtigung gemäß § 50 Abs. 6 EStG. Für die Steuerbehandlung in der Schweiz ist festzustellen, dass ein DBA zwischen den Staaten Schweiz und Argentinien nicht abgeschlossen worden ist.

g) Der in Frankreich unbeschränkt steuerpflichtige Unternehmer I unterhält in Deutschland eine gewerbliche Betriebsstätte, die in ihrem Betriebsstättenvermögen Aktien an einer Schweizer Aktiengesellschaft hält.
LÖSUNG Da I in Deutschland und auch in der Schweiz lediglich beschränkt steuerpflichtig ist, findet das DBA Deutschland-Schweiz auf den Unternehmer I keine Anwendung. I kann sich jedoch ggf. auf die Regelungen des DBA-Deutschland/Frankreich oder auf diejenigen des DBA-Frankreich/Schweiz berufen. Es ist darauf hinzuweisen, dass innerstaatlich nach § 50 Abs. 6 EStG die Möglichkeit der Anrechnung ausländischer Steuern auch bei beschränkter Steuerpflicht besteht.

h) A, der seinen einzigen Wohnsitz in Frankreich hat und in der Bundesrepublik Deutschland weder über einen Wohnsitz verfügt noch seinen gewöhnlichen Aufenthalt hat, ist im Inland als Arbeitnehmer außerhalb der Grenzzone tätig. Der Arbeitslohn ist in Deutschland steuerpflichtig (vgl. Art. 13 Abs. 1 DBA-Frankreich). A wird nach § 1 Abs. 3 EStG auf Antrag als in Deutschland unbeschränkt einkommensteuerpflichtig behandelt, da mehr als 90 % seiner Einkünfte (der Arbeitslohn) der deutschen Besteuerung unterliegen. Er erhält Dividenden i. H. v. 3 000 CHF aus der Schweiz, die i. H. v. 750 CHF mit einer Quellensteuer (sog. Verrechnungssteuer) belastet sind. Er stellt nach dem DBA Deutschland/Schweiz einen Antrag auf Rückerstattung der auf die Dividenden entfallende schweizerische Verrechnungssteuer, die über 450 CHF (15 % von 3 000 CHF) hinausgeht.

LÖSUNG Durch die Behandlung als unbeschränkt Steuerpflichtiger nach § 1 Abs. 3 EStG wird A nicht nach Art. 4 Abs. 1 DBA-Schweiz in Deutschland ansässig. Da er keinen Wohnsitz in der Schweiz hat, ist er auch nicht nach Art. 4 Abs. 1 DBA-Schweiz in der Schweiz ansässig und somit i. S. d. DBA-Schweiz nicht abkommensberechtigt. Ein evtl. vorliegender Anspruch auf Rückerstattung der schweizerischen Verrechnungssteuer ist daher nach dem DBA-Frankreich/Schweiz zu prüfen (BMF vom 25. 01. 2000 DB 2000, 354).

3 Doppelte unbeschränkte Steuerpflicht und doppelte Ansässigkeit

Von einer **doppelten unbeschränkten Steuerpflicht** bzw. von einer **doppelten Ansässigkeit** wird gesprochen, wenn eine Person (natürliche Person, juristische Person oder Personenvereinigungen) in **beiden Vertragsstaaten** einen Wohnsitz bzw. gewöhnlichen Aufenthalt oder ihren Sitz hat und somit in doppelter Weise nach den Regeln der unbeschränkten Steuerpflicht erfasst und besteuert wird. Derartige Lebenssachverhalte sind nicht selten und sind bei zunehmender Globalisierung der Wirtschafts- und Arbeitswelt immer häufiger anzutreffen. Der doppelten unbeschränkten Steuerpflicht nach den innerstaatlichen Steuerrechtsordnungen entspricht aber keine doppelte Ansässigkeit nach dem Recht der DBA. Eine Person i. S. d. DBA **kann nur in einem der Vertragsstaaten ansässig sein.** Das Regelwerk der DBA muss mithin bestimmen, welcher Vertragsstaat als Ansässigkeitsstaat zu gelten hat; der andere Vertragsstaat ist dann notwendigerweise der Quellenstaat. Bei doppeltem Wohnsitz bestimmt Art. 4 Abs. 2 Nr. 2 OECD-MA für natürliche Personen, welcher Staat letztlich der Wohnsitzstaat und welcher Staat der Quellenstaat ist. Bei juristischen Personen gilt Art. 4 Abs. 3 OECD-MA.

3.1 Kollisionsregeln bei doppelter Ansässigkeit von natürlichen Personen

Art. 4 Abs. 2 OECD-MA und sämtliche in Kraft befindlichen DBA enthalten Kollisionsregeln, die darüber entscheiden, welcher Staat im konkreten Fall als Ansässigkeitsstaat bzw. als Quellenstaat zu gelten hat. Letztlich wird durch die Kollisionsregeln bestimmt, zu welchem Staat ein Steuerpflichtiger die engere persönliche wirtschaftliche bzw. steuerliche Beziehung besitzt, die es dann rechtfertigt, einen der Vertragsstaaten als Ansässigkeitsstaat und den anderen als Quellenstaat zu behandeln. Für die konkrete Anwendung der Kollisionsregeln ist darauf hinzuweisen, dass die neueren DBA zwar weitgehend gleichlautend formuliert sind, sich aber dennoch in Einzelheiten voneinander unterscheiden können. Die gelegentlich als Tiebreaker (vgl. Lehner in Vogel/Lehner, DBA, Art. 4, Rz. 3) bezeichneten Kollisionsregeln sind in der nachstehenden Reihenfolge abzuprüfen (vgl. Art. 4 Abs. 2 Buchst. a bis d OECD-MA):

1. Vorrangig wird die Ansässigkeit im Staat der **ständigen Wohnstätte** begründet. Bei **ständiger Wohnstätte in beiden Vertragsstaaten** entscheidet der **Mittelpunkt der Lebensinteressen.**
2. Bei **Unbestimmbarkeit des Mittelpunkts der Lebensinteressen** oder in Fällen, in denen eine ständige Wohnstätte in beiden Vertragsstaaten nicht begründet ist, entscheidet der **gewöhnliche Aufenthalt.**
3. Bei **gewöhnlichem Aufenthalt in beiden Vertragsstaaten** entscheidet die **Staatsangehörigkeit.**
4. Bei **doppelter Staatsangehörigkeit** oder in Fällen der Staatsangehörigkeit in keinem der Vertragsstaaten wird die Ansässigkeitsfrage durch die beiden Vertragsstaaten in **gegenseitigen Einvernehmen** geregelt (vgl. auch Art. 24 OECD-MA).

Schema:

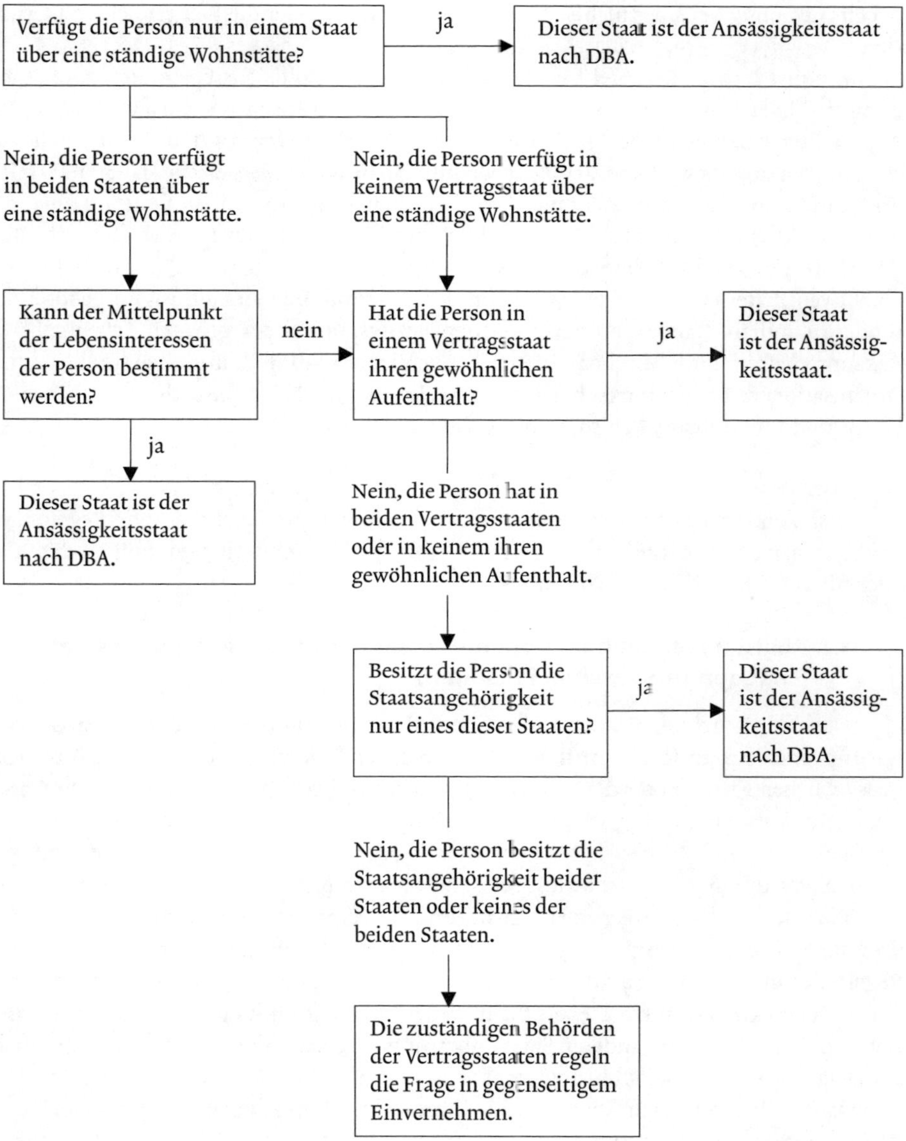

Die Feststellung des Mittelpunkts der Lebensinteressen erfordert eine **zusammenfassende Wertung sowohl der persönlichen als auch der wirtschaftlichen Beziehungen** nach der Gesamtheit der objektiven Umstände des betroffenen Einzelfalls. Daraus ergibt sich der für die betroffene Person bedeutungsvollere Ort. Kriterien zur Beurteilung der persönlichen Beziehungen können Freundes- und Bekanntenkreise oder die Teilnahme am gesellschaftlichen Leben an einem Ort sein. Auch der Qualität der Wohnunterkunft kommt für die Bewertung der persönlichen Beziehungen eine ganz wesentliche Bedeutung zu. Der Schwerpunkt liegt jedoch bei einer nicht getrennt lebenden Person am Ort des Familienwohnsitzes. Zu der Überprüfung der wirtschaftlichen Beziehungen gehören Kriterien wie z. B. der Ort der Arbeitsausübung bei einer nichtselbstständigen Tätigkeit oder die Belegenheit von Grundbesitz.

Ein instruktives **Beispiel** für die **Anwendung** der Kollisionsregeln bietet die Entscheidung des BFH vom 31. 10. 1990 (BStBl II 1991, 562 – britischer Staatsbürger als leitender Angestellter einer deutschen AG). Die betreffende Person war zwar in Deutschland unbeschränkt einkommensteuerpflichtig, aber hier nicht ansässig; sie war daher nur mit den Einkünften aus nichtselbstständiger Tätigkeit steuerpflichtig, die auf die im Inland ausgeübten Aktivitäten entfielen. Insbesondere wird in der zitierten Entscheidung der **Begriff des Mittelpunkts der Lebensinteressen** interpretiert und festgestellt, dass diese Frage nach objektiven Kriterien zu beurteilen sei. Zu den **persönlichen Beziehungen** gehören insbesondere familiäre Bande und auch sonstige Bezugspunkte der privaten Lebenssphäre wie Bekanntschaften und Mitgliedschaften in Vereinen und in kulturellen und politischen Organisationen. Zu den **wirtschaftlichen Beziehungen** zählen die örtlich gegebenen Tätigkeiten und Einkunftsquellen sowie der Vermögensbestand.

Hinweis:
Insbesondere das DBA-Schweiz enthält noch umfangreiche ergänzende Regelungen zu Sonderfragen der Ansässigkeit im Fall des Wegzugs, der Vorzugsbesteuerung in der Schweiz oder für Personen, die unter Vormundschaft stehen.

3.2 Kollisionsregeln bei doppelter Ansässigkeit von anderen als natürlichen Personen (juristischen Personen)

Nach der Regelung des Art. 4 Abs. 1 und Abs. 3 OECD-MA sind der **Ort der Geschäftsleitung** oder ein **anderes ähnliches Merkmal** bei anderen als natürlichen Personen die maßgeblichen Kriterien für die Begründung der Ansässigkeit einer Person in einem Vertragsstaat. Der Anwendungsbereich dieser Regelung bezieht sich vornehmlich auf juristische Personen, also auf Körperschaftsteuersubjekte oder auch auf Gesellschaften und andere Personenvereinigungen, soweit diese selbst als Steuersubjekte anerkannt werden.

Für die juristischen Personen, **insbesondere Kapitalgesellschaften** ist festzustellen, dass diese durchaus nach den innerstaatlichen Steuerrechtsordnungen in beiden Staaten den Regeln der unbeschränkten Steuerpflicht unterliegen können; dies gilt etwa dann, wenn in einem Staat unbeschränkte Steuerpflicht wegen der Anknüpfung des Steuerrechts an den statuarischen Sitz und im anderen Staat unbeschränkte Steuerpflicht wegen der Befindlichkeit der tatsächlichen Geschäftsführung gegeben ist (vgl. § 1 Abs. 1 KStG i. V. m. §§ 10 und 11 AO). Derartige Fallgestaltungen können dazu führen, dass Kapitalgesellschaften in beiden Vertragsstaaten Steuervergünstigungen beanspruchen können. Beispielsweise nahm eine nicht nur in Deutschland als unbeschränkt steuerpflichtiges Subjekt zu behandelnde Kapitalgesellschaft grundsätzlich am bisherigen körperschaftsteuerlichen Anrechnungsverfahren teil.

Für die Abkommensanwendung muss in den Fällen der doppelten unbeschränkten Steuerpflicht allerdings festgestellt werden, **welcher Staat als Ansässigkeitsstaat** (**Sitzstaat**) und welcher als Quellenstaat zu gelten hat. Während für die Begründung der Ansässigkeit einer juristischen Person in einem Vertragsstaat nach Art. 4 Abs. 1 OECD-MA genügt, dass die unbeschränkte Steuerpflicht aufgrund des **Orts der Geschäftsleitung** oder eines **ähnlichen Merkmals** in einem Vertragsstaat gegeben ist, ist für die Entscheidung von

Kollisionsfällen maßgebend, in welchem Staat der **Ort der tatsächlichen Geschäftsleitung** zu lokalisieren ist. Diese Regelung zwingt zu einer klaren Entscheidung. Es kann nur an **einem einzigen Ort** die tatsächliche Geschäftsleitung gegeben sein. Es sind bei der Festlegung dieses Ortes alle maßgeblichen Indizien heranzuziehen (vgl. Lehner in: Vogel/Lehner, DBA, Art. 4, Rz. 113 m.w.N.). Nach der Rechtsprechung des BFH in einem vergleichbaren Fall zu § 21 Abs. 2 BerlinFG (siehe BFH vom 23.01.1991 BStBl II 1991, 554) befindet sich der Mittelpunkt der geschäftlichen Oberleitung einer Gesellschaft regelmäßig an dem Ort, an dem die zur Vertretung der Gesellschaft befugte Person die ihr obliegende geschäftsführende Tätigkeit entfaltet.

3.3 Folgen des Wechsels der Ansässigkeit

Im Fall des Wohnsitzwechsels einer natürlichen Person von einem Vertragsstaat in den anderen Vertragsstaat erfolgt eine zeitliche Aufteilung des Besteuerungsanspruchs bei einem Wohnsitzwechsel (explizite Regelung z. B. in Art. 4 Abs. 5 DBA-Schweiz). Gemeint ist hierbei der Wechsel der unbeschränkten Steuerpflicht von einem Vertragsstaat in den anderen. Die Vertragsstaaten dürfen ihre Steuern auf der Grundlage der unbeschränkten Steuerpflicht nur für den Teil des Jahres erheben, in dem diese bestanden hat.

BEISPIEL

Der Arbeitnehmer A, bislang ansässig in Stuttgart verlegt zum 30.07.2010 seinen Wohnsitz nach Baden/CH. Sein Arbeitslohn beträgt in beiden Perioden je 50 000 € (umgerechnet).

LÖSUNG

a) Abkommensrecht:
Mit dem Wechsel der Änsässigkeit in die Schweiz entfällt die abkommensrechtliche Möglichkeit, den Arbeitslohn unmittelbar zu erfassen.
b) Nationales Recht
Allerdings ist § 2 Abs. 7 EStG zu beachten. Hiernach besteht für das gesamte Jahr unbeschränkte Steuerpflicht.
Allerdings sieht § 32b Abs. 1 Nr. 2 EStG auch bei nur zeitweiser unbeschränkter Steuerpflicht die Anwendung des Progressionsvorbehalts vor (Erfassung auch des Arbeitslohns für das 2. Halbjahr 2010). Hinsichtlich Einzelheiten vgl. Teil D 8.

Teil J Einzelne Einkünfteartikel

1 Die gewerbliche Tätigkeit im Ausland (Art. 5 und 7 OECD-MA) – Die Betriebsstättenbesteuerung

1.1 Allgemeines

Wenn ein inländisches Unternehmen (sei es Einzelunternehmen, Personengesellschaft oder Kapitalgesellschaft) unmittelbar im Ausland tätig wird, (Regelfall: Errichtung einer Niederlassung) ergeben sich folgende Problembereiche aus dem Umstand, dass im Ausland kein eigener Rechtsträger (Tochterpersonen- oder Kapitalgesellschaft) begründet wird.

- Wer darf besteuern? Zu klären sind die Fragen der so genannten Betriebsstättenbegründung da das Besteuerungsrechts an diesem Tatbestand festgemacht wird.
- Wie wird das Ergebnis der einheitlichen Tätigkeit auf die beiden Staaten aufgeteilt? Wo werden die Wirtschaftsgüter in der Bilanz festgehalten bzw. welche Aufwendungen und Erträge bleiben bei der inländischen Besteuerung oder sind der ausländischen Besteuerung zuzuweisen? Ein Schwerpunkt der Gewinnabgrenzung ist hierbei insbesondere die Beurteilung von Liefer- und Leistungsvorgängen zwischen den beiden Betriebsteilen.

Als Rechtsfolge ist das Ergebnis der ausländischen Betriebsstätte regelmäßig freizustellen.

BEISPIEL

Ein Kehler Fabrikant eröffnet in Straßburg eine Vertriebsniederlassung, um besser den französischen Markt bedienen zu können. Aus der deutschen Fabrik werden die Produkte täglich nach Straßburg geliefert und von dort aus vertrieben.
In der Handelsbilanz werden keine Konsequenzen aus der Tätigkeit in Frankreich gezogen.
LÖSUNG Es ist anhand des DBA zu untersuchen:
Liegt eine Betriebsstätte in Frankreich vor (Art. 5)?
Wie erfolgt die Abgrenzung des Gewinns (Art. 7)?
Wie ist der ermittelte Betriebsstättengewinn (Art. 24) zu behandeln (Freistellung oder Anrechnung der ausländischen Steuer?

Entsprechende Fragen stellen sich umgekehrt, wenn ein ausländischer Investor unmittelbar in Deutschland gewerblich tätig wird. Im Rahmen dieses Grundkurses soll jedoch nur auf den ersten Bereich eingegangen werden.

Hinweis:
Die Finanzverwaltung hat zu den sich ergebenden Fragen die so genannten Betriebsstätten-Verwaltungsgrundsätzen (BSVerwGrS) vom 24. 12. 1999 BStBl I 1999, 1076 herausgegeben.

1.2 Prüfschema zur Bestimmung grenzüberschreitender gewerblicher Tätigkeit

Für die Prüfung und Praxis bietet es sich an, das Vorliegen von grenzüberschreitender gewerblicher Tätigkeit nach folgendem Grob-Prüfschema vorzunehmen:

1. Anwendung des Welteinkommensprinzips?
2. Beschränkt ein DBA das deutsche Besteuerungsrecht für eine gewerbliche Tätigkeit im Ausland?
3. Gibt es Besonderheiten bei der Gewinnermittlung/Gewinnabgrenzung?
4. Vermeidung der Doppelbesteuerung?

1.3 Zuweisung des Besteuerungsrechts für gewerbliche Einkünfte

Art. 7 Abs. 1 OECD-MA lautet: »Gewinne eines Unternehmens eines Vertragsstaats können nur in diesem Staat ausgeübt werden, es sei denn, das Unternehmen übt seine Tätigkeit im anderen Vertragsstaat durch eine dort belegene Betriebsstätte aus. Übt das Unternehmen seine Tätigkeit auf diese Weise aus, so können die Gewinne des Unternehmens im anderen Staat besteuert werden, jedoch nur insoweit, als sie dieser Betriebsstätte zugerechnet werden können«.

Die DBA weisen das Besteuerungsrecht für **Unternehmensgewinne grundsätzlich dem Sitzstaat des Unternehmens** zu. Soweit der Gewinn durch eine Betriebsstätte in einem anderen Staat erzielt wurde, darf dieser Staat **(Betriebsstättenstaat) den Betriebsstättengewinn besteuern.** Im Sitzstaat erfolgt dann i. d. R. insoweit Freistellung mit Progressionsvorbehalt.

Das **Betriebsstättenprinzip** gilt regelmäßig auch für gewerbliche Einkünfte aus einer **Beteiligung an einer ausländischen Personengesellschaft/Mitunternehmerschaft.** Die Fragen der Besteuerung von grenzüberschreitenden Mitunternehmerschaften werden in diesem Rahmen ebenfalls nicht angesprochen.

1.4 Verhältnis des innerstaatlichen Rechts zum Doppelbesteuerungsabkommen – maßgebender Begriff des Unternehmens und des Unternehmensgewinns

Da keine eigenständige Definition besteht, ist regelmäßig der Begriff des jeweiligen Anwendungsstaates, für Deutschland somit § 15 EStG maßgebend (Art. 3 Abs. 2 OECD-MA).

1.5 Betriebsstättenbegriff nach den Doppelbesteuerungsabkommen – Verhältnis zu § 12 AO

Wegen der »engeren« Voraussetzungen empfiehlt es sich, vorrangig den Betriebsstättenbegriff nach dem DBA zu prüfen.

1.6 Haupttatbestand »feste Geschäftseinrichtung« (Tz. 1.2.1.1 BSVerwGrS)

1.6.1 Grundsätze

1.6.1.1 Allgemeines

Der Begriff der Geschäftseinrichtung umfasst sämtliche Geschäftseinrichtungen jeglicher Art, auch wenn es sich nur um geringfügige Einrichtungen handelt. Hierunter fallen auch Geschäftsplätze unter freiem Himmel wie Marktverkaufsstellen, Tankstellen etc. (vgl. z. B. Flick/Wassermeyer/Wingert/Kempermann, DBA-Schweiz, Anm. 13 zu Art. 5). Eine Geschäftseinrichtung kann sich auch in der Wohnung des Steuerpflichtigen befinden. Von einer Betriebsstätte kann also nur gesprochen werden, wenn in der Einrichtung betriebliche

Handlungen zugunsten des Gewerbebetriebs ablaufen (siehe BFH vom 10.05.1965 BStBl III 1961, 317).

Hierbei ist zu beachten, dass bloße Hilfstätigkeiten, die in Art. 5 Nr. 4 OECD-MA aufgezählt sind, keine Betriebsstätte begründen.

1.6.1.2 Verfügungsgewalt des Steuerinländers

Eine weitere Voraussetzung ist, dass der Steuerpflichtige über die feste Anlage oder Einrichtung die Verfügungsgewalt besitzt und sie der Tätigkeit des Steuerpflichtigen und nicht derjenigen eines anderen dient. Eigentum des Steuerpflichtigen ist nicht Voraussetzung, es genügt die entgeltlich oder unentgeltlich eingeräumte Möglichkeit, über eine feste Anlage/Einrichtung tatsächlich für eine gewisse Dauer verfügen zu können. Der BFH bejaht z. B. in seinem Urteil (BFH vom 17.03.1982 BStBl II 1982, 624) auch die Verfügungsmacht bei unentgeltlicher Überlassung, wenn dem Nutzenden mit der Überlassung eine Rechtsposition eingeräumt wird, die ihm ohne seine Mitwirkung nicht ohne Weiteres entzogen oder ohne seine Mitwirkung nicht ohne Weiteres verändert werden kann.

Die gelegentliche Nutzung bzw. Mitbenutzung einiger Räume ist für die Annahme einer festen Einrichtung nicht ausreichend (vgl. BFH vom 16.05.1990 BStBl II 1990, 983). Nach der Rechtsprechung (BFH vom 29.04.1987 BFH-NV 1988, 122) erfordert die Annahme einer festen Einrichtung zumindest das Vorliegen eines dinglichen Nutzungsrechts oder eines Mietverhältnisses oder eines gleichgelagerten Rechts.

In den letzten Jahren hat sich eine gewisse Ergänzung der Rechtsprechung ergeben, als anstelle der Voraussetzung der »dauerhaften Verfügungsmacht« auf eine Art »Verwurzelung« abgestellt wird. Der BFH stelle in seinem Urteil vom 03.02.1993 (BStBl II 1993, 462, zur Hotelmanagement-Kapitalgesellschaft) entscheidend darauf ab, dass eine bestimmte unternehmerische Tätigkeit durch eine Geschäftseinrichtung mit einer festen örtlichen Bindung ausgeübt wird. Diese Verwurzelung kann sich aus faktischen Gegebenheiten, der Ausgestaltung der Räume und ihrer Benutzung ergeben, selbst eine untergeordnete Mitbenutzung schließt eine Verwurzelung nicht aus. U.U. kann schon die auf lange Zeit angelegte tatsächliche Nutzung der Räume eine Betriebsstätte begründen (vgl. z. B. Anm. von F.W., IStR 1995, 81).

Sind Betriebsgebäude oder sonstige Einrichtungen vermietet oder verpachtet, so qualifizieren sie sich nicht als Betriebsstätte des Vermieters oder Verpächters, sondern als Betriebsstätte des Mieters oder Pächters, der diese Anlagen betrieblich nutzt.

Das Merkmal **Verfügungsmacht** hat insbesondere Bedeutung, wenn nicht der Unternehmer selbst, sondern ein unabhängiger Vertreter an Stelle des Unternehmers tätig wird. Unabhängig von der Frage des Vorliegens der »personellen Betriebsstättenbegründung« ist auch hier zuerst die sachliche Anknüpfung zu prüfen.

BEISPIEL

Der Schweizer Unternehmensberater Bürkle berät über ein halbes Jahr lang den Automobilhersteller Vehikel-AG.

a) Im Beratervertrag wird festgelegt, dass er Anspruch auf ein festes Büro mit Telefonanschluss, Computer, Sekretärin und Kaffeeautomat hat.

b) Sachverhalt wie im Fall a). Der Vertrag enthält keine Angaben. Die Untersuchung/Beratung erfolgt in der jeweiligen Abteilung in einem Großraumbüro mit ständig wechselnden Schreibtischen.

LÖSUNG Nur im Fall a) liegt eine faktische Verfügungsmacht über die Räumlichkeiten aufgrund des Beratervertrags vor. Die Einkünfte sind in Deutschland zu besteuern.
Im Fall b) liegt keine faktische Verfügungsmacht vor.

1.6.2 Einzelfragen

1.6.2.1 Zeitlich begrenzte feste örtliche Anlagen oder Einrichtungen

Wird eine feste Anlage oder Einrichtung von vornherein nur für einen zeitlich begrenzten Zweck eingerichtet, z. B. ausschließlich für die Abwicklung eines Auftrags, so geht die **Finanzverwaltung** von der Notwendigkeit einer sechsmonatigen Tätigkeit aus (siehe Tz. 1.2.1.1 BSVerwGrS).

BEISPIEL

Die steuerlich als Gewerbebetrieb zu qualifizierende Musikgruppe »Sindelfinger Herzbuben« nimmt ihre neue CD in Montreux, Schweiz in einem für fünf Monate angemieteten Musikstudio auf. Die Musiker erhalten hierfür ein Grundhonorar vom Verleger Geier i. H. v. 100 000 €, das in der Schweiz ausgezahlt wird.
LÖSUNG Die Musikgruppe hat zwar die Verfügungsmacht über das Studio, die Betriebsstätte ist aber nicht auf Dauer angelegt. Der Gewinn ist damit in Deutschland zu versteuern.

1.6.2.2 Geschäftsleitungsbetriebsstätte (Tz. 1.2.1.1 Satz 3 BSVerwGrS)

Eine Betriebsstätte setzt nicht zwangsläufig eine Fabrik oder ein Büro voraus. Auch eine Wohnung des Steuerpflichtigen kann eine Betriebsstätte begründen.

BEISPIEL

Der holländische Blumenhändler Grün hat in deutschen Großstädten verschiedene Marktstände. Die Disposition, Bestellung, Buchhaltung etc. erfolgt in seiner Wohnung in Appeldoorn, Niederlande.
LÖSUNG Auch den Niederlanden ist ein angemessener Anteil am Gesamtgewinn des Betriebs von Grün der Besteuerung zuzuweisen.

1.7 Bauausführungen und Montagen – Allgemeine Grundsätze

Bei Bau- und Montageleistungen wird eine Betriebsstätte **innerstaatlich** nur dann begründet, wenn ihre Dauer sechs Monate übersteigt (§ 12 Satz 2 Nr. 8 AO).

Besteht im Verhältnis zum Betriebsstättenstaat ein DBA, ist zu beachten, dass für dessen Anwendung der Betriebsstättenbegriff abweichend von § 12 Satz 2 Nr. 8 AO bestimmt sein kann; für den Regelfall wird eine Dauer von mehr als zwölf Monaten vorausgesetzt.

Die Besonderheit einer Bau- und Montagebetriebsstätte gegenüber einer ständigen Betriebsstätte liegt darin, dass sie nur für die Abwicklung des konkreten Auftrages besteht.

Die Betriebsstätte entsteht mit der Aufnahme der gewerblichen Tätigkeiten am Ort der Bauausführung bzw. der Montageleistung. Hierfür genügen vorbereitende Arbeiten.

Sie endet mit der Fertigstellung des Bauwerks. Für den Regelfall wird dies der Zeitpunkt der Abnahme sein. Der Begriff der Bau- und Montageleistungen bezieht sich auf die Erstellung von Bauwerken und Anlagen.

BEISPIEL

Das deutsche Bauunternehmen Haus und Heim GmbH hat in Zug/Schweiz den Auftrag zur Errichtung eines Urlaubsclubs erhalten. Am 01.02.01 erfolgt die Errichtung des Bauplanungsbüros vor Ort, am 01.04. wird mit dem Aushub der Fundamente begonnen. Die Endabnahme des Baus erfolgt am 01.03.02.

LÖSUNG Es liegt eine Bau-Betriebsstätte vor, da nach Tz. 19 des OECD-Kommentars zu Art. 5 die Frist auch mit der Aufnahme vorbereitender Arbeiten beginnt. Der Gewinn »Schweiz« ist deshalb steuerfrei.

1.8 Vertreterbetriebsstätte – Allgemeine Grundsätze

Sowohl Kapitalgesellschaften, selbstständige Gewerbetreibende als auch Angestellte können als Vertreter i. S. d. Art. 5 Abs. 6 OECD-MA auftreten, es ist jedoch erforderlich (im Umkehrschluss aus Abs. 7), dass sie vom Unternehmen abhängig sind und die Vollmacht besitzen, im Namen des Unternehmens Verträge abzuschließen. Hauptanwendungsfälle des Art. 5 Abs. 6 OECD-MA sind im Übrigen Angestellte, wie z. B. Prokuristen oder Handlungsbevollmächtigte, bei denen sich diese Abhängigkeit bereits aus dem Anstellungsvertrag ergibt.

Als zweites Merkmal wird vorausgesetzt, dass der Vertreter regelmäßig Verträge im Namen des Unternehmens abschließt. Die Abschlussvollmacht muss keine Generalvollmacht sein.

Die Betriebsstättenbesteuerungsmöglichkeiten begrenzen sich nur auf die unmittelbar zurechenbaren Geschäfte.

BEISPIEL

Die französische Z-SARL vertreibt ihre Produkte in Deutschland auf drei Vertriebsschienen. Der Fachhandel Norddeutschland wird durch den Angestellten A (Prokura erteilt) betreut, während der Fachhandel Süddeutschland durch die in Stuttgart ansässige feste Geschäftseinrichtung betreut wird. Fünf Großkunden werden unmittelbar aus Paris betreut.

LÖSUNG Es liegen zwei Betriebsstätten (Fachhandel Süd und Nord) der Z-SARL vor. Die Gewinne aus der Betreuung der Großkunden unterliegen ausschließlich der französischen Besteuerung.

Hinweis:
Bei gewerblichen Aktivitäten eines Steuerinländers im Ausland ist zu beachten, dass bei einer Tätigkeit über sechs Monate, aber unter der DBA-Betriebsstättenbegründung, zwar keine allgemeine Steuerfreistellung nach dem DBA erfolgt, jedoch der Gewinn für Zwecke der GewSt steuerfrei ist (§ 2 GewStG), da für eine gewerbesteuerliche Auslandsbetriebsstätte die Frist des § 12 AO von sechs Monaten maßgebend ist.

1.9 Ausnahmekatalog der Betriebsstätten

Die deutschen DBA enthalten i. d. R. einen Katalog von Tatbeständen, wonach ungeachtet fester Geschäftseinrichtungen keine Betriebsstätten gegeben sind. Es handelt sich hier immer um Hilfstätigkeiten bzw. vorbereitende Tätigkeiten.

Länderspezifische Besonderheiten ergeben sich aus der Übersicht zu den BSVerwGrS.

2 Grundstückseinkünfte (Art. 6 OECD-MA) – Einkünfte aus unbeweglichem Vermögen

2.1 Die Besteuerung von Einkünften aus Vermietung und Verpachtung (insbesondere Grundbesitz im Ausland)

2.1.1 Grundsatz – Aufgliederung der inländischen Einkünfte i. S. d. Einkommensteuergesetzes in verschiedene Abkommensregelungen

Es gibt in den DBA keine Einkunftsart vergleichbar zu § 21 EStG »Vermietung und Verpachtung«. Das Besteuerungsrecht ist vielmehr anhand folgender DBA-Artikel zu prüfen:

Einkünfte (»Tätigkeit«)	Art. OECD-MA
unbewegliches Vermögen und land- und forstwirtschaftliche Betriebe	6
Seeschifffahrt, Binnenschifffahrt und Luftfahrt	8
Lizenzen	12
sonstige Einkünfte	21

Im Gegensatz zu den übrigen Einkunftsarten hat sich kein einheitliches Regelwerk in den DBA durchgesetzt. Vielmehr ist zu unterscheiden:

Der Wortlaut der DBA unterscheidet sich hierbei nur geringfügig.

Variante 1: Ausschließliche Zuweisung des Besteuerungsrechts und Freistellung in Deutschland; DBA-Frankreich – Art. 3: »Einkünfte aus unbeweglichem Vermögen (einschließlich des Zubehörs und des lebenden oder toten Inventars der land- und forstwirtschaftlichen Betriebe) **können nur** in dem Vertragstaate besteuert werden, in dem dieses Vermögen belegen ist.«

Variante 2: Besteuerung in beiden Staaten und Anrechnung der Schweizer Steuer auf die deutsche Steuer; DBA-Schweiz – Art. 6: »Einkünfte aus unbeweglichem Vermögen können in dem Vertragstaat besteuert werden, in dem dieses Vermögen liegt.«

2.1.2 Einkünfte aus unbeweglichem Vermögen – Regelfall, Besteuerung im Belegenheitsstaat (Art. 6 OECD-MA), Freistellung in Deutschland

Die weitaus überwiegende Anzahl der von Deutschland abgeschlossenen DBA weist das Besteuerungsrecht aus unbeweglichem Vermögen ausschließlich dem **Belegenheitsstaat** zu. Damit scheiden für einen Inländer seine ausländischen Vermögenswerte (Grundbesitz) und die daraus erzielten Einkünfte aus der inländischen Besteuerung aus. Dies gilt für positive und negative Einkünfte in gleicher Weise.

Art. 6 Abs. 2 OECD-MA erläutert den sachlichen Regelungsumfang des Belegenheitsprinzips. Nach dem Katalog dieser Norm fällt nicht nur der reine Grund und Boden und das aufstehende Gebäude unter diese Zurechnungsnorm, sondern auch

- das Zubehör,
- das lebende und tote Inventar des land- und forstwirtschaftlichen Betriebs,
- grundstücksgleiche Rechte,
- Nutzungsrechte wie Nießbrauchsrechte,
- Mineralgewinnungsrechte.

2.1.3 Ausnahme – Besteuerung sowohl im Belegenheitsstaat als auch im Wohnsitzstaat unter Anrechnung der im Belegenheitsstaat gezahlten Steuern

Nach folgenden DBA steht das Besteuerungsrecht an unbeweglichem Vermögen und den daraus fließenden Einkünften **sowohl dem Belegenheitsstaat als auch dem Wohnsitzstaat** zu (Anrechnung der ausländischen Steuern im Wohnsitzstaat Deutschland):

Staat	Rechtsgrundlage
Elfenbeinküste	Art. 6, 23 Nr. 5b OECD-MA
Finnland	Art. 6, 23 Nr. 5b OECD-MA
Korea	Art. 6, 22 Abs. 1b OECD-MA
Kuwait	Art. 6, 24 Abs. 1 Nr. 5 OECD-MA
Malta	Art. 5, 23 Abs. 1b OECD-MA
Mauritius	Art. 6, 24b OECD-MA
Schweiz	Art. 6, 24 Abs. 1 Nr. 2 OECD-MA
Spanien	Art. 6, 23 Abs. 1b OECD-MA
Tunesien	Art. 6, 23 Abs. 1b OECD-MA

2.1.4 Eigengenutzter Grundbesitz

Durch die Neuregelung des selbst genutzten Wohneigentums entfällt grundsätzlich ein Ansatz ab 1987 (s. BMF vom 30.06.1989 BStBl I 1989, 250 zum DBA-Schweiz). Allerdings kann der ausländische Staat, etwa für eine eigengenutzte Ferienwohnung, beispielsweise auch eine Nutzungswertbesteuerung vorsehen (z. B. Katasterbesteuerung in Spanien).

2.1.5 Verluste aus ausländischen Vermietungsobjekten

Die Differenzierung der DBA nach Anrechung oder Freistellung hat auch Auswirkungen auf die Berücksichtigung von Verlusten nach § 2a EStG. Diese Norm ist für alle noch nicht bestandskräftigen Fälle im EU-/EWR-Raum nicht anzuweden, da i. d. F. des JStG 2009 eine Beschränkung der Abzugsbeschränkung auf Drittstaaten erfolgt. Zugleich erfolgt aber ab 2008 keine Anwendung des negativen Progressionsvorbehalts, vgl. im Detail Teil D 8.6.

Dies hat folgende Auswirkungen:

Land	DBA-Methode zur Vermeidung der Doppelbesteuerung	Verlust nach § 2a EStG
Spanien, Finnland, Malta	Anrechnungsmethode	Verlust uneingeschränkt in Deutschland zu berücksichtigen
andere EU- und EWR-Länder	Freistellungsmethode	kein Progressionsvorbehalt
USA und andere Drittstaatenfreistellungsländer	Freistellungsmethode	keine Berücksichtigung in Deutschland, nur Vortrag zur Verrechnung mit vergleichbaren positiven Vermietungseinkünften
Schweiz und andere Drittstaatenanrechnungsländer	Anrechnungsmethode	keine Verlustberücksichtigung, nur Vortrag zur Verrechnung mit vergleichbaren positiven Vermietungseinkünften

Hinsichtlich Einzelheiten siehe Teil E 2.

3 Art. 10 – Dividenden

3.1 Grundsätzliche Regelungen

Im Gegensatz zu § 20 EStG unterscheiden die DBA zwischen der Behandlung von Zinsen und Dividenden. Der Unterschied liegt vorrangig in der unterschiedlichen Höhe der Quellensteuerberechtigung des Herkunftslandes.

Die DBA sehen in der Regel die Besteuerung der Dividendeneinkünfte im **Wohnsitzstaat** und eine (begrenzte) **Quellenbesteuerung im Quellenstaat** vor. Die **ausländische Quellensteuer wird im Wohnsitzstaat angerechnet.** Allerdings sind die ausländischen

Quellensteuern nur bis zur Höhe des Betrages auf die Einkommensteuerschuld anzurechnen, den der ausländische Staat nach den in den einzelnen DBA getroffenen Regelungen erheben darf. Ein **übersteigender Quellensteuerbetrag** muss vom Steuerpflichtigen im **Erstattungsverfahren vom ausländischen Quellenstaat zurückgefordert** werden (vgl. z. B. Erstattungsverfahren zur Rückerstattung der schweizerischen Verrechnungssteuer, siehe Erlass des FinMin Ba-Wü vom 05.08.1987 AZ S 1301 A – Schweiz – 22/82). Der Antrag muss i. d. R. innerhalb einer bestimmten Frist gestellt werden.

Es ergibt sich daher folgende **Prüfungsreihenfolge:**

1. Prüfung der Einordnung der Einkünfte (Dividenden, Zinsen oder aufgrund einer Subsidiaritätsregelung Erfassung in einer anderen Einkunftsart);
2. Festlegung der zulässigen Quellenbesteuerung;
3. durch einen Antrag auf Rückerstattung ist die Differenz im Quellensteuerstaat geltend zu machen;
4. inländische Versteuerung unter Umrechnung;
5. Durchführung der Steueranrechnung nach § 34c EStG.

Die Höhe der zulässigen Quellensteuern bzw. der im Ausland zu beantragenden Erstattung ergibt sich aus der unter 5.2 abgedruckten Aufstellung »Länderspezifische Besonderheiten bei Dividenden, Zinsen und Lizenzen«.

Der Begriff »Dividende« ist in den DBA definiert. Die Begriffsdefinition nach den OECD-MA (Art. 10 Nr. 3) lautet:

»Der in diesem Artikel verwendete Ausdruck »Dividende« bedeutet Einkünfte aus Aktien, Genussrechten oder Genussscheinen, Kuxen, Gründeranteilen oder anderen Rechten – ausgenommen Forderungen – mit Gewinnbeteiligung sowie aus sonstigen Gesellschaftsanteilen stammende Einkünfte, die nach dem Steuerrecht des Staates, in dem die ausschüttende Gesellschaft ansässig ist, den Einkünften aus Aktien steuerlich gleichgestellt sind.«

In den einzelnen DBA ist der Dividendenbegriff nicht einheitlich formuliert, so dass für jedes Land und DBA die Qualifizierung von Kapitaleinkünften als »Dividenden« oder »Zinsen« zu prüfen ist. **Auch verdeckte Ausschüttungen** sind – wie nach nationalem Recht – **Dividenden i. S. d. DBA** (zum DBA-Schweiz vgl. Erlass des FinMin BaWü vom 09.01.1980 AZ S 1301 A – Schweiz – 18/78, ASt-Kartei, DBA-Schweiz Art. 24 Nr. 3).

3.2 Beispiel zur Dividendenbesteuerung bei natürlichen Personen

BEISPIEL

Der Inländer A hat Aktien der Firma ABB Baden/Schweiz erworben. Die auf ihn entfallende Dividende beträgt 6 000 CHF. Wegen der in der Schweiz maßgebenden Verrechnungssteuer von 35 % erhält er nur 3 900 CHF ausbezahlt.
Wie erfolgt die Besteuerung?

LÖSUNG 1. Prüfungsschritt – das Besteuerungsrecht nach dem DBA
Nach Art. 10 Abs. 1 DBA-Schweiz sind die Einkünfte in Deutschland zu versteuern (Wohnsitzprinzip).
2. Prüfungsschritt – Erstattungsansprüche im Ausland
Nach Art. 10 Abs. 2 DBA-Schweiz hat die Schweiz nur ein Quellensteuerrecht i. H. v. 15 %. Die Differenz von 20 Prozentpunkten ist zu erstatten. Das Verfahren richtet sich nach Art. 28 DBA-Schweiz.
3. Prüfungsschritt – Umrechnung der Einkünfte in €
Es erfolgt eine Umrechnung mit dem Zuflusskurs.
4. Prüfungsschritt – Beseitigung der Doppelbesteuerung durch Steueranrechnung
Nach Art. 24 Abs. 1 Nr. 2 DBA-Schweiz gilt die Anrechnungsmethode.

5. Prüfungsschritt – Durchführung der Anrechnung
Nach § 34c Abs. 1 i. V. m. Abs. 6 EStG ist nur die gezahlte und keinem Ermäßigungsanspruch (Art. 28!) unterliegende Steuer anrechenbar, d. h. 15 %.
6. Prüfungsschritt – Überprüfung von Alternativen
Nach § 34c Abs. 2 EStG kann alternativ auch der Abzug der Quellensteuer bei der Ermittlung der Einkünfte gewählt werden. Anwendungsfall: Verlustjahr.

3.3 Ansatz bei der inländischen Besteuerung

3.3.1 Einnahmen im Halbeinkünfteverfahren (bis 2008)

Es gilt grundsätzlich auch für ausländische Dividenden das so genannte Halbeinkünfteverfahren. Bei natürlichen Personen als Anteilseigner einer Kapitalgesellschaft sind ab 2001 die Bezüge i. S. d. § 20 Abs. 1 Nr. 1 und 2 EStG zur Hälfte steuerfrei gestellt (§ 3 Nr. 40 Satz 1 Buchst. d und e EStG), ohne dass danach unterschieden wird, ob die Dividende von einer inländischen oder von einer ausländischen Kapitalgesellschaft stammt.

Eine Ausnahme besteht beim Hinzurechnungsbetrag nach dem AStG (vgl. Teil K): Nicht anzuwenden ist die hälftige Steuerbefreiung nach § 3 Nr. 40 Satz 1 Buchst. d EStG auf einen Hinzurechnungsbetrag nach § 7ff. AStG. Für spätere Ausschüttungen kommt allerdings § 3 Nr. 41 EStG in Frage.

3.3.2 Aufwendungen im Halbeinkünfteverfahren

Da die Dividendenerträge nur zur Hälfte steuerpflichtig sind, dürfen nach § 3c Abs. 2 EStG die Betriebsvermögensminderungen, Betriebsausgaben oder Werbungskosten, die damit in wirtschaftlichem Zusammenhang stehen, auch nur zur Hälfte abgezogen werden. Das Abzugsverbot setzt nicht Einnahmen im laufenden Veranlagungszeitraum voraus.

3.3.3 Quellensteueranrechnung im Halbeinkünfteverfahren

Bezogen auf Auslandsdividenden bringt das StSenkG durch eine nationale Regelung erstmals eine (hälftige) Steuerfreistellung für von natürlichen Personen bezogene Ausschüttungen. Nach § 34c Abs. 1 EStG ist auch die ausländische Steuer auf die deutsche Steuer anrechenbar, die auf die steuerfreie Hälfte der Dividenden entfällt.

Die Auswirkungen ergeben sich aus nachfolgender Übersicht:

Steuersatz	**0 %**	**20 %**	**30 %**	**40 %**
Gewinn vor Steuer	100,00	100,00	100,00	100,00
Ausländische KSt	25,00	25,00	25,00	25,00
Ausländische KapESt	15,00	15,00	15,00	15,00
ESt (Ausschüttung 75, davon steuerpflichtig 37,5 nach § 3 Nr. 40 EStG)	0,00	7,50	11,25	15,00

Steuersatz	0 %	20 %	30 %	40 %
Anrechnung (§ 34c EStG)	0,00	7,50	11,25	15,00
ESt-Nachzahlung	0,00	0,00	0,00	0,00
Gesamtsteuerbelastung (KSt, KapESt und ESt)	40,00	40,00	40,00	40,00

3.3.4 Auslandsdividenden im System der Abgeltungsteuer (ab 2009)

3.3.4.1 Abgeltungsteuerpflicht für ausländische Kapitaleinkünfte

Die Abgeltungsteuer von 25 % gilt auch für die in Deutschland steuerpflichtigen ausländischen Kapitaleinkünfte. So wurde z. B. in § 43 Abs. 1 Nr. 6 EStG 2009 die Kapitalertragsteuerpflicht von ausländischen Dividenden geregelt. Die Erweiterung auf ausländische Kapitalerträge bedeutet aber nicht, dass künftig jede z. B. aus dem Ausland stammende Dividende dem Steuerabzug vom Kapitalertrag unterworfen ist. Ein solcher Steuerabzug wäre rechtlich und praktisch nicht umsetzbar, weil eine ausländische Gesellschaft über die Hoheitsgrenzen hinweg zum Steuereinbehalt für den deutschen Fiskus verpflichtet werden kann.

Diese unterliegen nur dem Quellensteuerabzug, wenn sie durch eine auszahlende Stelle im Inland ausbezahlt werden (Zahlstellenbesteuerung). Dies ergibt sich aus § 44 Abs. 1 Satz 3 EStG, wonach der Steuerabzug in den Fällen des § 43 Abs. 1 Satz 1 Nr. 6, 7 und Nr. 8 bis 12 sowie Satz 2 EStG nur von einer »die Kapitalerträge auszahlenden Stelle« vorzunehmen ist, welche in § 44 Abs. 1 Satz 4 EStG i. d. R. als inländisches Kredit- oder Finanzdienstleistungsinstitut definiert wird. Also nur dann, wenn ausländische Kapitalerträge von einem inländischen Kredit- oder Finanzdienstleistungsinstitut ausgezahlt werden, entfaltet die Änderung von § 43 Abs. 1 Satz 1 EStG entsprechende Wirkung.

Ansonsten werden sie im Rahmen der Einkommensteuer-Veranlagung erfasst, dort aber ebenfalls nur mit 25 % besteuert (§ 32d Abs. 1 EStG).

Die Abgrenzung zwischen in- und ausländischen Kapitalerfolgen erfolgt – in negativer Abgrenzung zu § 43 Abs. 3 Satz 1 bis 3 EStG (Definition inländischer Kapitalerträge) – durch § 43 Abs. 3 Satz 4 EStG, der regelt, dass Kapitalerträge i. S. d. § 43 Abs. 1 Satz 1 Nr. 6 EStG ausländische sind, wenn weder die Voraussetzungen von § 43 Abs. 3 Satz 1 (Schuldner der Kapitalerträge hat Wohnsitz, Geschäftsleitung oder Sitz im Inland) noch die von Satz 2 EStG (Schuldner der veräußerten Ansprüche hat Wohnsitz, Geschäftsleitung oder Sitz im Inland) vorliegen. Liegen deshalb der Sache nach Kapitalerträge i. S. v. § 43 Abs. 1 Satz 1 Nr. 6 EStG vor und handelt es sich dabei um keine inländischen Kapitalerträge i. S. v. § 43 Abs. 1 Satz 1 oder 2 EStG, dann sind ausländische Kapitalerträge gegeben.

3.3.4.2 Berücksichtigung ausländischer Quellensteuern bei der Abgeltungsbesteuerung

Bei ausländischen Kapitaleinkünften vermindert sich die Abgeltungsteuer nach § 32d Abs. 1 Satz 1 EStG um die anrechenbaren ausländischen Steuern. Als Grundlage für die Anrechnung ausländischer Steuern bereits beim Steuerabzug stellt § 32d Abs. 5 EStG klar, dass für die Berücksichtigung der ausländischen Steuern § 34c Abs. 1 Satz 1 EStG mit der Maßgabe anzuwenden ist, dass bei jedem ausländischen Kapitalertrag die jeweilige ausländische Steuer auf die deutsche Steuer anzurechnen ist. Für die Anrechnung ausländischer Quellensteuer aus einem Nicht-DBA-Staat ist es erforderlich, dass ausländische Einkünfte aus Kapitalvermögen i. S. d. § 34d Nr. 6 EStG vorliegen und die Tatbestandsmerkmale des § 34c Abs. 1 Satz 1 EStG erfüllt sind. Daher muss die anzurechnende ausländische Steuer eine »der deutschen Einkommensteuer entsprechende Steuer« sein. In DBA-Fällen gilt dies nach § 32d Abs. 1 Satz 2 EStG sinngemäß, soweit die Anrechnung ausländischer Steuern aus einem DBA vorgesehen ist.

Eine Verpflichtung der auszahlenden Stelle (i. d. R. Bank) zur Anrechnung ausländischer Steuern besteht nach § 43a Abs. 3 EStG. Über diese Regelung werden verfahrensrechtliche Fragen im Zusammenhang mit der Berücksichtigung ausländischer Steuern (und von Verlusten) aus dem Veranlagungsverfahren (z. B. nach § 32d Abs. 4 EStG) in das Kapitalertragsteuerverfahren vorverlagert, um den Charakter der abgeltenden Wirkung der Kapitalertragsteuer nicht auszuhöhlen und unnötige (Wahl-)Veranlagungen durchführen zu müssen.

Die Anrechnung ergibt sich aus § 32d Abs. 5 EStG 2009 (Fassung JStG 2009). Hiernach gilt eine zahlungsbezogene Anrechnung.

BEISPIEL

Ein Kapitalanleger erzielt Kapitaleinkünfte i. H. v. 4 000 €. Die anrechenbare ausländische Quellensteuer beträgt 600 €.

LÖSUNG Die Abgeltungsteuer beträgt 1 000 € ./. 600 €, also 400 €.

Sinn und Zweck einer Anrechnung ausländischer Steuern ist die Vermeidung bzw. Minderung einer internationalen Doppelbesteuerung. Dabei muss nach allgemeinen Grundsätzen sichergestellt sein, dass ausländische Steuern nur auf den Teil der deutschen Steuer angerechnet werden, der auf die ausländischen Einkünfte entfällt. Die Regelung des § 32d Abs. 5 EStG enthält für die Berücksichtigung ausländischer Steuern eine auf den einzelnen Kapitalertrag bezogene Betrachtungsweise. Die entsprechende Anwendung von § 34c Abs. 1 Satz 1 EStG erfolgt ausdrücklich mit der Maßgabe, dass »bei jedem ausländischen Kapitalertrag die jeweilige ausländische Steuer auf die deutsche Steuer anzurechnen ist«. Es handelt sich insoweit um eine Einschränkung gegenüber der Anwendung des § 34c EStG im Rahmen der Veranlagung.

BEISPIEL

Geschäftsvorfall	Ertrag	Abgeltungsteuer	anrechenbare ausländische Steuer
(1) Ausländische Dividende Land 1	100	10	15
(2) Ausländische Dividende Land 2	200	0	50*
(3) Inländischer Zinsertrag	300	75	65
Summe	600	85	

* gezahlt unterstellt 60

3.3.4.3 Ausländische Kapitalerträge, die nicht dem Steuerabzug unterlegen haben

Abgeltungsteuerpflichtige Kapitalerträge sind in die Einkommensteuerveranlagung einzubeziehen, wenn für sie kein Kapitalertragsteuerabzug vorgenommen wurde (§ 32d Abs. 3 Satz 1 EStG). Hierbei handelt es sich insbesondere um ausländische Kapitalerträge, die von einer ausländischen Stelle ausgezahlt werden. Trotz Einbeziehung in die Einkommensteuer-Veranlagung werden auch diese Kapitalerträge nur mit 25 % belastet. Die Abgeltungsteuer erhöht in diesen Fällen die tarifliche Einkommensteuer (§ 32d Abs. 3 Satz 2 EStG).

3.3.4.4 Veranlagungswahlrecht

§ 32d Abs. 4 EStG gewährt dem Kapitalanleger ein Wahlrecht, Kapitaleinkünfte, die der Kapitalertragsteuer unterlegen haben, in die Veranlagung einbeziehen zu können, um Tatbestände, die beim Steuerabzug nicht berücksichtigt werden konnten, in der Veranlagung geltend machen zu können. Dies gilt insbesondere bei ausländischen Einkünften zur Berücksichtigung der im Abzugswege u. U. noch nicht berücksichtigten ausländischen Quellensteuern.

3.3.4.5 Einzelfragen

Hierzu wird auf Tz. 200ff. des BMF-Einführungsschreibens vom 22. 12. 2009 BStBl I 2010, 43 verwiesen.

3.4 Bearbeitungshinweise für die Praxis

Bei Dividenden und Zinsen sind die Belege der inländischen und ausländischen Banken über die Höhe der Einkünfte und die einbehaltene Quellensteuer anzufordern und abschließend zu prüfen, auch wenn die Veranlagung unter dem Vorbehalt der Nachprüfung (§ 164 AO) ergeht.

Bei der **Prüfung der Vordrucke Anlagen KAP und AUS (2009)** ist zu beachten:

Die Anlage KAP 2009 ist in acht Bereiche gegliedert.

Neben den einzelnen Einkunftstatbeständen sind betroffen im Bereich 6 in den Zeilen 49 bis 58 die Steuerabzugsbeträge, anzurechnende Steuern aus Kapitalerträgen, Beteiligungen und anderen Einkunftsarten sowie anzurechnende Quellensteuern nach der ZIV.

Ausländische Steuern, die auf abgeltungsteuerpflichtige Kapitalerträge (Zeilen 7 bis 20 und 31 bis 46) entfallen, werden nach § 32d Abs. 5 EStG angerechnet. Diese sind nicht in der Anlage AUS, sondern in den Zeilen 52 bis 54 der Anlage KAP zu erklären. § 34c Abs. 1 EStG gilt nur noch für Kapitalerträge, die nach § 32d Abs. 2 EStG der tariflichen Einkommensteuer unterliegen (§ 34c Abs. 1 Satz 1 EStG).

Die Anlage AUS 2009 wird damit nicht mehr angesprochen.

Zur Geltendmachung derartiger **Erstattungsansprüche** stellen die ausländischen Steuerbehörden **Antragsformulare** zur Verfügung, die unmittelbar dort, ggf. auch über die inländischen Kreditinstitute, bezogen werden können. Das Bundeszentralamt stellt ebenfalls die bekannten Antragsformulare der ausländischen Steuerverwaltungen im Internet (www.bzst.de unter »Ausländische Quellensteuer«) zur Verfügung. Sofern für einzelne Staaten keine entsprechenden Vordrucke bekannt sind, steht auf der Internetseite des BZSt ein bundeseinheitlich abgestimmter Vordruck zur Verfügung. Die Wohnsitzfinanzämter sind mit diesem Verfahren nur insoweit befasst, als die Antragsformulare einen Bestätigungsvermerk des Finanzamts über die Ansässigkeit des Gläubigers der Kapitalerträge im Inland vorsehen.

Ein einheitliches **Muster einer Ansässigkeitsbescheinigung** für Zwecke der Steuerentlastung steht auf der o. g. Internetseite des BZSt zur Verfügung.

4 Art. 11 OECD-MA – Zinseinkünfte

4.1 Besteuerungsgrundsätze nach den Doppelbesteuerungsabkommen

Die DBA weisen das **Besteuerungsrecht für Zinseinkünfte** i. d. R. dem **Wohnsitzstaat des Empfängers** (Zinsgläubigers) zu, wobei aber vielfach der **Quellenstaat** eine begrenzte Quellensteuer erheben darf. **Übersteigt** die im Quellenstaat **erhobene Quellensteuer** die **nach dem Abkommen zulässige Quellensteuer,** muss der Empfänger der Zinsen einen (fristgebundenen) **Erstattungsantrag** bei der zuständigen Finanzbehörde des ausländischen Quellenstaates stellen. Der Entlastung von Quellensteuer (Kapitalertragsteuer) für Kapitaleinkünfte ausländischer Zins- und Dividendengläubiger kommt auch in Deutschland durch die gesetzliche Verankerung des Abzugsverfahrens in § 50d EStG erhöhte Bedeutung zu. Die Regelungen in den einzelnen DBA sind hinsichtlich der Besteuerungszuordnung und der Quellensteuersätze sehr unterschiedlich. Teilweise bestehen auch Sonderregelungen für Zinsen aus grundbuchrechtlich gesicherten Darlehen (z. B. DBA-Norwegen, DBA-Italien).

Die Vorgehensweise bei der Behandlung von Zinsen entspricht insoweit der Handhabung bei Dividenden.

BEISPIEL

Der Steuerinländer Maier hat eine schweizerische Bundesanleihe gezeichnet.

Da Zinseinkünfte nach dem Gesetz über die direkte Bundessteuer einer Verrechnungssteuer von 35% unterliegen, wird Maier nicht der Bruttobetrag von 1000 CHF Zinseinnahmen, sondern werden nur 650 CHF ausgezahlt.

LÖSUNG Die Zuweisung des Besteuerungsrechts ergibt sich aus Art. 11 DBA-Schweiz. Hiernach hat ausschließlich der Wohnsitzstaat Deutschland das Besteuerungsrecht. Auf Antrag muss nach Art. 28 die Schweiz die Verrechnungssteuer erstatten. Damit ist nur noch der Umrechnungskurs zu ermitteln. Der Methodenartikel ist nicht mehr zu prüfen.

Die Abzugsteuersätze für Zinsen nach den DBA ergeben sich aus der unter 5.2 abgedruckten Aufstellung »Länderspezifische Besonderheiten für Dividenden, Zinsen und Lizenzen«.

4.2 Verhältnis des Doppelbesteuerungsabkommens zur Zinsinformationsverordnung

Die Zinsrichtlinie (Richtlinie 2003/48/EG) soll die effektive Besteuerung von Zinserträgen natürlicher Personen innerhalb der EU sicherstellen. Die Regelung beschränkt sich auf grenzüberschreitende Zinszahlungen und lässt die innerstaatlichen Regelungen über die Besteuerung von Zinserträgen unberührt. Sie wird ergänzt durch die Verordnung zur Umsetzung der Richtlinie vom 26.01.2004, der Zinsinformationsverordnung – ZIV.

Ab dem 01.07.2005 haben sich grundsätzlich alle EU-Mitgliedstaaten dazu verpflichtet, grenzüberschreitende Zinszahlungen durch einen automatischen Auskunftsaustausch innerhalb der EU gegenseitig mitzuteilen.

Für einen Übergangszeitraum sind Belgien, Österreich und Luxemburg nicht verpflichtet, automatisch Auskünfte über Zinszahlungen zu übermitteln. Anstelle des automatischen Auskunftsaustauschs wenden diese drei Mitgliedstaaten einen Quellensteuerabzug auf die Zinseinkünfte der Anleger mit steuerlichem Wohnsitz in anderen Mitgliedstaaten an.

Die fünf europäischen Drittstaaten (Schweiz, Andorra, Liechtenstein, Monaco und San Marino) haben sich zur Umsetzung gleichwertiger Maßnahmen verpflichtet und wenden ebenfalls ab dem 01.07.2005 einen Quellensteuerabzug wie Österreich, Belgien und Luxemburg an.

Die von der EU abhängigen bzw. mit ihren Mitgliedstaaten assoziierten Gebiete (Kanalinseln, Isle of Man und abhängige oder assoziierte Gebiete in der Karibik, Anlage IV zu BMF-Schreiben vom 30.01.2008 BStBl I 2008, 320) haben zeitgleich einen automatischen Auskunftsaustausch oder einen Quellensteuerabzug eingeführt. Die Quellensteuersätze betragen:

- 15% vom 01.07.2005 bis 30.06.2008,
- 20% vom 01.07.2008 bis 30.06.2011,
- 35% ab dem 01.07.2011.

Die Zinsen unterliegen ungeachtet dessen in Deutschland als Wohnsitzstaat der Besteuerung, die ZIV-Steuer hat keine Abgeltungswirkung, d.h. das Besteuerungsrecht des Wohnsitzstaats wird durch den Quellensteuereinbehalt nicht beeinflusst (§ 11 ZIV).

Sofern ein Steuerabzug vorgenommen wurde, kann die nach der ZIV einbehaltene Quellensteuer bei entsprechendem Nachweis in voller Höhe gem. § 36 Abs. 2 Nr. 2 EStG auf die deutsche Einkommensteuer angerechnet werden (§ 14 ZIV). Dies gilt auch ab dem 01.01.2009, wenn die ausländischen Zinserträge dem besonderen Steuersatz für Kapitalerträge gem. § 32d EStG unterliegen.

Die Anrechnungsbeschränkungen des § 34c EStG oder des jeweiligen DBA finden auf die nach der ZIV einbehaltenen Quellensteuern keine Anwendung.

Der Nachweis über die einbehaltene Quellensteuer nach der Zinsrichtlinie hat nach den Grundsätzen des § 68b EStDV zu erfolgen. Das gemeinsam mit dem Einführungsschreiben zur ZIV (BMF vom 30. 01. 2008 BStBl I 2008, 320) als Anlage III/5 veröffentlichte Muster einer Steuerbescheinigung ist für die ausländischen Zahlstellen nicht verbindlich zu verwenden. Aus den Bescheinigungen muss sich allerdings zweifelsfrei ergeben, dass es sich um eine Quellensteuer nach der Zinsrichtlinie handelt.

4.2.1 Vermeidung der ZIV-Steuer

Der Stpfl. kann dem Quellensteuerabzug entgehen, indem er entweder die ausländische Zahlstelle ermächtigt, die nach der Zinsrichtlinie erforderlichen Auskünfte zu erteilen oder eine Bescheinigung nach § 13 ZIV bei seinem Wohnsitzfinanzamt beantragt und der ausländischen Zahlstelle vorlegt (ein Muster der Bescheinigung nach § 13 ZIV enthält das BMF-Schreiben vom 30. 01. 2008 BStBl I 2008, 320, als Anlage III/4).

4.2.2 Verhältnis der Zinsinformationsverordnung zur Abgeltungsteuer

Es gilt der Grundsatz des Vorrangs der Anrechnung der Quellensteuer gemäß der EU-Zinsrichtlinie/Zinsinformationsverordnung – ZIV 4.2.2 vor den Regelungen der Abgeltungsteuer (vgl. Rz. 148 des BMF-Schreibens vom 22. 12. 2010 BStBl I 2010, 43.

Wird durch einen Staat im Rahmen der EU-Zinsrichtlinie auf die Kapitalerträge Quellensteuer einbehalten, so wird dem wirtschaftlichen Eigentümer eine Steuergutschrift in Höhe der einbehaltenen Steuer gewährt und auf die ESt angerechnet (vgl. § 14 Abs. 2 ZIV).

Kapitalerträge, die unter die ZIV fallen, unterliegen gemäß § 32d Abs. 3 EStG im Inland der Besteuerung. Gemäß § 14 Abs. 2 ZIV wird dem wirtschaftlichen Eigentümer der Zinserträge jedoch eine Steuergutschrift in Höhe der einbehaltenen Steuer gewährt. Dabei ist die Anwendung von DBA-Anrechnungsregeln (§ 32d Abs. 5 und § 34c EStG) ausgeschlossen. Die Anrechnung erfolgt im Festsetzungsverfahren gesondert in der Anrechnungsverfügung. § 14 Abs. 2 ZIV ist vorrangig. Damit bleibt es bei der Berücksichtigung der EU-Quellensteuer außerhalb der Steuerfestsetzung – ohne Auswirkung auf die Berechnung der Kirchensteuer.

5 Art. 12 OECD-MA – Lizenzgebühren

5.1 Grundsätze

Art. 12 Abs. 1 der meisten DBA enthält den **Grundsatz**, dass Lizenzvergütungen **ausschließlich im Wohnsitzstaat** (des Zahlungsempfängers) besteuert werden können (wesentliche Ausnahme: Lizenzvergütungen sind einer gewerblichen Betriebsstätte oder ständigen Einrichtung – bei selbstständiger Arbeit – zuzurechnen).

Soweit in diesen Fällen das jeweilige nationale Recht (z. B. in Deutschland § 50a Abs. 4 EStG) einen Quellensteuerabzug vorsieht, müsste eine Freistellungsbescheinigung oder die Erstattung der einbehaltenen Quellensteuer beantragt werden. Allerdings enthalten nicht alle von Deutschland abgeschlossenen DBA eine dem Art. 12 Abs. 1 des OECD-MA entsprechende Regelung.

Nach Art. 12 Abs. 2 OECD-MA bedeutet der Ausdruck »Lizenzgebühren« Vergütungen jeder Art, die für die Benutzung oder für das Recht auf Benutzung von Urheberrechten an literarischen, künstlerischen oder wissenschaftlichen Werken, einschließlich kinematografischer Filme, von Patenten, Marken, Mustern oder Modellen, Plänen, geheimen Formeln oder Verfahren oder für die Benutzung oder das Recht auf Benutzung gewerblicher, kaufmännischer oder wissenschaftlicher Ausrüstungen oder für die Mitteilung gewerblicher, kaufmännischer oder wissenschaftlicher Erfahrungen gezahlt werden.

Entscheidend ist der **Wortlaut und die Begriffsbestimmung im jeweils anzuwendenden DBA** (einschließlich Protokoll, vgl. z. B. DBA-Brasilien), da Art. 12 Abs. 2 des OECD-MA nicht in alle DBA übernommen wurde.

Sieht das DBA eine Quellensteueranrechnung vor, so ist wie bei Dividenden und Zinsen

- im Quellenstaat eine Erstattung bis zur abkommensrechtlich zulässigen Quellensteuerhöhe zu beantragen und
- die verbleibende ausländische Quellensteuer nach § 34c Abs. 1 EStG auf die anteilige deutsche Steuer anzurechnen.

5.2 Länderspezifische Besonderheiten (Dividenden, Zinsen und Lizenzen)

Die DBA-Quellensteuerhöchstsätze bei ausländischen Einnahmen aus Dividenden, Zinsen und Lizenzgebühren unbeschränkt steuerpflichtiger natürlicher Personen ergeben sich aus der nachfolgenden Übersicht. Hinsichtlich Anmerkungen wird auf die Erläuterungen am Ende der Übersicht hingewiesen.

Angegeben ist die maximal anrechenbare ausländische Quellensteuer des Bruttobetrages in % und in Klammern darunter eine ggf. stattdessen anrechenbare fiktive Quellensteuer.

DBA-Staat	**Dividenden**	**Zinsen**	**Lizenzgebühren**
Ägypten	15[1]	15	15 oder 25
	(fiktiv: maximal 15)	(fiktiv: maximal 15)	
Algerien (ab 2009)[2]	15	10	10
Argentinien	15	10 oder 15	15 oder unbegrenzt
	(fiktiv: 20)	(fiktiv: 15)	(fiktiv: 20)[3]
Armenien	Fortgeltung DBA-UdSSR (siehe dort)		

1 Ggf. 20 % der Nettodividende nach Art. 10 Abs. 3 des DBA.

2 Abkommen vom 12. 11. 2007 BStBl I 2009, 383.

3 Nur bei bestimmten Lizenzgebühren.

Aserbaidschan (bis 2005)	Fortgeltung DBA-UdSSR (siehe dort)		
(ab 2006)[1]	15	10	10 oder 5
Australien	15	10	10
Bangladesch	15	10	10
	(fiktiv: 15)	(fiktiv: 15)	(fiktiv: 15)
Belarus (Weißrussland) (bis 2006)	Fortgeltung DBA-UdSSR (siehe dort)		
(ab 2007)[2]	15	5	3 oder 5
Belgien	15	15	0
Bolivien	15	15	15
		(fiktiv: 20)	(fiktiv: 20)
Bosnien-Herzegowina	Fortgeltung DBA-Jugoslawien (siehe dort)		
Brasilien (bis 2005, ab 2006 kein DBA mehr)[3]	15	15	15 oder 25
	(fiktiv: 20)	(fiktiv: 20)	(fiktiv: 20)[4]
Bulgarien	15	0	5
Ceylon	siehe Sri Lanka		
China[5]	10	10	7 oder 10
	(fiktiv: 10)	(fiktiv: 15)	(fiktiv: 15)
Côte d'Ivoire (Elfenbeinküste)	15 oder 18	15	10
	(fiktiv: 15)	(fiktiv: 15)	
Dänemark	15	0	0

1 Abkommen vom 25.08.2004 BStBl I 2006, 291.
2 Abkommen vom 30.09.2005 BStBl I 2007, 276.
3 Das DBA mit Brasilien wurde am 07.04.2005 durch Deutschland gekündigt.
Zu den Folgerungen aus der Kündigung vgl. BMF vom 06.01.2006 BStBl I 2006, 83.
4 Nur bei bestimmten Lizenzgebühren.
5 Das DBA mit der Volksrepublik China gilt nicht für Hongkong, Macau und Taiwan.

Ecuador	15 bzw. unbegrenzt	10 oder 15	15
		(fiktiv: 20)	(fiktiv: 20)
Elfenbeinküste	Siehe Côte d'Ivoire		
Estland	15	0 oder 10	5 oder 10
Finnland	15	0	0 oder 5
Frankreich (ab 2002)[1]	15	0	0
Georgien (bis 2007)	Fortgeltung DBA-UdSSR (siehe dort)		
(ab 2008)[2]	10	0	0
Ghana (ab 2008)[3]	15	10	8
Griechenland	25[4]	10	0
		(fiktiv: 10)	
Großbritannien	siehe Vereinigtes Königreich		
Indien	10	10	10
		(fiktiv: 10)[5]	
Indonesien	15	10	15 oder 10[6]
		(fiktiv: 10)	
Iran	20	15	10
	(fiktiv: maximal 20)		(fiktiv: maximal 10)
Irland	unbegrenzt	0	0
	(fiktiv: 18 der Nettodividende)		
Island	15	0	0

1 Zusatzabkommen vom 20. 12. 2001 BStBl I 2002, 891.
2 Abkommen vom 01. 06. 2006 BStBl I 2008, 483.
3 Abkommen vom 12. 08. 2004 BStBl I 2008 468.
4 Vgl. aber das BMF vom 16. 12. 1993 BStBl I 1994, 3.
5 Die fiktive Steueranrechnung wird letztmalig im Jahr 2008 gewährt.
6 Für technische Dienstleitungen: 7,5 %.

Israel	25	15	0 oder 5
	(fiktiv: maximal 25)	(fiktiv: maximal 15)	
Italien	15	0 oder 10	0 oder 5
Jamaika	15	10 oder 12,5	10
	(fiktiv: maximal 15)	(fiktiv: maximal in gleicher Höhe)	(fiktiv: maximal 10)
Japan	15	10	10
Jugoslawien	wegen Namensänderung siehe bei Serbien		
Kanada (bis 2000)	15	0 oder 15	0 oder 10
(ab 2001)[1]	15	0 oder 10	0 oder 10
Kasachstan	15	0 oder 10	10
Kenia	15	15	15
	(fiktiv: maximal 15)	(fiktiv: 15[2])	(fiktiv: 20)
Kirgisistan (bis 2006)	Fortgeltung DBA-UdSSR (siehe dort)		
(ab 2007)[3]	15	5	10
Korea[4] (bis 2002)	15	10 oder 15	10 oder 15
	(fiktiv: maximal 20)	(fiktiv: maximal 20)	(fiktiv: maximal 20)
(ab 2003)[5]	15	0 oder 10	2 oder 10
	(fiktiv: 15)[6]	(fiktiv: in gleicher Höhe) 18	(fiktiv: in gleicher Höhe) 18
Kroatien (bis 2006)	Fortgeltung DBA-Jugoslawien (siehe dort)[7]		
(ab 2007)[8]	15	0	0

1 Revisionsabkommen vom 19.04.2001 BStBl I 2002, 505.
2 Tz. 2.3.1 des BMF-Schreibens vom 12.05.1998 BStBl I 1998, 554, ist überholt.
3 Abkommen vom 01.12.2005 BStBl I 2007, 233.
4 Das Abkommen mit der Republik Korea gilt nicht für Nordkorea.
5 Revisionsabkommen vom 10.03.2000 BStBl I 2003, 24.
6 Ab dem Jahr 2004 entfällt die fiktive Quellensteueranrechnung.
7 Beachte bisher bei Dividenden das BMF-Schreiben vom 16.06.2001 BStBl I 2001, 366.
8 Abkommen vom 06.02.2006 BStBl I 2007, 247.

Kuwait	15	0	10
Lettland	15	0 oder 10	5 oder 10
Liberia	15	10 oder 20	10 oder 20
		(fiktiv: 10)	(fiktiv: 10)[1]
Litauen	15	0 oder 10	5 oder 10
Luxemburg	15	0	5
Malaysia	0	0 oder 15	0 oder 10 oder unbegrenzt
	(fiktiv: 18)	(fiktiv: maximal 15)	(fiktiv: maximal 10)[2]
Malta (bis 2001)	0	10	0 oder 10
	(fiktiv: 20)[3] [früher 22,5][4]	(fiktiv: maximal 10)	(fiktiv: maximal in gleicher Höhe)
(ab 2002)[5]	0	0	0
	(fiktiv: 20)[6]		
Marokko	15	10	10
	(fiktiv: 15)	(fiktiv: 10 oder 15)	
Mauritius	15	0 oder unbegrenzt	15
	(fiktiv: maximal 15)		
Mazedonien	Fortgeltung DBA-Jugoslawien (siehe dort)		
Mexiko	15	10 oder 15	10
Moldawien (Moldau)	Fortgeltung DBA-UdSSR (siehe dort)		

1 Nur bei bestimmten Lizenzgebühren.
2 Nur bei bestimmten Lizenzgebühren.
3 In den Fällen des Art. 10 Abs. 4 Buchst. b des DBA.
4 Vgl. den koordinierten Ländererlass 23. 11. 1976 DStR 1977, 16.
5 Revisionsabkommen vom 08. 03. 2001 BStBl I 2002, 76.
6 In Fällen des Art. 10 Abs. 3 Buchst. b des DBA (vgl. Art. 23 Abs. 1 Buchst. c des DBA).
Die fiktive Steueranrechnung wird letztmals im VZ 2011 gewährt.

Mongolei	10	10	10
	(fiktiv: 10)	(fiktiv: 10)	(fiktiv: 10)
Namibia	15	0	10
Neuseeland	15	10	10
Niederlande	15	0	0
Norwegen	15	0	0
Österreich (bis 2002)	15	unbegrenzt	0
(ab 2003)[1]	15	0	0
Pakistan	15	10 oder 20	10
Philippinen	15	10 oder 15	10 oder 15
	(fiktiv: 20)	(fiktiv: 15)	(fiktiv: 20)
Polen (bis 2004)	15	0	0
(ab 2005)[2]	15	5	5
Portugal	15	10 oder 15	10
	(fiktiv: 15)	(fiktiv: 15)	(fiktiv: 15)
Rumänien (bis 2003)	15	10	10
(ab 2004)[3]	15	3	3
Russische Föderation	15	0	0
Sambia	15	10	10
Schweden	15	0	0
Schweiz	15	0	0

1 Revisionsabkommen vom 24.08.2000 BStBl I 2002, 584.
2 Revisionsabkommen vom 14.05.2003 BStBl I 2005, 349.
3 Revisionsabkommen vom 04.07.2001 BStBl I 2004, 273.

Serbien[1] (vormals Jugoslawien)	15	0	10
Simbabwe	20	10	7,5
			(fiktiv: 10)
Singapur (bis 2006)	15	10	0 oder unbegrenzt
		(fiktiv: 10)	(fiktiv: 10)[2]
(ab 2007)[3]	15	10 – 8	0 – 8
		(fiktiv: 10)	(fiktiv: 10)[4]
Slowakei	Fortgeltung DBA-Tschechoslowakei (siehe dort)		
Slowenien (bis 2006)	Fortgeltung DBA-Jugoslawien (siehe dort)[5]		
(ab 2007)[6]	15	5	5
Sowjetunion	siehe UdSSR		
Spanien	15	10	5
Sri Lanka	15	10	10
	(fiktiv: maximal 20)	(fiktiv: maximal 15)	(fiktiv: maximal 20)
Südafrika	15	10	0
Südkorea	siehe Korea		
Tadschikistan (bis 2004)	Fortgeltung DBA-UdSSR (siehe dort)		
(ab 2005)[7]	15	0	5
Thailand	20	10 oder 25	5 oder 15

1 Im Verhältnis zu den Republiken Montenegro und Kosovo besteht derzeit ein abkommensloser Zustand.
2 Nur bei bestimmten Lizenzgebühren.
3 Revisionsabkommen vom 28. 06. 2004 BStBl I 2007, 157.
4 Nur bei bestimmten Lizenzgebühren.
5 Beachte bisher bei Dividenden das BMF-Schreiben vom 21. 03. 1997 BStBl I 1997, 724.
6 Abkommen vom 03. 05. 2006 BStBl I 2007, 171.
7 Abkommen vom 27. 03. 2003 BStBl I 2005, 15.

Trinidad und Tobago	20	15	0 oder 10
	(fiktiv: maximal 20)	(fiktiv: maximal 15)	(fiktiv: maximal in gleicher Höhe)[1]
Tschechien	Fortgeltung DBA-Tschechoslowakei (siehe dort)		
Tschechoslowakei	15	0	5
Türkei	20	15 bzw. 0[2]	10
	(fiktiv: maximal 10)	(fiktiv: maximal 10)	(fiktiv: maximal 10)
Tunesien	15	10	10 oder 15
	(fiktiv: 15)	(fiktiv: 10)	(fiktiv: in gleicher Höhe)
Turkmenistan	Fortgeltung DBA-UdSSR (siehe dort)		
UdSSR (GUS)	15	0 oder 5	0
Ukraine	10	2 oder 5	0 oder 5
Ungarn	15	0	0
Uruguay	15	15	10 oder 15
		(fiktiv: 20)	(fiktiv: 20)
USA	siehe Vereinigte Staaten von Amerika		
Usbekistan (bis 2001)	Fortgeltung DBA-UdSSR (siehe dort)		
(ab 2002)[3]	15	5	3 oder 5
Venezuela	15	5	5
	(fiktiv: 15)[4]	(fiktiv: 5)39	(fiktiv: 5)39
Vereinigte Arabische Emirate[5]	15	0	0

1 Nur bei bestimmten Lizenzgebühren.

2 Vgl. Tz. 2.2.2 des BMF-Schreibens vom 12.05.1998 BStEl I 1998, 554.

3 Abkommen vom 07.09.1999 BStBl I 2001, 765.

4 Die fiktive Steueranrechnung wird längstens bis 19.08.2007 gewährt.

5 Das bisherige DBA mit den VAE trat zum 31.12.2008 außer Kraft. Derzeit besteht ein abkommensloser Zustand. Das neue DBA bleibt abzuwarten.

Vereinigtes Königreich	15[1]	0	0
Vereinigte Staaten von Amerika	15	0	0
Vietnam	15	5	7,5 oder 10
	(fiktiv: 10)[2]	(fiktiv: 5)42	(fiktiv: 10)42
Weißrussland (Belarus)	siehe Belarus		
Zypern	15	10	0 oder 5
	(fiktiv: 15)	(fiktiv: 10)	

Anmerkungen:

Die vorstehende Übersicht enthält die nach den jeweiligen DBA geltenden Normalsätze, z. B. für Dividenden aus Streubesitzanteilen. Zahlreiche DBA enthalten in Sonderfällen abweichende Regelungen, beispielsweise ermäßigte Quellensteuersätze für Schachteldividenden oder für Zinsen aus Bank-, Unternehmens-, Lieferanten- oder Ausrüstungsdarlehen. Auch für Zinsen aus stillen Gesellschaften existieren vereinzelt Sonderregelungen. Im Zweifelsfall sollte deshalb der Text des jeweiligen DBA bzw. der dazugehörigen Denkschrift, Protokolle und Notenwechsel hinzugezogen werden.

Für Dividenden, Zinsen und Lizenzgebühren enthalten die DBA regelmäßig einen Betriebsstättenvorbehalt, wenn die Einkunftsquelle tatsächlich einer dort gelegenen Betriebsstätte (bzw. festen Einrichtung) zuzurechnen ist. Das Besteuerungsrecht des Quellenstaates und die Methode zur Vermeidung der Doppelbesteuerung durch den Ansässigkeitsstaat richten sich in diesen Fällen nach den für Unternehmensgewinne (bzw. für selbstständige Arbeit) geltenden Artikeln.

DBA-Änderungen ab dem Jahr 2000 sind durch Angabe der bisherigen und der neuen Abkommensregelungen berücksichtigt (betr. Aserbaidschan, Belarus, Brasilien, Frankreich, Kanada, Kirgisistan, Korea, Kroatien, Malta, Österreich, Polen, Rumänien, Serbien und Montenegro, Singapur, Slowenien, Tadschikistan und Usbekistan).

Soweit ein Quellensteuersatz mit 0 angegeben ist, hat der Ansässigkeitsstaat das alleinige Besteuerungsrecht. Eine Anrechnung oder ein Abzug ausländischer Quellensteuer kommt in diesen Fällen nicht in Betracht.

Wegen der Voraussetzungen für die Anrechnung fiktiver Quellensteuern vgl. das BMF-Schreiben vom 12. 05. 1998 BStBl I 1998, 554.

Soweit in der Übersicht die fiktive Quellensteuer mit dem Zusatz »maximal« angegeben ist, bedeutet dies, dass grundsätzlich nur diejenige Steuer angerechnet werden kann, die nach

1 Eine Quellensteuer auf Dividenden wird derzeit nicht erhoben.

2 Die fiktive Steueranrechnung wird längstens bis 27. 12. 2006 gewährt.

dem Recht des ausländischen Staates ohne eine dort gewährte nationale Steuerermäßigung oder -befreiung zu zahlen wäre. Der »Maximalsatz« stellt folglich die Obergrenze der fiktiven Anrechnung dar. Nach Tz. 2.3 des o. g. BMF-Schreibens kann regelmäßig davon ausgegangen werden, dass der ausländische allgemeine Steuersatz höher ist als der angegebene fiktive Quellensteuersatz, d. h. der angegebene »Maximalsatz« kann insoweit ohne weitere Prüfung angerechnet werden.

Für Lizenzgebühren existieren in einigen DBA verschiedene Quellensteuersätze. Eine kurze Erläuterung zu den unterschiedlichen Steuersätzen findet sich in dem vom Bundesamt für Finanzen mit Datum vom 09. 10. 2002 BStBl I 2002, 916, veröffentlichten Merkblatt zum Entlastungsverfahren nach § 50d EStG. Die dortigen Ausführungen betreffen allerdings den umgekehrten Fall, dass ein beschränkt Stpfl. inländische Einkünfte erzielt (deutsches Besteuerungsrecht). Das Merkblatt enthält deshalb keinen Hinweis auf die in einigen DBA vereinbarten fiktiven Quellensteuersätze.

6 Art. 13 OECD-MA – Veräußerungsgewinne

Die meisten von Deutschland abgeschlossenen DBA folgen dieser Regelung. So steht z. B. das Recht zur Besteuerung des Gewinns aus der Veräußerung eines Vermögenswertes einer **gewerblichen Betriebsstätte** ohne Rücksicht darauf, ob dieser Gewinn einen Veräußerungsgewinn oder einen laufenden Unternehmergewinn darstellt, dem **Betriebsstättenstaat** zu. Daher erübrigen sich in diesen Fällen die Abgrenzung der Veräußerungsgewinne gegenüber den laufenden Unternehmergewinnen und besondere Bestimmungen darüber, ob der Artikel über Gewinne aus der Veränderung von Vermögen oder Art. 7 über Unternehmensgewinne anzuwenden ist.

Andererseits stehen Gewinne aus der Veräußerung von **»privatem« Vermögen** (mit Ausnahme von Grundbesitz = Besteuerungsrecht **Belegenheitsstaat**) i. d. R. ausschließlich dem Wohnsitzstaat zu. Ob und ggf. wie ein Veräußerungsgewinn besteuert wird, richtet sich allein nach dem innerstaatlichen Recht eines jeden Vertragsstaates. Die Zuteilung des Besteuerungsrechts nach dem DBA für Veräußerungsgewinne kann keinesfalls dahin ausgelegt werden, dass dieser Staat Veräußerungsgewinne besteuern kann, wenn dies nicht bereits in seinem innerstaatlichen Recht vorgesehen ist (z. B. in Deutschland Veräußerungsgewinne aus privatem Grundbesitz). Mit einigen wenigen, aber bedeutenden DBA-Partnern (z. B. USA, Kanada, Schweiz) sind für **wesentliche Beteiligungen** an Kapitalgesellschaften (Anteil mindestens 25 %) im Privatvermögen Sonderregelungen für den Veräußerungsfall vorgesehen. So kann z. B. nach Art. 13 Abs. 6 DBA-USA 1989 Deutschland im Falle des Wegzugs eines deutschen Staatsbürgers in die USA die Veräußerung von wesentlichen Beteiligungen an deutschen Kapitalgesellschaften i. S.v. § 17 EStG innerhalb von **zehn Jahren** seit dem Zeitpunkt des Wegzugs besteuern (Begrenzung auf die Gewinne bis zum Wegzug). Entscheidend ist die **Höhe des Beteiligungsbesitzes** im **Zeitpunkt der Veräußerung** (vgl. BFH vom 13. 12. 1989 BStBl II 1990, 381).

U.a. das DBA-USA 1989 ermöglicht entsprechend dem Belegenheitsprinzip für Grundbesitz auch die Möglichkeit der Besteuerung für Anteile an Grundstücksgesellschaften, um Missbräuche (Verkauf von Anteilen an Immobiliengesellschaften anstelle von Grundstücken) zu vermeiden.

Die nationale Besteuerungsmöglichkeit ergibt sich in diesen Fällen aus § 49 Abs. 1 Nr. 2e EStG (Fassung ab StMBG) bzw. § 49 Abs. 1 Nr. 8 EStG (Fassung ab StMBG). Einzelheiten ergeben sich aus den Schreiben des BMF vom 30.05.1995 BStBl I 1995, 337 sowie vom 15.12.1994 BStBl I 1994, 883. Ab 2009 handelt es sich durchgängig um gewerbliche Einkünfte nach § 49 Abs. 1 Nr. 2f EStG. Hinsichtlich Einzelheiten vgl. Teil 4.2.

7 Art. 14 OECD-MA 2000 – Einkünfte aus selbstständiger Arbeit

Das OECD-MA aktueller Fassung enthält keine Sonderregelungen mehr für Einkünfte aus selbstständiger Arbeit. Diese werden nach dem Betriebsstättenprinzip beurteilt.

Da fast alle deutschen DBA noch auf dem »alten« Muster aufbauen, wird dieses erläutert.

7.1 Allgemeines

Art. 14 des OECD-MA 1977 hatte folgenden Wortlaut:

1. »Einkünfte, die eine in einem Vertragsstaat ansässige Person aus einem freien Beruf oder aus sonstiger selbständiger Tätigkeit bezieht, können nur in diesem Staat besteuert werden, es sei denn, dass der Person im anderen Vertragsstaat für die Ausübung ihrer Tätigkeit gewöhnlich eine feste Einrichtung zur Verfügung steht. Steht ihr eine solche Einrichtung zur Verfügung, so können die Einkünfte im anderen Staat besteuert werden, jedoch nur insoweit, als sie dieser festen Einrichtung zugerechnet werden können.
2. Der Ausdruck »freier Beruf« umfasst insbesondere die selbständig ausgeübte wissenschaftliche, literarische, künstlerische, erzieherische oder unterrichtende Tätigkeit sowie die selbständige Tätigkeit der Ärzte, Rechtsanwälte, Ingenieure, Architekten, Zahnärzte und Buchsachverständigen.«

Art. 14 wurde von der OECD durch Beschluss vom 29.04.2000 aufgehoben. Künftig gelten die Regelungen für gewerbliche Gewinne. Aufgrund der wörtlichen Übernahme in nahezu alle deutschen DBA gelten die Aussagen aber in der Praxis weiter.

7.2 Zuweisung des Besteuerungsrechtes

Die Bestimmungen entsprechen grundsätzlich denen, die für Unternehmensgewinne gelten. Insoweit kann zur Auslegung auf die Ausführungen unter 1 verwiesen werden. Der Wohnsitzstaat hat grundsätzlich das Besteuerungsrecht. Für eine im Ausland ausgeübte selbstständige Tätigkeit i.S.v. § 18 EStG hat der **ausländische Tätigkeitsstaat** (nur) dann ein **Besteuerungsrecht,** wenn die Tätigkeit dort in einer **festen Einrichtung** ausgeübt wird.

Art. 14 enthält keine Regelung über die Methode der Vermeidung der Doppelbesteuerung im Wohnsitzstaat. Die deutschen DBA sehen im Regelfall die Freistellung unter Progressionsvorbehalt vor (vgl. z. B. Art. 24 Abs. 1 Nr. 1c DBA-Schweiz).

Nach einigen DBA-Regelungen erfolgt die Zuordnung des Besteuerungsrechts allerdings allein alternativ nach dem Ort der Arbeitsausübung, teilweise verbunden mit einer zeitlichen Mindestdauer von 183 Tagen und abhängig davon, ob die Vergütungen (Kosten) von einer Person im Tätigkeitsstaat oder Wohnsitzstaat des Selbstständigen getragen werden.

7.3 Begriff des »freien Berufes«

Art. 14 Abs. 2 OECD-MA enthält eine nicht abschließende Erläuterung des Begriffs des »freien Berufes«. Für die Auslegung kann im Zweifel die Rechtsprechung zu § 18 EStG herangezogen werden.

Zu beachten ist jedoch, dass folgende **Subsidiarität** besteht:

- Aufsichtsratsvergütungen (vgl. 9),
- Künstler, Sportler, Artisten (vgl. 10),
- Lizenzen (vgl. 5).

7.4 Merkmal der festen Einrichtung

Dieses für die Zuteilung des Besteuerungsrechts entscheidende Merkmal ist dort gegeben, wo der Steuerpflichtige über **Einrichtungen oder Anlagen** verfügt, die nach dem **Berufsbild** und der **Art der jeweiligen selbstständigen Tätigkeit** Voraussetzung und Notwendigkeit für deren Ausübung sind (z. B. Praxisraum eines Arztes sowie Büro eines Architekten oder Rechtsanwalts). Ein zweiter Wohnsitz ist **nicht unbedingt** als Mittelpunkt der selbstständigen Tätigkeit anzusehen. Die ständige Einrichtung oder der feste Mittelpunkt ist die Betriebsstätte des freien Berufs. In einigen DBA ist der feste Mittelpunkt ausdrücklich einer Betriebsstätte gleichgestellt. Danach kann ein Büro oder auch eine Wohnung, sogar ein Hotelzimmer im Ausland, ein Mittelpunkt sein, wenn die selbstständige Tätigkeit von dort aus mit einer **gewissen Regelmäßigkeit** ausgeübt wird. **Kurzfristige Benutzung** eines Hotelzimmers zu Besprechungen, **gelegentliche Besuche** eines Arztes bei einem Patienten, Beratungstätigkeit eines Rechtsanwalts von Fall zu Fall und dergleichen begründen regelmäßig **keinen festen Mittelpunkt** im Ausland. Wegen der Frage des Vorliegens einer »festen Einrichtung« bei der Tätigkeit eines deutschen Architekten in der Schweiz vgl. BFH vom 14. 01. 1982 BStBl II 1982, 345.

7.5 Anwendungsbeispiele zur grenzüberschreitenden freiberuflichen Tätigkeit

BEISPIELE

a) Der Mannheimer Prof. Weisnix ist Teilnehmer an einer Diskussion im amerikanischen Fernsehen ABC. Er fliegt am 09. 11. 2010 von Frankfurt nach New York und am 11. 11. 2010 nach Frankfurt zurück. Für den Vortrag erhält er ein Honorar von 7 000 $.

LÖSUNG Weil Prof. Weisnix nicht über eine feste Einrichtung in den USA verfügt, und auch nicht die Zeitgrenzen der Protokollregelung erreicht, verbleibt es nach Art. 14 DBA-USA beim alleinigen Besteuerungsrecht des Wohnsitzstaates Deutschland. Der Aufenthalt in den Senderäumen der ABC stellt keine feste Einrichtung i. S. d. DBA-USA dar, weil keine Verfügungsgewalt von Prof. Weisnix über die Räumlichkeiten besteht.

b) Rechtsanwalt Dr. Bauer vertritt die rechtlichen Interessen der Firma Flunky AG, Zürich (Geschäftszweck: Vertrieb von Kapitalanlagen) vor deutschen und schweizerischen Gerichten. Im Jahre 2010 war er etwa zweimal monatlich zu Besprechungen am Firmensitz, außerdem hat er für die Flunky AG neben verschiedenen Prozessen in der Bundesrepublik sechs Prozesse in der Schweiz geführt sowie einen Prozess vor dem Europäischen Gerichtshof in Luxemburg. Sein Honorar (ohne Reisekosten) beträgt insgesamt 300 000 €, das sich wie folgt zusammensetzt:

Vertretung der Flunky AG in Deutschland	100 000 €
Prozessvertretung in der Schweiz	150 000 €
Vertretung in Luxemburg	50 000 €

Wie viel des Honorars i. H. v. 300 000 € muss Dr. Bauer in Deutschland versteuern?

LÖSUNG Die steuerliche und abkommensrechtliche Beurteilung richtet sich zunächst nach Art. 14 Abs. 1 DBA-Schweiz. Da Dr. Bauer nicht über eine feste Einrichtung in Zürich verfügt (Art. 14 Abs. 1 DBA-Schweiz) und die Befreiung von der schweizerischen Steuer auch seine freiberufliche Tätigkeit für die Flunky AG in Drittstaaten umfasst (Art. 21 DBA-Schweiz), verbleibt im Verhältnis Deutschland/Schweiz das Besteuerungsrecht beim Wohnsitzstaat Deutschland. Da Dr. Bauer auch über keine festen Einrichtungen in der Schweiz und in Luxemburg verfügt, sind auch seine Einkünfte aus der Prozessvertretung der Flunky AG in der Schweiz und Luxemburg nach den DBA Deutschland-Schweiz und Deutschland-Luxemburg in Deutschland zu besteuern.

8 Art. 15 OECD-MA – Einkünfte aus nichtselbstständiger Arbeit

Die deutschen DBA enthalten umfangreiche Abweichungen vom OEDC-MA.

8.1 Allgemeines

Im Gegensatz zur Behandlung nach § 19 EStG wird bei der Steuerbehandlung nach Abkommensrecht nach »Berufsgruppen« differenziert.

Zu unterscheiden sind nachstehende Regelungen:

- Tätigkeitsortprinzip (Art. 15 Abs. 1 OECD-MA),
- 183-Tage-Regelung (Art. 15 Abs. 2 OECD-MA),
- Arbeitnehmer im internationalen See- und Luftverkehr (Art. 15 Abs. 3 OECD-MA),
- eventuelle Sonderregelung für leitende Angestellte – vgl. 8.3,
- Grenzgänger – vgl. 8.7,
- Künstler und Sportler (Art. 17 OECD-MA) – vgl. 10,
- Betriebliche Pensionen/Ruhegehälter (Art. 18 OECD-MA) – vgl. 11,
- Beschäftigte im öffentlichen Dienst (Art. 19 OECD-MA) – vgl. 12,
- Studenten, Lehrlinge, Praktikanten (Art. 20 OECD-MA) – vgl. 13.

Zur grenzüberschreitenden Arbeitnehmerbesteuerung hat die Finanzverwaltung mit BMF-Schreiben vom 14. 09. 2006 BStBl I 2006, 532 ein umfangreiches Anwendungsschreiben (nachfolgend zitiert mit »AS«) herausgegeben.

8.2 Tätigkeit für einen privaten Arbeitgeber in einem DBA-Staat

8.2.1 Tätigkeitsprinzip nach Art. 15 Abs. 1 OECD-MA

Die deutschen DBA mit den europäischen Ländern verwenden i. d. R. die Formulierung des Art. 15 OECD-MA.

Art. 15 OECD-MA »Einkünfte aus unselbständiger Arbeit«

»1. Vorbehaltlich der Artikel 16, 18 und 19 können Gehälter, Löhne und ähnliche Vergütungen, die eine in einem Vertragsstaat ansässige Person aus unselbständiger Arbeit bezieht, nur in diesem Staat besteuert werden, es sei denn, die Arbeit wird im anderen Vertragsstaat ausgeübt. Wird die Arbeit dort ausgeübt, so können die dafür bezogenen Vergütungen im anderen Staat besteuert werden.«

In den Fällen der Tätigkeitsstaatbesteuerung spielt es keine Rolle, zu wessen Lasten der Arbeitslohn bzw. aus welchem Staat der Arbeitslohn bezahlt wird.

BEISPIEL

Die in Basel ansässige X-AG hat in Freiburg/Breisgau eine Zweigniederlassung. Der Schweizer A, der seit Jahren in Freiburg wohnt, ist Leiter der Niederlassung und bekommt sein Gehalt von der X-AG überwiesen.

LÖSUNG A ist in Deutschland gemäß § 1 Abs. 1 EStG unbeschränkt steuerpflichtig. Sein Gehalt gehört zu den Einkünften i. S. d. § 19 EStG.

Nach Art. 15 Abs. 1 DBA-Schweiz können Gehälter, Löhne und ähnliche Vergütungen, die eine in einem Vertragsstaat ansässige Person aus unselbstständiger Arbeit bezieht, ausschließlich in diesem Staat besteuert werden, es sei denn, die Arbeit wird in dem anderen Staat ausgeübt.

Fallen der Ansässigkeitsstaat und der Tätigkeitsstaat zusammen, bleibt es ungeachtet der (hier falschen Zuordnung des Lohnaufwands) bei der Besteuerung im Ansässigkeits-, d. h. Tätigkeitsstaat.

8.2.2 Die 183-Tage-Regelung

8.2.2.1 Grundsatz

Bei einer kurzfristigen Abordnung vom Wohnsitzstaat in einen ausländischen Staat bleibt es nach den deutschen DBA regelmäßig beim Besteuerungsrecht des Wohnsitzstaates. Hierzu ist es erforderlich, in einem ersten Schritt die Ansässigkeit nach Art. 4 Abs. 2 OECD-MA festzulegen, da regelmäßig ein Doppelwohnsitzfall vorliegt (vgl. im Detail Teil I).

8.2.2.2 Einzelfragen der 183-Tage-Regelung

Bleibt die Ansässigkeit im Inland bestehen, erfolgt die Prüfung des Besteuerungsrechts.

Bei der Prüfung ist vorab auch zu beachten, dass für die 183-Tage-Regelung inzwischen verschiedene Varianten bestehen und demzufolge bei eigentlich identischem Sachverhalt (Entsendung ab xyz in den Staat A oder B) unterschiedliche Ergebnisse entstehen.

Bei der Arbeitnehmerentsendung ergeben sich folgende Probleme bei der Auslegung der 183-Tage-Regelung:

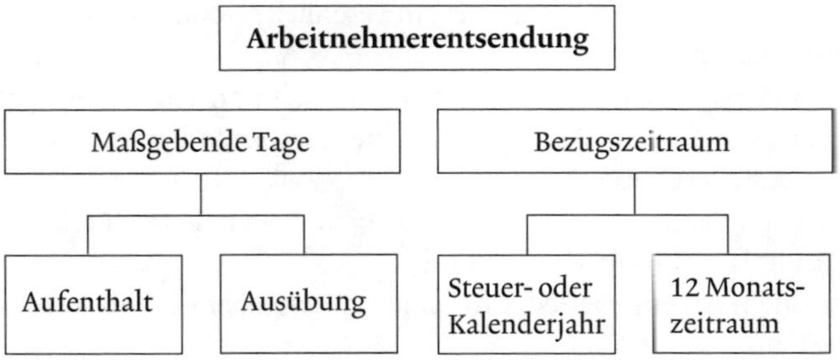

Die meisten (v. a. die neueren) von Deutschland abgeschlossenen DBA lehnen sich an **Art. 15 Abs. 2** des OECD-MA 1977 an, der folgenden Wortlaut hat:

»2. Ungeachtet des Absatzes 1 können Vergütungen, die eine in einem Vertragsstaat ansässige Person für eine im anderen Vertragsstaat ausgeübte unselbständige Arbeit bezieht, nur im erstgenannten Staat besteuert werden, wenn

a) der Empfänger sich im anderen Staat insgesamt nicht länger als 183 Tage während des betreffenden Steuerjahres **aufhält** und
b) die Vergütungen von einem Arbeitgeber oder für einen Arbeitgeber gezahlt werden, der nicht im anderen Staat ansässig ist, und
c) die Vergütungen nicht von einer Betriebsstätte oder einer festen Einrichtung getragen werden, die der Arbeitgeber im anderen Staat hat.«

Die Besteuerung des Arbeitslohns verbleibt danach grundsätzlich im Wohnsitz-/Ansässigkeitsstaat (Deutschland), wenn die folgenden Voraussetzungen der so genannten 183-Tage-Regelung **sämtlich** vorliegen:

- Der Arbeitnehmer hält sich im Tätigkeitsstaat insgesamt nicht länger als 183 Tage während des jeweiligen Steuerjahres auf (Steuerjahr im Tätigkeitsstaat muss nicht identisch mit Kalenderjahr zu sein),
- die Vergütungen werden von einem oder für einen Arbeitgeber gezahlt, der nicht im Tätigkeitsstaat ansässig ist, und
- die Vergütungen werden nicht von einer Betriebsstätte oder festen Einrichtung getragen, die der Arbeitgeber in dem Tätigkeitsstaat hat.

Nach einigen DBA ist jedoch die Ausübung der nichtselbstständigen Arbeit im Tätigkeitsstaat maßgebend (z. B. Art. 15 Abs. 2 Nr. 1 DBA-Belgien; Art. 15 Abs. 2 Buchst. a DBA-Dänemark).

8.2.2.3 Ermittlung der 183-Tage-Frist

Bei der Ermittlung der 183-Tage-Frist ist zu beachten:

a) Grundsätze zum Regelfall »Aufenthaltsdauer«

Voraussetzung für die 183-Tage-Regelung ist u. a., dass sich der Arbeitnehmer im Tätigkeitsstaat insgesamt **nicht** länger als 183 Tage während des jeweiligen Steuerjahres aufhält. Maßgeblich für die 183-Tage-Frist ist die **Dauer des Aufenthalts, nicht etwa die Dauer der Tätigkeit** des Arbeitnehmers im ausländischen Vertragsstaat. Mehrere Aufenthalte im **gleichen** Vertragsstaat innerhalb eines Steuerjahres für einen **oder** mehrere Arbeitgeber sind zusammenzurechnen.

b) Ausnahmen: Bezugnahme auf die Ausübung im Tätigkeitsstaat

In seltenen Fällen wird jedoch nicht auf die Anwesenheit, sondern die Tätigkeit abgestellt, wie z. B. im DBA-Dänemark:

»(2) Ungeachtet des Absatzes 1 können Vergütungen, die eine in einem Vertragsstaat ansässige Person für eine im anderen Vertragsstaat ausgeübte unselbständige Arbeit bezieht, nur im erstgenannten Staat besteuert werden, wenn

a) die unselbständige Arbeit im anderen Staat insgesamt nicht länger als 183 Tage während des betreffenden Kalenderjahrs ausgeübt wird und
b) die Vergütungen von einem Arbeitgeber oder für einen Arbeitgeber gezahlt werden, der nicht im anderen Staat ansässig ist, und
c) die Vergütungen nicht von einer Betriebsstätte oder einer festen Einrichtung getragen werden, die der Arbeitgeber im anderen Staat hat«.

Wird in dem DBA bei der Ermittlung der 183 Tage auf die Ausübung der unselbstständigen Arbeit im Tätigkeitsstaat abgestellt, so ist hierbei jeder Tag zu berücksichtigen, an dem sich der Arbeitnehmer, sei es auch nur für kurze Zeit, in dem anderen Vertragsstaat zur Arbeitsausübung tatsächlich aufgehalten hat.

Allerdings werden Tage der Anwesenheit im Tätigkeitsstaat, an denen eine Ausübung der beruflichen Tätigkeit ausnahmsweise nicht möglich ist, z. B. bei Streik, Aussperrung, Ausbleiben von Lieferungen, Krankheit (außer wenn diese der Abreise des Arbeitnehmers entgegensteht und er sonst die Voraussetzungen für die Steuerbefreiung im Tätigkeitsstaat erfüllt hätte), mitgezählt (Rz. 47 der AS). Grundsätzlich sind aber damit alle arbeitsfreien Tage der Anwesenheit im Tätigkeitsstaat unmittelbar vor, während und unmittelbar nach der Tätigkeit, z. B. Samstage, Sonntage, öffentliche Feiertage, Urlaubstage, nicht zu berücksichtigen.

Im Verhältnis zu Belgien gilt die Besonderheit (vgl. Tz. 48 des AS), dass für die Berechnung der 183 Tage übliche Arbeitsunterbrechungen mitgezählt werden. Daraus folgt, dass z. B. Tage wie Samstage, Sonntage, Krankheits- und Urlaubstage, auch wenn sie nicht im Tätigkeitsstaat verbracht werden, mitzuzählen sind, soweit sie auf den Zeitraum der Auslandstätigkeit entfallen (Art. 15 Abs. 2 Nr. 1 DBA-Belgien).

BEISPIELE

a) A ist für seinen deutschen Arbeitgeber mehrere Monate lang jeweils von Montag bis Freitag in Dänemark tätig. Seine Wochenenden verbringt er bei seiner Familie in Deutschland. Dazu fährt er an jedem Samstagmorgen von Dänemark nach Deutschland und an jedem Sonntagabend zurück nach Dänemark.

LÖSUNG Die Tage von Montag bis Freitag sind jeweils als volle Tage in Dänemark zu berücksichtigen, weil A an diesen Tagen dort seine berufliche Tätigkeit ausgeübt hat. Dagegen können die Samstage und Sonntage mangels Ausübung der Tätigkeit in Dänemark nicht als Tage i. S. d. 183-Tage-Klausel berücksichtigt werden.

b) B ist für seinen deutschen Arbeitgeber zwei Wochen in Belgien tätig. Hierzu reist B am Sonntag nach Brüssel und nimmt dort am Montag seine Tätigkeit auf. Am folgenden arbeitsfreien Wochenende fährt B am Samstag nach Deutschland und kehrt am Montagmorgen zurück nach Brüssel. Nach Beendigung seiner Tätigkeit am darauf folgenden Freitag kehrt B am Samstag nach Deutschland zurück.

LÖSUNG Anreisetag wie Abreisetag werden nicht als Tage in Belgien berücksichtigt, weil B an diesen Tagen dort seine berufliche Tätigkeit nicht ausgeübt hat und eine Arbeitsunterbrechung nicht gegeben ist. Die Tage von Montag bis Freitag sind jeweils als Tage in Belgien zu berücksichtigen, weil B an diesen Tagen dort seine berufliche Tätigkeit ausgeübt hat. Das dazwischen liegende Wochenende wird unabhängig vom Aufenthaltsort für Belgien berücksichtigt, weil eine übliche Arbeitsunterbrechung vorliegt.

c) Bezugnahme der 183 Tage auf das Steuerjahr/Kalenderjahr oder einen unbestimmten Zeitraum

Die 183-Tage-Frist ist für **jedes Steuerjahr bzw. Kalenderjahr gesondert zu prüfen.** Bei einem vom Kalenderjahr abweichenden Steuerjahr ist das Steuerjahr des Tätigkeitsstaates maßgeblich. Ein abweichendes Steuerjahr haben in Europa:

- Großbritannien: 06. 04. bis 05. 04. und
- Irland: 06. 04. bis 05.04.

Entsprechend der aktuellen Fassung des OECD-MA wird u. a. nach den Abkommen mit Norwegen (ab 1991), Polen und Russland statt auf das Kalender- oder Steuerjahr auf einen »Zeitraum von zwölf Monaten« abgestellt.

In diesem Fall sind hierbei alle denkbaren 12-Monats-Zeiträume in Betracht zu ziehen, auch wenn sie sich zum Teil überschneiden. Wenn immer sich der Arbeitnehmer in einem beliebigen 12-Monats-Zeitraum an mehr als 183 Tagen in dem anderen Vertragsstaat aufhält, steht dem anderen Vertragsstaat für die Einkünfte, die auf diese Tage entfallen, das Besteuerungsrecht zu. Mit jedem Aufenthaltstag des Arbeitnehmers in dem anderen Vertragsstaat ergeben sich somit neue zu beachtende 12-Monats-Zeiträume.

Das AS enthält hierzu in Rz. 57 und 58 zwei Beispiele.

BEISPIEL

Ein Arbeitnehmer hat sich in folgenden Zeiträumen zur Arbeitsausübung in Norwegen aufgehalten:

Zeitraum	**Anzahl der Arbeitstage in Norwegen**
12. 05. 2003 – 16. 05. 2003	5 Tage
03. 08. 2003 – 11. 09. 2003	40 Tage
28. 09. 2003 – 10. 10. 2003	13 Tage
14. 12. 2003 – 19. 12. 2003	6 Tage
29. 03. 2004 – 01. 10. 2004	187 Tage
	(davon in der Zeit vom 29. 03. 2003 – 02. 08. 03: 127 Tage)

LÖSUNG Im Zeitraum vom 03. 08. 2003 – 02. 08. 2004 sind die 183 Tage überschritten, für diesen Zeitraum hat Norwegen das Besteuerungsrecht.

Wie dieses Beispiel zeigt, führt diese Berechnungsmethode in der Praxis zu einem erheblich gesteigerten Verwaltungsaufwand. Darüber hinaus ist eine endgültige Zuweisung des Besteuerungsrechts erst nach Ablauf des Folgejahres möglich, mit der Folge, dass für zurückliegende Zeiträume ggf. Anzeigen nach § 41c Abs. 4 EStG (Anzeige beim Betriebsstättenfinanzamt zwecks Lohnsteuernachforderung) erforderlich sind.

d) Ermittlung der jeweiligen Tage

Aus dem AS (Rz. 34 – 58) lassen sich zusammenfassend folgende Grundsätze der Ermittlung der maßgebenden Tage ableiten:

- Bei der Ermittlung der 183 Tage ist nicht maßgebend die Dauer der Tätigkeit, sondern die körperliche Anwesenheit im Tätigkeitsstaat (vgl. BFH vom 12. 04. 1978 BStBl II 1978, 425). Es ist daher nicht erforderlich, dass an jedem der Tage eine unselbstständige Arbeit ausgeübt wird. Ausnahmen: Dänemark und Belgien (s. o.).
- Abweichend von der früheren Auffassung der Finanzverwaltung werden nach dem AS folgende Tage als Anwesenheitstage mitgezählt:
  - An-/Abreisetag (Ausnahme Berufskraftfahrer),
  - Samstage, Sonn- und Feiertage vor während und unmittelbar nach der Tätigkeit, soweit der Arbeitnehmer sich dort (schon, noch) aufhält,
  - Anwesenheitstage bei Arbeitsunterbrechung (Krankheit, Streik),
  - unmittelbare Urlaubstage (vor, während, nach) im Tätigkeitsstaat,
  - mittelbare Urlaubstage in zeitlicher Nähe zur Tätigkeit.
- Verschiedene Aufenthalte (Dienstreisen) während des Steuerjahrs (Kalenderjahrs) werden zusammengerechnet.
- Tage der Unterbrechung der Tätigkeit, die ausschließlich außerhalb des Tätigkeitsstaats verbracht werden, zählen nicht. Auch Transitzeiten (= Tage) außerhalb des Tätigkeitsstaats werden nicht mitgezählt.
- Entgegen der früheren Praxis wird die Urlaubszeit im Inland oder ein sonstiger kurzer Aufenthalt im Inland nicht mitgerechnet (vgl. auch Urteil des FG Münster vom 22. 02. 1994 EFG 1994, 648).

BEISPIELE

a) Urlaub im Tätigkeitsstaat
A ist für seinen deutschen Arbeitgeber vom 01.01.01 bis 15.06.02 in Österreich tätig. Vom 16.06.02 bis 15.07.02 verbringt er dort seinen Urlaub.
LÖSUNG Das Besteuerungsrecht für den Arbeitslohn hat Österreich.

b) Variante zu a)
A kehrt am 16.06.02 nach Deutschland zurück und tritt am 18.08.02 seinen Urlaub in Österreich an.
LÖSUNG Das Besteuerungsrecht bleibt bei Deutschland. Abweichend vom früheren BMF-Schreiben zur 183-Tage-Regelung (BMF vom 05.01.1994 BStBl I 1994, 11) enthält das AS (Rz. 38) keine Begrenzung auf Urlaubstage, die unmittelbar vor oder nach der Tätigkeit verbracht werden, sondern erweitert den Anwendungsbereich auf Urlaubstage, die in einem engen zeitlichen Zusammenhang stehen. Eine nähere Präzisierung fehlt. Wenn nicht wie in dem Beispiel a) zwei Tage, sondern Monate zwischen der originären Dienstreise und dem Urlaub liegen, dürften die Voraussetzungen nicht vorliegen.
Bei Aufenthalten in »Niedrigsteuerländern« sollte daher überlegt werden, den ursprünglich unter 183 Tage liegenden Aufenthalt mit Urlaub »anzureichern«.

c) Urlaub im Inland
B ist in der Zeit vom 01.01.01 bis 15.07.01 in Spanien tätig. Er hat seinen vierwöchigen Jahresurlaub im Mai in Deutschland verbracht.
LÖSUNG Für die Berechnung der 183-Tage-Frist ist die Urlaubszeit, da sie nicht im Tätigkeitsstaat verbracht wurde, nicht zur Auslandstätigkeit zu rechnen. Die Voraussetzungen für eine Freistellung sind nicht erfüllt.

d) Jahresübergreifende Tätigkeit
A ist vom 01.10.01 bis 31.05.02 für seinen deutschen Arbeitgeber in Österreich tätig. Eine Betriebsstätte des Arbeitgebers in Österreich besteht nicht.
LÖSUNG Österreich hat in beiden Jahren kein Besteuerungsrecht für den Arbeitslohn.

e) Abweichendes Steuerjahr
A ist für seinen deutschen Arbeitgeber vom 01.01.01 – 31.07.02 in Großbritannien (Steuerjahr 06.04. – 05.04.) tätig. Eine Betriebsstätte des Arbeitgebers in Großbritannien besteht nicht.
LÖSUNG Die 183-Tage-Frist ist für jedes Steuerjahr getrennt zu ermitteln. Maßgeblich ist das Steuerjahr des Tätigkeitsstaates. Im Steuerjahr 00/01, das am 05.04.01 endet, ist A nicht länger als 183 Tage tätig. Deshalb findet die Besteuerung in Deutschland statt. Im Steuerjahr 01/02 fällt er hingegen unter britische Besteuerung. Im Steuerjahr 02/03 fällt er wieder unter deutsche Besteuerung.

f) Der in Großbritannien ansässige Arbeitnehmer C ist für seinen in Großbritannien ansässigen Arbeitgeber in Deutschland vom 01.02.01 bis 02 tätig. Eine Betriebsstätte besteht nicht.
LÖSUNG Maßgebend ist das Steuerjahr des Tätigkeitsstaates, d. h. das deutsche Kalenderjahr. Aufgrund des Aufenthalts von 201 Tagen in Deutschland fällt er unter die deutsche Besteuerung.

8.2.2.4 Zahlung durch den Arbeitgeber

Nach den DBA darf der Arbeitgeber bei Anwendung der so genannten 183-Tage-Regel nicht im anderen Vertragsstaat ansässig sein. Arbeitgeber können alle natürlichen und juristischen Personen sein, aber auch Personenzusammenschlüsse ohne Rechtspersönlichkeit wie z. B. Personengesellschaften, Gesellschaften des bürgerlichen Rechts und nicht rechtsfähige Vereine. Wer Arbeitgeber ist, kann mitunter zweifelhaft sein. Es kommt darauf an, wem der Arbeitnehmer die Arbeitskraft schuldet und wessen Weisungen er zu folgen verpflichtet ist. Bei Entsendung von Arbeitnehmern an ausländische Tochtergesellschaften bleibt das inländische Mutterunternehmen Arbeitgeber, wenn die Entsendung im Interesse des Mutterunternehmens, etwa zu Kontroll-, Koordinierungs- oder Informationszwecken oder im Rahmen von Vertragsbeziehungen wie zwischen unabhängigen Unternehmen erfolgt; z. B. auch bei Arbeitnehmerverleih. Wird der Arbeitnehmer jedoch voll in den Betrieb der Tochtergesellschaft eingegliedert, so ist diese Arbeitgeberin, auch wenn das Gehalt weiterhin vom Mutterunternehmen gezahlt wird (vgl. auch BFH vom 21. 08. 1985 BStBl II 1986, 4).

Der BFH hat in einem Urteil vom 21. 08. 1985 (BStBl II 1986, 4) zum DBA-Spanien (gleiche 183-Tage-Regelung wie in Art. 15 OECD-MA) die Auffassung vertreten, dass der Arbeitgeberbegriff **wirtschaftlich** zu interpretieren sei. Arbeitgeber sei derjenige, der die Vergütungen für die ihm geleistete Arbeit wirtschaftlich trägt, sei es, dass er die Vergütungen unmittelbar trägt, oder dass ein anderes Unternehmen für ihn mit diesen Arbeitsvergütungen in Vorlage tritt.

Eine derartige **Prüfung des wirtschaftlichen Arbeitgebers** ist regelmäßig im Fall der **Arbeitnehmerentsendung zwischen international verbundenen Unternehmen** angezeigt. Sie liegt grundsätzlich vor, wenn ein Arbeitnehmer mit seinem bisherigen Arbeitgeber vereinbart, für eine befristete Zeit bei einem verbundenen Unternehmen tätig zu werden und dieses aufnehmende Unternehmen entweder eine arbeitsrechtliche Vereinbarung (Arbeitsverhältnis) mit dem Arbeitnehmer abschließt oder als wirtschaftlicher Arbeitgeber anzusehen ist. In diesen Fällen ist nicht der zivilrechtliche Arbeitgeber, sondern das aufnehmende verbundene Unternehmen als Arbeitgeber i. S. d. DBA anzusehen.

Eine Arbeitnehmerentsendung liegt jedoch **nicht** vor, wenn ein Arbeitnehmer zur Erfüllung einer Lieferungs- oder Werkleistungsverpflichtung des entsendenden Unternehmens bei einem verbundenen Unternehmen tätig wird und sein Arbeitslohn Preisbestandteil der Lieferung oder Werkleistung ist. Hierbei ist für die Frage, ob eine Lieferung oder Werkleistung vorliegt, auf den wirtschaftlichen Gehalt der zugrunde liegenden Vereinbarung abzustellen. Einzeln abgrenzbare Leistungen sind gesondert zu betrachten. In diesen Fällen ist der zivilrechtliche Arbeitgeber auch Arbeitgeber i. S. d. DBA. Die Grundsätze des BMF-Schreibens vom 09. 11. 2001 BStBl I 2001, 796 (Grundsätze für die Prüfung der Einkunftsabgrenzung zwischen international verbundenen Unternehmen in Fällen der Arbeitnehmerentsendung – [Verwaltungsgrundsätze – Arbeitnehmerentsendung]) sind bei der Abgrenzung zu beachten (vgl. Rz. 66 des AS).

8.2.2.4.1 Abgrenzungskriterien

Ein – ggf. weiteres – zivilrechtliches Arbeitsverhältnis im vorstehenden Sinne liegt vor, wenn

- der Arbeitnehmer dem Unternehmen seine Arbeitsleistung schuldet,
- der Arbeitnehmer in den Geschäftsbetrieb des Unternehmens integriert ist,
- das Unternehmen die Verantwortung oder das Risiko für die durch die Tätigkeit des Arbeitnehmers erzielten Ergebnisse trägt,
- der Arbeitnehmer unter der Leitung des Unternehmens tätig wird und dessen Weisungen unterworfen ist,
- der Arbeitslohn nicht Preisbestandteil einer Lieferung oder Werkleistung ist.

Als **wirtschaftlicher Arbeitgeber** i. S. d. DBA ist anzusehen, wer die Vergütungen für die dem Arbeitnehmer geleistete unselbstständige Arbeit wirtschaftlich trägt, sei es, dass er die Vergütungen unmittelbar dem betreffenden Arbeitnehmer auszahlt oder dass ein anderes Unternehmen für ihn mit diesen Arbeitsvergütungen in Vorlage tritt (BFH vom 21. 08. 1985 BStBl II 1986, 4). Ein aufnehmendes Unternehmen ist daher grundsätzlich als wirtschaftlicher Arbeitgeber anzusehen, wenn es nach den Verwaltungsgrundsätzen – Arbeitnehmerentsendung (BMF vom 09. 11. 2001, BStBl I 2001, 796) die Lohnaufwendungen getragen hat oder hätte tragen müssen.

8.2.2.4.2 Vereinfachungsregelung

Bei einer Entsendung von **nicht mehr als drei Monaten** (jahresübergreifend für sachlich zusammenhängende Tätigkeiten) spricht eine Anscheinsvermutung dafür, dass das aufnehmende Unternehmen mangels Integration des Arbeitnehmers nicht als wirtschaftlicher Arbeitgeber anzusehen ist. Arbeitgeber i. S. d. DBA bleibt daher in diesen Fällen das entsendende Unternehmen (vgl. Tz. 74 des AS).

Wesentliches Kriterium ist damit die Frage der funktionalen Betrachtungsweise, d. h. wem dient die Tätigkeit des Arbeitnehmers. Das AS enthält hierzu (übernommen aus dem MAK) unter Rz. 89 verschiedene Beispiele.

BEISPIELE

a) Ausländische Arbeitgeber
A ist vom 01. 01. 2010 bis 31. 01. 2010 in der Schweiz für einen schweizerischen Arbeitgeber tätig.
LÖSUNG Das Besteuerungsrecht für den Arbeitslohn hat die Schweiz, da der Arbeitgeber, der die Vergütungen bezahlt, in der Schweiz ansässig ist (Art. 15 Abs. 1, 2 DBA-Schweiz).

b) Der deutsche Vertriebsgeschäftsführer Müller wird von seinem inländischen Arbeitgeber (X-AG) für insgesamt 147 Tage freigestellt, um in dieser Zeit in Spanien bei der dort ansässigen Tochtergesellschaft Sangria S. A. auf deren Weisungen Funktionen auszuüben.
Das Gehalt für die Tätigkeit in Spanien wird
aa) unmittelbar von der spanischen Gesellschaft an Herrn Müller ausgezahlt,
bb) zunächst von der deutschen Firma an Herrn Müller ausgezahlt und später der spanischen Gesellschaft weiterbelastet.
LÖSUNG In beiden Fällen ist die spanische Gesellschaft (wirtschaftlich) der Arbeitgeber, so dass die 183-Tage-Regelung nicht anzuwenden ist. Damit steht das Besteuerungsrecht für die Arbeitseinkünfte für die Zeit der Tätigkeit in Spanien ausschließlich Spanien zu (in Deutschland Freistellung mit Progressionsvorbehalt).

8.2.2.5 Zahlung des Arbeitslohns zu Lasten einer Betriebsstätte des Arbeitgebers im Tätigkeitsstaat

Voraussetzungen für die 183-Tage-Regelung ist auch, dass die Vergütungen **nicht** von einer Betriebsstätte oder festen Einrichtung getragen werden, die der Arbeitgeber in dem Tätigkeitsstaat hat. Maßgebend für den Begriff »Betriebsstätte« ist die Definition in dem jeweiligen Abkommen. Nach zahlreichen DBA ist z. B. eine Bau- oder Montagestelle (anders als nach § 12 AO) erst ab einem Zeitraum von sechs bis zwölf Monaten eine Betriebsstätte.

Der Arbeitslohn wird von einer ausländischen Betriebsstätte in dem Umfang getragen, in dem die Tätigkeit der Betriebsstätte zuzuordnen ist (BFH vom 24. 02. 1988 BStBl II 1988, 819). Das sind diejenigen Löhne, Gehälter usw., die bei der Ermittlung des der Betriebsstätte zuzurechnenden Gewinns als Vergütungen für nichtselbstständige Arbeit zu berücksichtigen sind (vgl. BMF vom 21.04.1981 BStBl I 1981, 337).

Nicht entscheidend ist, wer die Vergütung ausbezahlt oder wer die Vergütung in seiner Buchführung abrechnet oder ob die Vergütung zunächst vom Stammhaus ausbezahlt und später in Form einer Kostenumlage auf die ausländische Betriebsstätte abgewälzt wird. Auch wenn keine Kostenbelastung erfolgt, ist nach den Grundsätzen des Urteils des BFH vom 24.02.1988 BStBl II 1988, 819 die Zahlung des Arbeitslohns zu Lasten der Betriebsstätte erfolgt, wenn der Betriebsstätte die entsprechende Tätigkeit und der (anteilige) Arbeitslohn »objektiv« zuzuordnen ist.

Ist ein Arbeitnehmer in den Betrieb einer Betriebsstätte eingegliedert, so ist er vom ersten Tage seiner Tätigkeit an im Tätigkeitsstaat steuerpflichtig. **Die Arbeitsvergütung wird von der Betriebsstätte** bzw. festen Einrichtung **getragen, wenn sie dort als Arbeitslohn bei der Gewinnermittlung abgezogen wird oder abzuziehen wäre. Es genügt nicht, wenn Arbeitslöhne als Teil von Verrechnungen** für Warenlieferungen, Dienstleistungen oder Geschäftsführungs- und allgemeine Verwaltungskosten **bei der Gewinnabgrenzung zwischen Betriebsstätte und Stammhaus** des Unternehmens der Betriebsstätte belastet werden (BMF vom 21.04.1981 BStBl I 1981, 337).

BEISPIELE

a) Lohnzahlung durch Betriebsstätte
Der Geschäftsführer A ist bei einer Betriebsstätte seines deutschen Arbeitgebers vom 01.01.2010 – 31.03.2010 in Frankreich tätig. Der Arbeitslohn wird wirtschaftlich von der Betriebsstätte getragen.

LÖSUNG Das Besteuerungsrecht für den Arbeitslohn hat Frankreich.

b) Lohnzahlung durch Stammhaus
Der in Deutschland ansässige Verkaufsgeschäftsführer B ist in der Zeit vom 01.02.2010 – 01.04.2010 für seinen inländischen Arbeitgeber in dessen Züricher Betriebsstätte tätig. Er unterstützt dort eine Verkaufsmesse, in der überwiegend die vom Stammhaus angebotenen Produkte vorgestellt werden. Das Gehalt wird weiterhin vom Hauptsitz der Gesellschaft in Deutschland gezahlt.

LÖSUNG B ist gemäß § 1 Abs. 1 EStG i. V. m. Art. 4 DBA-Schweiz in Deutschland ansässig. Die Einkünfte sind nach Art. 15 Abs. 2 DBA-Schweiz im Inland zu versteuern, da

- er sich an weniger als 183 Tagen in der Schweiz im Jahr 2010 aufgehalten hat,
- die Vergütungen von einem inländischen Arbeitgeber gezahlt wurden und
- die Vergütungen (zulässigerweise) auch nicht von der schweizerischen Betriebsstätte getragen wurden.

8.3 Sonderregelungen zum Ort der Arbeitsausübung bei Organen (Vorstand, Geschäftsführer) von Kapitalgesellschaften

8.3.1 Sonderfall Schweiz

Das DBA-Schweiz fingiert, dass Geschäftsführer und Aufsichtsratsmitglieder von Kapitalgesellschaften ihre leitende Tätigkeit grundsätzlich am Sitz der Gesellschaft ausüben. Der Sitzstaat hat das ausschließliche Besteuerungsrecht.

8.3.2 Andere Staaten

Der BFH hat mit Urteil vom 05. 10. 1994 (BStBl II 1995, 95) die Anwendung der Fiktionsregelungen auf die Schweiz beschränkt. Damit üben Organe von Kapitalgesellschaften ihre Tätigkeit grundsätzlich an dem Ort aus, an dem sie sich persönlich aufhalten. Nach der neueren Entwicklung (z. B. DBA Österreich 2002 und Polen 2005) erfolgt die Behandlung nach Art. 16 OECD-MA (d. h. es gilt das Sitzstaatsprinzip.)

8.4 Höhe des freizustellenden Arbeitslohns und Verfahren

8.4.1 Grundsätze der Aufteilung

Nach Art. 15 Abs. 1 OECD-MA wird regelmäßig dem Tätigkeitsstaat das Besteuerungsrecht für die Vergütungen aus unselbstständiger Arbeit zugewiesen. Gemäß Art. 15 Abs. 2 OECD-MA ist zu prüfen, ob trotz Auslandstätigkeit dem Ansässigkeitsstaat des Arbeitnehmers ein Besteuerungsrecht an den Vergütungen aus unselbstständiger Arbeit verbleibt. Im Rahmen dessen wird u. a. eine Berechnung der nach dem jeweils anzuwendenden DBA maßgeblichen Aufenthaltstage im Ausland anhand der 183-Tage-Klausel vorgenommen.

Diese **183-Tage-Berechnung ist aber nicht gleichzeitig Maßstab für die Ermittlung des steuerpflichtigen/steuerfreien Arbeitslohns.** Die Aufteilung erfolgt sodann in einem weiteren gesonderten Schritt.

Bei der Aufteilung sind regelmäßig folgende Schritte vorzunehmen:

- 1. Schritt: Besteht eine Möglichkeit, konkrete Lohnbestandteile direkte entweder der Inlands- oder der Auslandstätigkeit zuzuordnen?
- 2. Schritt: Der verbleibende Arbeitslohn ist im Verhältnis der vereinbarten Arbeitstage zuzuteilen.
- 3. Schritt: Ergeben sich für »Sonderzahlungen« (z. B. Tantiemen, Jubiläumszahlungen) andere Grundsätze, weil es sich um eine mehrjährige Vergütung handelt?

Ist der jährliche Arbeitslohn in Deutschland nach einem DBA teilweise freizustellen, so ist zunächst zu prüfen, inwieweit die Vergütungen der Auslandstätigkeit oder der Inlandstätigkeit zugeordnet werden können. Dies können z. B. Überstundenvergütungen, Zuschläge für Sonntags-, Feiertags- und Nachtarbeit, Auslandszulagen und projektbezogene Erfolgsprämien sein.

Soweit eine Zuordnung nicht möglich ist, ist der Arbeitslohn nach dem Verhältnis der vereinbarten Arbeitstage im Ausland zu den übrigen vereinbarten Arbeitstagen aufzuteilen (vgl. BFH vom 29. 01. 1986 BStBl II 1986, 479 und 513 und nachfolgende Beispiele). Für den Progressionsvorbehalt sind die Einkünfte nach deutschem Recht zu ermitteln. **Werbungskosten** (bzw. nicht verbrauchte Pauschbeträge und Freibeträge), die mit der Auslandstätigkeit zusammenhängen, sind für die beim Progressionsvorbehalt anzusetzenden Einkünfte zu berücksichtigen. Dagegen dürfen sie nicht die inländischen Einkünfte mindern (§ 3c EStG).

Sonderausgaben (Vorsorgeaufwendungen) sind nicht abzugsfähig, wenn sie in unmittelbarem wirtschaftlichen Zusammenhang mit steuerfreien Einnahmen stehen (§ 10 Abs. 2 Nr. 1 EStG; vgl. auch R 52 LStR). Die Kürzung des Vorwegabzugs wird dagegen, auch soweit steuerfreier Arbeitslohn vorliegt, nicht berührt.

8.4.2 Begriff der vereinbarten Arbeitstage (Aufteilungsschlüssel)

Unter »**vereinbarte Arbeitstage**« sind hierbei die Kalendertage pro Jahr abzüglich der Tage zu verstehen, an denen der Arbeitnehmer laut Arbeitsvertrag nicht zu arbeiten verpflichtet ist. Es handelt sich damit um folgendes Rechenschema:

Kalendertage des Jahres (365/366)
./. Urlaubstage
./. arbeitsfreie Samstage
./. Sonntage
./. gesetzliche Feiertage
= vereinbarte Arbeitstage

8.4.3 Begriff des vereinbarten Arbeitsentgelts (Aufteilungsmasse)

Das **vereinbarte Arbeitsentgelt** besteht aus dem Lohn, dam Gehalt und den sonstigen Vorteilen für das jeweilige Kalenderjahr. Zusatzvergütungen wie Tantiemen oder Weihnachtsgeld sind, da sie die gesamte Tätigkeit betreffen, erhöhend zuzurechnen. Überstundenvergütungen sind hingegen ebenso wie Zulagen und Erfolgsprämien der jeweiligen Zeit zuzurechnen (steuerpflichtig/steuerfrei).

8.4.4 Besondere Gehaltsbestandteile

In der Rechtsprechung und Verwaltungspraxis ist über eine Vielzahl von »Sonderzahlungen« entschieden worden. Die Beurteilung ergibt sich aus der nachfolgenden Übersicht.

Zahlung	Besteuerung im Wohnsitzstaat Deutschland	Besteuerung im Tätigkeitsstaat	Aufteilung im Verhältnis der Arbeitstage	Fundstelle (Rz. des AS, BMF vom 14.09.2006)
Auslandszulage		X		104
Überstundenvergütung für Tätigkeit in der Schweiz		X		104
Jubiläumszahlung			X	112 (Aufteilung z. B. nach Schlüssel eines 10-Jahres-Zeitraums)
Urlaubsgeld inkl. Urlaubsabgeltungsvergütung			X	113

Bereitschaftszeiten (Sich-zur-Verfügung-Halten)	X			120
Abfindung	X bei Versorgungscharakter	X in sonstigen Fällen		121 Nur CH, BEL, NL, AUT und BMF vom 20. 05. 1997 überholt durch BFH vom 02. 09. 2009 BStBl II 2010, 387 sowie BMF vom 25. 03. 2010 BStBl I 2010, 268 (Änderung durch JStG 2010 geplant)
Projektbezogene Tantieme		X		104, 122
Erfolgsbezogene Tantieme			X	128 (Aufteilung nach Verhältnissen des Tätigkeitsjahrs und nicht des Auszahlungsjahrs)
Ablösung Pensionsanspruch		X		123
Konkurrenz- oder Wettbewerbsverbot	X (soweit während der Zeit des Verbots inländischer Aufenthalt)			126
Aktienoptionsrechte (Stock Option)			X	129ff.
Altersteilzeitvergütung (Blockmodell)		X		137ff.

8.4.5 Beispiel zur Aufteilung

BEISPIEL

Der Arbeitnehmer A war in Frankreich vom 01. 01. 01 bis 31. 10. 01 (304 Kalendertage) tätig. A hat eine 5-Tage-Woche. Im Juni nahm A seinen Jahresurlaub in Frankreich (21 Arbeitstage). Im November und Dezember waren 20 Tage (Samstage, Sonntage, Feiertage) arbeitsfrei.

LÖSUNG

Kalendertage	365
./. Samstage	52
./. Sonntage	52
./. Feiertage (ohne Sa, So)	11
./. Urlaub	21
= vereinbarte Arbeitstage	229
Kalendertage Inland	61
./. arbeitsfreie Tage	20
= anteilige vereinbarte Arbeitstage	41

Das Arbeitseinkommen ist damit im Verhältnis 188 (steuerfrei 229 ./. 41) zu 41 (steuerpflichtig) aufzuteilen.

8.5 Rechtsfolgen – Grundsatz der Steuerfreistellung

Die deutschen DBA stellen den Arbeitslohn, der der ausländischen Besteuerung zugewiesen wird, grundsätzlich frei.

Dies gilt bis einschließlich VZ 2003, auch wenn im ausländischen Tätigkeitsstaat keine Besteuerung erfolgt (Grundsatz des Verbots der virtuellen Doppelbesteuerung). Ab 01. 01. 2004 (§ 52 Abs. 1 EStG 2004) ist § 50d Abs. 8 EStG zu beachten. Die nach dem DBA gebotene Freistellung der Lohneinkünfte in Deutschland ist von dem Nachweis abhängig, dass der ausländische Tätigkeitsstaat auf die Besteuerung dieser Einkünfte verzichtet hat, oder dass die in diesem Staat festgesetzte Steuer entrichtet wurde.

Sind die Einkünfte der deutschen Besteuerung unterworfen worden, so ist nach § 50d Abs. 8 Satz 2 EStG 2004 der Steuerbescheid wieder zu ändern, sobald der Arbeitnehmer den geforderten Nachweis erbringt. Dadurch wird sichergestellt, dass es nicht zu einer Doppelbesteuerung dieser Lohneinkünfte kommen kann. Die Änderung erfolgt in entsprechender Anwendung von § 175 Abs. 1 Satz 2 AO. Danach beginnt die Festsetzungsfrist erst mit Ablauf des Kalenderjahrs, in dem vom Arbeitnehmer der Nachweis geführt wird.

BEISPIEL

Der Arbeitnehmer X macht erstmals in der Steuererklärung geltend, dass er steuerfreien Arbeitslohn bezogen hat. Das Finanzamt folgt grundsätzlich seiner Beurteilung. X kann aber die Besteuerung in der Schweiz nicht nachweisen.

LÖSUNG Ungeachtet der Zuweisung des Besteuerungsrechts nach dem DBA bleibt es (vorläufig) bei der deutschen Besteuerung. Erfolgt im Hinblick auf die niedrigere Besteuerung im Ausland eine dortige Nacherklärung, kann unter Vorlage des ausländischen Steuerbescheids nachträglich im Rahmen einer Änderungsveranlagung nach § 175 AO eine Steuerfreistellung unter Progressionsvorbehalt erfolgen.

Die Finanzverwaltung hat mit dem BFM-Schreiben vom 21.07.2005 BStBl I 2005, 821 umfangreiche Hinweise zur Auslegung des § 50d Abs. 8 EStG erteilt. Von praktischer Bedeutung sind nachfolgende Punkte:

- Keine Anwendung bereits im Freistellungsverfahren.
- Nachweis der bewussten Nichtbesteuerung im Ausland:
  § 50d Abs. 8 EStG lässt eine »Nullbesteuerung« auch zu, wenn der andere (ausländische) Vertragsstaat zur Gewinnung von Fachkräften bewusst auf Steuern verzichtet (Subvention). Damit soll auch sichergestellt werden, dass kein »treaty-override« vorliegt. Es stellt sich hierbei allerdings die Frage, wie ein Nachweis zu führen ist, wenn der ausländische Staat, wie z. B. die Vereinigten Arabischen Emirate, kein System der Einkommensbesteuerung kennt. Die Finanzverwaltung wird hierzu die entsprechenden Staaten/Fallkonstellationen auflisten. Ein Nachweis entfällt dann.
- Geringfügigkeitsgrenze:
  Bei einem Arbeitslohn von unter 10 000 € wird auf einen Nachweis verzichtet.
- Abweichungen aufgrund unterschiedlicher Steuersysteme/Begriffe:
  Wenn die Unterschiede anhand der Steuererklärungen/Berechnungsschemata glaubhaft gemacht werden, gilt der Nachweis als erbracht.
  Hierbei handelt es sich um das in der Praxis wichtigste Problemfeld.

BEISPIEL

Der im Inland ansässige Arbeitnehmer X hat lt. Lohnsteuerbescheinigung einen steuerfreien Arbeitslohn von 80 000 € für eine achtmonatige Arbeitnehmertätigkeit im Ausland. Er beantragt im Rahmen der Einkommensteuererklärung, diese Einkünfte auch im Rahmen der Veranlagung nach dem maßgebenden DBA freizustellen. Bei der Prüfung der Rückfallklausel nach § 50d EStG stellt der Steuerberater fest, dass der ausländische Steuerbescheid umgerechnet nur 72 000 € im Tätigkeitsstaat besteuerten Arbeitslohn ausweist.

LÖSUNG Es ist zu prüfen, ob die Differenz von 8 000 € zwischen inländischer und ausländischer Besteuerungsgrundlage z. B. auf einem pauschalen Werbungskostenabzug im Tätigkeitsstaat von 10 % beruht.

- Bescheinigungen:
  Grundsätzlich ist ein Steuerbescheid nebst Zahlungsbeleg erforderlich. Bei Selbstveranlagungssystemen genügt die Kopie der Erklärung und der Zahlungsbeleg. Eine Arbeitgeberbescheinigung genügt nur, wenn die Lohnsteuer Abgeltungswirkung hat oder eine Pauschalbesteuerung erfolgt (Italien, Spanien).

8.6 Einkunftsermittlung

Für den Progressionsvorbehalt bzw. den steuerpflichtigen Arbeitslohn sind die Einkünfte nach deutschem Recht zu ermitteln.

8.7 Sonderfall Grenzgänger

Für Arbeitnehmer, die (Regelfall) täglich über die Grenze zur Arbeit pendeln, bestehen in den meisten DBA Sonderregelungen. Diese können sein:

- Ersatz des Tätigkeitsprinzips durch die Wohnsitzbesteuerung,
- Fiskalausgleich zwischen den Ländern,
- modifiziertes Tätigkeitsprinzip unter Gewährung von steuerlichen Begünstigungen (z. B. Familienkomponente).

9 Art. 16 OECD-MA – Aufsichtsratvergütungen

Die deutschen DBA enthalten regelmäßig Formulierungen wie z. B. Art. 16 DBA-Schweiz:

»Bezüge und Vergütungen, die eine in einem Vertragsstaat ansässige Person von einer in dem anderen Vertragsstaat ansässigen Gesellschaft in ihrer Eigenschaft als Mitglied des Aufsichts- oder Verwaltungsrates der Gesellschaft bezieht, können in dem anderen Staat besteuert werden.«

Art. 16 DBA-Schweiz (sowie die meisten deutschen DBA) regelt die steuerliche Behandlung der Vergütung für Überwachungs- und Kontrollorgane einer Kapitalgesellschaft, d. h. der Aufsichts-, Verwaltungs- und Beiräte. Es handelt sich um eine dem Art. 14 und ggf. Art. 15 vorgehende Sonderregelung für diese regelmäßig selbstständig ausgeübte Tätigkeit.

Verschiedene DBA beziehen ausdrücklich auch die Einkünfte des angestellten Geschäftsführers bzw. Vorstandsmitglieds in die Regelung ein (z. B. DBA-Schweden und DBA-Japan).

Probleme können sich ergeben, wenn nach dem ausländischen Gesellschaftsrecht sowohl Geschäftsleitungsaufgaben als auch Überwachungsaufgaben dem zu beurteilenden Organ zugewiesen werden (Beispiel: US-amerikanischer Board of directors). Hierbei erfolgt regelmäßig, da es sich um eine Quellenbesteuerung handelt, eine Beurteilung nach dem Gesellschaftsrecht des Sitzstaates.

Bei Steuerausländern, die eine entsprechende Funktion in einer deutschen Gesellschaft ausüben, wird die Aufsichtsratssteuer nach § 50a Abs. 1 – 3 EStG erhoben.

Für Steuerinländer, die entsprechende Funktionen in einer ausländischen Gesellschaft ausüben, kann je nach DBA die Anrechnung (Regelfall) als auch die Steuerfreistellung unter Progressionsvorbehalt (z. B. Großbritannien) in Frage kommen.

10 Art. 17 OECD-MA – Künstler und Sportler

Die Regelung über Künstler und Sportler lautet abweichend vom OECD-MA in Art. 17 DBA-Schweiz wie folgt:

»(1) Ungeachtet der Artikel 7, 14 und 15 können Einkünfte, die berufsmäßige Künstler, wie Bühnen-, Film-, Rundfunk- oder Fernsehkünstler und Musiker, sowie Sportler und Artisten für ihre in dieser Eigenschaft persönlich ausgeübte Tätigkeit beziehen, in dem Vertragsstaat besteuert werden, in dem sie diese Tätigkeit ausüben. Das gilt auch für die Einkünfte, die einer anderen Person für die Tätigkeit oder Überlassung des Künstlers, Sportlers oder Artisten zufließen.

(2) Absatz 1 gilt nicht für Einkünfte aus Tätigkeiten berufsmäßiger Künstler, die in erheblichem Umfang unmittelbar oder mittelbar durch Zuwendungen aus öffentlichen Mitteln des Staates, in dem der Künstler ansässig ist, gefördert werden.«

Nach Art. 17 OECD-MA können **Einkünfte**, welche dem **Sportler/Künstler** aus einer im **anderen Vertragsstaat persönlich ausgeübten Tätigkeit** zufließen, im **anderen Staat besteuert werden.** Sie werden dann i. d. R. von der inländischen Steuerpflicht freigestellt. Die **Doppelbesteuerung** der Einkünfte aus Sportlertätigkeit wird vermieden, indem die in diesen Ländern auf diese Einkünfte entfallende, bezahlte und nicht zu erstattende **Steuer** auf die deutsche ESt **angerechnet** wird (Art. 23 Abs. 2 Buchst. b **DBA-USA,** Art. 24 Abs. 1 Nr. 2

DBA-Schweiz, Art. 24 Abs. 2 **DBA-Brasilien,** Art. 23 Abs. 2 Buchst. b **DBA-Kanada,** Art. 22 Abs. 1 Buchst. b Doppelbuchst. ff. **DBA-Korea**).

Bei den Ländern mit **Freistellungsmethode** handelt es sich im Wesentlichen um Industriestaaten wie z. B. **Frankreich, Großbritannien, Australien und Japan.** Die mit diesen Ländern abgeschlossenen DBA enthalten alle z. T. mit Art. 17 OECD-MA identische, z. T. im Wesentlichen inhaltsgleiche Regelungen (Vogel, DBA, Art. 17 Rz. 24).

Eine Gesamtübersicht über die Behandlung in Deutschland ergibt sich aus den nachfolgenden Listen.

Hinweis:

Unter den Künstlerbegriff i. S. d. DBA fallen nur vortragende Künstler (z. B. Sänger, Musiker), nicht jedoch nur mittelbar an einer Aufführung mitwirkende Personen, z. B. Regisseure, Bühnenbildner, Choreographen oder Maler und Bildhauer (BMF vom 23. 01. 1996 BStBl I 1996, 89 Tz. 5.2; BFH vom 08. 04. 1997 BStBl II 1997, 679 und vom 18. 07. 2001 BStBl II 2002, 410).

DBA-Staat	Steuerpflichtig in Deutschland mit Anrechnung der ausländischen Steuer	Steuerfrei in Deutschland unter Progressionsvorbehalt	Sonderregelung: Zahlungen aus öffentlichen Kassen/Kulturaustausch o. Ä.
Ägypten	Art. 24 Abs. 1b Doppelbuchst. ff		Art. 17 Abs. 2
Argentinien	Art. 23 Abs. 2		Art. 17 Abs. 2
Armenien	Fortgeltung DBA-UdSSR (siehe dort)		
Aserbaidschan	Fortgeltung DBA-UdSSR (siehe dort)		
Australien		Art. 22 Abs. 2a	
Bangladesch	Art. 22 Abs. 1b Doppelbuchst. ff		Art. 17 Abs. 3
Belarus (Weißrussland)	Fortgeltung DBA-UdSSR (siehe dort)		
Belgien		Art. 23 Abs. 1 Nr. 1[1]	
Bolivien	Art. 23 Abs. 1b		Art. 17 Abs. 2
Bosnien/ Herzegowina	Fortgeltung DBA-Jugoslawien (siehe dort)		
Brasilien	Art. 24 Abs. 2		

1 Bei selbstständiger Tätigkeit; bei nichtselbstständiger Tätigkeit gelten die Grundsätze für Arbeitnehmer.

Bulgarien	Art. 22 Abs. 1b Doppelbuchst. ee		Art. 16 Abs. 3
Ceylon	siehe Sri Lanka		
China[1]	Art. 24 Abs. 2b Doppelbuchst. ff		Art. 17 Abs. 3
Côte d'Ivoire	Art. 23 Abs. 1b Doppelbuchst. ee		Art. 17 Abs. 3 und 4
Dänemark	Art. 24 Abs. 1b Doppelbuchst. bb		Art. 17 Abs. 3
Ecuador	Art. 23 Abs. 1b		Art. 17 Abs. 2
Elfenbeinküste	siehe Côte d'Ivoire		
Estland	Art. 23 Abs. 1b Doppelbuchst. ee		Art. 17 Abs. 3
Finnland	Art. 23 Abs. 5b Doppelbuchst. ii		
Frankreich		Art. 20 Abs. 1a i. V. m. Art. 12 Abs. 1 und 2[2]	
Georgien	Fortgeltung DBA-UdSSR (siehe dort)		
Griechenland		Art. XVII Abs. 2 Nr. 1 i. V. m. Art. XI Abs. 1 Satz[2]	
Großbritannien	siehe Vereinigtes Königreich		
Indien	Art. 23 Abs. 1b Nr. vi		Art. 17 Abs 3
Indonesien	Art. 23 Abs. 1b Doppelbuchst. ee		Art. 17 Abs. 3
Iran		Art. 24 Abs. 1a	
Irland		Art. XXII Abs. 2a Doppelbuchst. aa	
Island		Art. 23 Abs. 1a	

1 Das DBA mit der Volksrepublik China gilt nicht für Hongkong, Macau und Taiwan.

2 Bei selbstständiger Tätigkeit; bei nichtselbstständiger Tätigkeit gelten die Grundsätze für Arbeitnehmer.

Israel		Art. 18 Abs. 1a i. V. m. Art. 8 Abs. 2[2]	
Italien	Art. 24 Abs. 3b Nr. iv		Art. 17 Abs. 3
Jamaika	Art. 23 Abs. 1b Doppelbuchst. ff		
Japan		Art. 23 Abs. 1a	
Jugoslawien	Art. 24 Abs. 1b Nr. iii		Art. 18 Abs. 3
Kanada (bis 2000)	Art. 23 Abs. 2b Nr. iv		
(ab 2001)	Art. 23 Abs. 2b Doppelbuchst. dd		Art. 17 Abs. 3
Kasachstan	Art. 23 Abs. 2b Doppelbuchst. gg		Art. 17 Abs. 3
Kenia	Art. 23 Abs. 1b Nr. vi		Art. 17 Abs. 3
Korea[1] (bis 2002)	Art. 22 Abs. 1b Doppelbuchst. ff		Art. 16 Abs. 2
(ab 2003)[2]	Art. 23 Abs. 1b Doppelbuchst. gg		Art. 17 Abs. 4
Kroatien	Fortgeltung DBA-Jugoslawien (siehe dort)		
Kuwait (ab 1998)	Art. 24 Abs. 1b Nr. 4		Art. 17 Abs. 3
Lettland	Art. 23 Abs. 1b Doppelbuchst. ee		Art. 17 Abs. 3
Liberia		Art. 23 Abs. 1a	
Litauen	Art. 23 Abs. 1b Doppelbuchst. ee		Art. 17 Abs. 3
Luxemburg		Art. 20 Abs. 2 i. V. m. Art. 9 Abs. 1 und 2[2]	

1 Das Abkommen mit der Republik Korea gilt nicht für Nordkorea.

2 Bei selbstständiger Tätigkeit; bei nichtselbstständiger Tätigkeit gelten die Grundsätze für Arbeitnehmer.

Malaysia	Art. 23 Abs. 1b Doppelbuchst. dd i. V. m. Art. 15, 14 Abs. 1		Art. 15 Abs. 1 i. V. m. Art. 14 Abs. 2
Malta (bis 2001)	Art. 23 Abs. 1b Doppelbuchst. ee		
(ab 2002)	Art. 23 Abs. 1b Doppelbuchst. dd		Art. 17 Abs. 4
Marokko		Art. 23 Abs. 1 Nr. 1	Art. 17 Abs. 2
Mauritius	Art. 24 Abs. 1b Doppelbuchst. ff		Art. 17 Abs. 2
Mazedonien	Fortgeltung DBA-Jugoslawien (siehe dort)		
Mexiko	Art. 23 Abs. 2b Doppelbuchst. ee		Art. 17 Abs. 3
Moldau (Moldawien)	Fortgeltung DBA-UdSSR (siehe dort)		
Mongolei	Art. 23 Abs. 1b Doppelbuchst. ee		Art. 17 Abs. 3
Namibia	Art. 23 Abs. 1b Doppelbuchst. ee		Art. 17 Abs. 3
Neuseeland	Art. 23 Abs. 2b Doppelbuchst. dd		
Niederlande		Art. 20 Abs. 2 i. V. m. Art. 9 Abs. 1 und 24	
Norwegen	Art. 23 Abs. 2b Nr. iv		Art. 17 Abs. 3
Österreich (bis 2002)		Art. 15 Abs. 1 i. V. m. Art. 8 Abs. 1 und 2[1]	
(ab 2003)	Art. 23 Abs. 1b Doppelbuchst. gg		Art. 17 Abs. 3
Pakistan	Art. 22 Abs. 1b Nr. vi		Art. 17 Abs. 3

1 Bei selbstständiger Tätigkeit; bei nichtselbstständiger Tätigkeit gelten die Grundsätze für Arbeitnehmer; bei gewerblicher Tätigkeit die Grundsätze der Betriebsstättenbesteuerung (vgl. BFH vom 11. 10. 2000 BStBl II 2002, 271.

Philippinen	Art. 24 Abs. 1b Doppelbuchst. gg		Art. 17 Abs. 2
Polen	Art. 21 Abs. 1b Nr. 3		Art. 16 Abs. 2
Portugal	Art. 24 Abs. 2b Doppelbuchst. ee		
Rumänien	Art. 19 Abs. 1b Nr. 5		Art. 15 Abs. 2
Russische Föderation	Art. 23 Abs. 2b Doppelbuchst. cc		Art. 17 Abs. 3
Sambia	Art. 23 Abs. 1b Nr. v		Art. 17 Abs. 3
Schweden	Art. 23 Abs. 1b Doppelbuchst. cc		Art. 17 Abs. 3
Schweiz	Art. 24 Abs. 1 Nr. 2		Art. 17 Abs. 2
Simbabwe	Art. 23 Abs. 1b Nr. v		
Singapur	Art. 23 Abs. 1b Doppelbuchst. dd		Art. 15 Abs. 1 i. V. m. Art. 14 Abs. 2
Slowakei	Fortgeltung DBA-Tschechoslowakei (siehe dort)		
Slowenien	Fortgeltung DBA-UdSSR (siehe dort)		
Sowjetunion	siehe UdSSR		
Spanien		Art. 23 Abs. 1a	
Sri Lanka	Art. 23 Abs. 1b Doppelbuchst. ff		Art. 17 Abs. 2
Südafrika		Art. 20 Abs. 2a	
Südkorea	siehe Korea		
Tadschikistan	Fortgeltung DBA-UdSSR (siehe dort)		
Thailand		Art. 22 Abs. 2a	Art. 15 Abs. 1 bis 3
Trinidad/ Tobago	Art. 22 Abs. 1b Doppelbuchst. ff		
Tschechien	Fortgeltung DBA-Tschechoslowakei (siehe dort)		
Tschechoslowakei	Art. 23 Abs. 1b Nr. 5		Art. 17 Abs. 3

Türkei	Art. 23 Abs. 1b Doppelbuchst. ff		Art. 17 Abs. 3
Tunesien	Art. 23 Abs. 1b Doppelbuchst. ff		Art. 17 Abs. 3
Turkmenistan	Fortgeltung DBA-UdSSR (siehe dort)		
UdSSR	Art. 19 Abs. 1b		Art. 16 Abs. 1
Ukraine	Art. 23 Abs. 1b Doppelbuchst. ee		Art. 17 Abs. 3
Ungarn	Art. 23 Abs. 1b Nr. 3		Art. 17 Abs. 3
Uruguay	Art. 23 Abs. 1b		Art. 17 Abs. 2
USA	siehe Vereinigte Staaten		
Usbekistan (bis 2001)	Fortgeltung DBA-UdSSR (siehe dort)		
(ab 2002)	Art. 23 Abs. 1b Doppelbuchst. ff		Art. 17 Abs. 4
Venezuela	Art. 23 Abs. 1b Doppelbuchst. ee		Art. 17 Abs. 3
Vereinigte Arabische Emirate	Art. 24 Abs. 1b Nr. 3		Art. 17 Abs. 3
Vereinigtes Königreich		Art. XIII Abs. 2a i. V. m. Art. XI Abs. 6	
Vereinigte Staaten	Art. 23 Abs. 2b Doppelbuchst. dd[1]		Art. 17 Abs. 3
Vietnam	Art. 23 Abs. 2b Doppelbuchst. gg		Art. 17 Abs. 3
Weißrussland (Belarus)	Fortgeltung DBA-UdSSR (siehe dort)		
Zypern	Art. 23 Abs. 1b Doppelbuchst. ff		

1 Falls die Einnahmen 20000 US-$ übersteigen; falls die Einnahmen 20000 US-$ nicht übersteigen, gilt der Artikel über gewerbliche Gewinne, selbstständige oder unselbstständige Arbeit (BMF vom 14. 09. 1999 BStBl I 1999, 957.)

11 Art. 18 OECD-MA – Ruhegehälter (Zuweisung des Besteuerungsrechts)

Art. 18 OECD-MA weist das Besteuerungsrecht für (i. d. R.) »private« Ruhegehälter und ähnliche Vergütungen wie z. B. Witwen- und Waisenpensionen, die für eine frühere nichtselbstständige Tätigkeit gewährt werden, ausschließlich dem Wohnsitzstaat zum Zeitpunkt des Zuflusses der Vergütungen zu. Das ausschließliche Wohnsitzstaatprinzip gilt auch für den Fall, dass die zugrunde liegende frühere unselbstständige Tätigkeit ausschließlich im anderen Staat ausgeübt wurde.

Der Quellenstaat hat die entsprechenden Einkünfte i. d. R. freizustellen.

12 Art. 19 OECD-MA – Öffentlicher Dienst

12.1 Allgemeines

Art. 19 OECD-MA regelt in Ergänzung der Bestimmungen des Art. 27 OECD-MA bzw. der völkerrechtlich üblichen Befreiungen für diplomatische Missionen und konsularische Vertretungen als Ausfluss der völkerrechtlichen Souveränität das alleinige Besteuerungsrecht des auszahlenden Staates (Kassenstaat) für Vergütungen, für die im öffentlichen Dienst erbrachten Leistungen. Dies gilt sowohl für laufende Vergütungen als auch für Ruhegehälter. Der Wohnsitzstaat hat die Einkünfte freizustellen.

Diese auch steuerrechtlich durch Art. 19 OECD-MA festgelegte Respektierung der Souveränität findet ihre Grenze jedoch dann, wenn der Steuerpflichtige die engeren persönlichen Beziehungen zum Empfangsstaat hat. Eine ausschließliche Besteuerung durch den Wohnsitzstaat ist daher ausnahmsweise dann möglich, wenn die Tätigkeit im Wohnsitzstaat geleistet wird, der Bedienstete dort ansässig ist oder aus anderen Gründen als der Arbeitsausnahme im Wohnsitzstaat ansässig geworden ist (Fall der so genannten Ortskräfte).

Die allgemeinen Regelungen des DBA für die Zuweisung des Besteuerungsrechts greifen allerdings dann, wenn keine hoheitliche, sondern eine gewerbliche Tätigkeit vorliegt.

Der Kassenstaat hat das ausschließliche Besteuerungsrecht für diese Vergütungen. Der Wohnsitzstaat hat diese freizustellen.

12.2 Ausnahmen

Vom o. g. Prinzip gibt es folgende Ausnahmen.

12.2.1 Ausnahme 1: Besteuerungsrecht des Wohnsitzstaates bei Ortskräften

Das Besteuerungsrecht für Vergütungen aus öffentlichen Kassen kann ausnahmsweise für so genannte Ortskräfte ausschließlich auf den Wohnsitzstaat übergehen, wenn alle folgenden Voraussetzungen erfüllt sind:

- Tätigkeit im Wohnsitzstaat,
- Ansässigkeit im Wohnsitzstaat,
- Staatsangehörigkeit des Wohnsitzstaates oder alternativ
- Wohnsitznahme im Tätigkeitsstaat aus »privaten« Gründen.

12.2.2 Ausnahme 2: Kein Kassenstaatsprinzip bei gewerblicher Tätigkeit

Ist der Arbeitnehmer in einem »Betrieb gewerblicher Art« tätig, wie z. B. einem Krankenhaus oder Sparkasse, gilt Art. 15 OECD-MA.

BEISPIEL

Der Steuerpflichtige A mit deutscher Staatsbürgerschaft wohnt in Baden-Baden, arbeitet als Architekt im Bauamt der Stadt Straßburg und wird von ihr vergütet. Er fährt jeden Tag zwischen Wohnung und Arbeitsstätte.

LÖSUNG Der Steuerpflichtige arbeitet in Frankreich, sodass vom Grundsatz her Frankreich nach Art. 13 Abs. 1 DBA-Frankreich als Tätigkeitsstaat das Besteuerungsrecht hätte.

1. Ausnahme:

Der Steuerpflichtige ist aber Grenzgänger mit der Folge, dass nach Art. 13 Abs. 5 DBA-Frankreich das Besteuerungsrecht dem Wohnsitzstaat Deutschland zugewiesen wird.

2. Ausnahme:

Der Steuerpflichtige wird jedoch aus einer öffentlichen Kasse bezahlt; nach Art. 14 DBA-Frankreich, der dem Art. 13 vorgeht, gilt daher die Kassenstaatsklausel. Frankreich hätte danach als Kassenstaat wieder das Besteuerungsrecht.

3. Ausnahme:

Der Steuerpflichtige hat ausschließlich die deutsche Staatsangehörigkeit, d. h. die Staatsangehörigkeit des Staates, in dem er ansässig ist. Nach Art. 14 Abs. 1 Satz 2 DBA-Frankreich wird in diesem Fall das Besteuerungsrecht wieder dem Wohnsitzstaat zugewiesen.

Hätte A auch die französische Staatsbürgerschaft, würde wieder die Kassenstaatsklausel gelten mit der Folge, dass Frankreich das Besteuerungsrecht hätte.

13 Art. 20 OECD-MA – Studenten

Die Regelung über Studenten lautet abweichend vom OECD-MA in Art. 20 DBA-Schweiz wie folgt:

»Zahlungen, die ein Student, Praktikant, Volontär oder Lehrling, der in einem Vertragsstaat ansässig ist oder vorher dort ansässig war und der sich in dem anderen Vertragsstaat ausschließlich zum Studium oder zur Ausbildung aufhält, für seinen Unterhalt, sein Studium oder seine Ausbildung erhält, werden in dem anderen Staat nicht besteuert, sofern ihm diese Zahlungen aus Quellen außerhalb des anderen Staates zufließen.«

Art. 20 OECD-MA und die deutschen Länder-DBA enthalten eine Ausnahme vom allgemeinen Wohnsitzprinzip der DBA, indem die unter die Vorschrift fallenden Studenten, Praktikanten oder Lehrlinge wegen des vorübergehenden Charakters ihres Aufenthalts nicht für Zahlungen, die dem Studium, der Ausbildung oder allgemein dem Unterhalt dienen, zur Wohnsitzbesteuerung herangezogen werden.

Diese Begünstigung wird in den deutschen DBA regelmäßig an die Tatbestandsvoraussetzungen geknüpft, dass zum einen der vorübergehende Aufenthalt nur dem Studium oder der Ausbildung dienen muss und zum anderen die Zahlungen von außerhalb des Tätigkeitsstaates/Wohnsitzstaates stammen müssen.

BEISPIEL

Der in Paris lebende Student der dortigen Universität hat von einem französischen Unternehmensfonds ein Stipendium für ein dreijähriges Studium an der Universität Karlsruhe erhalten. Er gibt sein Studentenzimmer in Paris auf und zieht nach Karlsruhe. Sein Stipendium beträgt 500 € monatlich; da er damit nicht auskommt, arbeitet er nebenbei in der Karlsruher Gastronomie.

LÖSUNG Der Student ist mit seinem Stipendium in Deutschland steuerbefreit, da er die Voraussetzungen des Art. 17 DBA-Frankreich erfüllt. Hinsichtlich seiner anderen Einkünfte ist jedoch eine Steuerbefreiung nicht möglich, da auch die anderen Bestimmungen über Studenten nicht zur Anwendung kommen. Nach allgemeinen Grundsätzen sind diese Einkünfte mit Lohnsteuerabzug zu besteuern.

14 Gastlehrertätigkeit

Viele deutsche DBA wie z. B. Art. 16 DBA-Frankreich enthalten auch Sonderregelungen für eine Gastlehrertätigkeit. Regelmäßig gilt Folgendes:

Hochschullehrer oder Lehrer, die für eine vorübergehende Zeit von höchstens **zwei Jahren** an einer Universität, Hochschule, Schule oder einer anderen Lehranstalt arbeiten, werden im Tätigkeitsstaat freigestellt, wenn sie im anderen Staat während dieser Zeit ansässig bleiben. Unschädlich ist dabei, dass ein Gastlehrer auch im Tätigkeitsstaat seinen Wohnsitz hat, da die Ansässigkeit sich gemäß Art. 2 Abs. 1 Nr. 4 DBA-Frankreich nach weiteren Kriterien bestimmt.

BEISPIEL

Der in Paris wohnende Professor für romanische Sprachen erhält einen einjährigen Lehrauftrag an der Universität Karlsruhe. Er mietet in Karlsruhe eine kleine Wohnung an; seine Familie, die er regelmäßig besucht, bleibt in Paris.

LÖSUNG Der Steuerpflichtige hat sowohl in Frankreich als auch in Deutschland seinen Wohnsitz. Er ist damit in beiden Ländern unbeschränkt steuerpflichtig. Da er den Mittelpunkt der Lebensinteressen bei seiner Familie in Paris hat, ist Frankreich aber Ansässigkeitsstaat. Nach Art. 16 DBA-Frankreich verzichtet Deutschland auf sein Besteuerungsrecht für die Vergütungen, die von der Universität Karlsruhe bezahlt werden (auch wenn es sich um Zahlungen aus öffentlichen Kassen handelt).

15 Art. 21 OECD-MA – »Sonstige Einkünfte«

Art. 21 OECD-MA lautet in den deutschen DBA regelmäßig:

»Die in den vorstehenden Artikeln nicht ausdrücklich erwähnten Einkünfte einer in einem Vertragsstaat ansässigen Person können nur in diesem Staat besteuert werden.«

Für sonstige, im Abkommen nicht geregelte Einkünfte (z. B. Sozialversicherungsrenten, soweit diese nicht – was etwa im Verhältnis zu **Frankreich** gilt – dem Kassenstaatsprinzip zugeordnet werden) greift der Auffangtatbestand des Art. 21, d. h. das Wohnsitzprinzip.

Im Hauptanwendungsfall ausländischer Renten stellt sich regelmäßig auch die Frage der Einordnung nach inländischem Steuerrecht. Hierbei kann man sich an der Praxis der Beurteilung Schweizer Renten orientieren.

Der BFH hat hierzu im Beschluss vom 25. 03. 2010 (AZ X B 142/09) zur Behandlung einer Auszahlung einer Schweizer Pensionskasse folgende Grundsätze herausgearbeitet:

Die Schweizer Pensionskasse entspricht von ihrer Struktur her und den von ihr im Versorgungsfall zu erbringenden Leistungen der deutschen gesetzlichen Rentenversicherung.

Auszahlungen aus der Schweizer Pensionskasse sind als sonstige Leistungen nach § 22 Nr. 1 Satz 3 Buchst. a Doppelbuchst. aa EStG (mit dem maßgebenden Besteuerungsanteil) zu erfassen. Die Anwendung der sog. Öffnungsklausel (§ 22 Nr. 1 Satz 2 Buchst. a Doppelbuchst. bb Satz 2 EStG) kommt bei entsprechendem Nachweis in Betracht. Im Übrigen kann die Schweizer Pensionskasse nicht als Lebensversicherung angesehen werden.

Eine Steuerbefreiung der Auszahlung nach § 3 Nr. 3 EStG scheidet – auch nach dem Gesetzeswortlaut in der Fassung vor dem JStG 2007 – aus. Auch eine Begünstigung nach den §§ 24, 34 EStG lehnte der BFH ab.

Teil K Außensteuergesetz – Steuergestaltungen unter Ausnutzung des internationalen Steuergefälles und die nationale Abwehrgesetzgebung

1 Anlass und Notwendigkeit einer deutschen »Abwehrgesetzgebung«

Es liegt nahe, dass das internationale Steuergefälle (z. B. Steuersatz für Kapitalgesellschaften 2009 in Irland 12,5 %, in Ungarn 10 %) zur Erzielung von Steuervorteilen ausgenutzt wird. Es existieren folgende Gestaltungsmöglichkeiten:

- Wohnsitzverlagerung ins Ausland.

BEISPIEL

Der bislang in Stuttgart wohnende Schriftsteller Alois Bauer versteuert seine Einkünfte aus der schriftstellerischen Tätigkeit mit dem Spitzensteuersatz von 42 %. Auf Anraten seines Steuerberaters Cleverle verlegt er den Wohnsitz nach Zug (Schweiz), da die dortige ESt-Spitzenbelastung nur 15 % beträgt.

LÖSUNG AB vermeidet die unbeschränkte Steuerpflicht mit seinem Welteinkommen, er kann grundsätzlich in Deutschland nach dem EStG nur mit seinen inländischen Einkünften i. S. d. § 49 EStG steuerpflichtig sein.

- In einem Staat mit niedriger Steuerbelastung wird ein selbstständig zu besteuernder Rechtsträger gegründet.

BEISPIEL

Der vermögende Münchner Alois Brummer gründet in Lichtenstein eine AG, in die er sein gesamtes Wertpapierdepot einlegt. Die AG unterliegt mit ihren Einkünften nur einer Besteuerung von 10 %. Ausschüttungen erfolgen nicht.

LÖSUNG Die AG schirmt vor der deutschen Besteuerung ab, da kein Dividendenzufluss erfolgt.

- In einem Staat mit niedriger Steuerbelastung wird eine unselbstständige Betriebsstätte gegründet.

BEISPIEL

Der Düsseldorfer Gerd Bauer ist an einer Schweizer Kollektivgesellschaft beteiligt (Produktion von Automobilzubehörteilen). Zur Kapitalverstärkung überträgt er sein Wertpapierdepot im Wege einer Kapitalerhöhung auf die KG.

LÖSUNG Mit der Einlage soll erreicht werden, dass die Zinsen aus den im Depot enthaltenen festverzinslichen Wertpapieren nicht mehr der deutschen, sondern der Besteuerung in der Schweiz mit rund 18 % unterliegen.

Der Gesetzgeber hat auf diese Gestaltungsmöglichkeiten, die sich aus dem internationalen Steuergefälle ergeben, reagiert, indem zum einen

- als nationale Abwehrmaßnahme das AStG geschaffen wurde;
- die DBA – sofern der andere Staat zur Korrektur bereit war – entsprechende Abwehrregelungen erhielten.

Das AStG richtet sich gegen ungerechtfertigte – aber nicht missbräuchlich gestaltete – Steuervorteile, die im Inland oder im Ausland ansässige Steuerpflichtige aus der **Nutzung des internationalen Steuergefälles** ziehen können. Das Gesetz erfasst nicht Missbrauchsfälle, sondern innerhalb des bestehenden Rechts mögliche Gestaltungen, die bei der deutschen Besteuerung zu Vorteilen führen würden, welche der Gesetzgeber nicht tolerieren will. Es hat daher auch keinen Strafcharakter.

Mit dem Gesetz wurde nicht eine bis dahin nicht bestehende Steuer (etwa eine »Außensteuer«) eingeführt, sondern die auf den Einzelsteuergesetzen (insbesondere EStG, KStG, GewStG) beruhende **Steuerpflicht** für bestimmte über die Grenze reichende Sachverhalte ergänzt und erweitert. Die Vorschriften des AStG wären vielleicht besser in die AO und die Einzelsteuergesetze aufgenommen worden, da nun aus diesen allein nicht mehr der tatsächliche Umfang der steuerlichen Verpflichtungen bei grenzüberschreitenden Sachverhalten entnommen werden kann.

Regelungsbereich des AStG	
§ 1 AStG	Berichtigung von Einkünften zwischen Nahestehenden
§§ 2–5 AStG	erweitert beschränkte Steuerpflicht
§ 6 AStG	Wegzugsbesteuerung
§§ 7–14 AStG	Hinzurechnungsbesteuerung
§ 15 AStG	Familienstiftungen
§§ 16–18 AStG	Verfahrensvorschriften
§ 20 Abs. 2 AStG	Treaty Override, in DBA-Fällen statt Freistellung Steueranrechnung
§§ 19, 20–22 AStG	Schlussvorschriften/Übergangsregelung/erstmalige Anwendung

Normen, die durch das AStG abgewandelt werden	
§§ 4, 5, 6 EStG	Gewinn, Bewertung
§ 1, 2, 49, 50 EStG	Steuerpflicht, Besteuerungsumfang, beschränkte Steuerpflicht
§ 17 EStG	Veräußerung von Anteilen an Kapitalgesellschaften
§ 20 EStG	Kapitalvermögen
§ 15ff. EStG	Gewerbebetrieb
DBA	Steuerfreistellung
§ 2 Abs. 1 EStG	Einkunftsarten

2 Wohnsitzverlagerung in ein Niedrigsteuerland

Bezüglich der Wohnsitzverlagerung in ein Niedrigsteuerland sind folgende Fragen zu prüfen:

1. Liegt überhaupt ein ausländischer Wohnsitz vor oder besteht noch ein inländischer Wohnsitz?
2. Greift die sog. erweiterte beschränkte Steuerpflicht bzw. die Wegzugsbesteuerung nach § 2ff. AStG?

2.1 Wohnsitzverlegung bzw. -begründung bei natürlichen Personen

Zur Frage einer Wohnsitzverlegung ist ausschließlich auf § 8 AO abzustellen. Melderechtliche Vorschriften oder bürgerlich-rechtliche Vorschriften zur Begründung, Beibehaltung oder Aufgabe eines Wohnsitzes sind unbeachtlich (BFH vom 23.11. 1988 BStBl II 1989, 182).

Nach § 8 AO hat jemand dort einen Wohnsitz, wo er eine Wohnung unter Umständen innehat, die darauf schließen lassen, dass er die Wohnung beibehalten und benutzen wird. Benutzt wird eine Wohnung von demjenigen, der sich in ihr ständig oder doch mit einer gewissen Regelmäßigkeit und Gewohnheit tatsächlich aufhält. Maßgebend ist hierbei der jeweilige Einzelfall.

Die Rechtsprechung hat jedoch gewisse Sachverhaltsvermutungen aufgestellt:

- eine Familie wohnt noch in einer inländischen Wohnung – Vermutung der Beibehaltung auch für den anderen Ehepartner (BFH vom 06.02.1985 BStBl II 1985, 331);
- befristete Versetzung ins Ausland unter Beibehaltung der eingerichteten frei nutzbaren inländischen Wohnung – Vermutung der Beibehaltung der inländischen Wohnung (BFH vom 17.05.1995 BStBl II 1996, 2);
- Untervermietung der Wohnung – Indiz für Aufgabe der inländischen Wohnung (BFH vom 17.05.1995 BStBl II 1996, 2).

Diese Anscheinsvermutungen können jedoch widerlegt werden (BFH vom 17.05.1995 BStBl II 1996, 2).

2.2 Verlegung eines Gewerbebetriebs durch den Steuerpflichtigen aus dem Inland in das Ausland

Verlegt ein Steuerpflichtiger seinen Gewerbebetrieb aus dem Inland in das Ausland und scheidet der Betrieb damit nach den Bestimmungen des DBA aus der inländischen Besteuerung aus, so ist nach der früheren BFH-Rechtsprechung eine Aufgabe des Gewerbebetriebs nach § 16 Abs. 3 EStG gegeben (BFH vom 28.04.1971 BStBl II 1971, 620 und BFH vom 16.12.1975 BStBl II 1976, 246). Der BFH hat allerdings mit Urteil vom 17.8.2008 AZ I R 77/05 (BStBl II 2009, 264) diese sog. finale Entnahme- und Betriebsaufgabetheorie aufgegeben. Die Finanzverwaltung wendet das Urteil nicht an (BMF vom 20.05.2009 BStBl I 2009, 671). Hierbei wird insbesondere darauf hingewiesen, dass ab 2006 durch § 4 Abs. 1 Satz 3 EStG, § 12 KStG eine gesetzliche Grundlage zur Schlussbesteuerung vorliegt. Nach diesen Regelungen ist bei Überführungen der gemeine Wert anzusetzen, im EU-Fall ist jedoch nach § 4g EStG eine Verteilung auf fünf Jahre möglich. Im Rahmen des JStG 2010 ist eine gesetzliche Klarstellung geplant (vgl. BR-Drucks. 318/10 [Beschluss]).

Allerdings ist hierbei immer zu prüfen, ob überhaupt das deutsche Besteuerungsrecht verloren geht.

BEISPIELE

a) Der unbeschränkt Steuerpflichtige A erwirbt und veräußert inländische Grundstücke. Er unterhält hierzu kein Büro oder Ähnliches. Das Vorliegen eines gewerblichen Grundstückshandels ist aber unbestritten. Zum 01. 07. des Jahres gibt A seinen inländischen Wohnsitz auf und zieht nach Frankreich. Der gewerbliche Grundstückshandel wird aber nicht aufgegeben. Löst der Wegzug eine Versteuerung der stillen Reserven aus, wenn
aa) keine Betriebsstätte/ständiger Vertreter i. S. d. §§ 12, 13 AO vorliegen?
bb) wenn ein ständiger Vertreter im Inland vorhanden ist?

LÖSUNG Mit dem Wegzug des Steuerpflichtigen A erfolgt eine Verlagerung des Betriebs »gewerblicher Grundstückshandel« nach Frankreich, da weder eine Betriebsstätte noch ein ständiger Vertreter i. S. d. AO im Inland verbleibt. Die gewerbliche Tätigkeit selbst wird aber nicht beendet. Da eine beschränkte Steuerpflicht und damit eine Steuerverhaftung nur gegeben ist, wenn zum einen das EStG (§ 49 EStG) und zum anderen das DBA das Besteuerungsrecht ermöglicht, sind diese beiden Bereiche jeweils zu untersuchen. Nach den DBA hat regelmäßig der Belegenheitsstaat das Besteuerungsrecht auch für Veräußerungsgewinne (Art. 6, Art. 13 OECD-MA). Auch hinsichtlich des EStG ist das deutsche Besteuerungsrecht gegeben, da § 49 Abs. 1 Nr. 2f EStG auch Veräußerungsgewinne für gewerbliche Immobilien der Besteuerung unterwirft. Da die deutsche Besteuerungsmöglichkeit erhalten bleibt, führt die Auswanderung zu keiner Besteuerung.

b) Ein unbeschränkt Steuerpflichtiger B ist alleiniger Gesellschafter einer GmbH, an die er ein Grundstück verpachtet, das eine wesentliche Betriebsgrundlage ist. Zum 01. 07. zieht B in die Schweiz. Weder Pachtverhältnis noch Beteiligung werden beendet bzw. veräußert.

LÖSUNG Infolge der Betriebsaufspaltung sind sowohl die stillen Reserven des Grundstücks als auch der Beteiligung steuerverstrickt. Durch den Wegzug wird bezüglich beider Wirtschaftsgüter im Besitzunternehmen Deutschland das Besteuerungsrecht entzogen, soweit keine Betriebsstätte oder keine Vertreter im Inland bestehen. Der Umzug führt damit zur Schlussbesteuerung.

2.3 Die erweitert beschränkte Steuerpflicht nach §§ 2 bis 5 AStG

2.3.1 Allgemeines

Die §§ 2 bis 5 AStG regeln für eine Übergangszeit die Besteuerung von ausgewanderten Deutschen, die andernfalls nicht oder nur beschränkt steuerpflichtig wären. Durch die Bestimmungen werden § 49 EStG und § 2 Abs. 1 Nr. 3 ErbStG erweitert oder korrigiert.

Dabei bezieht sich

- § 2 AStG auf die ESt,
- § 3 AStG auf die VSt (aufgehoben ab 01. 01. 1997),
- § 5 AStG auf die ESt, VSt und die Erbschaftsteuer.

Die Vorschriften sind vorrangig präventiv. Sie greifen nicht bei Doppelansässigkeit und Mittelpunkt der Lebensinteressen im anderen Staat, was zur möglichen Umgehung im Fall der bewussten Gestaltung führen kann.

Die Verwaltungsauffassung ergibt sich aus dem Anwendungsschreiben des BMF vom 14. 05. 2004 BStBl I 2004, Sondernummer Anwendungsschreiben.

2.3.2 § 2 AStG – die erweitert beschränkte Einkommensteuerpflicht

§ 2 AStG setzt voraus, dass natürliche Personen, die durch ihre deutsche Staatsangehörigkeit und wegen einer längeren Ansässigkeit in Deutschland eine gewisse Bindung zum Inland hatten, im Falle des Wohnsitzwechsels in niedrig besteuernde Gebiete, über § 49 EStG hinaus mit allen inländischen und ausländischen Einkünften der Steuerpflicht unterliegen, soweit die Auswanderer noch wirtschaftliche Schwerpunkte im Inland unterhalten.

2.3.2.1 Sachliche und persönliche Voraussetzungen des § 2 AStG

Der Steuerpflichtige muss während der letzten **zehn Jahre** vor dem Ende der unbeschränkten Steuerpflicht mindestens **fünf Jahre als Deutscher** unbeschränkt einkommensteuerpflichtig gewesen sein. Zu rechnen ist ab dem Tag der **Auswanderung in den Niedrigsteuerstaat** rückwärts (Berechnung nach §§ 187ff. BGB). Der Tag der Auswanderung ist hierbei nicht mitzurechnen.

BEISPIELE

a) A ist in 05 in die USA ausgewandert. Er verlegt am 01.04.09 seinen Wohnsitz auf die Bahamas. Er hat am 01.01.09 ein Festgeldguthaben von 400 000 €, das sich infolge einer Überweisung in die USA am 01.03.09 auf 200 000 € verringert hatte. Das Guthaben wird mit 6 % verzinst. Darüber hinaus hat A Einkünfte i. S. d. § 49 Abs. 1 EStG i. H. v. 30 000 €.

LÖSUNG A hat im Veranlagungszeitraum 09 wesentliche wirtschaftliche Interessen i. S. d. § 2 AStG. Er unterliegt damit ab 02.04.09 der Besteuerung nach § 2 AStG. Zu erfassen sind die auf das Festgeldguthaben vom 02.04.09 – 31.12.09 zufließenden Zinsen.
Innerhalb dieser Frist kann die erweitert beschränkte Steuerpflicht auch wieder aufleben.

b) Der Tennisstar CC verlegt am 01.11.01 seinen Wohnsitz nach London, wo er einer »ESt« von 40 % unterliegt. Am 01.04.02 verlegt er seinen Wohnsitz nach Monaco. Seine Einkünfte bezieht er vorrangig aus Werbeverträgen mit deutschen Firmen.

LÖSUNG CC ist ab 01.04.02 erweitert beschränkt steuerpflichtig. Die Zehnjahresfrist verlängert sich aber nicht.

2.3.2.2 Niedrige Besteuerung

Eine niedrige Besteuerung liegt nach § 2 Abs. 2 AStG vor, wenn eine der beiden Tatbestandsvoraussetzungen erfüllt ist:

1. Der ausländische Staat erhebt bei einem Ledigen bei einem Einkommen von 77 000 € eine Ertragsteuer, die um mehr als ein Drittel geringer ist als die ESt. Dies trifft nach dem Stand ab 2003 bei einem **ausländischen Steuersatz von 23,78 %** zu. Die persönlichen Verhältnisse sind hier unbeachtlich, weil eine abstrakte Vergleichsberechnung vorzunehmen ist. Zu beachten ist, dass für den Belastungsausgleich Gemeinde-, Kantonale- und andere Steuern zu berücksichtigen sind. Hinsichtlich des Umrechnungskurses besteht ein Wahlrecht (Tz. 2.2.2 Anwendungsschreiben).
2. Der ausländische Staat gewährt eine wesentliche Vorzugsbesteuerung(befristete Steuerbefreiung, Pauschalierung, Verbrauchsbesteuerung), die Ortsansässigen nicht gewährt wird.

Nach Auffassung der Finanzverwaltung liegt eine Vorzugsbesteuerung auch dann vor, wenn der Steuerpflichtige selbst diese Vergünstigungen nicht in Anspruch nimmt oder nehmen kann (Tz. 2.2.2 Anwendungsschreiben).

2.3.2.3 Wesentliche wirtschaftliche Interessen im Inland

§ 2 Abs. 3 Nr. 1 bis 3 AStG enthält einen abschließenden Katalog, welche Personen wesentliche wirtschaftliche Interessen im Inland haben. Zu beachten ist, dass nach dem

Gesetzeswortlaut auch die Personen erfasst werden, die erst nach dem Wegzug wesentliche wirtschaftliche Interessen im Inland (z. B. infolge einer Erbschaft) begründen.

Es ist darauf hinzuweisen, dass diese Begriffe nach deutschem Steuerrecht ausgelegt werden.

2.3.2.3.1 Erste Alternative – § 2 Abs. 3 Nr. 1 AStG

Wesentliche wirtschaftliche Interessen hat eine Person im Inland, wenn sie zu Beginn des Veranlagungszeitraums

- Einzelunternehmer,
- Komplementär,
- Kommanditist mit einer Einkunftsbeteiligung von mehr als 25 % oder
- wesentlich beteiligt i. S. d. § 17 EStG

ist.

Zu beachten ist hierbei insbesondere, dass bei Mitunternehmern nicht auf deren handelsrechtliche Vermögensbeteiligung (Quote) abgestellt wird, sondern auf die Einkunftsbeteiligung. Da steuerlich die Einkünfte nach § 15 Abs. 1 Nr. 2 EStG ermittelt werden, kann infolge hoher Sondervergütungen u. U. auch ein nur zu 10 % beteiligter Kommanditist unter § 2 AStG fallen.

2.3.2.3.2 Zweite Alternative – § 2 Abs. 3 Nr. 2 AStG

Die inländischen Einkünfte übersteigen mehr als 30 % der Gesamteinkünfte **oder** betragen mehr als 62 000 €. Im Gegensatz zur Variante unter **2.3.2.3.1** wird hierbei nicht auf den Beginn des Veranlagungszeitraums, sondern auf die Verhältnisse während des Jahres abgestellt.

2.3.2.3.3 Dritte Alternative – § 2 Abs. 3 Nr. 3 AStG

Zu Beginn des Veranlagungszeitraums beträgt das »Inlandsvermögen«, also das Vermögen, dessen Erträge inländische Einkünfte wären, mehr als 30 % des Gesamtvermögens **oder** mehr als 154 000 €.

2.3.2.4 Bagatellgrenze

Nach § 2 Abs. 1 Satz 2 AStG greift die erweitert beschränkte Steuerpflicht, soweit die steuerpflichtigen Einkünfte insgesamt mehr als 16 500 € betragen (Freigrenze).

2.4 Anwendung des § 6 AStG bei Wegzug eines Steuerpflichtigen mit einer wesentlichen Beteiligung (oder Einbringung einer wesentlichen Beteiligung in eine Auslandsgesellschaft)

2.4.1 Allgemeines

Mit § 6 AStG soll sichergestellt werden, dass stille Reserven, die ein Steuerinländer in seiner Inlandsbeteiligung ansammelt, dem deutschen Fiskus nicht dadurch verloren gehen, dass der Gesellschafter seinen Wohnsitz ins Ausland verlegt.

Hintergrund für diese Regelung ist, dass die Bundesrepublik Deutschland entsprechend Art. 13 Abs. 4 OECD-MA – entgegen der Regelung des § 49 Abs. 1 Nr. 2e EStG – auf die Besteuerung von § 17 EStG-Gewinnen bei beschränkt Steuerpflichtigen verzichtet.

BEISPIELE

a) Ein Steuerpflichtiger ist am 01.01.02 in das Bundesgebiet zugezogen und am 31.12.18 nach Frankreich weggezogen.
Eine wesentliche Beteiligung an einer inländischen Gesellschaft, die der Steuerpflichtige am 01.01.01 erworben hatte, besaß am 01.01.02 einen gemeinen Wert von 3 Mio. € und am 31.12.18 von 10 Mio. €. Sie wird am 01.10.20 für 17 Mio. € veräußert.

LÖSUNG Unterstellt: § 6 AStG ist bei der Lösung nicht anzuwenden.
Nach § 49 Abs. 1 Nr. 2e EStG ist der Veräußerungsgewinn im Jahr 20 grundsätzlich in Deutschland steuerpflichtig. Da Art. 19 Abs. 5 DBA-Frankreich jedoch das Besteuerungsrecht für Gewinne aus der Veräußerung von wesentlichen Beteiligungen ausschließlich dem Wohnsitzstaat zum Zeitpunkt der Veräußerung zuweist (= Frankreich), würden damit – ohne die Regelung des § 6 AStG – stille Reserven ohne Besteuerung ins Ausland abwandern.

b) Sachverhalt wie a). A ist jedoch auf die Bermudas weggezogen.

LÖSUNG Durch eine kurzfristige Wohnsitzverlegung in ein Niedrigsteuerland vor Veräußerung könnte damit die deutsche Besteuerung vermieden werden.
Zur weiteren Falllösung s. 2.7.

2.4.2 Besteuerung des Wertzuwachses

Nach § 6 AStG haben unbeschränkt Steuerpflichtige mit ihrem Übertritt in die beschränkte Steuerpflicht oder mit der Erfüllung gewisser anderer Tatbestände (§ 6 Abs. 1 Satz 2 AStG) den Vermögenszuwachs wesentlicher Beteiligungen an inländischen Kapitalgesellschaften nach den Grundsätzen des § 17 EStG zu versteuern. Eine Besteuerung nach anderen Bestimmungen (z. B. § 21 UmwStG) geht vor.

Die Begründung eines Zweitwohnsitzes im Ausland bei Weiterbestehen der unbeschränkten Steuerpflicht löst die Vermögenszuwachsbesteuerung nur in den Fällen des § 6 Abs. 1 Satz 2 Nr. 2 AStG aus (danach muss in dem anderen Staat die abkommensrechtliche Ansässigkeit begründet werden, d. h. der Mittelpunkt der Lebensinteressen im ausländischen Staat).

Üblicherweise ist die Ansässigkeit dann gegeben, wenn eine Person den Mittelpunkt der Lebensinteressen im ausländischen Staat hat (vgl. Art. 4 Abs. 2 Buchst. c OECD-MA).

2.4.2.1 Persönliche Voraussetzungen

Die Anwendung des § 6 AStG setzt voraus, dass die unbeschränkte Steuerpflicht mindestens zehn Jahre bestanden hat. Hat ein Steuerpflichtiger Anteile unentgeltlich (z. B. durch Schenkung, Erbgang, Vermächtnis) erworben, so ist die Zeit, während der sein Rechtsvorgänger unbeschränkt steuerpflichtig war, nach Maßgabe des § 6 Abs. 2 AStG mit zu berücksichtigen.

War der Steuerpflichtige bzw. sein Rechtsvorgänger mehrere Male im Inland ansässig, so sind die Zeiträume zusammenzuzählen, während denen unbeschränkte Steuerpflicht bestanden hat.

Zeiträume einer unbeschränkten Steuerpflicht, die vor dem 21.06.1948 endeten, sind aus Billigkeitsgründen hierbei nicht zu berücksichtigen.

2.4.2.2 Besteuerung des Vermögenszuwachses

Der nach § 6 AStG steuerpflichtige Vermögenszuwachs unterliegt der **unbeschränkten Steuerpflicht.** Er ist zusammen mit anderen Einkünften, die dem Steuerpflichtigen in dem betreffenden Veranlagungszeitraum bis zum Zeitpunkt der Beendigung der unbeschränkten Steuerpflicht zugeflossen sind, zu veranlagen. Hierbei ist R 227 EStR zu beachten. Bei der Ermittlung der Einkünfte sind § 17 EStG sowie § 16 EStG und § 9 BewG (gemeiner Wert) entsprechend anzuwenden, d. h. die Besteuerung erfolgt im Halbeinkünfteverfahren. Die Bestimmung führt nicht zur Realisierung von Verlusten (vgl. BFH vom 28. 02. 1990 BStBl II 1990, 615).

Die Steuer kann gegen Sicherheitsleitung und Ratenzahlung auf maximal fünf Jahre gestundet werden.

2.4.2.3 Veräußerung von Anteilen nach dem Wohnsitzwechsel

Wird ein Anteil **nach dem Wohnsitzwechsel veräußert,** so unterliegt der dabei entstandene Veräußerungsgewinn nach § 49 Abs. 1 Nr. 2e i. V. m. § 17 EStG der beschränkten Steuerpflicht, sofern nicht eine DBA-Regelung entgegensteht (s. 2.7). Hierbei ist auch der Wertzuwachs vor dem Weggang ins Ausland in die Besteuerung einzubeziehen. Bei der Veranlagung ist der Veräußerungsgewinn um den bereits versteuerten Vermögenszuwachs zu kürzen.

Bei der späteren tatsächlichen Veräußerung kann sich durch diese Kürzung ein Verlust ergeben.

Hierbei gilt Folgendes:

- Bei der Veräußerung ergab sich ein Verlust:
- Erhöhung des Verlustes um einen positiven Vermögenszuwachs.
- Bei der Veräußerung ergab sich ein Gewinn:
- Soweit der Vermögenszuwachs negativ war, ist zur Berechnung von den Anschaffungskosten auszugehen.

BEISPIEL

Fallvariante	**1**	**2**	**3**
Besteuerung nach § 6 AStG in 01	200 T€	200 T€	200 T€
Gewinn/Verlust nach § 17 EStG in 05	300 T€	100 T€	./. 100 T€
zu versteuern in 05	100 T€	./. 100 T€	./. 100 T€

2.5 Ersatztatbestände

§ 6 Abs. 1 Satz 2 AStG nennt folgende dem Wohnsitzwechsel gleichgestellte Tatbestände der schädlichen Steuerentstrickung:

- Schenkung oder Erbanfall an nicht unbeschränkt Steuerpflichtige;
- Begründung des Mittelpunkts der Lebensinteressen im Sinne eines DBA im Ausland;
- Einlage der Anteile in ein ausländisches Rechtssubjekt (Betrieb oder Betriebsstätte);
- sonstige Fälle des Ausschlusses oder der Beschränkung deutschen Besteuerungsrechts.

Nach der Verwaltungspraxis ist in sachgerechter Auslegung (ungeachtet des eindeutigen Gesetzeswortlautes) keine Besteuerung vorzunehmen, wenn die Besteuerung sichergestellt ist (z. B. eingetauschte Anteile gehören zu inländischem Betriebsvermögen).

2.6 Vorübergehende Abwesenheit

Besteht bereits zum Zeitpunkt des Wegzugs die Absicht, innerhalb von fünf Jahren zurückzukehren, erfolgt eine vorläufige Steuerfestsetzung gegen Stundung mit Sicherheitsleistung (§ 6 Abs. 3 AStG). Die Frist kann um maximal fünf Jahre verlängert werden.

Hintergrund hierfür ist die Regelung des § 6 Abs. 4 AStG, wonach die Steuerpflicht rückwirkend entfällt, wenn die Person innerhalb von fünf Jahren wieder unbeschränkt steuerpflichtig wird. Das Finanzamt kann die Fristen auf längstens zehn Jahre verlängern, wenn der Steuerpflichtige glaubhaft macht, dass hierfür berufliche Gründe maßgebend waren. Es genügt nicht die bloße Erklärung, sondern die äußeren Umstände bzw. das Verhalten des Steuerpflichtigen müssen für die Rückkehrabsicht sprechen.

2.7 Auswirkung von Doppelbesteuerungsabkommen

Die Besteuerung des Vermögenszuwachses nach § 6 AStG wird nicht dadurch ausgeschlossen, dass der Steuerpflichtige zugleich mit oder nach der Beendigung der unbeschränkten Steuerpflicht in einem Staat steuerlich ansässig wird, mit dem ein DBA besteht, und der Gewinn aus der späteren tatsächlichen Veräußerung des Anteils nach dem Abkommen in der Bundesrepublik Deutschland besteuert werden könnte.

Die Besteuerung des Gewinns aus der tatsächlichen Veräußerung des Anteils entfällt, wenn der Steuerpflichtige im Zeitpunkt der Veräußerung in einem Staat ansässig war, mit dem ein DBA besteht, das für diesen Gewinn das Besteuerungsrecht nur diesem Staat zuweist.

Für diese Fälle der Doppelbesteuerung versucht Deutschland entweder im Wege des DBA oder im Verständigungsverfahren durchzusetzen, dass der neue Wohnsitzstaat entweder

- nur den Vermögenszuwachs ab Wegzug besteuert (z. B. DBA-USA) oder
- die nach § 6 Abs. 1 AStG erhobene Steuer anrechnet.

Zu beachten ist, dass Deutschland die Beseitigung einer eventuellen Doppelbesteuerung ablehnt (vgl. Tz. 6.1.5.2 Anwendungsschreiben).

BEISPIEL

Sachverhalt wie Beispiel unter 2.4.1, jedoch wird nun § 6 AStG bei der Lösung berücksichtigt.

LÖSUNG Die Voraussetzungen des § 6 AStG sind erfüllt. Für den Veranlagungszeitraum 18 ist der Steuerpflichtige mit dem Wertzuwachs seit dem Zuzug i. H. v. 7 Mio. € (10 Mio. € bei Wegzug ./. 3 Mio. € bei Zuzug) unbeschränkt steuerpflichtig.

Im Veranlagungszeitraum 20 unterliegt der gesamte Veräußerungsgewinn von 16 Mio. € (Preis 17 Mio. € ./. 1 Mio. €) der unbeschränkten Steuerpflicht. Hierbei ist allerdings der bereits versteuerte Gewinn von 7 Mio. € in Anrechnung zu bringen.

Zusammenfassung:

Veräußerungspreis	17 Mio. €
./. Anschaffungskosten	1 Mio. €
./. Kosten nach § 6 AStG	
besteuerter Wertzuwachs	7 Mio. €
= Steuerpflicht nach § 17 EStG	9 Mio. €

2.8 Sonderregelungen bei Wegzug in einen EU/EWR-Staat (§ 6 Abs. 5ff. AStG)

Mit Urteil vom 11.03.2004 (Rs. C-9/02 »Hughes de Lasteyrie du Saillant«) hatte der EuGH entschieden, dass die französische Vorschrift des Art. 167 bis Code général des impôts (im Folgenden: CGI) eine unzulässige Beschränkung der Niederlassungsfreiheit enthält. Eine Beschränkung der Niederlassungsfreiheit liegt nach Auffassung des Gerichtshofs darin, dass die Regelung für Steuerpflichtige, die sich in einem anderen Mitgliedstaat niederlassen wollen, »zumindest abschreckende Wirkung« entfalte (EuGH vom 11.03.2004, a. a. O., Rn. 45). Sie benachteilige Steuerpflichtige, die ihren Wohnsitz ins Ausland verlegen, gegenüber Steuerpflichtigen, die ihren Wohnsitz in Frankreich behalten; denn letztere müssen Steuern nur für solche Wertsteigerungen entrichten, die sich tatsächlich realisieren.

Rechtfertigungsgründe hierfür liegen nicht vor. Insbesondere lehnt der Gerichtshof die vorgebrachten Gründe der Vorbeugung der Steuerflucht, Vermeidung von Steuermindereinnahmen sowie die Kohärenz des Steuersystems ab.

§ 6 AStG a. F. enthielt eine Regelung, die der französischen Regelung in ihrer Zielsetzung und Ausgestaltung sehr ähnlich ist. Da auch hier etwaige Rechtfertigungsgründe, die der Gerichtshof akzeptieren würde, nicht ersichtlich sind, dürfte § 6 AStG als gemeinschaftsrechtswidrig anzusehen sein.

Mit dem SEStEG hat der Gesetzgeber 2006 folgende Regelungen zur »Europatauglichkeit« geschaffen:

- Im Zeitpunkt des Wegzugs ist die nach § 6 AStG entstehende Steuer zwar festzusetzen.
- Gleichzeitig ist nach § § 6 Abs. 5 AStG die Stundung der geschuldeten ESt ohne Antrag des Steuerpflichtigen zu gewähren.
- Die Stundung erfolgt ohne Sicherheitsleistung und ohne die Festsetzung und Erhebung von Stundungszinsen bis zum Zeitpunkt der Veräußerung oder bis zur Aufhebung der Stundung.
- Die Stundung ist aufzuheben, sobald der Steuerpflichtige nicht mehr in einem Mitgliedstaat der EU oder einem Staat, auf den das Abkommen über den Europäischen Wirtschaftsraum Anwendung findet, unbeschränkt einkommensteuerpflichtig ist; die Anteile veräußert werden oder seine sonstige Realisierung erfolgt.
- Nach § 6 Abs. 7 AStG muss der Stpfl. jährlich seine EU-/EWR-Anschrift bestätigen und muss eine Erklärung darüber abzugeben, ob sich die nach § 6 AStG zu erfassenden Anteile an einer inländischen Kapitalgesellschaft weiterhin in seinem Eigentum befinden.
- Sofern der Veräußerungsgewinn i. S. d. § 17 EStG im Zeitpunkt der Beendigung der Stundung niedriger ist als im Zeitpunkt der Steuerfestsetzung (Zeitpunkt des Wegzuges), ist der Bescheid insoweit zu ändern (§ 165 Abs. 2 AO).
- Dies gilt aber nicht bei gesellschaftsrechtlich bedingten Wertminderungen (z. B. Ausschüttungen).

3 Der Durchgriff durch ausländische Gesellschaften in einem Niedrigsteuerland – die Hinzurechnungsbesteuerung nach dem Außensteuergesetz

3.1 Allgemeines

Bei der Verlagerung von Einkunftsquellen auf selbstständige Steuersubjekte (Kapitalgesellschaften) in Niedrigsteuerländern ergibt sich grundsätzlich eine **Abschirmwirkung** gegenüber der deutschen Besteuerung, da diese selbstständigen Steuersubjekte nur im Sitzstaat steuerpflichtig sind. Lediglich Dividendenauszahlungen könnten in die deutsche Besteuerung fallen. D. h. wenn Einkunftsquellen aus dem Inland auf eine ausländische Kapitalgesellschaft verlagert werden und keine »Rückausschüttung« ins Inland erfolgt, werden die Erträge (zumindest vorläufig) der deutschen Besteuerung entzogen.

Der Gesetzgeber versucht durch die Regelungen des AStG diese Abschirmwirkung zu durchbrechen. Es handelt sich – vereinfacht ausgedrückt – um eine **fiktive Dividendenbesteuerung.**

Die §§ 7 bis 14 AStG (Zugriffsbesteuerung) erstrecken die **Steuerpflicht unbeschränkt Steuerpflichtiger** auf **Einkünfte,** die durch **passiven Erwerb ausländischer Gesellschaften** anfallen und einer **niedrigeren Besteuerung** unterliegen (Zwischeneinkünfte).

3.2 Rechtsgrundlagen

3.2.1 §§ 7ff. AStG

Der zur Zeit aktuelle Gesetzestext steht beispielsweise in der BMF-Handausgabe »Einkommensteuer 2010« als Anhang 1 zur Verfügung.

3.2.2 Anwendungsschreiben zum Außensteuergesetz vom 14. 05. 2004

Das Anwendungsschreiben vom 14. 05. 2004 ersetzt das Anwendungsschreiben vom 02. 12. 1994 und berücksichtigt neben den seit 1994 vorgenommenen Gesetzesänderungen auch die in dieser Zeit ergangene höchstrichterliche Rechtsprechung, die in einer Reihe von Punkten der im Anwendungsschreiben aus 1994 vertretenen Verwaltungsauffassung nicht gefolgt ist. Das Anwendungsschreiben folgt in seiner Gliederung streng dem Aufbau des Gesetzes, so dass beispielsweise in Tz. 7.6 Erläuterungen zu § 7 Abs. 6 AStG enthalten sind. Fehlende Textziffern sind kein redaktionelles Versehen, sondern dadurch zu erklären, dass zu dem entsprechenden Absatz des Gesetzes keine Aussagen getroffen worden sind (z. B. keine Aussage zu § 7 Abs. 5 AStG, daher auch keine Tz. 7.5).

Die dem Anwendungsschrieben als Anlage 3 beigefügten Schemata verdeutlichen, in welcher Reihenfolge die einzelnen Berechnungsschritte zur Ermittlung der nach den §§ 7 bis 12, 14 AStG maßgeblichen Besteuerungsgrundlagen durchzuführen sind und welche Besteuerungsgrundlagen i. R. d. Feststellung nach § 18 AStG gesondert festzustellen sind.

3.3 Überblick über das System und die Belastungsauswirkungen der Hinzurechnungsbesteuerung

Bei der Beteiligung an Kapitalgesellschaften muss zuerst differenziert werden: Schüttet die Gesellschaft aus, ist das jeweilige DBA zu prüfen, während in Jahren der Thesaurierung das AStG zu prüfen ist.

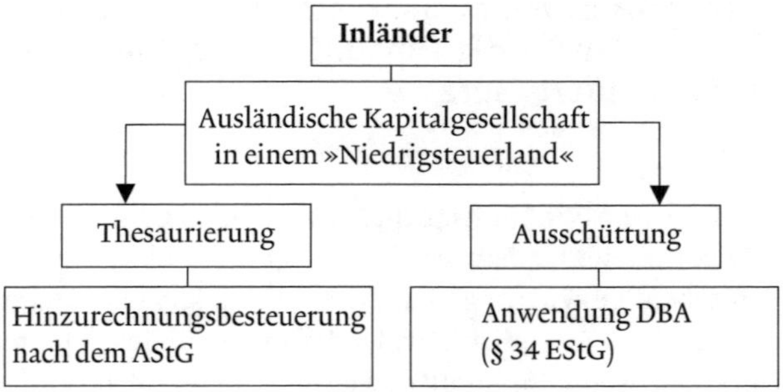

In der zweiten Stufe ist die Tätigkeit der Gesellschaft zu prüfen. Der Gesetzgeber sieht für so genannte aktive Gesellschaften, die in Konkurrenz zu im ausländischen Staat ansässigen Unternehmen stehen, keine steuerliche Nachbelastung durch die Hinzurechnungsbesteuerung vor. Die Hinzurechnungsbesteuerung betrifft nur so genannte passive Gesellschaften bzw. Tätigkeiten.

Bei aktiven Gesellschaften ergeben sich Steuerbelastungen nur bei Ausschüttungen oder Veräußerungen infolge des Halbeinkünfteverfahrens ab 2009 der Abgeltungsteuer für natürliche Personen bzw. der auf 95 % begrenzten Dividendenfreistellung/Freistellung der Veräußerungsgewinne (§ 8b Abs. 3 und 5 KStG).

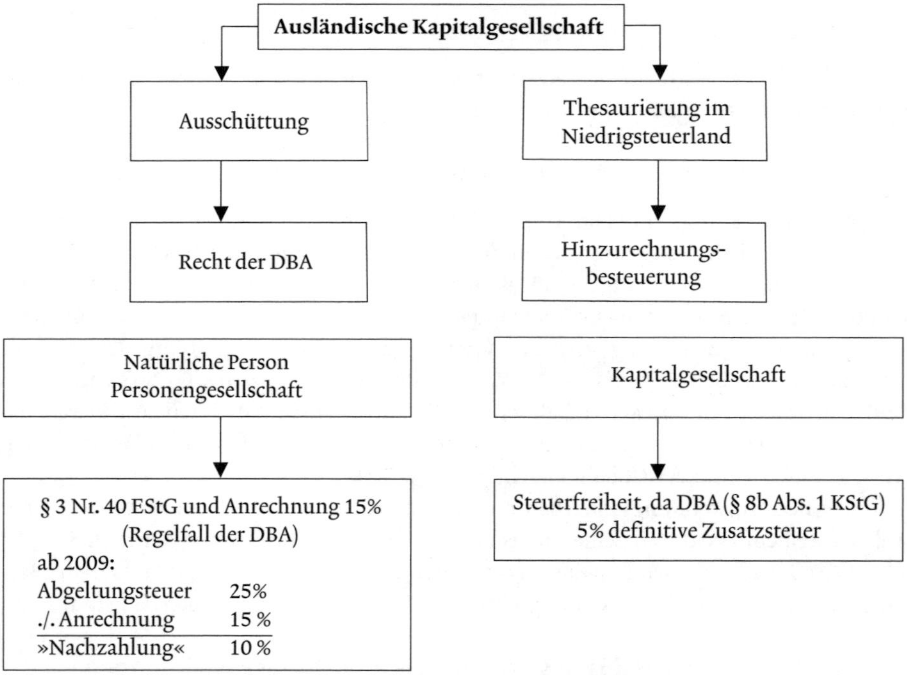

Liegt hingegen eine passive Gesellschaft oder Tätigkeit vor, ergibt sich durch die Hinzurechnungsbesteuerung eine Steuerbelastung, wie wenn die Einkünfte unmittelbar vom Inländer erzielt werden. Das Halbeinkünfteverfahren bzw. die Dividendenfreistellung nach § 8b KStG greift nicht.

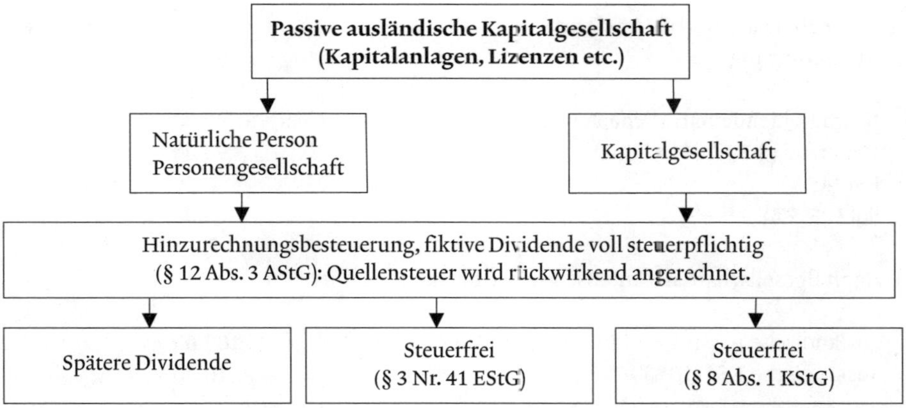

Es stellt sich natürlich die Frage, wie die Doppelbesteuerung vermieden wird, wenn die ausländische Gesellschaft in einem späteren Jahr tatsächlich ausschüttet. Hierzu enthält das System folgende Regelungen:

- **Steuerbelastung der Ausschüttung selbst:** Die Dividende wird nach § 3 Nr. 41 EStG bzw. § 8 Abs. 1 KStG freigestellt.
- **Ausländische Quellensteuerbelastung:** Die nach den DBA zulässige Quellensteuer im Ausschüttungsjahr wird auf das Jahr der effektiven Besteuerung in Deutschland, d. h. dem Jahr der Steuerpflicht des Hinzurechnungsbetrags zurückbezogen.

Zeitliche Entwicklung

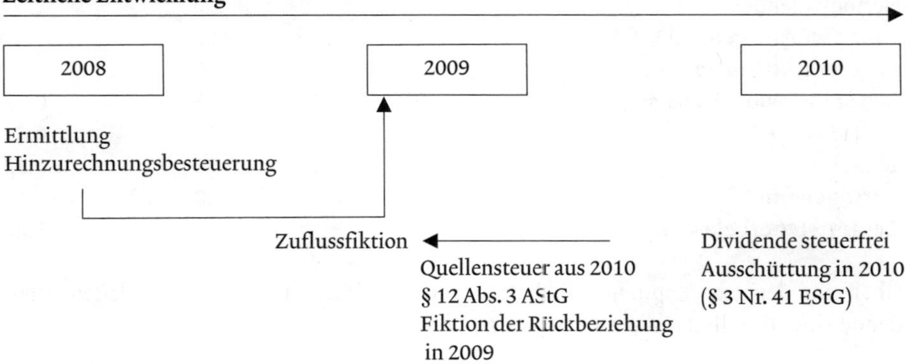

Es ergibt sich damit folgende Gesamtsteuerbelastung:

a) Natürliche Person als Anteilseigner (Übersicht)

ausländische passive Einkünfte i. S. d. AStG	**100,00**	
ausländische KSt (10 %)	./. 10,00	10,00
Hinzurechnungsbetrag (§ 10 Abs. 1 AStG)	90,00	
Aufstockungsbetrag (§ 12 Abs. 1 AStG)	10,00	
Hinzurechnungsbetrag nach § 12 Abs. 1 AStG	100,00	
ESt (45 %)	./. 45,00	45,00
Steueranrechnung (§ 12 Abs. 1 AStG)	10,00	./. 10,00
SolZ (5,5 %)	./. 1,92	1,92
Steuer auf Hinzurechnungsbetrag		36,92

Steuerbelastung (In-/Ausland)		46,92
Aussschüttung	90,00	
Nettodividende natürliche Person	90,00	
steuerfrei (§ 3 Nr. 41a EStG)	90,00	
ESt (45 %)	0,00	
SolZ (5,5 %)	0,00	

b) Kapitalgesellschaft als Anteilseigner (Übersicht)

ausländische passive Einkünfte i. S. d. AStG	**100,00**	
ausländische KSt (10 %)	./. 10,00	10,00
Hinzurechnungsbetrag (§ 10 Abs. 1 AStG)	90,00	
Aufstockungsbetrag (§ 12 Abs. 1 AStG)	10,00	
Hinzurechnungsbetrag nach § 12 Abs. 1 AStG	100,00	
KSt (15 %), GewSt (bei 400 % Hebesatz)	./. 30,00	30,00
Steueranrechnung (§ 12 Abs. 1 AStG) nur auf KSt	10,00	./. 10,00
SolZ (5,5 %) auf verbleibende KSt von 5	./. 0,27	0,27
Steuer auf Hinzurechnungsbetrag		20,27
Steuerbelastung (In-/Ausland)		30,27
Nettodividende	90,00	
steuerfrei 95 % (§ 8b Abs. 1 KStG)	85,50	
steuerpflichtig (§ 8b Abs. 5 KStG)	4,50	
GewSt (bei 400 % Hebesatz)	./. 0,75	0,75
KSt (15 %)	./. 0,67	0,67
SolZ (5,5 %)	./. 0,30	0,30
Nettogewinn	**66,28**	
Gesamtsteuerbelastung		33,72

c) Über eine deutsche Kapitalgesellschaft an eine natürliche Person weitergeleitete Dividende einer Gesellschaft in einem Niedrigsteuerland

ausländische passive Einkünfte i. S. d. AStG	**100,00**	
ausländische KSt (10 %)	./. 10,00	10,00
Hinzurechnungsbetrag (§ 10 Abs. 1 AStG)	90,00	
Aufstockungsbetrag (§ 12 Abs. 1 AStG)	10,00	
Hinzurechnungsbetrag nach § 12 Abs. 1 AStG	100,00	
ESt (45 %)	./. 45,00	45,00
KSt (15 %), GewSt (bei 400 % Hebesatz)		
Steueranrechnung (§ 12 Abs. 1 AStG)	10,00	./. 10,00
SolZ (5,5 %) auf verbleibende KSt von 5	./. 0,27	
Steuer auf Hinzurechnungsbetrag	20,27	

Steuerbelastung (In-/Ausland)
1. Ausschüttung an deutsche Kapitalgesellschaft

Dividende	90,00	
steuerfrei 95 % (§ 8b Abs. 1 KStG)	85,50	
steuerpflichtig (§ 8b Abs. 5 KStG)	4,50	
GewSt (bei 400 % Hebesatz)	0,75	
KSt (15 %)	0,67	
SolZ (5,5 %)	0,27	
Nettodividende	86,50	3,50
Steuer gesamt		33,72

2. (Weiter-) Ausschüttung an natürliche Person

Maximale Ausschüttung	66,28
steuerfrei (§ 3 Nr. 41a EStG)	66,28
ESt (45 %)	0,00
SolZ (5,5 %)	0,00
Nettozufluss	**66,28**
Gesamtsteuerbelastung	33,72

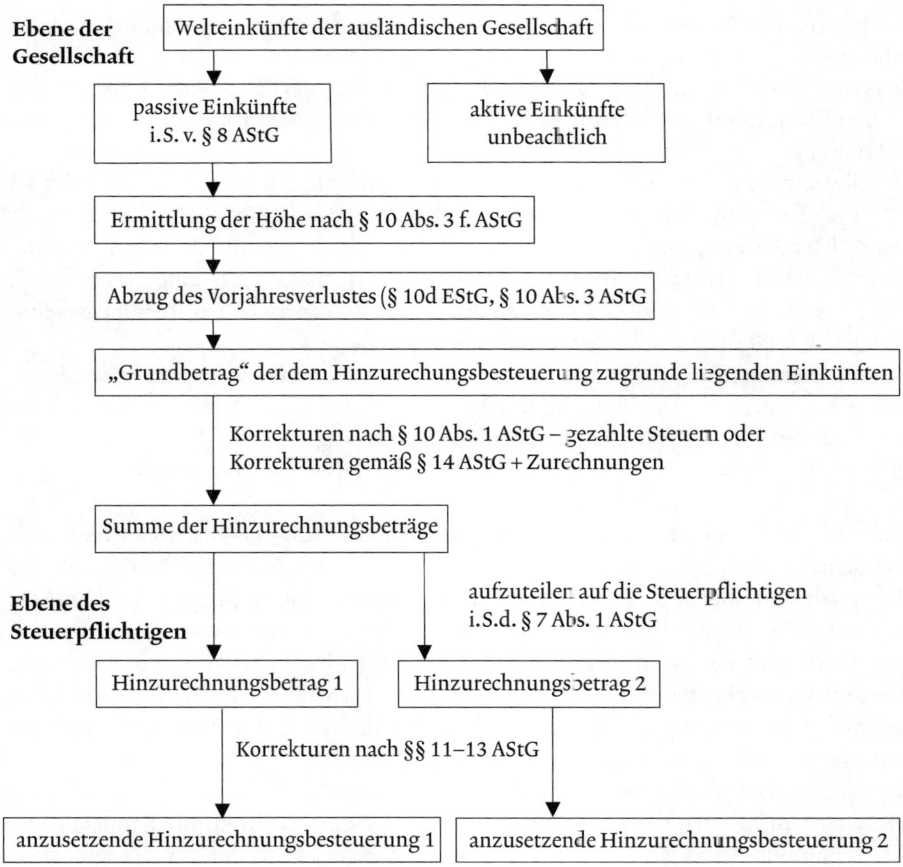

3.4 Die Voraussetzungen der Hinzurechnungsbesteuerung

Für die Zugriffsbesteuerung sind grundsätzlich folgende **drei Voraussetzungen erforderlich:**

1. **Mehrheitsbeteiligung von Steuerinländern** (unbeschränkt Steuerpflichtigen) an einer ausländischen Körperschaft (§ 7 AStG), Ausnahme: Kapitalanlagegesellschaften.
2. **Passive Einkünfte** der ausländischen Körperschaft (§ 8 Abs. 1 AStG).
3. **Niedrige Besteuerung** der ausländischen Körperschaft (§ 8 Abs. 3 AStG).

3.4.1 Mehrheitsbeteiligung von Steuerinländern

Der Zugriffsbesteuerung unterliegen grundsätzlich **unbeschränkt** Steuerpflichtige, denen eine Beteiligung am Nennkapital einer ausländischen Gesellschaft mehrheitlich **unmittelbar** gehört oder (z. B. auf Grund des § 39 AO oder des § 7 Abs. 4 AStG) steuerlich zuzurechnen ist (Inlandsbeteiligte). Diese Voraussetzung muss **am Ende des maßgebenden Wirtschaftsjahres der ausländischen Gesellschaft** bestehen.

Zur Feststellung, ob die Mindestbeteiligung i. S. d. § 7 Abs. 2 AStG gegeben ist, sind anzusetzen:

- Anteile (Stimmrechte), die unbeschränkt Steuerpflichtigen unmittelbar gehören oder ihnen (z. B. auf Grund des § 39 AO oder des § 7 Abs. 4 AStG) steuerlich zuzurechnen sind; dazu gehören auch Anteile von
- – Körperschaften, Personenvereinigungen und Vermögensmassen, die persönlich nach § 5 KStG von der KSt befreit sind;
- – Personen, die auch in einem anderen Staat nach dem dortigen Recht unbeschränkt steuerpflichtig sind, selbst wenn sie nach dem anzuwendenden DBA in diesem anderen Staat als ansässig gelten;
- Anteile (Stimmrechte) von Personen, bei denen die persönlichen Voraussetzungen des § 2 AStG gegeben sind und die in einem niedrig besteuernden Gebiet ansässig sind;
- **mittelbare Beteiligungen**, d. h. der nach § 7 Abs. 2 AStG zu ermittelnde Bruchteil von Anteilen (Stimmrechten) anderer ausländischer Gesellschaften, die eine Person i. S. d. Nr. 1 und 2 über nicht unbeschränkt steuerpflichtige Körperschaften, Personenvereinigungen, Vermögensmassen oder Personengesellschaften hält;
- Anteile (Stimmrechte), die von im Inland oder im Ausland errichteten Personengesellschaften gehalten werden, und zwar mit dem Teil, der auf die an ihnen unmittelbar oder mittelbar beteiligten Personen i. S. d. Nr. 1 und 2 entfällt.

Ausnahme: Beteiligung bei Zwischeneinkünften mit Kapitalanlagecharakter (§ 7 Abs. 6 AStG).

Nach **§ 7 Abs. 6 Satz 1 AStG** greift die Zugriffsbesteuerung bereits, wenn ein unbeschränkt Steuerpflichtiger mit **mindestens 1 %** (vor Inkrafttreten des UntStFG 10 %) an einer Zwischengesellschaft beteiligt ist, die **Zwischeneinkünfte mit Kapitalanlagecharakter** erzielt. Während § 7 Abs. 1 AStG auf die Summe aller Beteiligungen von unbeschränkt und erweitert beschränkt Steuerpflichtigen abstellt, greift § 7 Abs. 6 AStG nur ein, wenn und soweit ein unbeschränkt Steuerpflichtiger zu mindestens 1 % beteiligt ist. Die Vorschrift führt nur bei den Steuerpflichtigen, die diese Mindestbeteiligung innehaben, nicht aber bei geringfügiger Beteiligten, zur Zugriffsbesteuerung.

§ 7 Abs. 6 Satz 2 AStG enthält folgende Bagatellgrenze:

»Satz 1 ist nicht anzuwenden, wenn die den Zwischeneinkünften mit Kapitalanlagecharakter zugrunde liegenden Bruttoerträge nicht mehr als 10 Prozent der den gesamten

Zwischeneinkünfte zugrunde liegenden Bruttoerträge der ausländischen Zwischengesellschaft betragen und die bei einer Zwischengesellschaft oder bei einem Steuerpflichtigen hiernach außer Ansatz zu lassenden Beträge insgesamt 80000 € nicht übersteigen.«

Die Zugriffsbesteuerung greift selbst bei einer **Beteiligung von weniger als 1 %**, wenn die ausländische Gesellschaft **ausschließlich oder fast ausschließlich** Bruttoerträge erzielt, die Zwischeneinkünften mit Kapitalanlagecharakter zugrunde liegen, es sei denn, dass

- mit der Hauptgattung der Aktien der ausländischen Gesellschaft ein wesentlicher und regelmäßiger Handel
- an einer anerkannten Börse stattfindet (§ 7 Abs. 6 Satz 3 AStG).

§ 7 Abs. 6a AStG definiert Zwischeneinkünfte mit Kapitalanlagecharakter als Einkünfte einer ausländischen Zwischengesellschaft, die aus dem Halten, der Verwaltung, Werterhaltung oder Werterhöhung von Zahlungsmitteln, Forderungen, Wertpapieren, Beteiligungen (**mit Ausnahme der in § 8 Abs. 1 Nr. 8 und 9 AStG genannten Einkünfte**) oder ähnlichen Vermögenswerten stammen, es sei denn, der Steuerpflichtige weist nach, dass sie aus einer Tätigkeit stammen, die einer unter § 8 Abs. 1 Nr. 1 bis 6 AStG fallenden eigenen Tätigkeit der ausländischen Gesellschaft dient, ausgenommen Tätigkeiten i. S. d. § 1 Abs. 1 Nr. 6 KWG in der jeweils geltenden Fassung.

BEISPIEL

An der X Public Company Limited by shares (Kapitalgesellschaft irischen Rechts, vergleichbar mit einer deutschen AG; im Folgenden kurz: X-Ltd) mit Sitz und Geschäftsleitung in Dublin sind beteiligt

Personen	Beteiligung in %	Wohnsitz/gewöhnlicher Aufenthalt bzw. Sitz/Ort der Geschäftsleitung
Z	65	Schweiz
Y	15	Schweiz
A	0,5	Deutschland
B	4,5	Deutschland
C -AG	15	Deutschland

Die X-Ltd erzielt im Wirtschaftsjahr 01. 04. 01 bis 31. 03. 02 folgende Einkünfte aus Vermietung und Verpachtung:

- von Grundbesitz 1 Mio. €
- Lizenzgebühren 3 Mio. €
- Zinsen 4 Mio. €

Es handelt sich nicht um Einkünfte aus aktivem Erwerb.

Die X-Ltd unterliegt in Irland mit ihrem Einkommen einem besonderen Steuersatz von 10 %; VSt wird nicht erhoben.

LÖSUNG

- Die X-Ltd ist Zwischengesellschaft i. S. d. § 8 AStG, denn es handelt sich um eine ausländische Körperschaft mit Einkünften aus passivem Erwerb, die einer niedrigen Besteuerung unterliegen.
- Es besteht keine Steuerpflicht nach § 7 Abs. 1 AStG, da Steuerinländer nicht zu mehr als 50 % an der X-Ltd. beteiligt sind.

- Die X-Ltd, erzielt Zwischeneinkünfte mit Kapitalanlagecharakter, nämlich Zinsen (= Einkünfte aus dem Halten von Forderungen) i. H. v. 4000000 €. Diese Einkünfte entsprechen 50% der gesamten Bruttoerträge aus passivem Erwerb.
- Steuerpflicht nach § 7 Abs. 6 AStG:
  - A: Keine Steuerpflicht nach § 7 Abs. 6 Satz 1 AStG, da A nicht zu mindestens 1% an der X-Ltd. beteiligt ist. Die 0%-Regelung des § 7 Abs. 6 Satz 3 AStG greift nicht, weil die X-AG nicht ausschließlich oder fast ausschließlich (zu mindestens 90%) Bruttoerträge erzielt, die Zwischeneinkünften mit Kapitalanlagecharakter zugrunde liegen. Die Börsenklausel muss deshalb in vorliegenden Fall nicht geprüft werden.
  - B: Steuerpflicht nach § 7 Abs. 6 AStG, da B mit 4,5% (mehr als 1%) an der X-Ltd. beteiligt ist und die Zwischeneinkünfte mit Kapitalanlagecharakter mindestens 10% der gesamten Bruttoerträge ausmachen.
  - C-AG: wie bei B.

3.4.2 Passive Einkünfte der ausländischen Gesellschaft

Der Katalog der passiven Einkünfte ergibt sich aus § 8 AStG durch eine Negativbeschreibung.

Die aktiven Einkünfte (eigentlich aber Tätigkeiten) gemäß § 8 Abs. 1 und Abs. 2 AStG sehen wie folgt aus:

Einkünfte	**Fundstelle**
a) Aktive Tätigkeiten kraft Wirtschaftszweig – Land- und Forstwirtschaft – industrielle Tätigkeit	 § 8 Abs. 1 Nr. 1 AStG § 8 Abs. 1 Nr. 2 AStG
b) Aktive Tätigkeiten mit Funktionsnachweis – Banken und Versicherungsunternehmen – Handel – Dienstleistung – Nutzungsüberlassung von Rechten, Plänen usw. – Vermietung/Verpachtung beweglicher Sachen	 § 8 Abs. 1 Nr. 3 AStG § 8 Abs. 1 Nr. 4 AStG § 8 Abs. 1 Nr. 5 AStG § 8 Abs. 1 Nr. 6a AStG § 8 Abs. 1 Nr. 6c AStG
c) Aktive Tätigkeit wegen DBA-Befreiung bei persönlicher Erzielung der Einkünfte durch Inländer – Vermietung/Verpachtung von Grundstücken	 § 8 Abs. 1 Nr. 6b AStG
d) Dividendenbezug/Veräußerungsgewinne	§ 8 Abs. 1 Nr. 7 und Nr. 8 AStG
e) Umwandlungsgewinne	§ 8 Abs. 1 Nr. 10 AStG

3.4.3 Niedrige Besteuerung

Die niedrige Besteuerung wird durch § 8 Abs. 3 AStG geregelt.

Im Normalfall liegt eine niedrige Besteuerung vor, wenn die Einkünfte

- weder im Staat des Sitzes noch im Staat der Geschäftsleitung der ausländischen Gesellschaft

- einer Belastung durch Ertragsteuern von 25 % oder mehr (maßgeblich i. d. R. der Ertragsteuersatz des Sitzstaates)

unterliegen. Mit dem JStG 2010 ist beabsichtigt, bei der Berechnung der effektiven Steuerbelastung auch Erstattungsanprüche des Anteilseigners noch mit einzubeziehen.

Arbeitshilfen:

Die nachfolgende **Anlage 1** zum Anwendungsschreiben enthält eine Übersicht über wichtige Gebiete mit niedrigen Steuersätzen für juristische Personen. Die ebenfalls nachfolgend abgedruckte **Anlage 2** zum Anwendungsschreiben enthält eine Übersicht über wichtige Gebiete mit Normalsätzen der Ertragsteuern für juristische Personen.

Anlage 1: Feststellungen über wichtige Gebiete mit niedrigen Steuersätzen und Steuervergünstigungen für juristische Personen – 2003 –

Europäischer Raum (einschließlich Hoheitsgebiete und abhängige oder assoziierte Gebiete nach EG-Vertrag)

Gebiet	Niedrige Ertragsteuerbelastung/Steuervergünstigungen
Andorra	Keine Körperschaftsteuer
Aruba	Offshore-Gesellschaften; internationale Finanz- und Handelsgesellschaften; konzerneigene Versicherungsgesellschaften; Sonderzonen Regime für Offshore-Gesellschaften und konzerneigene Versicherungsgesellschaften sind aufgehoben mit Bestandsfrist bis 01. 07. 2008
Belgien	Koordinierungs-, Vertriebs- und Dienstleistungszentren Regime sind aufgehoben; Bestandsfrist für Koordinierungszentren bis 2010
Britische Jungferninseln	Internationale Finanz- und Handelsgesellschaften
Britische Kanalinseln (Alderney, Guernsey, Jersey, Herm, Sark)	Steuerbefreite Unternehmen; internationale Finanz- und Handelsgesellschaften; Offshore- und konzerneigene Versicherungsgesellschaften
Estland	Keine Körperschaftsteuer bei Thesaurierung (26 % Körperschaftsteuer bei Ausschüttung)
Frankreich	19,6 % Körperschaftsteuersatz auf Lizenzgebühren aus Patenten; Sonderzonen (wirtschaftsschwache Gebiete)
Gibraltar	Gesellschaften nach dem Gesetz von 1992; Offshore- und konzerneigene Versicherungsgesellschaften

Griechenland	Zweigniederlassungen ausländischer Gesellschaften Regime ist aufgehoben mit Bestandsschutz bis 2005
Irland	12,5 % Körperschaftsteuer; 10 % Körperschaftsteuersatz für das verarbeitende Gewerbe; Steuerfreiheit von Auslandseinkünften; Sonderzonen (Internationales Finanzdienstleistungszentrum Dublin und Shannon Airport) Regime für das verarbeitende Gewerbe und Steuerfreiheit von Auslandseinkünften sind aufgehoben mit Bestandsschutz bis 2010; die Regime zu den Sonderzonen sind aufgehoben mit Bestandsfrist bis 2005
Island	18 % Körperschaftsteuer; 5 % Körperschaftsteuersatz für internationale Handelsgesellschaften (inzwischen aufgehoben mit Bestandsfrist bis 2008)
Isle of Man	Internationale Finanz- und Handelsgesellschaften; Offshore- und Versicherungsgesellschaften;
Lettland	19 % (15 % 2004) Körperschaftsteuer; Sonderzonen
Liechtenstein	Verwaltungs-, Dienstleistungs- und Holdinggesellschaften
Litauen	15 % Körperschaftsteuer; Sonderzonen
Luxemburg	Holdinggesellschaften nach dem Gesetz von 1929
Malta	Internationale Finanz- und Handelsgesellschaften; Offshore- und Holdinggesellschaften
Mazedonien	15 % Körperschaftsteuersatz; Sonderzonen
Monaco	Trusts
Niederlande	Internationale Finanzgesellschaften; Regime ist aufgehoben mit Bestandsfrist bis 2010
Niederländische Antillen	Offshore-Gesellschaften; konzerneigene Versicherungsgesellschaften; Sonderzonen Regime für Offshore-Gesellschaften ist aufgehoben mit Bestandsschutz bis 2019; Regime für konzerneigene Versicherungsgesellschaften ist aufgehoben mit Bestandsschutz bis 2011 oder 2019
Polen	19 % Körperschaftsteuer (2004); Sonderzonen
Portugal	Sonderzonen (Madeira und Santa Maria) Regime sind aufgehoben mit Bestandsschutz bis 2011
San Marino	Steuerbefreite Gesellschaften

Schweiz	Im Kanton Zürich (als Beispiel) 16,4%-29,2% (renditeabhängiger) Körperschaftsteuersatz von Bund, Kanton und Gemeinde; Verwaltungs-, Dienstleistungs- und Holdinggesellschaften
Slowakei	19% Körperschaftsteuer (2004); Neugründungen
Tschechische Republik	15% Körperschaftsteuersatz für Großinvestitionen; Neugründungen
Türkei	Sonderzonen
Ungarn	18–20% Körperschaftsteuer; Offshore-Gesellschaften (Regime ist aufgehoben mit Bestandsschutz bis 2005); Großinvestitionen
Zypern	15% Körperschaftsteuer (2004); 4,25% Körperschaftsteuersatz für internationale Handels- und Offshore-Gesellschaften

Außereuropäischer Raum	
Gebiet	**Niedrige Ertragsteuerbelastung/Steuervergünstigungen**
Amerikanische Jungferninseln	Internationale Finanz- und Handelsgesellschaften
Anguilla	Keine Körperschaftsteuer
Antigua	Internationale Finanz- und Handelsgesellschaften
Ascension	Keine Körperschaftsteuer
Australien	Offshore-Banken
Bahamas	Keine Körperschaftsteuer
Bahrain	Körperschaftsteuer nur für Erdölunternehmen
Barbados	Internationale Finanz- und Handelsgesellschaften
Barbuda	Internationale Finanz- und Handelsgesellschaften
Belarus	Sonderzonen
Belize	Internationale Finanz- und Handelsgesellschaften
Bermudas	Keine Körperschaftsteuer
Botswana	15% Körperschaftsteuersatz im Internationalen Finanzdienstleistungszentrum

Brunei	Internationale Finanz- und Handelsgesellschaften und Neugründungen
Chile	16,5 % Körperschaftsteuer
China	20 % Körperschaftsteuersatz für ausländische Investoren ohne Betriebsstätte
Cook-Inseln	20 % Körperschaftsteuer
Costa Rica	Sonderzonen: Steuerfreiheit von Veräußerungsgewinnen
Dominica	Internationale Finanz- und Handelsgesellschaften
Dominikanische Republik	Internationale Finanz- und Handelsgesellschaften
Dschibuti	Sonderzonen
Ecuador	Sonderzonen
Fidschi	Sonderzonen; steuerbefreite Gesellschaften
Französisch-Polynesien	Steuerbefreite Gesellschaften
Grenada	Internationale Finanz- und Handelsgesellschaften
Guam	Sonderzonen: Offshore-Banken
Guyana	Steuerbefreite Gesellschaften
Haiti	Sonderzonen
Hongkong (China)	17,5 % Steuersatz auf Gewinne; Steuerfreiheit von Veräußerungsgewinnen
Indien	Sonderzonen
Jamaika	Internationale Finanz- und Handelsgesellschaften
Jemen	Ausländische Investoren
Kaiman-Inseln	Keine Körperschaftsteuer
Kanada	Internationales Finanzzentrum Montreal
Kasachstan	Sonderzone und für Erdöl- und Erdgasgesellschaften
Katar	Ausländische Investoren

Kiribati	Steuerbefreite Gesellschaften; Neugründungen
Korea Republik	Ausländische Investoren
Korea, Demokratische Volksrepublik	Sonderzonen
Kuwait	Ausländische Investoren
Labuan (Malaysia)	Internationale Finanz- und Handelsgesellschaften
Laos	Ausländische Investoren
Libanon	Offshore- und Holdinggesellschaften
Liberia	Internationale Finanz- und Handelsgesellschaften
Macao (China)	15 % Körperschaftsteuer; Offshore-Banken
Malediven	Keine Körperschaftsteuer
Marshallinseln	12 % Körperschaftsteuersatz; internationale Finanz- und Handelsgesellschaften
Mauritius	Internationale Finanz- und Handelsgesellschaften
Mikronesien	3 % Körperschaftsteuer
Montserrat	Internationale Finanz- und Handelsgesellschaften
Mynamar	Steuerbefreite Gesellschaften
Namibia	Sonderzonen
Nauru	Keine Körperschaftsteuer
Niue	Internationale Finanz- und Handelsgesellschaften
Nördliche Marianen	Steuerbefreite Gesellschaften
Norfolk-Inseln	Offshore-Gesellschaften
Oman	12 % Körperschaftsteuer
Palau	4 % Körperschaftsteuer
Panama	Internationale Finanz- und Handelsgesellschaften; Sonderzone Coln

Philippinen	Sonderzonen; steuerbefreite Gesellschaften
Puerto Rico	Steuerbefreite Gesellschaften
Russland	24 % Körperschaftsteuer
Salomonen	Steuerbefreiungen für Gesellschaften nach Investmentgesetz 1990
Samoa	Internationale Finanz- und Handelsgesellschaften
Sáo Tomé und Principe	Internationale Finanz- und Handelsgesellschaften
Seychellen	Internationale Finanz- und Handelsgesellschaften; Sonderzonen
Singapur	22 % Körperschaftsteuer; internationale Finanz- und Handelsgesellschaften
Sri Lanka	Offshore-Banken
St. Kitts-Nevis	Internationale Finanz- und Handelsgesellschaften
St. Lucia	Internationale Finanz- und Handelsgesellschaften
St. Vincent und die Grenadinen	Internationale Finanz- und Handelsgesellschaften
Swasiland	Neugründungen
Taiwan	Offshore-Banken
Thailand	Steuerbefreite Gesellschaften
Tonga	Internationale Finanz- und Handelsgesellschaften
Trinidad und Tobago	Sonderzonen
Tristan da Cunha	Keine Körperschaftsteuer
Tunesien	Sonderzonen
Turks- und Caicos-Inseln	Keine Körperschaftsteuer
Tuvalu	Ausländische Investoren
Uruguay	Offshore-Banken und Holdinggesellschaften

Usbekistan	18 % Körperschaftsteuer
Vanuatu	Keine Körperschaftsteuer
Vereinigte Arabische Emirate	Körperschaftsteuer nur für Erdöl- und Erdgasunternehmen; Sonderzonen; 20 % Körperschaftsteuersatz für Banken (Dubai)
Vereinigte Staaten von Amerika	Exportumsätze

Anlage 2: Feststellungen über Gebiete mit einem Normalsatz der Ertragsteuer für juristische Personen – 2003 –

EU-Staaten (einschl. EU-Beitrittstaaten)	Tarifliche Belastung des Gewinns von Kapitalgesellschaften mit Körperschaftsteuer, Gewerbeertragsteuer und vergleichbaren anderen Steuern des Zentralstaats und der Gebietskörperschaften
Belgien	34 %
Dänemark	30 %
Finnland	29 %
Frankreich	35,4 %
Griechenland	35/25 %
Italien	34 %
Luxemburg	30,4 %
Malta	35 %
Niederlande	34,5 %
Österreich	34 %
Polen	27 %
Portugal	33 %
Schweden	28 %
Slowakei	25 %
Slowenien	25 %

Spanien	35 %
Tschechische Republik	31 %
Vereinigtes Königreich	30 %
Andere Staaten	
Japan	40,9 %
Kanada (Ontario)	36,6/33,1 %
Norwegen	28 %
Ukraine	30 %
Vereinigte Staaten von Amerika (New York)	39,9 %

4 Europarechtswidrigkeit der Hinzurechnungsbesteuerung?

Im Urteil vom 12.09.2006 (Rs. C-196/04 – »Cadbury Schweppes«, IWB 18/2006, 849) hat der EuGH die britische Hinzurechnungsbesteuerung – vergleichbar der deutschen Hinzurechnungsbesteuerung gem. §§ 7 ff. AStG – für mit dem EGV unvereinbar erklärt. Es verstößt gegen die Niederlassungsfreiheit, wenn die in einem anderen Mitgliedstaat niedrig besteuerten Gewinne in die Besteuerung einbezogen werden, es sei denn, diese Einbeziehung betrifft nur rein künstliche Gestaltungen, die der Steuerumgehung dienen. Eine Hinzurechnungsbesteuerung darf deshalb nicht stattfinden, wenn es sich aufgrund objektiver und von dritter Seite nachprüfbarer Anhaltspunkte erweist, dass die ausländische Gesellschaft, von steuerlichen Motiven abgesehen, tatsächlich im anderen Mitgliedstaat angesiedelt ist und dort wirklichen wirtschaftlichen Tätigkeiten nachgeht.

Im Vorgriff auf die Gesetzesänderung ist das BMF-Schreiben vom 08. 01. 2007, (GmbHR 2007, 224) ergangen. Die §§ 7 bis 14 AStG sind hiernach grundsätzlich unverändert anzuwenden. Sind die Einkünfte einer Gesellschaft mit Sitz oder Geschäftsleitung in einem Mitgliedstaat der EU oder EWR (ausgenommen Staaten, die keine steuerliche Amtshilfe leisten) unter den Voraussetzungen der §§ 7 bis 14 AStG bei einem inländischen Gesellschafter steuerpflichtig, dürfen Hinzurechnungsbeträge nicht festgestellt werden, wenn der Steuerpflichtige nachweist, dass die Gesellschaft eine wirkliche wirtschaftliche Tätigkeit in diesem EU-/EWR-Staat ausübt. Zu den Einzelheiten vgl. das BMF-Schreiben vom 08. 01. 2007. Zu beachten ist, dass Kapitalanlagegesellschaften (Fälle des § 7 Abs. 6 AStG) nicht in den Anwendungsbereich fallen.

In Ergänzung des BFM-Schreibens vom 10. 01. 2007 erfolgt nach dem JStG 2008 in § 8 Abs. 2 AStG die Möglichkeit des Gegenbeweises wirtschaftlicher Tätigkeit in EU-/EWR-Staaten. Die Regelung soll zwar erst Anwendung auf Wirtschaftsjahre ausländischer Gesellschaften finden, die nach dem 31. 12. 2007 beginnen, die Regelung kann aber zur Auslegung des BMF-Schreibens herangezogen werden.

Hiernach unterliegen Einkünfte nicht der Hinzurechnungsbesteuerung, wenn für Gesellschaften mit Sitz oder Geschäftsleitung in einem EU-/EWR-Staat, an denen eine Beteiligung i. S. d. § 7 Abs. 2 AStG (> 50% deutsche Gesellschafter) vorliegt (nicht aber für Untergesellschaften oder über Betriebsstätten in Drittstaaten) der Nachweis erfolgt,

- dass die Gesellschaft insoweit einer tatsächlichen wirtschaftlichen Tätigkeit in diesem Staat nachgeht und
- i. R. d. Amtshilfe-Auskünfte erteilt werden, die zur Durchführung der Besteuerung erforderlich sind.

Der tatsächlichen wirtschaftlichen Tätigkeit sind jedoch nur Einkünfte zuzuordnen, die durch diese Tätigkeit erzielt werden und nur insoweit, als der Fremdvergleichsgrundsatz § 1 AStG beachtet wurde.

Während der EuGH fordert, dass die Gesellschaft in dem Mitgliedstaat, in dem sie ihren Sitz oder ihre Geschäftsleitung hat, am dortigen Marktgeschehen im Rahmen ihrer gewöhnlichen Geschäftstätigkeit aktiv, ständig und nachhaltig teilnimmt, ist der Gesetzesentwurf bzw. dessen Begründung insoweit wesentlich enger.

Als schädlich werden folgende Tätigkeiten gesehen:

- Kernfunktionen werden nicht von der Gesellschaft selbst ausgeübt oder
- die Funktionen der Gesellschaft erschöpfen sich in gelegentlicher Kapitalanlage oder Verwaltung von Beteiligungen ohne gleichzeitige Ausübung geschäftsleitender Funktionen.

Allerdings stellt die Gesetzesbegründung klar, dass es ausreichen kann, nur gegenüber einem Auftraggeber tätig zu werden, selbst wenn dies gegenüber einem verbundenen Unternehmen erfolgt. Zudem erfordert ein in kaufmännischer Weise eingerichteter Betrieb nicht zwingend zugleich den Nachweis einer tatsächlichen wirtschaftlichen Tätigkeit.

Diese »Entlastungsmöglichkeit« greift aber nicht für Kapitalanlageeinkünfte (§ 7 Abs. 6 AStG s. o.) und Fälle der übertragenden Hinzurechnung nach § 14 AStG, d. h. für Einkünfte einer ausländischen Gesellschaft mit Sitz oder Geschäftsleitung in einem Staat außerhalb der EU oder des EWR, die nur wegen einer »vorgeschalteten« EU-Gesellschaft dieser zuzurechnen sind. Diese Beschränkungen werden in der Literatur kritisch gesehen (Goebel/Palm, IStR 2007, 725 und Grotherr, IWB, Gruppe 1 Fach 3, 2259). Soweit die Gesetzesbegründung die Einschaltung von Subunternehmern als nicht ausreichend beurteilt, verweist Grotherr in dem vorgenannten Aufsatz zutreffend darauf, dass die Finanzverwaltung (der Gesetzgeber) insoweit die drei Dublin-Docks-Entscheidungen aufgreift und nicht als begünstigt ansieht.

Die Auslegung durch die Finanzverwaltung bzw. den deutschen Gesetzgeber hat zu vielfältigen kritischen Literaturbeiträgen geführt, u. a.: Goebel/Palm, IStR 2007, 720; Haun/Käshammer/Reiser, GmbHR 2007, 184; Köhler/Eicker, IStR 2007, 331; Köplin/Sedemund, BB 2007, 244; Krogmann/Vitale, IWB, Fach 3 Gruppe 1, 2243; Reiser/Brodersen, NWB Fach 2, 9333; Schnittger, IStR 2007, 729. Insbesondere wird dargestellt, dass die vom EuGH geforderte »stabile und kontinuierliche Betätigung in einem anderen Mitgliedsstaat« auch eine ausländische Holdingaktivität begünstigen müsse.

Das Niedersächsische Finanzgericht hat hierzu im ersten Musterverfahren mit Urteil vom 13.05.2009 6 K 476/06 IWB 2/2010, 38 entschieden, dass trotz vollständiger Auslagerung aller Tätigkeiten auf eine Managementgesellschaft eine mit Sitz in Irland gegründete Kapitalgesellschaft ohne eigenes Personal und Büroräume einen kaufmännisch eingerichteten Geschäftsbetrieb i. S. d. § 8 Abs. 1 Nr. 3 AStG unterhalte. Das FG bezieht sich in seiner Begründung auf

EuGH-Rechtsprechung und die »dublin-docks«-Rechtsprechung des BFH. Danach sei die Einschaltung einer Managementgesellschaft bei einer passiv tätigen Kapitalgesellschaft nicht rechtsmissbräuchlich und führe auch nicht zur Funktionslosigkeit der Gesellschaft. Die unternehmerische Entscheidungs- und Handlungsfähigkeit der Zwischengesellschaft sei auch ohne eigenes Personal und eigene Geschäftsräume durch den »Board of directors« sichergestellt. Im Rahmen einer Gesamtschau unter Zurechnung der Tätigkeiten der nachgeschalteten Servicegesellschaft sowie unter Berücksichtigung der Qualifikationen des managing directors kommt das Finanzgericht in seiner Würdigung dazu, dass insgesamt ein in kaufmännischer Weise eingerichteter Geschäftsbetrieb i. S. d. § 8 Abs. 1 Nr. 3 AStG und eine tatsächliche wirtschaftliche Tätigkeit vorliege.

Zudem stellt sich im Streitfall die Frage einer »Überdotation«.

Die Streitsache wird inzwischen beim BFH unter dem AZ I R 61/09 geführt.

5 Die Ermittlung der Bemessungsgrundlage für die Anwendung der §§ 7 bis 14 AStG

5.1 Grundsätze

Die dem Hinzurechnungsbetrag zugrunde liegenden Einkünfte sind in entsprechender Anwendung der Vorschriften des deutschen Steuerrechts zu ermitteln (§ 10 Abs. 3 Satz 1 AStG).

Zu den Vorschriften des deutschen Steuerrechts zählt auch § 10 Nr. 2 KStG, wonach die Steuern vom Einkommen und sonstige Personensteuern nicht abziehbar sind.

5.2 Steueranrechnung (§ 12 AStG)

Entsprechend dem Grundgedanken des § 10 Abs. 5 AStG bestimmt § 12 AStG, dass auf **Antrag** die Steuern, die nach § 10 Abs. 1 AStG abziehbar sind, auf die anteilige ESt oder KSt anzurechnen ist. Die Regelungen des § 34c EStG und des § 26 KStG gelten entsprechend, allerdings nur zum System der Berechnung.

Entsprechend § 10 Abs. 1 AStG können auch sonst nicht berücksichtigungsfähige lokale Steuern angerechnet werden.

Zur Vermeidung einer Doppelbegünstigung ist allerdings der nach § 10 Abs. 1 AStG mögliche Steuerabzug rückgängig zu machen (sog. **Aufstockung des Hinzurechnungsbetrags**).

6 Einkunftsart und Erfassungszeitraum

Die Zwischeneinkünften gehören zu den **Einkünften aus Kapitalvermögen**, wenn der Inländer die Beteiligung im Privatvermögen hält (§ 10 Abs. 2 Nr. 1 AStG), oder zum **inländischen Gewinn i. S. d. § 15 EStG**, sofern die Beteiligung notwendiges oder gewillkürtes Betriebsvermögen ist.

Erfassungszeitraum: In den Fällen des § 20 EStG Zufluss unmittelbar nach Ablauf des Wirtschaftsjahrs der ausländischen Gesellschaft (§ 10 Abs. 2 Satz 1 AStG).

Bei Vorliegen von Betriebsvermögen erhöhen die hinzurechnenden Einkünfte den Gewinn für das Wirtschaftsjahr, das nach dem Ablauf des maßgebenden Wirtschaftsjahres der ausländischen Gesellschaft endet (§ 10 Abs. 2 Satz 2 AStG).

7 Verfahrensrecht

Die Besteuerungsgrundlagen für die Anwendung der §§ 7 bis 14 AStG werden gesondert und ggf. auch einheitlich nach § 18 AStG festgestellt.

8 Vermeidung der Doppelbelastung bei Ausschüttung

Die Dividenden, die von einer Zwischengesellschaft ausgeschüttet werden, sind nach dem Art. 10 DBA und § 20 EStG grundsätzlich steuerpflichtig.

Für natürliche Personen ergibt sich wegen der Besteuerung des Hinzurechnungsbetrags bei entsprechendem Nachweis eine volle Steuerbefreiung nach § 3 Nr. 41a und b EStG.

BEISPIEL

Der in Mannheim ansässige Claus Krösus hatte zu Zeiten des kalten Krieges in der Schweiz die Krösus AG gegründet und in diese seine gesamten Bundesschatzbriefe eingelegt. Die AG erzielt im Jahr 01 Erträge i. H. v. umgerechnet 100 T€ und zahlt eine KSt von 10 %. Am 02. 01. 02 beschließt Krösus, den gesamten Gewinn der AG auszuschütten. Am 10. 01. 02 werden ihm unter Belastung von 35 % Verrechnungssteuer 65 T€ auf dem Konto bei der Deutschen Bank, Mannheim gutgeschrieben.

LÖSUNG

	T€
ausländische passive Einkünfte i. S. d. AStG (Einkünfte der Gesellschaft)	100,00
ausländische KSt (10 %)	./. 10,00
Hinzurechnungsbetrag (§ 10 Abs. 1 AStG)	90,00
Aufstockungsbetrag (§ 12 Abs. 1 AStG)	10,00
Hinzurechnungsbetrag nach § 12 Abs. 1 AStG	100,00
ESt (45 %)	./. 45,00
Steueranrechnung (§ 12 Abs. 1 AStG)	10,00
SolZ (5,5 %) auf 35	./. 1,92
Steuer auf Hinzurechnungsbetrag (Nachzahlung)	ESt 35
	SolZ 1,92
Steuerbelastung (In-/Ausland)	46,92
Ausschüttung 90,00 Nettodividende natürliche Person	90,00
steuerfrei (§ 3 Nr. 41a EStG)	90,00
ESt (45 %)	0,00
SolZ (5,5 %)	0,00
Nettogewinn	**53,08**
Gesamtsteuerbelastung	**46,92**

Teil L Die beschränkte Steuerpflicht

1 Einleitung

Die beschränkte Steuerpflicht folgt dem sog. Territorialprinzip. Sie beschränkt die Besteuerung von Steuerausländern im Bereich der Einkommensteuer (§ 1 Abs. 4 EStG) wie auch im Bereich der Körperschaftsteuer (§ 2 KStG) auf die inländischen Einkünfte und im Bereich der Erbschaftsteuer auf das inländische Vermögen (§ 2 Abs. 1 Nr. 3 ErbStG). Von der Besteuerung werden mithin nur diejenigen Einkünfte bzw. Vermögensteile erfasst, die einen bestimmten Inlandsbezug aufweisen.

Da die beschränkte Einkommensteuerpflicht nur auf inländische Einkünfte bzw. Vermögensteile Bezug nimmt, weist sie einen objektsteuerartigen Charakter auf. Verdeutlicht wird dies beispielsweise durch die Regelung des § 50 Abs. 1 Satz 4 EStG, wonach Teile des Sonderausgabenabzugs oder die Berücksichtigung bestimmter außergewöhnlicher Belastungen bei unbeschränkter Steuerpflicht ausgeschlossen werden. Es sind folglich persönliche Merkmale bei der Besteuerung ausgeklammert, die bei der unbeschränkten Steuerpflicht eine Besteuerung nach der individuellen Leistungsfähigkeit sichern und begründen.

Nicht zuletzt deshalb sind die Reglungen der beschränkten Steuerpflicht aus europarechtlichen Gesichtspunkten in den letzten Jahren sehr stark in die Kritik geraten. Es mehren sich die Stimmen, die die »Sonderbehandlung« beschränkt Steuerpflichtiger mit den Grundfreiheiten des EG-Vertrages – insbesondere der Niederlassungsfreiheit – für nicht vereinbar halten. Als Reaktion auf die Rechtsprechung des EuGH war der Gesetzgeber bereits zur Schaffung entsprechender Regelungen wie z. B. § 1a EStG gezwungen und hat einige ältere Regelungen im Rahmen des JStG 2009 wieder geändert.

2 Persönliche Voraussetzungen der beschränkten Steuerpflicht

§ 1 Abs. 4 EStG regelt die persönlichen Voraussetzungen der beschränkten Einkommensteuerpflicht. Die entsprechende Regelung für Körperschaften enthält § 2 Nr. 1 KStG. Beide der genannten Vorschriften umschreiben die Voraussetzungen von der Negativseite her.

2.1 Beschränkte Einkommensteuerpflicht

Nach § 1 Abs. 4 EStG sind natürliche Personen, die im Inland weder einen Wohnsitz (§ 8 AO) noch ihren gewöhnlichen Aufenthalt (§ 9 AO) haben – vorbehaltlich des § 1 Abs. 2, Abs. 3 und des § 1a EStG –, beschränkt einkommensteuerpflichtig, wenn sie inländische Einkünfte nach § 49 EStG haben.

Durch die Regelungen der §§ 2 bis 5 AStG, der sog. erweiterten beschränkten Steuerpflicht sollen die Vorschriften zur »normalen« beschränkten Steuerpflicht ergänzt werden, um eine in bestimmten Fällen auftretende mangelnde Erfassung der inländischen Einkünfte und Vermögenswerte zu vermeiden. Durch die Schaffung der erweiterten beschränkten Steuerpflicht sollte der Anreiz zur Wohnsitzverlagerung in Niedrigsteuergebiete verringert werden.

Insbesondere sollten die Fälle erfasst werden, in denen erhebliche wirtschaftliche Interessen im Inland verbleiben. (Zur erweiterten beschränkten Steuerpflicht vgl. Teil K 2.3)

2.2 Beschränkte Körperschaftsteuerpflicht

Nach § 2 Nr. 1 KStG sind Körperschaften, Personenvereinigungen und Vermögensmassen, die weder die Geschäftsleitung (§ 10 AO) noch Sitz (§ 11 AO) im Inland haben, beschränkt körperschaftsteuerpflichtig, wenn sie inländische Einkünfte beziehen.

Da der Umfang der inländischen Einkünfte im KStG nicht ausdrücklich geregelt ist, gilt durch die Überleitungsvorschrift des § 8 KStG grundsätzlich die Regelung des § 49 EStG in vollem Umfang auch für Körperschaften.

Infolgedessen kann im Rahmen der folgenden Darstellung der sachlichen Steuerpflicht eine Differenzierung zwischen beschränkter Einkommensteuerpflicht und beschränkter Körperschaftsteuerpflicht unterbleiben.

2.3 Sachliche Voraussetzungen der beschränkten Steuerpflicht

2.3.1 Systematik

Die sachliche Steuerpflicht beschränkt steuerpflichtiger Personen ist in § 49 EStG geregelt. Danach wird der Umfang der beschränkten Steuerpflicht vom Ausmaß der inländischen Einkünfte nach § 49 Abs. 1 EStG bestimmt.

Der in § 49 Abs. 1 EStG aufgestellte Katalog der inländischen Einkünfte ist abschließend und folgt der im deutschen Steuerrecht verankerten Einteilung der Einkünfte in die aus § 2 EStG bekannten Einkunftsarten. So wie § 34d EStG die ausländischen Einkünfte eines unbeschränkt Steuerpflichtigen darstellt, werden von § 49 Abs. 1 EStG gleichsam spiegelbildlich die inländischen Einkünfte eines Steuerausländers dargestellt.

Die Steuerpflicht wird durch § 49 Abs. 1 EStG auf solche Einkunftsquellen beschränkt, bei denen eine besondere sachliche Verknüpfung zum Inland gegeben ist. Beispielsweise liegen inländische gewerbliche Einkünfte nach § 49 Abs. 1 Nr. 2 Buchst. a EStG dann vor, wenn diese im Rahmen der gewerblichen Tätigkeit einer Betriebsstätte erzielt werden oder ein ständiger Vertreter im Inland bestellt ist. Inländische Einkünfte aus selbstständiger Tätigkeit (§ 18 EStG) liegen beispielsweise nach § 49 Abs. 1 Nr. 3 EStG nur vor, wenn die Tätigkeit im Inland ausgeübt oder verwertet wird oder worden ist, oder (ab Veranlagungszeitraum 2004) für die Tätigkeit im Inland eine feste Einrichtung oder eine Betriebsstätte unterhalten wird.

2.3.2 Isolierende Betrachtungsweise (§ 49 Abs. 2 EStG)

Nach § 49 Abs. 2 EStG haben bei der Prüfung, ob inländische Einkünfte i. S. d. § 49 Abs. 1 EStG vorliegen, im Ausland gelegene Besteuerungsmerkmale außer Betracht zu bleiben, soweit bei ihrer Berücksichtigung inländische Einkünfte nicht angenommen werden können. Der hier verankerte Grundsatz wird sehr passend als isolierende Betrachtungsweise bezeichnet. Dem Grundsatz der isolierenden Betrachtungsweise nach ist die Zuordnung bestimmter Einkünfte zu einer der in § 49 Abs. 1 EStG abschließend aufgezählten Einkunftsart nur aufgrund der inländischen Verhältnisse vorzunehmen. Damit stellt die isolierende Betrachtungsweise auch den objektsteuerartigen Charakter der beschränkten Steuerpflicht hervor. Bestimmte ausländische steuerliche Verhältnisse dürfen nicht dazu führen, dass eine Zuordnung zu einer bestimmten Einkunftsart i. S. d. § 49 Abs. 1 EStG, die dem objektiven Charakter nach vorzunehmen wäre, aufgrund der ausländischen Verhältnisse vereitelt wird.

BEISPIEL

Eine ausländische Kapitalgesellschaft K, die der Rechtsform nach einer inländischen GmbH entspricht und die weltweit Fleischprodukte vertreibt, vermietet ein im Inland gelegenes Mehrfamilienhaus an Vegetarier. In Deutschland werden keine Fleischprodukte der K vertrieben.

LÖSUNG Bei Betrachtung des weltweiten Sachverhalts wären die Einkünfte aus der Vermietung des Mehrfamilienhauses durch die K als gewerbliche Einkünfte einzustufen, da das Haus zum Betriebsvermögen der K gehört. Da K im Inland aber weder eine Betriebsstätte unterhält noch ein ständiger Vertreter der K für sie tätig wird, lägen zunächst keine inländischen Einkünfte nach § 49 Abs. 1 Nr. 2 Buchst. a EStG vor. Die neue Vorschrift des § 49 Abs. 1 Nr. 2 Buchst. f. Doppelbuchst. aa EStG regelt ab 2009 jedoch, dass insoweit gewerbliche inländische Einkünfte vorliegen. Ohne diese Regelung (bis 31. 12. 2008) war der Fall über § 49 Abs. 2 EStG zu lösen.

Betrachtete man aber nur isoliert den inländischen Sachverhalt, ließe also außer Betracht, dass das Mehrfamilienhaus zum ausländischen Betriebsvermögen gehört, sind Einkünfte aus Vermietung und Verpachtung nach § 49 Abs. 1 Nr. 6 EStG anzunehmen, da das Haus im Inland belegen ist.

Durch die Änderung des § 49 Abs. 1 Nr. 2 Buchst. f Doppelbuchst. aa EStG und des § 49 Abs. 1 Nr. 6 EStG spielt die isolierende Betrachtungsweise bzgl. der Einkünfte aus Vermietung und Verpachtung ab 2009 wohl keine Rolle mehr.

Als Anwendungsbereich des § 49 Abs. 2 EStG bleibt noch der Fall der Veräußerung von Anteilen an einer Kapitalgesellschaft i. S. d. § 17 EStG.

BEISPIEL

Ein ausländischer (Nicht-DBA-Ausland) Einzelunternehmer hält seit mehreren Jahren eine 10 %ige Beteiligung an der inländischen X-GmbH in seinem ausländischen Betriebsvermögen. Diese Beteiligung veräußert er zum 01. 01. 2009.

LÖSUNG Es liegen keine inländischen Einkünfte nach § 49 Abs. 1 Nr. 5 EStG vor, da bei einer 10 %igen Beteiligung Einkünfte nach § 20 Abs. 2 EStG gegenüber Einkünften aus § 17 EStG subsidiär sind. Einkünfte aus § 17 EStG, die über § 49 Abs. 1 Nr. 2 Bucht. e Doppelbuchst. aa EStG inländische Einkünfte wären, liegen aber zunächst nicht vor, da die Anteile zum Betriebs- und nicht zum Privatvermögen gehören. Über § 49 Abs. 2 EStG wird nun aber isoliert nur der inländische Sachverhalt betrachtet, die Zugehörigkeit zum ausländischen Betriebsvermögen wird »wegisoliert« – also ausgeblendet. Somit liegen inländische Einkünfte nach § 49 Abs. 1 Nr. 2 Buchst. e Doppelbuchst. aa EStG vor. Einschränkungen durch ein DBA bestehen hier nicht (vgl. dazu 4.2.4.1).

2.3.3 Durchführung der Besteuerung/Sondervorschriften bei beschränkter Steuerpflicht (§ 50 und § 50a EStG)

Die Durchführung der Besteuerung ist für natürliche Personen in § 50 EStG und § 50a EStG geregelt. Danach gibt es im Rahmen der Ermittlung der Einkünfte und bei der Erhebung der Steuer beschränkt steuerpflichtiger natürlicher Personen einige Unterschiede im Vergleich zur Durchführung der Besteuerung unbeschränkt steuerpflichtiger Personen. Ausführungen zur Durchführung der Besteuerung und etwaigen Sondervorschriften bzgl. der beschränkt Steuerpflichtigen folgen bei der jeweiligen Einkunftsart. Durch das JStG 2009 wurden in diesem Rahmen einige Änderungen vorgenommen, die durch die Rechtsprechung des EUGH nötig wurden.

3 Klausuraufbau und Prüfungsreihenfolge

Im Rahmen einer Klausur ist stets zu beachten, dass **in einem ersten Schritt festzustellen ist,**

- ob der Betreffende, der nicht unbeschränkt einkommensteuerpflichtig nach § 1 Abs. 1, § 1 Abs. 2 oder § 1 Abs. 3 bzw. § 1a EStG ist, im vorgegebenen Sachverhalt inländische Einkünfte nach § 49 EStG erzielt.

Wenn dies der Fall ist kann die Bundesrepublik die jeweiligen Einnahmen im Bereich der beschränkten Steuerpflicht der inländischen Besteuerung unterwerfen.

Allerdings ist dann **in einem zweiten Schritt zu prüfen,**

- ob durch die Anwendung eines DBA dieses Recht der Bundesrepublik eingeschränkt wird.

Dies ist dann meist der Fall, wenn das entsprechend anwendbare DBA bestimmt, dass Ansässigkeitsstaat des Steuerpflichtigen der ausländische Staat ist und diesem Staat das Besteuerungsrecht für die jeweiligen nach DBA eingeordneten Einkünfte zugewiesen wird.

Vgl. dazu die Übersicht zum Prüfungsaufbau in DBA-Fällen (s. Teil H 4.6).

In **einem dritten Schritt** ist dann (je nach Aufgabenstellung der Klausur) u. U. darauf einzugehen,

- wie die Besteuerung des beschränkt Steuerpflichtigen durchzuführen ist.

An diesem Prüfungsaufbau orientieren sich auch die folgenden Ausführungen. Zunächst wird die jeweilige Einkunftsart des § 49 Abs. 1 EStG erläutert und im Anschluss daran auf die Besonderheiten im Rahmen von DBA eingegangen. Daran schließen sich Ausführungen zu Durchführung der Besteuerung an.

4 Inländische Einkünfte nach § 49 Abs. 1 Nr. 1 bis Nr. 10 EStG

Der Katalog der inländischen Einkünfte i. S. d. § 49 Abs. 1 Nr. 1 bis Nr. 10 EStG ist abschließend. Die Vorschrift knüpft an § 2 EStG an, wobei daneben bei jeder der genannten Einkunftsarten als weiteres Tatbestandsmerkmal ein besonderer Inlandsbezug hinzukommen muss. Der Inlandsbezug ist allerdings keineswegs einheitlich ausgestaltet. Vielmehr wird er bei den verschiedenen Einkunftsarten sehr unterschiedlich hergestellt. Dies liegt daran, dass zulasten einer einheitlichen Rechtsdogmatik natürlich überwiegend wirtschaftspolitische oder fiskalische Überlegungen für die Regelung des Inlandsbezugs ausschlaggebend waren.

4.1 Einkünfte aus Land- und Forstwirtschaft (§ 49 Abs. 1 Nr. 1 EStG)

Einkünfte aus Land- und Forstwirtschaft i. S. d. §§ 13, 14 EStG sind dann als inländische Einkünfte i. S. d. § 49 Abs. 1 Nr. 1 EStG einzuordnen, wenn die Land- und Forstwirtschaft im Inland betrieben wird.

Betrieben wird die Land- und Forstwirtschaft in der Regel dort, wo die Grundstücke belegen sind und nicht an dem Ort, an dem sich nur die Betriebsleitung befindet (vgl. BFH vom 17. 12. 1997 BStBl II 1998, 260). Nach § 49 Abs. 1 Nr. 1 EStG werden auch Veräußerungsgewinne und Gewinne aus der Verpachtung der Land- und Forstwirtschaft ohne Betriebsaufgabe besteuert. Sofern von einem im Ausland gelegenen Betrieb inländische Grundstücke bewirtschaftet werden, ist im Rahmen einer Gewinnermittlung nach § 13a EStG der auf die inländischen Grundstücke entfallende Gewinn aus dem Verhältnis des Gesamtgewinns der ausländischen und inländischen Grundstücke zu ermitteln.

4.1.1 Behandlung in DBA-Fällen

Die Einkünfte aus Land- und Forstwirtschaft werden in Art. 6 OECD-MA behandelt. Nach der in Art. 6 Abs. 1 OECD-MA getroffenen Verteilungsregel darf der Belegenheitsstaat, im Fall der beschränkten Steuerpflicht somit die Bundesrepublik Deutschland, die Einkünfte aus der Land- und Forstwirtschaft besteuern. Zu Einschränkungen der beschränkten Steuerpflicht durch ein dem OECD-MA entsprechendes DBA kommt es im Falle der Einkünfte aus Land- und Forstwirtschaft mithin nicht.

4.1.2 Durchführung der Besteuerung

Die Steuererhebung erfolgt durch Veranlagung und nicht durch Steuerabzug. Im Rahmen der Veranlagung sind die Grundsätze des § 13a EStG zu beachten.

4.2 Einkünfte aus Gewerbebetrieb (§ 49 Abs. 1 Nr. 2 Buchst. a bis f EStG)

Der Begriff des Gewerbebetriebs ergibt sich aus §§ 15ff. EStG. Zunächst entscheidet das Vorliegen der Voraussetzungen des § 49 Abs. 1 Nr. 2 Buchst. a bis f EStG darüber, ob und in welchem Umfang es zu einer Besteuerung des ausländischen Unternehmens im Inland kommt. Im Rahmen der gewerblichen Einkünfte sind jedoch häufig abweichende Reglungen eines DBA zu beachten, die sich auf den Umfang der im Inland zu besteuernden Einkünfte i. S. d. § 49 Abs. 1 EStG auswirken. DBA sollen ihrer Rechtskonzeption nach nur dazu dienen, eine Doppelbesteuerung zu vermeiden. Aus einem DBA ergibt sich keinesfalls ein Recht des Staates, bestimmte Einkunftsquellen zu besteuern. Aus diesem Grund empfiehlt es sich stets, zunächst nach den Grundsätzen der § 1 Abs. 4 i. V. m. § 49 EStG festzustellen, ob von einer beschränkten Steuerpflicht ausgegangen werden kann, und erst in einem zweiten Schritt zu prüfen, ob ein bestehendes DBA dieses Besteuerungsrecht Deutschlands wieder einschränkt. Im Folgenden werden deshalb zunächst nur die Regelungen des § 49 Abs. 1 Nr. 2 Buchst. a bis f EStG unabhängig von DBA-Einflüssen dargestellt und im Anschluss daran die jeweiligen (einschränkenden) Auswirkungen durch Regelungen der DBA erläutert.

4.2.1 Betriebsstätten- und Vertretereinkünfte (§ 49 Abs. 1 Nr. 2 Buchst. a EStG)

Die gewerblichen Einkünfte nach § 49 Abs. 1 Nr. 2 Buchst. a EStG müssen durch eine im Inland belegene Betriebsstätte oder einen dort tätigen ständigen Vertreter erzielt werden.

4.2.1.1 Betriebsstätte

Der Begriff der Betriebsstätte wird folglich zur zentralen Weichenstellung für die Frage der beschränkten inländischen Steuerpflicht ausländischer Unternehmertätigkeiten. Ob eine inländische Betriebsstätte vorliegt, ist nach § 12 AO zu bestimmen und zunächst nicht nach den Regeln eines möglicherweise bestehenden DBA (vgl. BFH vom 03. 02. 1993 BStBl II 1993, 462).

Danach ist eine Betriebsstätte jede feste Geschäftseinrichtung oder Anlage, die der Tätigkeit eines Unternehmens dient. Der Betriebsstättenbegriff des § 12 AO ist ganz überwiegend mit dem des Art. 5 OECD-MA vergleichbar, allerdings ist er etwas weiter. Dies bedeutet, dass nicht jede Betriebsstätte i. S. d. § 12 AO auch zugleich eine Betriebsstätte i. S. d. Art. 5 OECD-MA ist.

Sehr kontrovers wird die Frage der Betriebsstätteneigenschaft in neuerer Zeit v. a. im Bereich des sog. E-Commerce diskutiert. Aufgrund der vielfältigen technischen Möglichkeiten im Bereich der Datenverarbeitung, der Datenübermittlung sowie der Telekommunikation durch Internet- und Satellitenübertragungen werden feste Anknüpfungspunkte i. S. d. Betriebsstättenbegriffs des § 12 AO für die Leitungserbringung durch die Unternehmen in den einzelnen Ländern immer entbehrlicher. Die entscheidende Frage ist dann häufig, ob durch die Einrichtung eines Internet-Servers eine Betriebsstätte i. S. d. § 12 AO begründet wird (vgl. ausführlich dazu Pinkernell/Ditz, FR 2001, 1193 und 1271 und auch unter www.pinkernell.de/uso_steuer.htm).

Die Gewinnermittlung für die inländische Betriebsstätte hat nach den Grundsätzen des deutschen Steuerrechts zu erfolgen.

4.2.1.2 Ständiger Vertreter

Die Prüfung, ob ein ständiger Vertreter i. S. d. § 49 Abs. 1 Nr. 2 Buchst. a EStG im Inland tätig ist, ist nur dann vorzunehmen, wenn keine inländische Betriebsstätte vorliegt.

Unter einem ständigen Vertreter ist nach § 13 AO eine Person zu verstehen, die nachhaltig die Geschäfte eines Unternehmers besorgt und dabei dessen Sachweisungen unterliegt. Nach R 49.1 Satz 2 EStR ist allerdings einschränkend zu beachten, dass, soweit der ständige Vertreter ein Kommissionär oder Makler ist, der Geschäftsbeziehungen für das ausländische Unternehmen im Rahmen seiner ordentlichen Geschäftstätigkeit unterhält, die Einkünfte des ausländischen Unternehmens insoweit nicht der Besteuerung zu unterwerfen sind. Dies gilt allerdings nur dann, wenn Regelungen eines DBA dem nicht entgegenstehen. Auch wenn der ständige Vertreter ein Handelsvertreter (§ 84 HGB) ist, der weder eine allgemeine Vollmacht zu Vertragsverhandlungen und Vertragsabschlüssen für das ausländische Unternehmen besitzt noch über ein Warenlager dieses Unternehmens verfügt, von dem er regelmäßig Bestellungen für das Unternehmen ausführt, sind die Einkünfte aus Sicht der Finanzverwaltung nicht als inländische Einkünfte i. S. d. § 49 Abs. 1 Nr. 2 Buchst. a EStG einzustufen.

4.2.1.3 Behandlung in DBA-Fällen (§ 50d Abs. 10 EStG)

Im DBA-Fall ist stets zu prüfen, ob ein anzuwendendes DBA die Betriebsstättenbesteuerung bzw. die Vertreterbesteuerung abkommensrechtlich beschränkt. Bei Beziehungen zu Staaten, die mit der BRD ein dem OECD-MA entsprechendes Musterabkommen abgeschlossen haben, ist die dem Art. 7 OECD-MA entsprechende Vorschrift zu prüfen. Regelmäßig ist davon auszugehen, dass der abkommensrechtliche Begriff der Betriebsstätte enger gefasst ist als der des § 12 AO. Der Begriff des ständigen Vertreters nach § 13 AO findet sich im OECD-MA so nicht wieder. Das OECD-MA spricht in Art. 5 Abs. 5 von einem Vertreter mit Abschlussvollmacht. Soweit ein solcher Vertreter mit Abschlussvollmacht in einem Staat tätig wird, wird das Vorliegen einer Betriebsstätte in diesem Staat fingiert. Auch die Voraussetzungen, die nach Art. 5 Abs. 5 OECD-MA zur Fiktion einer Betriebsstätte führen, sind enger als die Anforderungen, die § 13 AO an die Annahme eines ständigen Vertreters stellt. Darüber hinaus sind die besonderen, im Artikel über die Unternehmensgewinne enthaltenen Zuordnungsregeln zu beachten (Art. 7 Abs. 2 OECD-MA, der »Drittvergleich« also das sog. »Dealing at arm's length-Prinzip«). Wegen der Einzelheiten kann auf die Ausführungen zum Unternehehmensartikel und auf die Betriebstätten-Verwaltungsgrundsätze (vgl. BMF vom 24. 12. 1999 BStBl I 1999, 1076) verwiesen werden.

Der BFH hat mit Urteil vom 17. 10. 2007 (AZ I R 5/06) zu einer häufigen Fallgestaltung aus dem Bereich des internationalen Steuerrechts Stellung genommen. Eine deutsche Personengesellschaft (KG) hatte von ihren in den USA lebenden Gesellschaftern Darlehen erhalten, und die dafür gezahlten Zinsen hatte das Finanzamt als in Deutschland steuerpflichtige Einkünfte der Gesellschafter behandelt. Dagegen entschied der BFH, dass die Zinsen nach dem DBA mit den USA nur in den USA besteuert werden dürfen und daher in Deutschland steuerfrei bleiben müssen. Das deutsche Besteuerungsrecht für die nach § 49 Abs. 1 Nr. 2a EStG inländischen Einkünfte wurde der BRD also durch die Anwendungen der DBA-Regelungen wieder genommen.

Die Entscheidung ist aus wirtschaftlicher Sicht v. a. deshalb bedeutsam, weil ihr zufolge die von der KG gezahlten Darlehenszinsen den in Deutschland zu versteuernden Gewinn der Gesellschaft mindern, während der Zinsertrag der ausländischen Gesellschafter nur dem eventuell niedrigeren Steuersatz ihres Heimatlandes unterliegt. Zudem bezieht sich das Urteil zwar unmittelbar nur auf in den USA lebende Gesellschafter; es kann aber auf das Verhältnis zu vielen anderen Staaten übertragen werden. Davon ausgenommen sind allerdings Staaten, mit denen Deutschland kein DBA geschlossen hat (z. B. Liechtenstein und Monaco) oder mit denen in einem solchen Abkommen eine abweichende Sonderregelung vereinbart ist (z. B. Österreich, Schweiz Usbekistan, Tadschikistan, Singapur, Kasachstan, Ghana, Belarus). Dennoch hat die Entscheidung für die Steuerplanung von international ausgerichteten Personengesellschaften erhebliche Bedeutung, zumal für Dividenden und Lizenzgebühren ähnliche Regeln wie für Zinsen gelten.

Der rechtliche Hintergrund des Urteils ist dadurch gekennzeichnet, dass Deutschland bei der Besteuerung von Personengesellschaften Zinserträge aus einem Gesellschafterdarlehen als »Sondervergütungen« des Gesellschafters versteht (§ 15 Abs. 1 Satz 1 Nr. 2 EStG), die den innerhalb der Gesellschaft erzielten Gewinn erhöhen. Dagegen sehen die meisten anderen Staaten darin Zinseinkünfte, die ausschließlich bei der Besteuerung des Gesellschafters zu berücksichtigen sind. Bei grenzüberschreitenden Beteiligungsverhältnissen stellt sich deshalb die Frage, welche systematische Sicht sich durchsetzt. Dazu hat die Finanzverwaltung bisher die Ansicht vertreten, dass im Rahmen der deutschen Besteuerung nur die Prinzipien des deutschen Rechts maßgeblich seien. Dagegen richtet sich die vom BFH gewählte Lösung stärker an den internationalen Gepflogenheiten aus.

Durch die Regelung des § 50d Abs. 10 EStG, die durch das JStG 2009 eingeführt wurde, hat der Gesetzgeber »das Besteuerungsrecht wieder nach Deutschland geholt«. Die Norm wird auch als Unternehmensgewinnqualifikationsklausel bezeichnet. Die Sondervergütungen an einen Mitunternehmer einer PersGes oder an einen Komplementär einer KGaA werden für Zwecke der DBA-Anwendung ausschließlich als Unternehmensgewinne qualifiziert und da die Gesellschaft als inländische Betriebsstätte anzusehen ist, bleibt das Besteuerungsrecht somit bei der BRD.

4.2.2 Einkünfte aus dem Beförderungsbetrieb von Seeschiffen und Luftfahrzeugen (§ 49 Abs. 1 Nr. 2 Buchst. b und c EStG)

Unter die gewerblichen Einkünfte nach § 49 Abs. 1 Nr. 2 Buchst. b EStG fallen des Weiteren auch Einkünfte aus dem Betrieb von Seeschiffen und Luftfahrzeugen zwischen inländischen und von inländischen zu ausländischen Häfen. Dazu gehören auch die Einkünfte aus anderen mit solchen Beförderungsleistungen zusammenhängenden Beförderungsleistungen, die sich auf das Inland erstrecken.

Bezüglich solcher Einkünfte ist § 49 Abs. 3 EStG zu beachten. Danach sind die Einkünfte mit 5 % der für diese Beförderungsleistungen vereinbarten Entgelte anzusetzen. Nach § 49 Abs. 3 Satz 2 EStG gilt dies auch, wenn solche Einkünfte durch eine inländische Betriebsstätte oder einen inländischen ständigen Vertreter erzielt werden. Diese Vergünstigung gilt nicht, soweit das deutsche Besteuerungsrecht nach einem DBA ohne Begrenzung des Steuersatzes aufrecht erhalten bleibt (§ 49 Abs. 3 Satz 4 EStG).

Nach der Sonderregelung des § 49 Abs. 1 Nr. 2 Buchst. c EStG sind als gewerbliche Einkünfte auch solche Einkünfte eines Unternehmens, die im Rahmen einer internationalen Betriebsgemeinschaft oder eines Pool-Abkommens, bei dem ein Unternehmen mit Sitz oder Geschäftsleitung im Inland die Beförderungsleistungen durchführt, anzusehen. Nach dem insoweit eindeutigen Wortlaut des § 49 Abs. 3 Satz 1 findet die Vorschrift in Fällen des § 49 Abs. 1 Nr. 2 Buchst. c EStG keine Anwendung. Eine Pauschalierung dieser Einkünfte ist mithin nicht zulässig.

4.2.2.1 Behandlung in DBA-Fällen

Die Einkünfte aus Seeschifffahrt, Binnenschifffahrt und Luftfahrt werden in Art. 8 OECD-MA behandelt. Danach können Gewinne aus dem Betrieb von Seeschiffen oder Luftfahrzeugen im internationalen Verkehr nur in dem Staat besteuert werden, in dem sich der Ort der tatsächlichen Geschäftsleitung des Unternehmens befindet. Gleiches gilt für Einkünfte aus dem Betrieb Schiffen, die zur Binnenschifffahrt eingesetzt sind.

4.2.3 Einkünfte aus der Ausübung oder Verwertung bestimmter gewerblicher Inlandstätigkeiten (§ 49 Abs. 1 Nr. 2 Buchst. d EStG)

Nach § 49 Abs. 1 Nr. 2 Buchst. d EStG gehören zu den inländischen gewerblichen Einkünften diejenigen Einkünfte, die durch im Inland ausgeübte oder verwertete künstlerische, sportliche, artistische, unterhaltende oder ähnliche Darbietungen erzielt werden. Auch Einkünfte aus damit zusammenhängenden Leistungen werden mit eingeschlossen. Allerdings dürfen die Einkünfte sich nicht unter die Einkünfte i. S. d. Nr. 3 des § 49 Abs. 1 EStG (Einkünfte aus selbstständiger Arbeit) und Nr. 4 des § 49 Abs. 1 EStG (Einkünfte aus nichtselbstständiger Arbeit) subsumieren lassen.

Dieser Vorschrift kommt erhebliche praktische Bedeutung zu. Die vielfältigen mit dieser Regelung verbundenen praktischen und rechtlichen Fragen sind in zwei Schreiben der Finanzverwaltung dargestellt (BMF vom 23. 01. 1996 BStBl I 1996, 89 und BfF vom 21. 08. 1998 BStBl 1998, 1161).

Die Regelung des § 49 Abs. 1 Nr. 2 Buchst. d EStG findet in erster Linie Anwendung in Fällen, in denen ausländische Unternehmen die Künstler usw. dem inländischen Veranstalter nicht im Wege der Vermittlung, sondern im eigenen Namen und für eigene Rechnung zur Verfügung stellen, und der Veranstalter die Vergütung an diese Unternehmen zahlt. Die Regelung ist aber auch Grundlage für die Besteuerung gewerblich tätiger Berufssportler, Artisten, Entertainer o. Ä. sowie allgemein für die Besteuerung der mit der künstlerischen usw. Darbietung zusammenhängenden Einkünfte.

Die Regelung des § 49 Abs. 1 Nr. 2 Buchst. d EStG wird durch § 50a Abs. 1 EStG ergänzt (vgl. dazu 4.2.3.5).

4.2.3.1 Darbietung im Inland

Darbietungen liegen vor, wenn etwas aufgeführt, gezeigt oder vorgeführt wird, z. B. Ausstellungen, Konzerte, Theateraufführungen, Shows, Turniere, Wettkämpfe. Nach Auffassung der Finanzverwaltung ist der Begriff weit zu verstehen. Es fallen auch nichtöffentliche Auftritte und Studioaufnahmen für Film, Funk, Fernsehen und zur Herstellung von Tonträgern darunter. Zu den Darbietungen, die den künstlerischen, sportlichen oder artistischen Darbietungen ähnlich sind, gehören Darbietungen mit vergleichbarem Unterhaltungscharakter wie beispielsweise Talkshows und Quizsendungen. Selbst Modeschauen können nach Ansicht der Finanzverwaltung hierunter fallen. Allerdings zählen z. B. wissenschaftliche Vorträge und Seminare nicht dazu. Ort der Darbietung ist bei Filmaufnahmen der Ort der Dreharbeiten, bei Schallplattenaufnahmen der tatsächliche Aufnahmeort. Live-Übertragungen im Hör- und Fernsehfunk von einer Darbietung im Inland sind unabhängig davon, wer die Leistung anbietet, nicht zur Verwertung, sondern zur Darbietung zu rechnen.

4.2.3.2 Verwertung der Darbietung im Inland

Unter Verwerten ist der Vorgang zu verstehen, durch den der Inhaber der Nutzungsrechte an einer Darbietung sich das Ergebnis der Darbietung durch eine zusätzliche Handlung nutzbar macht, insbesondere durch Übertragung der Nutzungsrechte. Verwerten kann auch ein Dritter, der die Leistung nicht selbst erbracht hat. Sowohl inländische als auch ausländische Darbietungen können im Inland verwertet werden. Live-Übertragungen im Hör- und Fernsehfunk von einer Darbietung im Ausland sind Teil der Verwertung.

4.2.3.3 Zusammenhängende Leistungen

Einkünfte aus Sponsoringverträgen, Werbeverträgen, Vergütungen für Autogrammstunden, Interviews, Auftritten in Talkshows und ähnlichem können zu den Einkünften aus mit den Darbietungen oder deren Verwertung zusammenhängenden Leistungen gehören. Voraussetzung ist allerdings, dass diese Leistungen in sachlichem Zusammenhang mit der jeweiligen Darbietung stehen, wobei etwaig erhaltene Gesamtvergütungen aufzuteilen sind.

BEISPIEL

Der Golfprofi Leon Iron (L.I.) lebt mit seiner Familie in Monaco (Nicht-DBA-Ausland). Im August 2009 nahm, er an den German-Open in Stuttgart teil. Vom Veranstalter erhielt er allein für die Teilnahme eine Vergütung i. H.v. 50 000 €. Beim Turnier spielte er so schlecht, dass er kein Preisgeld gewann. Gleich im Anschluss an das Tournier gab er einem deutschen Privatfernsehsender allerdings ein 30-minütiges Interview und erhielt dafür 4 000 €. Am nächsten Abend wurde er noch von einem öffentlich-rechtlichen Radiosender zu einer »Talk-Runde« eingeladen und bekam für seine Teilnahme 7.000 €.

LÖSUNG L.I. hat weder einen Wohnsitz noch seinen gewöhnlichen Aufenthalt im Inland und unterliegt somit nicht der unbeschränkten Steuerpflicht.

Er ist jedoch nach § 1 Abs. 4 EStG im Inland steuerpflichtig, wenn er inländische Einkünfte bezieht. Hier könnten inländische Einkünfte aus Gewerbebetrieb nach § 49 Abs. 1 Nr. 2 Buchst. d EStG vorliegen. Dies setzt zunächst voraus, dass die Einkünfte nicht zu den Einkünften nach § 49 Abs. 1 Nr. 3 oder Nr. 4 EStG gehören, also keine Einkünfte aus selbstständiger Tätigkeit oder aus unselbstständiger Tätigkeit darstellen. Als Berufssportler erzielt L.I. keine Einkünfte nach § 18 EStG und da er auch nicht im Rahmen eines Dienstverhältnisses tätig ist, liegen keine Einkünfte nach § 49 Abs. 1 Nr. 4 EStG vor. Die Teilnahme am Golfturnier kann als eine im Inland ausgeübte sportliche Darbietung gesehen werden.

Das Interview und auch die Teilnahme an der Talk-Runde sind als solche keine sportlichen Darbietungen. Sie sind auch nicht als künstlerische, artistische oder ähnliche Darbietungen anzusehen, da die dafür notwendige eigenschöpferische Tätigkeit nicht gegeben ist. Allerdings werden nach § 49 Abs. 1 Nr. 2 Buchst. d EStG auch Einkünfte aus Leistungen erfasst, die im Zusammenhang mit den sportlichen Darbietungen stehen. Damit ist v. a. ein sachlicher Zusammenhang zwischen der Darbietung und der weiteren Leistung gemeint. Dieser ist sicherlich gegeben in Bezug auf das Interview, welches der L. I. gleich im Anschluss an das Tournier gegeben hat. Auch die Teilnahme an der »Talk-Runde« ist davon umfasst. Der sachliche Zusammenhang hängt hier allerdings vom Themenbereich der »Talk-Runde« ab. Auch ein zu beachtender zeitlicher Zusammenhang ist hier gegeben, da die »Talk-Runde« gleich am nächsten Tag stattfand.

Damit erzielt L. I. inländische Einkünfte i. S. d. § 49 Abs. 1 Nr. 2 Buchst. d EStG. Bezüglich der Steuererhebung ist auf § 50a Abs. 1 EStG hinzuweisen (ausführlich vgl. 4.2.3.5).

4.2.3.4 Behandlung in DBA-Fällen

Die steuerliche Behandlung von Künstlern und Sportlern ist zunächst in Art. 17 OECD-MA geregelt. Nach Art. 17 Abs. 1 OECD-MA können Einkünfte, die eine in einem Vertragsstaat ansässige Person als Künstler, wie Bühnen-, Film-, Rundfunk-, und Fernsehkünstler sowie Musiker, oder als Sportler aus ihrer im anderen Vertragsstaat persönlich ausgeübten Tätigkeit beziehen, im anderen Staat besteuert werden. Die Verteilungsnorm gilt ungeachtet von Art. 7 (Unternehmensgewinne) und Art. 15 (Einkünfte aus unselbstständiger Arbeit).

In diesem Zusammenhang ist v. a. Art. 17 Abs. 2 OECD-MA bedeutsam: Fließen Einkünfte aus einer von einem Künstler oder Sportler in dieser Eigenschaft persönlich ausgeübten Tätigkeit nicht dem Künstler oder Sportler selbst, sondern einer anderen Person zu, so können diese Einkünfte ungeachtet der Art. 7 und 15 OECD-MA in dem Vertragsstaat besteuert werden, die dem der Künstler oder Sportler seine Tätigkeit ausübt. Dies bedeutet, dass die beschränkte Steuerpflicht der BRD in Fällen mit Staaten, mit denen ein dem OECD-MA in dieser Vorschrift entsprechendes DBA abgeschlossen wurde, unangetastet bleibt. Dies ist in der weit überwiegenden Zahl der zwischen Deutschland und anderen Staaten besehenden DBA der Fall. Im DBA zwischen Deutschland und den USA ist allerdings die Ausnahmevorschrift für Einkünfte, die eine Höhe von 20 000 US-Dollar nicht überschreiten, zu beachten (vgl. Teil N Übungsfall 10).

4.2.3.5 Durchführung der Besteuerung

Soweit die deutsche Einkommensteuer nicht bei Einkünften, die dem Steuerabzug unterliegen, durch diesen Steuerabzug als abgegolten gilt (§ 50 Abs. 2 Satz 1 EStG), ist die Einkommensteuer im Rahmen der beschränkten Steuerpflicht durch eine Veranlagung zu ermitteln.

Durch die Sondervorschrift des § 50a Abs. 1 Nr. 1 EStG ergibt sich, dass die Besteuerung der Einkünfte nach § 49 Abs. 1 Nr. 2 Buchst. d EStG, also die ausländischer Künstler und Sportler, im Wege des Steuerabzugs erfolgt. § 50 Abs. 2 EStG regelt dann, dass die Steuer durch diesen Abzug als abgegolten gilt.

Die Höhe des Steuerabzugs beträgt nach § 50a Abs. 2 EStG bei den Vergütungen der Künstler und Sportler 15 % der gesamten Einnahmen (bei Aufsichtsräten 30 % der Aufsichtsratsvergütungen). Vom Vergütungsschuldner ersetzte oder übernommene Reisekosten (also insbesondere Fahrt-, Flug-, Übernachtungs- und Verpflegungskosten) wirken nur insoweit einnahmenerhöhend, als sie die tatsächlichen Ausgaben bzw. die Pauschsätze für Verpflegungsmehraufwand übersteigen. Bei darbietungsbezogenen Vergütungen unter 250 € besteht eine Freigrenze bzgl. des Steuerabzugs. Problematisch ist die Berücksichtigung von Betriebsausgaben bzgl. der Bemessungsgrundlage für den Steuerabzug von 15 %. Beim Abzugssteuersatz i. H.v. 15 % geht der Gesetzgeber typisierend davon aus, dass die Ausgaben in unmittelbarem wirtschaftlichen Zusammenhang mit den Einnahmen etwa die Hälfte der Einnahmen betragen. In diesem Fall gewährleistet der Steuersatz von 15 %, dass der Steuerabzug in den meisten Fällen auch ohne Berücksichtigung von Ausgaben zu einen angemessenen wirtschaftlichen Ergebnis führt. Ein Betriebsausgabenabzug ist deshalb grds. nicht möglich.

Von diesem Grundsatz sieht § 50a Abs. 3 in EU-/EWR-Fällen eine Ausnahme vor. Danach können bereits beim Steuerabzug durch den Vergütungsschuldner die tatsächlichen Betriebsausgaben des beschränkt Steuerpflichtigen berücksichtigt werden, wenn der Vergütungsempfänger ein EU-/EWR-Staatsangehöriger ist und er hier auch seine steuerliche Ansässigkeit hat. Die Ausgaben müssen in durch die Verwaltung nachprüfbarer Form nachgewiesen werden. Soweit die tatsächlichen Ausgaben Berücksichtigung gefunden haben, beträgt der Abzugssteuersatz bei natürlichen Personen jedoch statt 15 % dann 30 % der Nettoeinnahmen (vgl. § 50a Abs. 3 Satz 4 Nr. 1 EStG); bei Körperschaften 15 % (vgl. § 50a Abs. 3 Satz 4 Nr. 2 EStG). Dies ergibt sich, da beim 15 %-Satz bzgl. natürlicher Personen Betriebsausgaben schon als berücksichtigt gelten sollten. Somit sollte beachtet werden, dass damit durch den Abzug der tatsächlichen Ausgaben kein Nachteil für den beschränkt Steuerpflichtigen entsteht, in diesem Fall die Betriebsausgaben mindestens 50 % der Bruttobetriebseinnahmen betragen sollten. Nur so kann die Steuersatzerhöhung ausgeglichen werden.

Der Vergütungsschuldner hat den Steuerabzug bei der Auszahlung der Vergütung vorzunehmen, denn die Abzugsteuer entsteht in dem Zeitpunkt, in dem die Vergütung dem Künstler oder Sportler zufließen (§ 50a Abs. 5 EStG, § 73c EStDV). Der beschränkt steuerpflichtige Künstler oder Sportler gilt als Steuerschuldner, aber § 50a Abs. 5 Satz 4 EStG bestimmt, dass der Vergütungsschuldner für die Einbehaltung und Abführung der Steuer haftet.

Zusammenfassend treffen den Vergütungsschuldner also folgende Pflichten:

- Einbehaltung der Abzugssteuer (§ 50a Abs. 5 Satz 2 EStG),
- Führung von besonderen Aufzeichnungen (§ 73d EStDV),
- Anmeldung der Abzugssteuer beim Betriebsstättenfinanzamt (§ 73e Satz 2 und 4 EStDV),
- Abführung der einbehaltenen Abzugssteuer (§ 50a Abs. 5 Satz 3 EStG, § 73e EStDV).

Wenn der Vergütungsschuldner den Steuerabzug nicht vorschriftsmäßig vorgenommen hat, ist § 50a Abs. 5 Satz 5 EStG zu beachten. Das Finanzamt ist dann berechtigt, den Künstler oder Sportler durch Nachfolgebescheid in Haftung zu nehmen.

4.2.4 Einkünfte aus der Veräußerung von Anteilen an inländischen Kapitalgesellschaften (§ 49 Abs. 1 Nr. 2 Buchst. e und f [bzw. (möglicherweise) g] EStG)

§ 49 Abs. 1 Nr. 2 Buchst. e EStG behandelt Einkünfte, die unter den Voraussetzungen des § 17 EStG erzielt werden. Der Inlandsbezug wird durch den inländischen Sitz bzw. die inländische Geschäftsleitung hergestellt. Durch diesen Besteuerungstatbestand soll sichergestellt werden, dass in einer Beteiligung an einer inländischen Kapitalgesellschaft vorhandene stille Reserven anlässlich eines Veräußerungsvorgangs auch bei lediglich beschränkter Steuerpflicht erfasst werden. Der Gewinn ist nach § 49 Abs. 1 Nr. 2 Buchst. e i. V. m. § 17 EStG zu versteuern, wenn die Anteile in ausländischem Privat- oder Betriebsvermögen gehalten werden (vgl. BFH vom 13. 12. 1989 BStBl II 1990, 379, 381). Gerade in diesem Bereich kommt es häufig zur Umqualifizierung der Einkunftsart durch die isolierende Betrachtungsweise des § 49 Abs. 2 EStG.

Der Verweis in § 49 Abs. 1 Nr. 2 Buchst. e EStG auf § 17 EStG ist als **Rechtsgrundverweis** anzusehen. Die Vorschrift des § 17 EStG ist also vollumfänglich in § 49 Abs. 1 Nr. 2 Buchst. e EStG zu integrieren und gilt in ihrer jeweiligen Fassung; derzeit bei einer Beteiligung i. H.v. zumindest 1 %. Damit gilt auch im Bereich von § 49 Abs. 1 Nr. 2 Buchst. e EStG grundsätzlich ab dem Veranlagungszeitraum 2002 das Halbeinkünfteverfahren und ab 2009 das Teileinkünfteverfahren (vgl. § 3 Nr. 40 Buchst. c EStG) bzw. bei Kapitalgesellschaften die Steuerfreiheit (vgl. § 8b Abs. 2 KStG).

Bei Veräußerungen von Beteiligungen, die bis zum 31. 12. 2008 angeschafft wurden, ist während der einjährigen (Spekulations-)Frist des § 23 Abs. 1 Nr. 2 EStG das Konkurrenzverhältnis zwischen § 49 Abs. 1 Nr. 2 Buchst. e EStG und § 49 Abs. 1 Nr. 8 EStG zugunsten der letztgenannten Vorschrift gelöst. Solche Einkünfte fallen unter § 49 Abs. 1 Nr. 8 EStG, da die Vorschrift einen ausdrücklichen Verweis auf § 23 Abs. 2 EStG enthält.

4.2.4.1 Behandlung in DBA-Fällen

Das OECD-MA regelt die Zuweisung des Besteuerungsrechts bei Gewinnen aus der Veräußerung von Vermögen in Art. 13. Nach Abs. 5 des Art. 13 OECD-MA können Gewinne aus der Veräußerung des in den Absätzen 1, 2, 3 und 4 des Art. 13 nicht genannten Vermögens **nur in dem Staat besteuert werden, in dem der Veräußerer ansässig ist.** Diese Regelung, die vor dem Update des OECD-MA 2002 in Art. 13 Abs. 4 OECD-MA a. F. enthalten war, erfasst im Wesentlichen die Gewinne aus der Veräußerung von Anteilen an inländischen Kapitalgesellschaften durch Anteilseigner, die ihrerseits nicht im Sitzstaat der Gesellschaft ansässig sind. **Die Zuweisung des Besteuerungsrechts an den Ansässigkeitsstaat des Kapitaleigners grenzt den Anwendungsbereich des § 49 Abs. 1 Nr. 2 Buchst. e EStG erheblich ein.** Da die meisten zwischen der BRD und anderen Staaten abgeschlossenen DBA eine dem Art. 13 Abs. 5 OECD-MA entsprechende Regelung enthalten, kann regelmäßig der innerstaatliche Besteuerungsanspruch aus § 1 Abs. 4 i. V. m. § 49 Abs. 1 Nr. 2 Buchst. e EStG nicht durchgesetzt werden. Die Regelung greift somit nur noch in den Fällen, in denen der Veräußerer inländischer Beteiligungen an Kapitalgesellschaften seinen **Wohnsitz im Nicht-DBA-Ausland hat.**

Aufgrund der DBA-Regelungen könnte sich für einen i. S. d. § 17 EStG beteiligten Anteilseigner die Überlegung anbieten, durch Wegzug aus der BRD die unbeschränkte Steuerpflicht enden zu lassen. Soweit aufgrund der DBA-Regelungen die beschränkte Steuerpflicht bzgl. eines Veräußerungsgewinns nicht mehr besteht, könnte die Veräußerung dann steueroptimal durchgeführt werden.

Gegen ein solches Vorgehen wurde § 6 AStG eingeführt (vgl. Teil K 2.4).

Ein § 17-Anteilseigner einer inländischen GmbH, der nicht unbeschränkt einkommensteuerpflichtig ist, sondern im Nicht-DBA-Ausland lebt, unterfällt, soweit er seinen Anteil veräußert, der beschränkten Steuerpflicht nach § 1 Abs. 4 i. V. m. § 49 Abs. 1 Nr. 2 Buchst. e. EStG. Um dies zu vermeiden, »sorgt er dafür«, dass die Gesellschaft ihren Sitz weg aus Deutschland ins Ausland verlegt. Dies ist ohne Liquidation (§ 17 Abs. 4 EStG) – also identitätswahrend – möglich.

Wenn er nach der Verlegung seine Beteiligung veräußert, greift § 17 Abs. 5 EStG ein.

Die Regelung des § 17 Abs. 5 EStG wurde – neben anderen Entstrickungstatbeständen (z. B. § 4 Abs. 1 Satz 3 EStG, § 12 Abs. 1 KStG) – mit Wirkung ab dem 13. 12. 2006 durch das sog. SEStEG ins EStG eingefügt.

Nach § 17 Abs. 5 EStG steht die Beschränkung oder der Ausschluss des Besteuerungsrechts der BRD hinsichtlich des Gewinns aus der Veräußerung der Anteile an einer KapGes im Fall der Sitzverlegung ins Ausland der Veräußerung der Anteile zum gemeinen Wert gleich.

Die Regelung betrifft also Fälle, in denen der Sitz einer Kapitalgesellschaft von der BRD ins Ausland verlegt wird, wobei das Besteuerungsrecht der BRD durch die Gesellschaftssitzverlegung bei einer anschließenden Anteilsveräußerung betroffen wäre.

Die Regelung ist jedoch nur bei sog. identitätswahrenden Sitzverlegungen anzuwenden. Soweit die Sitzverlegung aus zivilrechtlichen Gründen die Liquidation der Gesellschaft zur Folge hat, ist die Besteuerung auf Anteileignerebene entsprechend § 17 Abs. 4 EStG vorzunehmen.

Für Fälle, in denen die Kapitalgesellschaft ihren Sitz ins Ausland verlegt, aber als Gesellschaft bestehen bleibt, kann somit die Regelung des § 17 Abs. 5 EStG greifen. Solche Fälle mögen derzeit wegen der Anwendung der sog. Sitztheorie noch eher selten sein, werden sich jedoch durch die Einflüsse der EuGH-Rechtsprechung und nach Einführung des MoMiG wohl vermehren.

Ziel des SEStEG ist die Beseitigung steuerlicher Hemmnisse für die betriebswirtschaftlich sinnvolle grenzüberschreitende Umstrukturierung innerhalb der EU und des EWR unter konsequenter Sicherung deutscher Besteuerungsrechte. Vor diesem Hintergrund sollte § 17 Abs. 5 betrachtet werden.

Die Regelung hat v. a. im Rahmen der beschränkten Steuerpflicht Bedeutung.

BEISPIEL

S. wohnt in Monaco und ist an einer GmbH mit Sitz in der BRD mit 10 % am Stammkapital beteiligt. Die Beteiligung hält er seit drei Jahren im Privatvermögen.
Würde er veräußern, kann die BRD nach § 49 Abs. 1 Nr. 2 Buchst. e EStG einen Gewinn der beschränkten Steuerpflicht unterwerfen.

LÖSUNG Unterstellt wird, dass die Gesellschaft ihren Sitz identitätswahrend in einen Drittstaat verlegt. In diesem Monat endet die beschränkte Steuerpflicht der BRD und § 17 Abs. 5 EStG greift Platz. Nach § 17 Abs. 5 EStG wird diese Sitzverlegung wie eine Veräußerung zum gemeinen Wert gesehen.

Zu beachten ist allerdings § 17 Abs. 5 Satz 2 EStG. Soweit die Sitzverlegung einer Europäischen Gesellschaft (SE) und Sitzverlegungen in einen anderen EU-Mitgliedsstaat vorgenommen werden, greift die Regelung des § 17 Abs. 5 Satz 1 EStG zunächst nicht ein. Erst wenn die Anteile tatsächlich veräußert werden, kann die BRD (entsprechend Art. 10 Abs. 2 FusionsRL) den Veräußerungsgewinn versteuern; dies sogar in Fällen, in denen die Regelungen eines DBA dem Besteuerungsrecht der BRD entgegenstünden. Der Veräußerungsvorgang wird dann so behandelt, als habe die Sitzverlegung nicht stattgefunden.

Bei beschränkt Steuerpflichtigen, die ihren Wohnsitz im DBA-Ausland haben, liegt meist kein Fall des § 17 Abs. 5 EStG vor. Nach den Regelungen aller dem OECD-MA entsprechenden DBA steht nämlich dem Ansässigkeitssaat des Anteilseigners das Besteuerungsrecht bei einer Anteilsveräußerung zu. Eine Sitzverlegung nimmt der BRD somit kein Besteuerungsrecht, da sie ohnehin keines hatte.

4.2.5 Sonstige gewerbliche Veräußerungsgewinne i. S. d. § 49 Abs. 1 Nr. 2 Buchst. f EStG

Durch das JStG 2009 wurde der Doppelbuchst. aa eingefügt. Wie oben bereits dargestellt, konnten Einkünfte aus der zeitlich begrenzten entgeltlichen Überlassung von Grundbesitz, auch wenn sie der gewerblichen Tätigkeit des beschränkt Steuerpflichtigen zuzuordnen waren, nur über die isolierende Betrachtungsweise des § 49 Abs. 2 EStG den Einkünften aus § 49 Abs. 1 Nr. 6 EStG zugeordnet werden. § 49 Abs. 1 Nr. 6 EStG enthält seit 2009 eine entsprechende Subsidiaritätsklausel. Ab dem VZ 2009 unterliegen solche Vermietungen nun den gewerblichen Einkünften. Die Einkünfte sind also nach Gewinnermittlungsgrundsätzen zu ermitteln und nicht wie Einkünfte aus Vermietung und Verpachtung als Überschuss der Einkünfte über die Werbungskosten. Es sind die §§ 4 bis 7k EStG anzuwenden. Der Abschreibungssatz für Wirtschaftsgebäude beträgt 3 %, aber es kommen auch Teilwertabschreibungen in Betracht.

Die Vorschrift des § 49 Abs. 1 Nr. 2 Buchst. f EStG wird durch das JStG 2007 (BGBl I 2007, 1652) vom 19. 07. 2006 geändert. Nach der bis zum 31. 12. 2006 geltenden Fassung fallen unter inländische Einkünfte i. S. d. beschränkten Steuerpflicht auch Einkünfte aus Gewerbebetrieb, die, soweit sie nicht zu den Einkünften i. S. d. Buchst. a gehören, durch Veräußerung von unbeweglichem Vermögen, Sachinbegriffen oder Rechten i. S. d. Nr. 6 erzielt werden.

Durch die Regelung werden generell Veräußerungen von inländischen Immobilien durch einen beschränkt Steuerpflichtigen erfasst. Die Regelung findet persönlich Anwendung auf natürliche Personen (§ 1 Abs. 4 EStG) und auch auf Körperschaften (§ 2 Nr. 1 KStG). Sachlich müssen gewerbliche Einkünfte durch die Veräußerung von Immobilien vorliegen. Die Gewerblichkeit dieser Einkünfte beurteilt sich nach den Kriterien, die für die Abgrenzung zwischen Vermögensverwaltung und gewerblichem Grundstückshandel gelten. Zu dieser Problematik ist die Auffassung der Finanzverwaltung ausführlich im BMF-Schreiben vom 26. 03. 2004 festgelegt (vgl. BMF vom 26. 03. 2004 AZ IV A 6 – S 2240 – 46/04, BStBl I 2004, 434).

Nach § 49 Abs. 1 Nr. 2 Buchst. f Satz 2 EStG in der bis zum 31. 12. 2006 geltenden Fassung wird die Gewerblichkeit bei Veräußerungseinkünften von inländischem Grundbesitz fingiert, wenn diese von einer Körperschaft ohne Sitz oder Geschäftsleitung im Inland erzielt werden, die einer inländischen Kapitalgesellschaft oder sonstigen juristischen Person des privaten Rechts, die nach den Vorschriften des HGB zur Führung von Büchern verpflichtet ist, gleichsteht. Für den Bereich der beschränkten Steuerpflicht ist somit eine Fiktion der Gewerblichkeit kraft Rechtsform geschaffen worden. Eine solche ergibt sich bei inländischen Kapitalgesellschaften bereits aus § 8 Abs. 2 KStG. Diese Fiktion steht nicht im Widerspruch zur isolierenden Betrachtungsweise nach § 49 Abs. 2 EStG. Durch diese Fiktion wird eine Gleichstellung ausländischer vermögensverwaltender Körperschaften mit inländischen Körperschaften gleicher wirtschaftlicher Ausrichtung erreicht.

Die Besteuerung im Rahmen des § 49 Abs. 1 Nr. 2 Buchst. f EStG bezieht sich auf einen Veräußerungsgewinn; dieser ist nach allgemeinen innerstaatlichen Grundsätzen zu ermitteln. Veräußerungsgewinn ist danach der Betrag, um den der Veräußerungspreis die Anschaffungskosten bzw. Herstellungskosten zuzüglich der Veräußerungskosten übersteigt. Die Anschaffungskosten bzw. Herstellungskosten sind um die in Anspruch genommenen Absetzungen für Abnutzungen zu mindern (vgl. BMF vom 15. 12. 1994 BStBl I 1994, 883, Tz. 2.1. und Tz. 2.2 (str.); FG Berlin vom 11. 05. 1998 EFG 1998, 1590).

Nach der bis zum 31. 12. 2006 geltenden Fassung des § 49 Abs. 1 Nr. 2 Buchst. f EStG liegen inländische Einkünfte bei der gewerblichen Veräußerung von Rechten, die keiner inländischen Betriebsstätte des Steuerpflichtigen zugeordnet werden können, auch vor, wenn es sich bei den Veräußerten Rechten um solche nach § 49 Abs. 1 Nr. 6 EStG handelt. Durch den Verweis auf § 49 Abs. 1 Nr. 6 EStG wird vorausgesetzt, dass die Rechte, z. B. die schriftstellerischen, künstlerischen oder gewerblichen Urheberrechte, zeitlich begrenzt einem anderen überlassen werden konnten. Somit war unklar, ob auch veranstaltungsbezogene Rechte, die sich beispielsweise durch die Nutzung zu Werbezwecken anlässlich Sportveranstaltungen erschöpfen (sog. »verbrauchte« Rechteüberlassungen) unter diese Regelung fallen. Ein solches Recht geht nämlich mit der einmaligen Nutzung in das Vermögen des Nutzenden über und ist folglich einer zeitlich begrenzten Überlassung i. S. d. § 49 Abs. 1 Nr. 6 EStG im Grunde genommen nicht zugänglich. Zur Lösung dieses Problems sieht die ab VZ 2007 geltende Fassung des § 49 Abs. 1 Nr. 2 Buchst. f EStG keine Verweisung auf § 49 Abs. 1 Nr. 6 EStG mehr vor, sondern enthält eine eigene Regelung. Damit ist durch die neue Fassung des Gesetzes nun eindeutig klargestellt, dass die »verbrauchte« Rechteüberlassung ab dem VZ 2007 unter § 49 Abs. 1 Nr. 2 Buchst. f EStG subsumiert werden kann.

Zur Sicherstellung der Besteuerung dieser Rechteüberlassungen ist auf § 50a Abs. 4 Satz 1 Nr. 3 EStG i. d. F. des JStG 2007 hinzuweisen. Durch diese Regelung wird die Abzugsverpflichtung auf »verbrauchte« Rechteüberlassungen ausgedehnt.

Zu überlegen wäre, ob auch Standardsoftwareüberlassungen ab VZ 2007 unter die neue Regelung fallen und somit ab dem VZ 2007 ein Steuerabzug vorzunehmen ist. Dies dürfte allerdings zu verneinen sein, da die Veräußerung von Standardsoftware – wie im Rahmen der bis zum 31. 12. 2006 geltenden Regelung – nicht vom Rechtebegriff des § 49 Abs. 1 Nr. 2 Buchst. f EStG erfasst werden sollten.

Soweit im Rahmen des § 49 Abs. 1 Nr. 2 Buchst. f EStG nach den dargestellten Grundsätzen Veräußerungsverluste entstehen, sind die §§ 50 Abs. 1 Satz 2 und 50 Abs. 2 EStG zu beachten.

Die Steuerpflicht tritt in dem Zeitpunkt ein, in dem der Veräußerungsgewinn realisiert wird, dies ist regelmäßig dann der Fall, wenn das (wirtschaftliche) Eigentum übergegangen ist, wenn also ein Übergang von Nutzen und Lasten erfolgt ist.

BEISPIEL

Die Island Limited Company (I-Ltd) ist Eigentümerin eines Grundstücks in Stuttgart. Dieses wird für 1 Mio. € an den deutschen Unternehmer T verkauft.

LÖSUNG Die Veräußerung erfolgt unter den Voraussetzungen des § 49 Abs. 1 Nr. 2 Buchst. f EStG. Die I-Ltd ist persönlich und sachlich beschränkt körperschaftsteuerpflichtig (§ 2 Nr. 1 KStG). Es ist darauf hinzuweisen, dass in Fällen dieser Art oftmals rechtsmissbräuchliche Gestaltungen vorliegen können, da Grundstücksgesellschaften vielfach als Domizilgesellschaften geführt werden.

4.2.5.1 Behandlung in DBA-Fällen

Gewinne aus der Veräußerung unbeweglichen Vermögens behandelt Art. 13 OECD-MA. Die dort getroffenen Regelungen finden über Art. 7 Abs. 7 OECD-MA auch im unternehmerischen Bereich Anwendung. Nach Art. 13 Abs. 1 OECD-MA ist das Besteuerungsrecht für Einkünfte, die durch die Veräußerung unbeweglichen Vermögens erzielt werden, dem Belegenheitsstaat zugewiesen. Somit wird der innerstaatliche Besteuerungsanspruch des

§ 49 Abs. 1 Nr. 2 Buchst. f EStG durch die dem OECD-MA entsprechenden DBA nicht eingeschränkt.

Dem Referentenentwurf der Bundesregierung zum JStG 2010 folgend soll im Anschluss an Buchst. f der Buchst. g angefügt werden.

Dieser soll lauten:

»die aus der Verschaffung der Gelegenheit erzielt werden, einen Berufssportler als solchen vertraglich zu verpflichten; dies gilt nur, soweit die Gesamteinnahmen je verschaffter Gelegenheit 10 000 Euro übersteigen; ...«

Somit soll der Katalog der inländischen gewerblichen Einkünfte erweitert werden.

Aus diesem Grund ist auch § 50a Abs. 1 Nr. 3 EStG neu zu fassen. Dieser soll dann künftig wie folgt lauten:

»bei Einkünften, die aus Vergütungen für die Überlassung der Nutzung oder des Rechts auf Nutzung von Rechten, insbesondere von Urheberrechten und gewerblichen Schutzrechten, von gewerblichen, technischen, wissenschaftlichen und ähnlichen Erfahrungen, Kenntnissen und Fertigkeiten, zum Beispiel Plänen, Mustern und Verfahren, herrühren, sowie solchen, die aus der Verschaffung der Gelegenheit erzielt werden, einen Berufssportler als solchen zeitlich befristet vertraglich zu verpflichten (§ 49 Abs. 1 Nr. 2, 3, 6 und 9)«.

4.3 Einkünfte aus selbstständiger Arbeit (§ 49 Abs. 1 Nr. 3 EStG)

Nach der Vorschrift des § 49 Abs. 1 Nr. 3 EStG liegen inländische Einkünfte vor, wenn Einkünfte aus selbstständiger Arbeit i. S. d. § 18 EStG erzielt werden und die selbstständige Arbeit im Inland ausgeübt oder verwertet wird oder worden ist.

Die Vorschrift wurde dahingehend ergänzt, dass ab dem Veranlagungszeitraum 2004 auch Einkünfte aus einer selbstständigen Tätigkeit i. S. d. § 18 EStG erfasst werden, für die im Inland eine feste Einrichtung oder Betriebsstätte unterhalten wird.

Da § 49 Abs. 1 Nr. 3 EStG direkt auf § 18 EStG Bezug nimmt, ist klargestellt, dass derartige Einkünfte nur natürliche Personen erzielen können. Wegen der einzelnen Merkmale der selbstständigen Tätigkeit nach § 18 EStG kann auf die einschlägigen Darstellungen in Lehrbüchern und Kommentierungen zu § 18 EStG verwiesen werden.

4.3.1 Ausübungstatbestand

Das den Inlandsbezug herstellende Tatbestandsmerkmal der Ausübung im Rahmen des § 49 Abs. 1 Nr. 3 EStG verlangt ein persönliches Tätigwerden im Inland. Die natürliche Person muss sich physisch im Inland aufhalten und ihre Berufstätigkeit entfalten. Dies ist z. B. der Fall beim Konzert eines Musikers oder der Operation, die durch einen Arzt vorgenommen wird (vgl. BMF vom 30. 05. 1995 BStBl I 1996, 89 (92), Tz. 2.3). Hierbei spielt es keine Rolle, ob die Tätigkeiten einmalig, kurzfristig oder auch dauerhaft erbracht werden.

4.3.2 Verwertungstatbestand

Eine Tätigkeit wird im Inland verwertet, wenn das Ergebnis einer qualifizierten Arbeitsleistung mittels eines besonderen Vorgangs oder einer zusätzlichen Handlung im Inland nutzbar gemacht wird. Zur Erfüllung des Verwertungstatbestandes genügt es, wenn der Steuerpflichtige das Ergebnis seiner Arbeit seinem Auftraggeber im Inland zuführt (vgl. BFH vom 12. 11. 1986 BStBl II 1987, 377). Zu beachten ist jedoch, dass der Steuerpflichtige selbst das Ergebnis seiner Arbeitsleistung dem Inland zuführt.

Wenn also z. B. die französische Gesellschaft »Film-SE« Nutzungsrechte an einem Hörspiel des im Ausland lebenden Autors H besitzt und die Rechte an diesem Hörspiel an den unbeschränkt Steuerpflichtigen D überlässt, liegen Einkünfte i. S. d. § 49 Abs. 1 Nr. 3 EStG vor.

Wenn dagegen der Autor selbst zu einer Lesung auf einer Buchmesse in Deutschland Auszüge aus seinem neusten Roman vorliest, wird der Verwertungstatbestand des § 49 Abs. 1 Nr. 3 EStG erfüllt sein.

4.3.3 Ergänzung durch feste Einrichtung oder Betriebsstätte

Durch die Ergänzung der Vorschrift soll sichergestellt werden, dass ausländische Sozii einer inländischen Sozietät (z. B. Rechtsanwälte, Steuerberater oder Wirtschaftsprüfer) mit ihrem Gewinnanteil der beschränkten Steuerpflicht unterliegen.

Im Gegensatz zum Begriff der Betriebsstätte, der in § 12 AO definiert ist, findet sich keine Definition des Begriffs der festen Einrichtung. Nach wohl herrschender Meinung ist der Begriff in seiner Auslegung an den der Betriebsstätte anzulehnen, jedoch weiter auszulegen. In seiner Entscheidung vom 22. 04. 1998 hatte der BFH (BFH/NV 1998, 1216) unter Berufung auf seine ständige Rechtsprechung klargestellt, dass betrieblich genutzte Räume, die nur einen Teil der Wohnung bilden, nicht als Betriebsstätte einzustufen sind. Eine feste Einrichtung i. S. d. § 49 Abs. 1 Nr. 3 EStG dürfte allerdings in einem solchen Fall vorliegen, wenn im Haus ein abgetrennter Raum mit den für die Tätigkeit notwendigen Einrichtungsgegenständen versehen ist. Z. B. dürfte für eine feste Einrichtung einer Steuerberaterkanzlei ein Raum, versehen mit einem Schreibtisch, Telefon und PC und ggf. einschlägiger Literatur, ausreichen.

BEISPIEL

Rechtsanwalt R betreibt seine »Ein-Mann-Rechtsanwaltskanzlei« in seinem Wohnhaus in Stuttgart. Er möchte sich international orientieren und schließt sich mit dem F, einem französischem Rechtsbeistand, der im Elsass lebt und dort ebenfalls eine »Ein-Mann-Kanzlei« betreibt, zusammen. Die beiden vereinbaren eine jeweils hälftige Aufteilung des Gewinns, wobei beide beschließen, dass sie nur in ihren jeweiligen Heimatländern tätig werden.
Im Jahr 2009 erwirtschaftet die Sozietät einen Gewinn von 240 000 €. Sie stellen fest, dass davon 140 000 € auf die deutsche Kanzlei entfallen und 100 000 € auf die Kanzlei in Frankreich.

LÖSUNG R mit Wohnsitz in Stuttgart ist unbeschränkt einkommensteuerpflichtig. Er erzielt Einkünfte aus seiner freiberuflichen Tätigkeit, und zwar inländische Einkünfte i. H.v. 70 000 € (nämlich 50 % von 140 000 €) und ausländische Einkünfte i. H.v. 50 000 € (nämlich 50 % von 100 000 €). Seine aus Frankreich stammenden Einkünfte i. H.v. 50 000 € (also 50 % von 100 000 €) werden nach Art. 20 Abs. 1 Buchst. a DBA-Frankreich von der deutschen Besteuerung unter Progressionsvorbehalt freigestellt.

Mit den Einkünften i. H.v. 70 000 € (nämlich 50 % von 140 000 €) unterliegt F der beschränkten Steuerpflicht nach § 1 Abs. 4 i. V. m. § 49 Abs. 1 Nr. 3 EStG.

Im Beispiel kann problemlos eine Zurechnung der Einkünfte entsprechend der Vereinbarung zwischen den Anwälten erfolgen – dies unabhängig davon, ob sie jeweils in Deutschland oder Frankreich tätig waren. In der Praxis dürfte die sog. einrichtungsbezogene Gewinnabgrenzung allerdings erhebliche Probleme bereiten, insbesondere dann, wenn keine eindeutigen Gewinnverteilungen vorliegen bzw. den Steuerbehörden vorgelegt werden.

Zu beachten ist, dass § 49 Abs. 1 Nr. 3 EStG auch die Besteuerungsgrundlage für Einkünfte, die durch Veräußerung von Wirtschaftsgütern entstehen, enthalten kann, soweit die Wirtschaftsgüter zum Betriebsvermögen der einer selbstständigen Tätigkeit dienenden Einrichtung zu rechnen sind. Weiterhin können von der Regelung des § 49 Abs. 1 Nr. 3 EStG auch Gewinne und Verluste aus der Veräußerung oder Aufgabe einer selbstständigen Unternehmung besteuert werden.

4.3.4 Behandlung in DBA-Fällen

Im Musterabkommen 2000, 2003, 2005 und auch im Musterabkommen 2008 ist kein Art. 14 mehr enthalten. Nach Ansicht einer von der OECD eingesetzten Arbeitsgruppe gebe es keine praktischen Unterschiede zwischen Art. 7 und Art. 14 OECD-MA a. F., woraufhin der letztgenannte Artikel in den neuen OECD-MA gestrichen wurde.

Art. 14 OECD-MA, in der bis zum Jahr 2000 vorliegenden Fassung, enthielt die Regelung, dass Einkünfte, die eine in einem Vertragsstaat ansässige Person aus einem freien Beruf oder aus sonstiger selbstständiger Tätigkeit bezieht, nur im Wohnsitzstaat besteuert werden können – es sei denn, dass der Person im anderen Vertragsstaat für die Ausübung ihrer Tätigkeit gewöhnlich eine feste Einrichtung zur Verfügung steht (vgl. dazu Teil J 7). Nur die Einkünfte, die dieser festen Einrichtung zugerechnet werden konnten, waren dann im »Sitzstaat« der Einrichtung zu besteuern. Da allerdings eine Art. 14 OECD-MA a. F. entsprechende Regelung in vielen deutschen DBA weiterhin existiert, ist an dieser Stelle auf die Regelung hinzuweisen und kurz darauf einzugehen.

Nach Art. 14 Abs. 2 OECD-MA a. F. ist unter freiberuflicher Tätigkeit insbesondere die selbstständig ausgeübte, wissenschaftliche, literarische, künstlerische, erzieherische oder unterrichtende Tätigkeit sowie die selbstständige Tätigkeit der Ärzte, Rechtsanwälte, Ingenieure, Architekten, Zahnärzte und Buchsachverständigen zu verstehen.

Solche Personen üben ihre Tätigkeit zunehmend in festen Einrichtungen im anderen Staat aus. Häufig geschieht dies eben, indem die Person (oder ein Zusammenschluss von mehreren Personen) mit einer anderen Person oder mit anderen Personenzusammenschlüssen eine grenzüberschreitend tätige Gesellschaft mit einer oder mehreren festen Einrichtung(en) im In- und Ausland gründet oder sich schlicht an einer im anderen Staat ansässigen freiberuflichen Gesellschaft beteiligt. Grundsätzlich muss der Betroffene in den Einrichtungen persönlich tätig werden. Die Beschäftigung von fachlich qualifizierten Mitarbeitern steht dem nicht entgegen, wenn der Freiberufler auf Grund seiner eigenen Fachkenntnisse leitend tätig wird und auch bei der für das Berufsbild typischen Tätigkeit eigenverantwortlich mitarbeitet. Bei freiberuflichen Sozietäten muss allerdings nicht jeder Sozius in allen festen Einrichtungen persönlich tätig werden. Die Tätigkeit eines Sozius wird vielmehr der Sozietät als Einkunftserzielungssubjekt und damit im Ergebnis allen Sozii zugerechnet.

Somit steht insbesondere auf Grund der Neuregelung durch das Steueränderungsgesetz 2003 vom 15. 12. 2003 (vgl. BGBl I 2003, 2645) fest, dass zumindest ab dem Veranlagungszeitraum 2004 die BRD das ihr nach vielen DBA eingeräumte Besteuerungsrecht ausüben kann.

4.3.5 Durchführung der Besteuerung

In den Fällen des § 50a EStG ist ein Steuerabzug an der Quelle vorzunehmen, somit kann diesbezüglich auf 4.2.3.5 verwiesen werden.

4.4 Einkünfte aus nichtselbstständiger Arbeit (§ 49 Abs. 1 Nr. 4 Buchst. a bis Buchst. d EStG)

Inländische Einkünfte nach § 49 Abs. 1 Nr. 4 EStG liegen vor,

- wenn nichtselbstständige Arbeit i. S. d. § 19 EStG entweder im Inland ausgeübt oder verwertet wird oder worden ist,
- die Einkünfte aus inländischen öffentlichen Kassen einschließlich der Kassen des Bundeseisenbahnvermögens und der Deutschen Bundesbank mit Rücksicht auf ein gegenwärtiges oder früheres Dienstverhältnis gewährt werden, ohne dass ein Zahlungsanspruch gegenüber der inländischen öffentlichen Kasse bestehen muss,
- die Einkünfte als Vergütung für eine Tätigkeit als Geschäftsführer, Prokurist oder Vorstandsmitglied einer Gesellschaft mit Geschäftsleitung im Inland bezogen werden,
- die Einkünfte als Entschädigung i. S. d. § 24 Nr. 1 EStG für die Auflösung eines Dienstverhältnisses gezahlt werden, soweit die für die zuvor ausgeübte Tätigkeit bezogenen Einkünfte der inländischen Besteuerung unterlegen haben.

Zur Abgrenzung der Einkünfte aus selbstständiger Arbeit i. S. d. § 18 EStG von den Einkünften aus unselbstständiger Arbeit i. S. d. § 19 EStG gelten die allgemeinen Grundsätze.

Die übrigen Besteuerungsmerkmale von § 49 Abs. 1 Nr. 3 und Nr. 4 EStG stimmen größtenteils überein.

Die persönliche beschränkte Steuerpflicht ist gegeben, wenn der Arbeitnehmer im Inland weder einen Wohnsitz (§ 8 AO) noch seinen gewöhnlichen Aufenthalt (§ 9 AO) hat.

BEISPIEL

Herr B wohnt in Brüssel und ist als angestellter Prokurist bei der D-GmbH in Aachen beschäftigt. In Aachen hat Herr B sich dauerhaft ein Appartement gemietet und ist im Veranlagungszeitraum von dort aus an 120 Tagen seiner Tätigkeit nachgegangen.

LÖSUNG Herr B ist in Deutschland **un**beschränkt einkommensteuerpflichtig. Die Voraussetzungen des § 1 Abs. 1 EStG sind erfüllt. Er hat einen Wohnsitz nach § 8 AO im Inland, nämlich sein dauerhaft gemietetes Appartement. Es ist nicht erforderlich, dass die im Inland zur Verfügung stehende Wohnung auch dauerhaft genutzt wird (BFH vom 16. 12. 1998 BStBl II 1999, 207). Die der unbeschränkten Steuerpflicht unterliegenden inländischen Einkünfte aus nichtselbstständiger Tätigkeit (§ 19 Abs. 1 Nr. 1 EStG – angestellter Prokurist) werden im Inland besteuert.

Aus dem zwischen Deutschland und Belgien bestehenden DBA ergibt sich für dieses Besteuerungsrecht keine Einschränkung.

BEISPIEL

Frau C wohnt in Cheb, einer Stadt in Tschechien. Sie arbeitet als Bauarbeiterin. Im Veranlagungszeitraum arbeitet sie als angestellte Bauarbeiterin an 170 Tagen auf verschiedenen Baustellen in Deutschland. Während der Arbeiten wohnt Frau C. in verschiedenen Container-Wohnungen auf dem jeweiligen Baustellengelände. Eine Arbeitnehmerverleihgesellschaft in Prag organisiert die Arbeitseinsätze in Deutschland und zahlt die Löhne auf ein Konto bei einer Prager Bank aus. Die inländischen Bauträger zahlen an die Verleihgesellschaft ein nach bestimmten Stundensätzen festgelegtes Entgelt.

LÖSUNG Frau C hat im Inland keinen Wohnsitz nach § 8 AO. Sie hat auch ihren gewöhnlichen Aufenthalt nach § 9 AO nicht im Inland, da sie sich nur vorübergehend im Inland aufhält. Bei der hier vorliegenden Aufenthaltsdauer von max. 170 Tagen greift die unwiderlegbare Vermutung des § 9 Satz 2 AO nicht ein. Mit ihren inländischen Einkünften ist Frau C mithin nach § 1 Abs. 4 i. V. m. § 49 Abs. 1 Nr. 4 Buchst. a beschränkt steuerpflichtig, da die Arbeit im Inland ausgeübt wird.

Abkommensrechtlich kann die Auffassung vertreten werden, dass Deutschland als Tätigkeitsstaat die entsprechenden Einkünfte besteuern kann (Art. 15 Abs. 1 und Abs. 2 DBA-Tschechien entspricht der Regelung des Art. 15 OECD-MA). Die sog. 183-Tage-Regelung kommt nicht zur Anwendung. Der Wohnsitzstaat Tschechien ist ausschließlich dann steuerberechtigt, wenn die Vergütungen von einer Person oder für eine Person gezahlt werden, die nicht im anderen Staat (also dem Tätigkeitsstaat) ansässig ist. Im Beispiel werden die Vergütungen allerdings von einer tschechischen Gesellschaft im Interesse der deutschen Bauträger gezahlt. Nach Ansicht der Finanzverwaltung (vgl. BMF vom 14.09.2006 BStBl I 2006, 532 und Teil J 8) ist im Rahmen des internationalen Arbeitnehmerverleihs der Entleiher als Arbeitgeber i. S. d. DBA anzusehen. Damit kann Deutschland die Einkünfte aus unselbstständiger Tätigkeit als Tätigkeitsstaat besteuern.

4.4.1 § 49 Abs. 1 Nr. 4 Buchst. a EStG (Ausübungs- und Verwertungstatbestand)

Die Besteuerungstatbestände des § 49 Abs. 1 Nr. 4 Buchst. a EStG und des § 49 Abs. 1 Nr. 3 EStG stimmen weitgehend überein. So verlangt das den Inlandsbezug herstellende Tatbestandsmerkmal der Ausübung im Rahmen des § 49 Abs. 1 Nr. 4 Buchst. a EStG ein persönliches Tätigwerden im Inland. Die natürliche Person muss sich physisch im Inland aufhalten und ihre unselbstständige Berufstätigkeit entfalten. Hierbei spielt es keine Rolle, ob die Tätigkeiten einmalig, kurzfristig oder auch dauerhaft erbracht werden.

Eine Tätigkeit wird im Inland verwertet, wenn das Ergebnis einer qualifizierten abhängigen Arbeitsleistung mittels eines besonderen Vorgangs oder einer zusätzlichen Handlung im Inland nutzbar gemacht wird. Der Verwertungstatbestand des § 49 Abs. 1 Nr. 4 Buchst. a EStG hat rechtlich und praktisch nur eine sehr begrenzte Relevanz. Zum einen liegt dies an den abweichenden Regelungen vieler DBA und zum anderen ist stets sehr genau zu prüfen, ob die im Inland zu verwertenden Ergebnisse nicht eher aus einer selbstständigen Tätigkeit hervorgebracht wurden, was zur Prüfung der Vorschrift des § 49 Abs. 1 Nr. 3 EStG führt.

4.4.1.1 Behandlung in DBA-Fällen – 183-Tage-Regelung

Im Rahmen der innerstaatlich geregelten Besteuerungstatbestände des § 49 Abs. 1 Nr. 4 Buchst. a EStG sind insbesondere die Regelungen der deutschen DBA zu beachten, die Regelungen enthalten, die Art. 15 Abs. 2 OECD-MA entsprechen. Die sog. 183-Tage-Regelung bewirkt, dass das Besteuerungsecht der BRD für Einkünfte aus im Inland ausgeübter nichtselbstständiger Tätigkeit dann eingeschränkt ist, wenn die Arbeitstätigkeit nur kurzfristig ausgeübt wird. Sofern auch die übrigen Voraussetzungen dieser Regelung erfüllt sind, steht das Besteuerungsrecht nämlich dem Wohnsitzstaat des Arbeitenden zu. Der Tätigkeitsstaat muss abkommensrechtlich auf die Besteuerung verzichten.

Art. 15 Abs. 2 OECD-MA trifft eine solche Zuweisung, wenn

- der Arbeitnehmer (Empfänger) sich im Tätigkeitsstaat insgesamt nicht länger als 183 Tage innerhalb eines 12-Monats-Zeitraums, der während des betreffenden Steuerjahres beginnt oder endet, aufhält, und
- die Vergütungen von einem Arbeitgeber oder für einen Arbeitgeber gezahlt werden, der nicht im Tätigkeitsstaat ansässig ist, und
- die Vergütungen auch nicht von einer Betriebsstätte getragen werden, die der Arbeitgeber im Tätigkeitsstaat unterhält.

Im Rahmen einer Einzelfallprüfung ist jeweils die entsprechende Regelung des einschlägigen DBA zu untersuchen, die u. U. von der hier dargestellten Regelung des Art. 15 Abs. 2 OECD-MA abweichen kann (vgl. dazu ausführlich Teil J 8).

BEISPIEL

Der Facharbeiter A aus Kroatien ist während der Monate Mai bis September 2009 auf einer Baustelle in Stuttgart tätig und erhält monatlich eine Vergütung von umgerechnet 2 000 €. Die Baustelle besteht während der Monate April bis November 2009; der kroatische Bauunternehmer und Arbeitgeber B hat den Auftrag erhalten, die Bauarbeiten auszuführen.

LÖSUNG Nach § 1 Abs. 4 EStG i. V. m. § 49 Abs. 1 Nr. 4 Buchst. a EStG kann die BRD die Arbeitnehmereinkünfte als beschränkt steuerpflichtige Einkünfte erfassen. Abkommensrechtlich ist dieses Besteuerungsrecht aber durch Art. 16 Abs. 2 DBA-Jugoslawien (gilt auch für Kroatien) eingeschränkt. Der Arbeitnehmer A hält sich weniger als 183 Tage im Tätigkeitsstaat Deutschland auf und die Vergütungen werden auch von einem in Kroatien ansässigen Arbeitgeber bezahlt. Zwar kann die Bauausführung nach innerstaatlichem Recht nach § 12 Satz 2 Nr. 8 Buchst. a AO als Betriebstätte angesehen werden, jedoch nehmen Bauausführungen abkommensrechtlich erst dann Betriebsstättencharakter an, wenn deren Dauer zwölf Monate überschreitet (Art. 5 Abs. 3 DBA-Kroatien-Jugoslawien bzw. Art. 5 Abs. 3 OECD-MA). Bei dieser Sach- und Rechtslage kommt es nicht mehr darauf an, ob wirtschaftlich oder steuerlich das Ergebnis der inländischen Bauausführung des ausländischen Unternehmers gemindert worden ist oder nicht.

4.4.2 § 49 Abs. 1 Nr. 4 Buchst. b EStG (inländische öffentliche Kassen)

Zu den inländischen Einkünften nach § 49 Nr. 4 EStG gehören der Regelung des Buchst. b nach auch Einkünfte, die aus inländischen öffentlichen Kassen mit Rücksicht auf ein gegenwärtiges oder früheres Dienstverhältnis gewährt werden. Ein Zahlungsanspruch gegenüber dieser Kasse muss nicht zwingend bestehen. Ein Dienstverhältnis zum Kassenträger muss ebenfalls nicht bestehen (vgl. BFH vom 23. 09. 1998 BFH/NV 1999, 458).

Wenn also beispielsweise eine Lehrerin aus Stuttgart für zwei Jahre an einer Auslandschule in Beirut im Libanon beschäftigt ist und mit dem Träger der Schule in Beirut einen Dienstvertrag abgeschlossen hat, die Bezüge allerdings vom zuständigen Landesamt für Besoldung in Deutschland gezahlt und getragen werden, so unterliegt die Lehrerin mit ihren Bezügen der beschränkten Steuerpflicht (§ 1 Abs. 4 i. V. m. § 49 Abs. 1 Nr. 4 Buchst. b EStG). Im gewählten Beispiel spielt § 50d Abs. 7 EStG keine Rolle, da zwischen der BRD und dem Libanon kein DBA besteht, welches das bestehende Besteuerungsrecht Deutschlands hier einschränken könnte. In einem solchen Fall wäre zu prüfen, ob diese Einschränkung des innerstaatlichen Besteuerungsrechts von § 50d Abs. 7 u. U. »ausgehebelt« werden könnte.

4.4.2.1 Behandlung in DBA-Fällen

Im Rahmen von DBA-Fällen ist stets zu prüfen, ob das jeweilige DBA tatsächlich dem Kassenstaat das Besteuerungsrecht zuweist. Eine solche Normierung des Kassenstaatsprinzips findet sich in allen deutschen DBA, die eine Art. 19 OECD-MA entsprechende Regelung enthalten.

Eine Ausnahme von der Besteuerung durch den Kassenstaat sieht Art. 19 Abs. 1 Buchst. b OECD-MA vor. Nach Maßgabe einer Reihe von Kriterien, die eine engere Bindung der sog. Ortskräfte an den Wohnsitzstaat als an den Kassenstaat indizieren, soll danach die Rechtfertigung des Kassenstaatsprinzips entfallen. Dann steht dem Wohnsitzstaat das Besteuerungsrecht für die entsprechenden Einkünfte zu.

4.4.3 § 49 Abs. 1 Nr. 4 Buchst. c EStG (Geschäftsführer, Prokurist oder Vorstandsmitglied)

Durch das StÄndG 2001 vom 20. 12. 2001 (BStBl I 2002, 4) wurde ein neuer allgemeiner Besteuerungstatbestand für die Vergütungen der im Ausland ansässigen und tätigen Geschäftsführer, Prokuristen und Vorstandsmitglieder von Gesellschaften mit Geschäftsleitung im Inland geschaffen. § 49 Abs. 1 Nr. 4 Buchst. c EStG nennt ausdrücklich nur Gesellschaften mit Geschäftsleitung im Inland; auf einen inländischen Sitz der Gesellschaft kann somit nicht abgestellt werden. Vor der Einführung des Tatbestandes konnte die Bundesrepublik Deutschland nur das ihr nach einigen DBA zustehende Besteuerungsrecht allenfalls über den Verwertungstatbestand ausüben, wobei erschwerend noch die einschränkende Auslegung dieses Tatbestandes durch die Rechtsprechung hinzukam. Durch die Einführung der Vorschrift sind diese Schwierigkeiten beseitigt. Nun unterliegen der beschränkten Steuerpflicht auch Vergütungen, die für eine Tätigkeit als Geschäftsführer, Prokurist (§ 48 HGB) und Vorstandsmitglied (§§ 76ff. AktG) einer Gesellschaft mit inländischer Geschäftsleitung bezogen werden. Die Vorschrift findet allerdings (noch) keine entsprechende Regelung in § 34d Nr. 5 EStG.

4.4.3.1 Behandlung in DBA-Fällen

Zu beachten ist, dass dieser innerstaatliche Steueranspruch in DBA-Fällen nur durchgesetzt werden kann, wenn die entsprechenden Regelungen des DBA dem nicht entgegenstehen (vgl. dazu Art. 15 Abs. 4 DBA-Schweiz und die Auffassung der Finanzverwaltung in FR 2003, 371ff.).

4.4.4 § 49 Abs. 1 Nr. 4 Buchst. d EStG (Entschädigungen i. S. d. § 24 Nr. 1 EStG)

Die Regelung soll dazu führen, dass Entschädigungen i. S. d. § 24 Nr. 1 EStG, die für die Auflösung eines Dienstverhältnisses gezahlt werden, der inländischen Besteuerung unterliegen. Allerdings müssen die Einkünfte aus der vor der Auflösung des Dienstverhältnisses ausgeübten Tätigkeit der inländischen Besteuerung unterlegen haben. Zu Anwendungsfragen hat die Verwaltung im Einführungsschreiben Lohnsteuer, im Steueränderungsgesetz 2003 und Haushaltsbegleitgesetz 2004 vom 27. 01. 2004 (BStBl I 2004, 173/177 vgl. dazu folgendes Beispiel) sowie im BMF-Schreiben vom 24. 05. 2004 (BStBl I 2004, 505) Stellung genommen.

BEISPIEL

Das Dienstverhältnis des 60 Jahre alten Arbeitnehmers A wird nach einer über 20-jährigen Beschäftigung für seinen Arbeitgeber B in Deutschland zum 01. 04. 2009 vorzeitig gegen Zahlung einer Abfindung aufgelöst. A, der noch seinen Resturlaub in Anspruch nahm, zieht am 30. 12. 2008 bereits ins Nicht-DBA-Ausland um. Die Abfindung i. H.v 36 000 € wird am 10. 04. 2009 auf sein Konto ausbezahlt.

LÖSUNG Die bisherigen Einkünfte – also sein Arbeitslohn – unterlagen der inländischen Besteuerung, so dass die Abfindung als inländische Einkünfte gem. § 49 Abs. 1 Nr. 4 Buchst. d EStG i. H.v. 36 000 € (bis zum 31. 12. 2005 wären es nur 25 000 € gewesen: 36.000 € ./. 11.000 € höchster Freibetrag nach § 3 Nr. 9 EStG in der damals geltenden Fassung) der beschränkten Steuerpflicht unterliegt.

4.4.4.1 Behandlung in DBA-Fällen

Für die Lösung eines dem Beispiel entsprechenden konkreten Einzelfalles ist entscheidend, ob der Steuerpflichtige seinen Wohnsitz ins DBA-Ausland oder ins Nicht-DBA-Ausland verlegt. Soweit er ins Nicht-DBA-Ausland verzieht, bleibt das oben gefundene Ergebnis unverändert. Soweit der Steuerpflichtige ins DBA-Ausland auswandert, ist nach den Regelungen der überwiegenden Zahl der deutschen DBA die sich aus § 49 Abs. 1 Nr. 4 Buchst. d EStG ergebende beschränkte Steuerpflicht nicht durchsetzbar. Zu Abfindungen vgl. auch Teil G 5.4.2.4.

4.4.5 § 49 Abs. 1 Nr. 4 Buchst. e EStG in der Fassung des JStG 2007 (Bordpersonal inländischer Fluggesellschaften)

Durch das JStG 2007 (BGBl I 2007, 1652) wird § 49 Abs. 1 Nr. 4 um die neue Regelung des Buchst. e erweitert. Die Regelung ist erstmals ab dem VZ 2007 anzuwenden.

Die Einkünfte von nicht in Deutschland ansässigem Bordpersonal inländischer Fluggesellschaften unterlagen bislang nur der beschränkten Steuerpflicht in Deutschland, soweit sie anteilig auf Flüge im deutschen Luftraum oder auf den Aufenthalt auf einem deutschen Flughafen entfielen. Nach Art. 15 Abs. 3 OECD-MA entsprechenden Regelungen in deutschen DBA steht allerdings der Bundesrepublik das Besteuerungsrecht für Einkünfte von Bordpersonal inländischer Luftfahrtunternehmen auch für die Einkünfte zu, die aus Tätigkeiten resultieren, die nicht im Inland ausgeübt werden. Sofern der Ansässigkeitsstaat des Bordpersonals die Doppelbesteuerung dieser Einkunftsteile durch die Freistellungsmethode vermeidet, entstanden mithin Einkünfte, die in keinem der beteiligten Staaten besteuert wurden. Ab dem VZ 2007 können solche weißen Einkünfte nicht mehr entstehen, denn nach der neu eingeführten Vorschrift des § 49 Abs. 1 Nr. 4 Buchst. e EStG gehören zu den inländischen Einkünften i. S. d. beschränkten Steuerpflicht auch Einkünfte aus nichtselbstständiger Arbeit, die an Bord eines im internationalen Luftverkehr eingesetzten Luftfahrzeug ausgeübt wird, das von einem Unternehmen mit Geschäftsleitung im Inland betrieben wird.

4.4.5.1 Durchführung der Besteuerung

Die Steuererhebung erfolgt durch Lohnsteuerabzug nach § 38 EStG, wobei bei beschränkt steuerpflichtigen Arbeitnehmern noch § 39d EStG zu beachten ist. Somit gilt nach § 50 Abs. 2 EStG die Einkommensteuer mit dem Steuerabzug vom Arbeitslohn als abgegolten. Eine Veranlagung ist somit grds. nicht durchzuführen.

Diese Abgeltungswirkung des Steuerabzugs vom Arbeitslohn tritt allerdings v. a. dann nicht ein, wenn **ein EU-/EWR-Staatsangehöriger die Veranlagung zur Einkommensteuer beantragt.**

Im Rahmen der Veranlagung nach § 50 Abs. 1 EStG können in diesen Fällen bestimmte Aufwendungen abgezogen werden.

4.4.5.2 Besonderheit beim Wechsel der Steuerpflicht im laufenden Veranlagungszeitraum

Häufig findet der Wegzug von Deutschland oder der Zuzug nach Deutschland im laufenden Jahr statt. In diesen Fällen kann während eines Kalenderjahres für einen Steuerpflichtigen sowohl unbeschränkte als auch beschränkte Steuerpflicht bestehen.

BEISPIELE

a) A ist deutscher Staatsbürger und arbeitet von Januar 2009 bis Juni 2009 als Geschäftsführer für die im Inland ansässige B-GmbH und wohnt mit seiner Familie in Stuttgart. Am 28.07. zieht er samt Familie nach Toronto (Kanada) um und arbeitet ab August 2009 für die C-Ltd. in Toronto. Sein Haus in Stuttgart ist seit dem 01.08. vermietet.

LÖSUNG Im VZ 2009 ist A unbeschränkt einkommensteuerpflichtig, da er seinen Wohnsitz in Stuttgart hat. Ab dem 28. 07. 2009 endet jedoch die unbeschränkte Steuerpflicht. A erzielt aber durch die Vermietung inländische Einkünfte, somit beginnt die beschränkte Steuerpflicht. Im kompletten VZ erzielt A folgende Einkünfte aus

- § 19 EStG für die Zeit vom Januar bis Juni 2009 und
- § 19 EStG (aus der Tätigkeit von August bis Dezember für die C-Ltd.) und
- Vermietung und Verpachtung (§ 49 Abs. 1 Nr. 6 EStG i. V. m. § 21 Abs. 1 Nr. 1 EStG) wegen der Vermietung des Hauses.

Nach § 2 Abs. 7 EStG wird im Wechseljahr nur eine Veranlagung zur unbeschränkten Einkommensteuerpflicht durchgeführt. In diese Veranlagung werden die während der beschränkten Steuerpflicht erzielten inländischen Einkünfte mit einbezogen. [Wäre ein Steuerabzug vorgenommen worden, wäre die Steuer damit nicht abgegolten gewesen, da § 30 Abs. 2 Nr. 3 EStG zu beachten ist.]

Da zwischen Kanada und der BRD ein DBA besteht, sind ggf. einschränkende Regelungen dieses DBA zu beachten:

Zu beachten ist nämlich, dass für die Einkünfte, die aus der Tätigkeit in Toronto stammen, das deutsche Besteuerungsrecht durch DBA-Kanada-Regelungen eingeschränkt sein kann.

Entsprechend OECD-MA regelt das DBA-Kanada, dass für Arbeitslohn, der für die Tätigkeit in Kanada – für die Gesellschaft mit Sitz in Kanada – Kanada das Besteuerungsrecht zusteht. Deutschland stellt den Lohn unter Progressionsvorbehalt frei (Art. 23 Abs. 2a), wenn § 50d Abs. 8 EStG beachtet ist.

Die Einkünfte aus der Vermietung des Hauses zu einem Zeitpunkt, zu dem A nicht mehr unbeschränkt steuerpflichtig ist, werden aber nach § 2 Abs. 7 Satz 3 EStG im Rahmen der unbeschränkten Einkommensteuerpflicht mit einbezogen.

Dem steht auch das DBA-Kanada nicht entgegen, da nach den Regeln des DBA immer der Belegenheitsstaat – also die Bundesrepublik – das Besteuerungsrecht hat.

b) Sachverhalt wie im Beispiel a), nur arbeitet A für seinen deutschen Arbeitgeber – die B-GmbH – von August bis Dezember in Kanada und hält sich in Kanada weniger als 183 Tage im Jahr 2009 auf. Das Haus ist wieder ab August vermietet.

LÖSUNG Deutschland steht das Besteuerungsrecht für den gesamten im VZ 2009 vereinnahmten Arbeitslohn zu, da nach dem DBA auch für den Lohn, der aus der Tätigkeit in Kanada bezogen wurde, nach der 183-Tage-Regelung der BRD das Besteuerungsrecht zusteht. Kanada als Tätigkeitsstaat hat kein Besteuerungsrecht, da sich A nicht länger als 183 Tage in 2009 dort aufhält, der Lohn nicht vom Arbeitgeber mit Sitz in Kanada wirtschaftlich getragen wird und der Lohn auch nicht von einer Kanada-Betriebsstätte des deutschen Arbeitgebers getragen wird.

Für die Einkünfte aus der Vermietung ergibt sich keine Abweichung zum Beispiel a).

c) Herr X, deutscher Staatsbürger, lebt seit Mitte der 90er Jahre in Vancouver (Kanada). Er zieht im März 2009 von Vancouver nach Stuttgart, um für die deutsche Z-GmbH als Geschäftsführer zu arbeiten. Von Januar bis März 2009 war er für eine Gesellschaft mit Sitz in Vancouver tätig. Ab April 2009 vermietet X seine Wohnung in Vancouver.

LÖSUNG X ist im VZ 2009 unbeschränkt einkommensteuerpflichtig, da er einen Wohnsitz in Stuttgart hat (§ 1 Abs. 1 EStG i. V. m. § 8 AO).

Für die Einkünfte aus der Tätigkeit von Januar bis März 2009 steht jedoch nach DBA-Kanada Kanada das Besteuerungsrecht zu. Zwar hält sich X im Jahr 2009 nicht länger als 183 Tage in Kanada auf, da der Arbeitgeber des X aber in Kanada seinen Sitz hat, steht Kanada das Besteuerungsrecht zu.

Deutschland stellt diese Einkünfte unter Progressionsvorbehalt frei, wenn § 50d Abs. 8 EStG beachtet ist.
Für die Einkünfte aus der Vermietung des Hauses in Kanada steht auch den Kanadiern das Besteuerungsrecht zu (Belegenheitsprinzip Art. 6 DBA-Kanada). Deutschland stellt auch diese Einkünfte unter Berücksichtigung des Progressionsvorbehalts frei.

d) Der tatsächlich verarmte adlige VA verlegt am 31. 05. 2009 frustriert seinen Wohnsitz von Heilbronn nach Chile und möchte nie wieder zurück nach Deutschland.
Während des gesamten Jahres 2009 vermietet er eine in Heilbronn gelegene ETW und erzielt von Januar bis Mai Einkünfte i. H.v. 5 000 €. Von Juni bis Dezember 7 000 €. Vom 01. 01. 2009 bis zum 31. 05. 2009 war er als Angestellter bei der Post tätig und erzielte Einkünfte aus nichtselbstständiger Arbeit i. H.v. 12 000 €. Ab Juni 2009 arbeitete er als Angestellter bei der Post in Chile und erzielte bis zum Jahresende Einkünfte i. H.v. 2 000 €. Im Rahmen seines neu in Chile am 01. 01. 2009 gegründeten Unternehmens erzielte er gewerbliche Einkünfte i. H.v. 40 000 € bis Jahresende. Die Einkünfte aus der Tätigkeit als Angestellter bei der Post in Chile und auch die gewerblichen Einkünfte versteuert er in Chile.
LÖSUNG Gem. § 2 Abs. 7 EStG wird im VZ 2009 nur eine Veranlagung zur unbeschränkten Steuerpflicht durchgeführt. In diese Veranlagung werden zunächst die während der unbeschränkten Steuerpflicht im Inland erzielten Einkünfte einbezogen:
VuV: 5 000 € und nichtselbstständige Arbeit: 12 000 € und auch die inländischen Einkünfte, die nach dem Wegzug der beschränkten Steuerpflicht unterliegen:
VuV (§ 49 Abs. 1 Nr. 6 EStG): 7 000 € (Vermietung von Juni bis Dezember).
Die restlichen Einkünfte, nämlich 2 000 € aus der angestellten Tätigkeit in Chile und 40 000 € aus der gewerblichen Tätigkeit in Chile unterliegen zwar nicht der inländischen Besteuerung, sind aber nach § 32b Abs. 1 Nr. 2 EStG mit dem Progressionsvorbehalt im Rahmen der Veranlagung für das Jahr 2009 zu berücksichtigen (BFH vom 19. 12. 2001 BStBl II 2003, 302).
[An das AStG § 2 und § 6 AStG ist zwar zu denken aber: »verarmter ….«.]

4.5 Einkünfte aus Kapitalvermögen (§ 49 Abs. 1 Nr. 5 Buchst. a bis Buchst. c EStG)

Steuerausländer unterliegen mit Teilen der einzelnen Einkünften aus Kapitalvermögen nach § 20 EStG der beschränkten Steuerpflicht (§ 1 Abs. 4 EStG bzw. § 2 Nr. 1 KStG). § 49 Abs. 1 Nr. 5 EStG erfasst nicht die komplette Regelung des § 20 EStG, sondern zählt die inländischen Einkünfte aus Kapitalvermögen selbst abschließend auf. Die Vorschrift enthält verschiedene Anknüpfungspunkte für den Inlandsbezug bei diesen Einkünften aus Kapitalvermögen. Als wichtigste inländische Anknüpfungspunkte sind sicher

- die inländische Ansässigkeit des Schuldners und so bei den Einkünften aus Kapitalvermögen i. S. d. § 20 Abs. 1 Nr. 1, 2, 4, 6, und 9 EStG,
- die dingliche Sicherung des Kapitalvermögens zu nennen, so bei Zinsen aus Hypotheken und Grundschulden, Renten und Rentenschulden sowie Erträgen aus sonstigen Kapitalforderungen jeder Art.

Zwar verweist § 49 Abs. 1 Nr. 5 EStG nicht ausdrücklich auf § 20 Abs. 8 EStG, jedoch kann davon ausgegangen werden, dass die dort geregelte Subsidiarität der Kapitaleinkünfte im Verhältnis zu Einkünften der anderen Einkunftsarten auch i. R.d. beschränkten Steuerpflicht gilt.

4.5.1 Dividenden, Wandelanleihen und Gewinnobligationen sowie stille Beteiligungserträge (§ 49 Abs. 1 Nr. 5 Buchst. a und b EStG)

Einkünfte i. S. d. § 20 Abs. 1 Nr. 1 EStG mit Ausnahme der Erträge aus Investmentanteilen i. S. d. § 2 Nr. 2, 4, 6 und 9 InvStG sind inländische Einkünfte aus Kapitalvermögen, wenn der Schuldner seinen Wohnsitz, seine Geschäftsleitung oder seinen Sitz im Inland hat oder wenn es sich um Fälle des § 44 Abs. 1 Satz 4 Nr. 1 Buchst. a Doppelbuchst. bb EStG handelt. Gleiches gilt für Erträge aus Wandelanleihen und Gewinnobligationen. Zu diesen Einkünften aus Kapitalvermögen gehören somit insbesondere Dividenden, Einkünfte aus (typisch) stillen Beteiligungen, aus partiarischen Darlehn sowie Zahlungen, die bei einer Kapitalherabsetzung oder einer Auflösung der Kapitalgesellschaft anfallen.

BEISPIEL

Der Spanier G unterhält bei einer spanischen Bank ein Wertpapierdepot, in dem sich 1 000 Stück Aktien der X-AG mit Sitz und Ort der Geschäftsleitung in der BRD befinden.

LÖSUNG Die Dividenden, die Herr G als Aktionär der X-AG erhält, gelten nach § 49 Abs. 1 Nr. 5 Buchst. a EStG als beschränkt steuerpflichtige inländische Einkünfte, weil der Schuldner (nämlich die X-AG) ihren Sitz im Inland hat.

Nach § 49 Abs. 1 Nr. 5 Buchst. b EStG liegen inländische Einkünfte auch bei Einkünften i. S. d. § 20 Abs. 1 Nr. 1 EStG i. V. m. § 2 und § 7 des InvStG vor, wenn nach Doppelbuchst. aa Erträge i. S. d. § 7 Abs. 3 InvStG vorliegen oder nach Doppelbuchst. bb Erträge nach § 7 Abs. 1, 2 und 4 InvStG, soweit es sich um Fälle des § 44 Abs. 1 Satz 4 Nr. 1 Buchst. a Doppelbuchst. bb EStG handelt.

Soweit der beschränkt Steuerpflichtige Gläubiger der Dividenden ist, wird nach § 43 Abs. 1 Nr. 1 EStG i. V. m. § 43a EStG ein Kapitalertragsteuerabzug i. H.v. 25 % des Bruttobetrages vorgenommen werden. Sofern die Dividenden nicht zu den Betriebseinnahmen eines inländischen Betriebes (oder einer im Inland belegenen Betriebsstätte gehören (§ 50 Abs. 2 Satz 2 EStG bzw. § 32 Abs. 1 Nr. 2 KStG) gilt die Einkommensteuer bzw. die Körperschaftsteuer für die Einkünfte, die dem Steuerabzug vom Kapitalertrag unterliegen, nach § 50 Abs. 2 Satz 2 EStG bzw. § 32 Abs. 1 KStG als abgegolten. Für diese Einkünfte kommt es somit zu keiner Veranlagung. In diesem Fall kann sich die Steuerbefreiung im Rahmen des Teileinkünfteverfahrens nach § 3 Nr. 40, § 3c Abs. 2 EStG nicht auswirken. Sofern es sich des Weiteren nicht um einen Sonderfall des § 44a Abs. 5 EStG handelt, kommt es nicht zu einer Steuererstattung.

Sofern der Gläubiger der Kapitalerträge in einem DBA-Staat ansässig ist und in den Regeln des DBA eine Kapitalertragsteuerermäßigung enthalten ist, kann der Steuerpflichtige beim Bundeszentralamt für Steuern einen Erstattungsantrag stellen.

Gehören die Dividenden allerdings bei einem beschränkt einkommensteuerpflichtigen Anteilseigner zu den Betriebseinnahmen eines inländischen Betriebs, ist eine Steuerveranlagung vorzunehmen in deren Rahmen die Steuerbefreiung durch § 3 Nr. 40, § 3c Abs. 2 EStG zu berücksichtigen ist. Die auf den Dividenden lastende KapESt wird mit der Möglichkeit der Steuererstattung voll angerechnet.

Im Zusammenhang mit Kapitalerträgen beschränkt Steuerpflichtiger ist zudem § 43b EStG zu beachten (vgl. zur Auffassung der Finanzverwaltung dazu BMF-Schreiben vom 26. 04. 2004 BStBl I 2004, 479). Nach § 43b EStG sind die von einer inländischen Tochtergesellschaft an ihre Muttergesellschaft mit Sitz oder Geschäftsleitung in einem anderen EG-Staat ausgeschütteten Gewinne vom Quellensteuerabzug zu befreien. Die KapESt-Befreiung gilt auch für Ausschüttungen, die einer im EU-Ausland belegenen Betriebsstätte zufließen. §§ 43b

Abs. 2 und Abs. 3 EStG regeln den Begriff der Muttergesellschaft sowie den Umfang der Beteiligung. § 43b Abs. 2a EStG enthält des Weiteren eine eigene Definition der Betriebsstätte i. S. d. § 43b EStG, die als lex spezialis der Regelung in § 12 AO vorgehen dürfte, jedoch die Begriffsbestimmungen eines einschlägigen DBA nicht überlagern kann.

Soweit es sich bei den Einkünften aus Kapitalvermögen um Einnahmen aus Gewinnobligationen, um Einnahmen aus Genussrechten, um Einnahmen aus der Beteiligung an einem Handelsgewerbe als typisch stiller Gesellschafter oder um Zinsen aus partiarischen Darlehen handelt, ist ein Kapitalertragsteuerabzug i. H.v. 25 % vorzunehmen (vgl. § 43 Abs. 1 Nr. 2 und Nr. 3 i. V. m. § 43a Abs. 1 Nr. 2 EStG). Diese Einnahmen sind regelmäßig in den von Deutschland abgeschlossenen DBA mit in den abkommensrechtlichen Dividendenbegriff einbezogen, so dass in diesen Fällen die im jeweiligen Abkommen genannten Höchstsätze für die Besteuerung zu beachten sind, sofern die Zahlungen nicht beim Schuldner i. R.d. Gewinnermittlung abgezogen werden können.

4.5.2 Kapitalerträge aus Grundpfandrechten und sonstigen Kapitalforderungen (§ 49 Abs. 1 Nr. 5 Buchst. c Doppelbuchst. aa, bb, cc EStG)

4.5.2.1 § 49 Abs. 1 Nr. 5 Buchst. c Doppelbuchst. aa EStG

Die Einkünfte nach § 20 Abs. 1 Nr. 5 EStG, also Zinsen aus Hypotheken und Grundschulden und Renten aus Rentenschulden und die Erträge aus sonstigen Kapitalforderungen jeder Art i. S. d. § 20 Abs. 1 Nr .7 EStG, brauchen einen zusätzlichen sachlichen Inlandsbezug. Nach § 49 Abs. 1 Nr. 5 Buchst. c Doppelbuchst. aa EStG liegt dieser Inlandsbezug dann vor, wenn das Kapitalvermögen durch inländischen Grundbesitz oder durch inländische Rechte, die den sachenrechtlichen Vorschriften des BGB unterliegen, gesichert ist; so beispielsweise bei der Eintragung einer Grundschuld (§§ 1191ff. BGB) oder einer Hypothek (§§ 1113 BGB) im Grundbuch. Durch Satz 2 des § 49 Abs. 1 Nr. 5 Buchst. c Doppelbuchst. aa EStG wird klargestellt, dass bei Zinsen aus Anleihen und Forderungen, die in ein öffentliches Schuldbuch eingetragen sind oder über die Sammelurkunden ausgegeben worden sind, keine beschränkte inländische Steuerpflicht vorliegt. Für die Besteuerung dieser Kapitalerträge ist auf § 43 Abs. 1 Nr. 7 EStG hinzuweisen, wonach die Besteuerung im Abzugsverfahren erfolgt. In den anderen Fällen wird die Steuer durch Veranlagung erhoben.

BEISPIEL

Die X-GmbH mit Sitz in Deutschland ist eine 100 % ige Tochter der A-Ltd. mit Sitz im Ausland. X zahlt Zinsen für ein Darlehn, das die A-ltd. ihr zu fremdüblichen Konditionen gewährt hat.

LÖSUNG Die Zinsen unterliegen nicht als inländische Einkünfte der beschränkten Steuerpflicht, soweit keine dingliche Sicherung durch inländischen Grundbesitz vorliegt. Die Zinsen mindern jedoch als Betriebsausgaben die Steuerbemessungsgrundlag, die der inländischen X-GmbH [soweit die Zinsschranke des § 4h EStG i. V. m. § 8a KStG nicht eingreift]. Sie unterliegen im Inland keinem Quellensteuerabzug. Es entsteht somit keine Doppelbesteuerungssituation, da die BRD keine Besteuerung vornimmt.

4.5.2.2 § 49 Abs. 1 Nr. 5 Buchst. c Doppelbuchst. bb EStG

§ 49 Abs. 1 Nr. 5 Buchst. c Doppelbuchst. bb EStG regelt, dass auch Kapitalerträge aus nicht verbrieften Genussrechten der beschränkten inländischen Steuerpflicht unterfallen, also jene Kapitalerträge, die auf (nur) schuldrechtlicher Grundlage bezahlt werden. Bei verbrieften Genussrechten, die aus gesellschaftsrechtlicher Stellung begründet sind und einen Anspruch auf den Liquidationserlös beinhalten, ist die beschränkte Steuerpflicht der Vorschrift des § 49 Abs. 1 Nr. 5 Buchst. a EStG zu entnehmen. Aus der Sicht des beschränkt Steuerpflichtigen kann es dahinstehen, ob seine Einkünfte nun unter die Vorschrift des § 49 Abs. 1 Nr. 5 Buchst. a EStG oder des § 49 Abs. 1 Nr. 5 Buchst. c Doppelbuchst. bb EStG zu subsumieren sind. Sind die Genussrechte gesellschaftsrechtlich begründet, ist § 43 Abs. 1 Nr. 1 EStG i. V. m. § 43a Abs. 1 Nr. 1 EStG zu beachten, somit beträgt die Kapitalertragsteuerpflicht derzeit 25 %.

4.5.2.3 § 49 Abs. 1 Nr. 5 Buchst. c Doppelbuchst. cc EStG

Die Vorschrift betrifft die inländische beschränkte Steuerpflicht bei sog. Tafelgeschäften. Darunter sind Schaltergeschäfte zu verstehen, bei denen für einen persönlich nicht bekannten und nicht nach § 154 AO legitimierten Gläubiger Zug um Zug gegen Vorlage nicht deponierter Zinsscheine oder sog. Zero-Bonds-Teilschuldverschreibungen Kapitalerträge i. S. d. § 43 Abs. 1 Satz 1 Nr. 7 Buchst. a EStG oder Nr. 8 Satz 2 EStG ausbezahlt werden.

Die inländische beschränkte Steuerpflicht greift allerdings dann nicht ein, wenn die Wertpapiere über ein ausländisches Kredit- oder Finanzdienstleistungsinstitut ausbezahlt werden.

BEISPIEL

Der deutsche Staatsbürger A wohnt abwechselnd in seiner Eigentumswohnung in Wien und in seinem Haus in Zürich. A besitzt Schuldverschreibungen mit Zinsscheinen bei der BW-Bank. Diese verwahrt er in seinem Tresor. A löst die Zinsscheine für 09 bei der Sparkasse in Ludwigsburg ein.

LÖSUNG A ist mangels Wohnsitz bzw. gewöhnlichen Aufenthalts im Inland nicht unbeschränkt steuerpflichtig (§ 1 Abs. 1 EStG). Er ist aber nach § 1 Abs. 4 EStG i. V. m. § 49 Abs. 1 Nr. 5 Buchst. c Doppelbuchst. cc EStG als beschränkt Steuerpflichtiger einzustufen. Bei der Auszahlung hat die KSK-Ludwigsburg KapESt i. H.v. 25 % einzubehalten und an das Finanzamt abzuführen. Dies ergibt sich aus § 43 Abs. 1 Nr. 7 i. V. m. § 43a Abs. 1 Nr. 3 EStG, § 44 Abs. 1 Satz 4 Nr. 1 Buchst. a Doppelbuchst. bb EStG. Das DBA beeinträchtigt diesen Steuerabzug wegen der Regelung des § 50d Abs. 1 Satz 1 EStG nicht.

Gegen Art. 15 Abs. 3 DBA-Österreich und Art. 28 DBA-Schweiz wurde ebenfalls nicht verstoßen. Soweit A die Zinseinkünfte in seinem Ansässigkeitsstaat ordnungsgemäß der Versteuerung zuführt kann er die Erstattung der Quellensteuer beim Bundeszentralamt für Steuern beantragen.

4.5.3 Behandlung in DBA-Fällen

Im den durch § 49 Abs. 1 Nr. 5 EStG geregelten Fällen können sich Einschränkungen der beschränkten Steuerpflicht v. a. durch Art. 10 und Art. 11 OECD-MA entsprechende Vorschriften der einschlägigen DBA ergeben. Die meisten DBA folgen diesen Regelungen, wonach dem Wohnsitzstaat das Besteuerungsrecht eingeräumt wird und dem Quellenstaat allenfalls ein eingeschränktes Besteuerungsrecht bleibt. Beispielsweise wird dem Quellenstaat nach Art. 11 Abs. 2 OECD-MA ein Besteuerungsrecht bis zu 10 % des Bruttobetrags der Zinsen zugesprochen. Hier ist jedoch darauf hinzuweisen, dass selbst dieser Rahmen durch viele deutsche DBA nicht einmal ausgeschöpft wird.

4.5.4 Durchführung der Besteuerung

In DBA-Fällen – nur soweit nach den Regeln des jeweiligen DBA ein Besteuerungsanspruch besteht – erfolgt die Steuererhebung nach §§ 43ff. EStG. Der Besteuerungsanspruch wird durch Abzug der Kapitalertragsteuer erreicht. Nach § 50 Abs. 2 Satz 1 EStG gilt die Einkommensteuer durch den Steuerabzug als abgegolten. Soweit die Kapitalerträge aber zu den Betriebseinnahmen einer inländischen Betriebsstätte gehören, hat eine Veranlagung zu erfolgen.

4.6 Einkünfte aus Vermietung und Verpachtung (§ 49 Abs. 1 Nr. 6 EStG)

Die beschränkte Steuerpflicht bei Einkünften aus Vermietung und Verpachtung erstreckt sich in sachlicher Hinsicht auf alle in § 21 EStG genannten Einkunftsquellen, soweit ein in § 49 Abs. 1 Nr. 6 EStG genannter besonderer Inlandsbezug gegeben ist. Mithin sind folgende Einkunftsquellen betroffen:

- § 21 Abs. 1 Nr. 1 EStG behandelt die Einkünfte aus Vermietung und Verpachtung von unbeweglichem Vermögen, insbesondere von Grundstücken, Gebäuden, Gebäudeteilen, Schiffen, die in ein Schiffsregister eingetragen sind, und Rechte, die den Vorschriften des BGB über Grundstücke unterliegen (z. B. Erbbaurecht, Mineralgewinnungsrechte). Der Inlandsbezug wird hier über die Belegenheit des unbeweglichen Vermögens im Inland hergestellt.
- § 21 Abs. 1 Nr. 2 EStG behandelt die Einkünfte aus der Vermietung und Verpachtung von Sachinbegriffen, insbesondere von beweglichem Betriebsvermögen. Auch hier wird der Inlandsbezug durch die Belegenheit der Gegenstände im Inland herbeigeführt.
- § 21 Abs. 1 Nr. 3 EStG behandelt die Einkünfte aus der zeitlich begrenzten Überlassung von Rechten, insbesondere von schriftstellerischen, künstlerischen und gewerblichen Urheberrechten, von gewerblichen Erfahrungen und von Gerechtigkeiten und Gefällen. Hier wird der Inlandsbezug auch über die Belegenheit der Rechte im Inland hergestellt. Der Inlandsbezug besteht aber auch, wenn die Rechte in ein öffentliches Buch oder Register eingetragen sind oder in einer inländischen Betriebsstätte oder in einer anderen Einrichtung verwertet werden.
- § 21 Abs. 1 Nr. 4 EStG behandelt die Einkünfte aus der Veräußerung von Miet- und Pachtzinsforderungen, auch dann, wenn die Einkünfte im Veräußerungspreis von Grundstücken enthalten sind und die Miet- und Pachtzinsen sich auf einen Zeitraum beziehen, in dem der Veräußerer noch Besitzer war. Der Inlandsbezug ist in diesen Fällen hergestellt, wenn die angesprochenen Forderungen aus der Nutzung von im Inland belegenen Grundstücken stammen.

Ab dem VZ 2009 ist die **Subsidiarität dieser Einkünfte** direkt in der Nr. 6 geregelt, denn die aufgelisteten Einkünfte zählen nur dann zu den inländischen Einkünften aus Vermietung und Verpachtung, wenn sie nicht zu den Nr. 1 bis Nr. 5 gehören. Diese Subsidiaritätsregel entspricht somit der des § 21 Abs. 3 EStG.

Da ab 2009 bzgl. der Vermietungseinkünfte auch die Vorschrift des § 49 Abs. 1 Nr. 2 Buchst. f Doppelbuchst. aa EStG eingeführt wurde, bleibt in diesem Rahmen wohl kein Raum mehr für die Anwendung der isolierenden Betrachtungsweise.

Vermietet somit ein Steuerausländer (juristische oder natürliche Person) ein inländisches Grundstück, das zum ausländischen Betriebsvermögen gehört, so liegen inländische gewerbliche Einkünfte nach § 49 Abs. 1 Nr. 2 Buchst. f Doppelbuchst. aa EStG vor. Und dies mit allen Konsequenzen:

- Die Gewinnermittlung hat nach Betriebsvermögensvergleich oder § 4 Abs. 3 EStG (soweit noch §§ 140, 141 AO entsprechend) zu erfolgen.
- Voraussichtlich dauernde Wertminderungen einer Immobilie im Wege der Teilwertabschreibung (§ 6 Abs. 1 Nr. 1 Satz 2 EStG) und die Übertragung stiller Reserven auf Reinvestitionsgüter oder die Bildung einer einkunftsmindernden Rücklage nach § 6b EStG sind zulässig.
- Der AfA-Satz i. H. v. 3 % ist anzunehmen, da § 49 Abs. 1 Nr. 2 Buchst. f Satz 2 EStG die Gewerblichkeit der Vermietungs- und Verpachtungseinkünfte fingiert und somit »Betriebsvermögen« i. S. d. § 7 Abs. 4 Nr. 1 EStG vorliegt.

4.6.1 Verpachtung eines inländischen Gewerbebetriebs

Soweit ein Unternehmer sein wirtschaftliches Engagement im Inland beenden möchte, um seinen Wohnsitz ins Ausland zu verlegen, wird er sich häufig zwischen zwei Alternativen entscheiden. Entweder wird er

1. den bislang bewirtschafteten Gewerbebetrieb aufgeben oder
2. er wird ihn verpachten.

Im Fall der Betriebsaufgabe werden im Inland die stillen Reserven nach den allgemeinen steuerlichen Grundsätzen aufgedeckt und versteuert (§§ 15, 16, 34 EStG). Die danach durch Vermietung und Verpachtung der ins Privatvermögen überführten Wirtschaftsgüter entstandenen Einkünfte sind nach § 49 Abs. 1 Nr. 6 EStG i. R.d. beschränkten Steuerpflicht zu erfassen.

Eine gewerbliche Betriebsverpachtung ist dagegen anzunehmen, wenn und solange eine Betriebsaufgabe – mit den genannten Konsequenzen – nicht erklärt wird und die persönlichen Voraussetzungen für die steuerliche Behandlung als Betriebsverpachtung erfüllt sind. Eine gewerbliche Betriebsverpachtung über die Grenze wird abgelehnt, wenn der Verpächter weder unbeschränkt steuerpflichtig ist noch beschränkt steuerpflichtig wird. In einem solchen Fall treten die steuerlichen Folgen einer Betriebsaufgabe ein (vgl. Wacker in L. Schmidt, Einkommensteuer, § 16 Rz. 703). Der Verpächter bezieht inländische gewerbliche Einkünfte durch Vermietung bzw. Verpachtung nach § 49 Abs. 1 Nr. 2 Buchst. a EStG, wenn er im Inland einen ständigen Vertreter eingesetzt hat und während der Zeit der Verpachtung weder eine Betriebsaufgabe erklärt noch eine Betriebsveräußerung vorgenommen hat (vgl. Betriebsstätten-Verwaltungsgrundsätze vom 24. 12. 1999 BStBl I 1999, 1076; Tz. 1.1.2). Es ist in jedem Einzelfall zu prüfen, ob eine Vertreterbestellung unter Berücksichtigung des § 13 AO vorliegt. Eine Betriebsverpachtung an sich begründet nämlich für den Verpächter keine Betriebsstätte auch führt das Vorhandensein eines Pächters nicht zur Annahme eines ständigen Vertreters i. S. d. § 49 Abs. 1 Nr. 2 Buchst. a EStG.

BEISPIEL

Der Hotelier H verpachtet ab dem 01.04.03 sein Hotel in Konstanz an den Pächter P und verlegt auch ab diesem Zeitpunkt seinen Wohnsitz nach Beirut (Libanon). Im Pachtvertrag ist die Verpflichtung des P enthalten, dass das gesamte Geschäftsgrundstück am Bodensee und das Zubehör (§ 97 BGB) nach den Vorstellungen und Anweisungen des H zu erhalten und zu erneuern ist. P erhält zur Erfüllung der durch diese Verpflichtung entstehenden Kosten eine bestimmte Geldsumme von H. Im Jahr 07 wir das Bootshaus an eine Investmentgesellschaft verkauft, wobei ein Veräußerungsgewinn entsteht.

LÖSUNG Von einer Betriebsaufgabe i. R.d. unbeschränkten Steuerpflicht, also bis zum 01.04.03, des H kann nicht ausgegangen werden. Der Wohnsitzwechsel und die dadurch bedingte Betriebseinstellung und Betriebsverpachtung legen einen solchen Schluss nicht zwingend nahe. Ab 01.04.03 ist H allerdings beschränkt steuerpflichtig nach § 1 Abs. 4 EStG i. V. m. § 49 Abs. 1 Nr. 2 Buchst. a EStG, da er Einkünfte aus Gewerbebetrieb erzielt. P ist nämlich, nicht zuletzt aufgrund der entsprechenden Vereinbarungen im Pachtvertrag, als ständiger Vertreter anzusehen. Auch die Einkünfte aus der Veräußerung des Bootshauses im Jahre 07 unterliegen der beschränkten Steuerpflicht nach § 1 Abs. 4 i. V. m. § 49 Abs. 1 Nr. 2 Buchst. a EStG, wobei hier zu untersuchen wäre, ob die günstige Vorschrift des § 16 EStG (Teilbetrieb) hier eingreift. Da zwischen dem Libanon und der BRD kein DBA besteht, sind Einschränkungen dieser beschränkten Steuerpflicht nicht zu untersuchen.

Hätte A seinen Wohnsitz in einen Staat verlegt, mit dem die BRD ein dem OECD-MA entsprechendes DBA abgeschlossen hätte, wäre die beschränkte Steuerpflicht durch dieses DBA auch nicht beeinträchtigt.

Für die Einkünfte aus dem unbeweglichen Vermögen würde das Besteuerungsrecht nach Art. 6 OECD-MA dem Belegenheitsstaat, hier also der BRD, zugewiesen. Gleiches gilt nach Art. 7 i. V. m. Art. 5 OECD-MA für die laufenden gewerblichen Gewinne. Diese werden durch eine inländische Betriebsstätte erzielt. Eine solche wird nämlich aufgrund des Vertreters im Inland fingiert (Art. 5 Abs. 5 OECD-MA).

Auch bzgl. des Gewinns aus der Veräußerung des Bootshauses würde nach Art. 13 OECD-MA das Belegenheitsprinzip Platz greifen.

4.6.2 Vermietung und Verpachtung von unbeweglichem Vermögen (§ 49 Abs. 1 Nr. 6 i. V. m. § 21 Abs. 1 Nr. 1 EStG)

Die Regelung hat ihren Hauptanwendungsbereich bei Nutzungsüberlassungen von im Inland belegenen Immobilien durch ausländische Eigentümer. Bei grundstücksgleichen Rechten wird eine Inlandsbelegenheit bzw. eine Eintragung in ein inländisches öffentliches Buch oder Register (z. B. das Grundbuch) vorausgesetzt. Es wird eine zeitlich begrenzte Nutzungsüberlassung gefordert. Endgültige Rechtsübertragungen fallen nicht in den Anwendungsbereich der Vorschrift.

BEISPIEL

Der in England ansässige Eigentümer E vermietet in Hamburg ein Mehrfamilienhaus an »Hafenarbeiterinnen«.

LÖSUNG Mit den durch die Vermietung erzielen Einkünften unterliegt E nach § 1 Abs. 4 i. V. m. § 49 Abs. 1 Nr. 6 EStG der beschränkten Steuerpflicht. Daran ändert sich natürlich nichts, wenn im Vermietungsobjekt selbst gewerbliche Einkünfte erzielt werden. Selbst wenn die Einkünfte nach rein innerstaatlichem Recht – wegen eines häufigen Wechsels der Mieterinnen – als gewerbliche Einkünfte einzustufen wären, wäre dies wegen § 49 Abs. 2 EStG im Rahmen der beschränkten Steuerpflicht unbedeutend.

Es kommt auch nicht zu einer Einschränkung der beschränkten Steuerpflicht durch das DBA-Vereinigtes Königreich (Großbritannien), welches insoweit der Regelung des Art. 6 OECD-MA entspricht und dem Belegenheitsprinzip folgt.

4.6.3 Einkünfte aus der Vermietung und Verpachtung von Sachinbegriffen, insbesondere von beweglichem Betriebsvermögen (§ 49 Abs. 1 Nr. 6 i. V. m. § 21 Abs. 1 Nr. 2 EStG)

Der Hauptanwendungsbereich der beschränkten Steuerpflicht nach § 49 Abs. 1 Nr. 6 i. V. m. § 21 Abs. 1 Nr. 2 EStG liegt bei Betriebsverpachtungen. Zum eher seltenen Fall einer grenzüberschreitenden Vermietung eines Einzelgegenstandes, die zu Einkünften nach § 49 Abs. 1 Nr. 6 i. V. m. § 21 Abs. 1 Nr. 2 EStG geführt hat, vgl. BFH vom 12. 11. 1997 BStBl II 1998, 774 – Wohnmobil.

4.6.4 Einkünfte aus zeitlich begrenzter Überlassung von Rechten (§ 49 Abs. 1 Nr. 6 i. V. m. § 21 Abs. 1 Nr. 3 EStG)

Der Anwendungsbereich des § 49 Abs. 1 Nr. 6 i. V. m. § 21 Abs. 1 Nr. 3 EStG ist in Fällen der Nutzungsüberlassung von Patentrechten, Urheberrechten, Markenschutzrechten, Geschmacksmusterrechten, Fernseh- und Rundfunkverwertungsrechten und Namensrechten eröffnet. Allerdings darf bzgl. dieser Einkünfte keine Einstufung in § 49 Abs. 1 Nr. 2 Buchst. d EStG und § 49 Abs. 1 Nr. 3 EStG vorrangig gewesen sein.

Der spezifische Inlandsbezug wird zunächst durch das Erfordernis der Eintragung der genannten Rechte in ein inländisches öffentliches Buch oder Register hergestellt. Als inländische Bücher und Register kommen beispielsweise das Patentregister, das Musterregister und das Markenschutzregister in Betracht. Aber der entsprechende Inlandsbezug liegt auch bei einer Verwertung der Rechte in einer inländischen Betriebsstätte oder anderen inländischen Einrichtung vor. Gemeint sind hiermit insbesondere Betriebsstätten bzw. Einrichtungen, die nicht vom Nutzungsverpflichteten, sondern vom Nutzungsberechtigten unterhalten werden.

Soweit in DBA-Fällen Regelungen zur Anwendung kommen, die Art. 12 OECD-MA entsprechen, wird die beschränkte Steuerpflicht den dort genannten Einschränkungen zu unterwerfen sein.

4.7 Sonstige Einkünfte (§ 49 Abs. 1 Nr. 7 EStG)

Nach der ab dem 01. 01. 2005 anzuwendenden (neuen) Fassung des § 49 Abs. 1 Nr. 7 EStG besteht für Einkünfte aus § 22 Nr. 1 Satz 3 Buchst. a EStG,

- die von den inländischen gesetzlichen Rentenversicherungsträgern,
- den inländischen landwirtschaftlichen Alterskassen,
- den inländischen berufsständischen Versorgungseinrichtungen,
- den inländischen Versicherungsunternehmen oder sonstigen inländischen Zahlstellen

gewährt werden, eine beschränkte inländische Steuerpflicht. Darunter fallen also alle Alterseinkünfte i. S. d. § 22 Nr. 1 Satz 3 Buchst. a Doppelbuchst. aa und bb EStG.

Im Rahmen der beschränkten Steuerpflicht sind somit die entsprechenden Besteuerungsanteile (Doppelbuchst. aa) bzw. bzgl. des Doppelbuchst. bb. die entsprechenden Ertragsanteile im Rahmen einer Veranlagung zur beschränkten Steuerpflicht zu erfassen.

4.7.1 Behandlung in DBA-Fällen

Renten aus den gesetzlichen Sozialversicherungen fallen grds. unter die dem Art. 21 OECD-MA entsprechende Regelung. Somit steht dem Ansässigkeitsstaat das Besteuerungsrecht zu. Die beschränkte Steuerpflicht der BRD wird somit durch die dem Musterabkommen entsprechenden DBA aufgehoben. Da die Einzahlungen zur Rentenversicherung aber in der »aktiven Zeit« als Sonderausgaben nach § 10 Abs. 1 Nr. 2a EStG abzugsfähig sind und bzgl. der Auszahlungen im Rahmen der beschränkten Steuerpflicht nach den Reglungen der meisten DBA kein deutsches Besteuerungsrecht besteht, liegt eine für die BRD ungünstige Situation vor. Aus diesem Grund ist eine Überarbeitung zumindest der EU-/EWR-DBA diesbezüglich geplant. Ausnahmen von dieser ungünstigen Situation enthalten beispielsweise das DBA-Frankreich nach Art. 14 Abs. 2 Nr. 1 DBA-Frankreich. Danach hat der Kassenstaat das Besteuerungsrecht. Somit unterfallen diese Einkünfte der deutschen Besteuerung.

4.8 Sonstige Einkünfte (§ 49 Abs. 1 Nr. 8 EStG)

§ 49 Abs. 1 Nr. 8 EStG enthält die Regelung für die sonstigen Einkünfte i. S. d. § 22 Nr. 2 EStG, soweit es sich um private Veräußerungsgeschäfte

- mit inländischen Grundstücken,
- mit inländischen Rechten, die den Vorschriften des BGB über Grundstücke unterliegen,

handelt.

Nach § 49 Abs. 1 Nr. 8 EStG unterliegen private **Veräußerungsgeschäfte mit inländischen Grundstücken** der beschränkten Steuerpflicht. Auch für die Annahme der beschränkten Steuerpflicht müssen die Voraussetzungen des § 23 EStG vorliegen. Somit gilt zunächst das Subsidiaritätsprinzip des § 23 Abs. 2 EStG.

Sollten die inländischen Grundstücke beispielsweise zum Betriebsvermögen eines Unternehmens mit Sitz im Ausland gehören, so ist bei der Einkunftsartqualifizierung bzgl. des Veräußerungsgewinns, der durch die Veräußerung der Grundstücke erzielt wird, stets § 49 Abs. 1 Nr. 2 Buchst. f Doppelbuchst. bb EStG zu beachten.

In Fällen, bei denen die Grundstückeigentümer ihren Wohnsitz oder gewöhnlichen Aufenthalt im DBA-Ausland begründet haben, sind die Art. 13 OECD-MA entsprechenden Regeln der jeweiligen DBA zu beachten.

Zwar fehlt in § 49 Abs. 1 Nr. 8 EStG ein Hinweis auf § 23 Abs. 3 EStG, jedoch ist zur Ermittlung eines zu versteuernden Veräußerungsgewinns § 23 Abs. 3 EStG anzuwenden.

4.9 Sonstige Einkünfte (§ 49 Abs. 1 Nr. 8a EStG)

§ 49 Abs. 1 Nr. 8a EStG regelt die beschränkte Steuerpflicht für die sonstigen Einkünfte nach § 22 Nr. 4 EStG. Durch diese Regelung werden v. a. die Leistungen an Abgeordnete betroffen, die auf Grund des Abgeordnetengesetzes, des Europaabgeordnetengesetzes oder der entsprechenden landesrechtlichen Regelungen gewährt werden.

Das Vorliegen der beschränkten Steuerpflicht bzgl. der Bezüge für Leistungen der Mandatsträger wird bei aktiv in der Politik tätigen Abgeordneten wohl eher unwahrscheinlich sein. Wenn indes ehemalige Abgeordnete ihren Wohnsitz ins Ausland verlegen, werden sie mit ihren Abgeordnetenbezügen, die dann als Versorgungsbezüge gewährt werden, der beschränkten Steuerpflicht unterliegen. Zu erfassen sind die in § 22 Nr. 4 EStG genannten Einkünfte. Die als Aufwandsentschädigungen erhaltenen Bezüge i. S. d. § 3 Nr. 12 EStG bleiben steuerfrei.

4.10 Sonstige Einkünfte (§ 49 Abs. 1 Nr. 9 EStG)

Nach § 49 Abs. 1 Nr. 9 EStG unterliegen sonstige Einkünfte i. S. d. § 22 Nr. 3 EStG der beschränkten Steuerpflicht, auch wenn sie bei Anwendung dieser Vorschrift einer anderen Einkunftsart zuzurechnen wären – dies aber nur, soweit es sich um Einkünfte aus der Nutzung beweglicher Sachen im Inland oder aus der Überlassung der Nutzung oder des Rechts auf Nutzung von gewerblichen, technischen, wissenschaftlichen und ähnlichen Erfahrungen, Kenntnissen und Fertigkeiten, z. B. Plänen, Mustern und Verfahren handelt, die im Inland genutzt werden oder worden sind. Allerdings gilt dies nicht, soweit es sich um steuerpflichtige Einkünfte i. S. d. Nr. 1 bis Nr. 8 handelt.

Die beschränkte Steuerpflicht des § 49 Abs. 1 Nr. 9 EStG erstreckt sich folglich auf

- Einkünfte, die aus der Nutzung beweglicher Sachen im Inland erzielt werden,
- Einkünfte aus der Überlassung der Nutzung von Know-how, das im Inland genutzt wird,
- Einkünfte, die aus der Überlassung des Rechts auf Nutzung von Know-how, das im Inland genutzt wird, erzielt werden.

Nach dieser Vorschrift sind somit insbesondere die Vergütungen für die Überlassung von Know-how (v. a. solche »Erfahrungen«, die keinen urheberrechtlichen Schutz genießen) beschränkt steuerpflichtig.

Des Weiteren sind Einkünfte aus der Überlassung beweglicher Sachen im Rahmen der beschränkten Steuerpflicht zu berücksichtigen. Ob auch Einkünfte aus Satellitendiensten – wie beispielsweise die Überlassung von Transponderkapazitäten – oder Einkünfte, die aus der Überlassung von Standard-Software generiert werden – soweit diese nicht bereits unter § 49 Abs. 1 Nr. 2 Buchst. f EStG oder § 49 Abs. 1 Nr. 6 EStG fallen – ist äußerst umstritten (vgl. dazu FG Köln vom 16. 12. 1998 EFG 1999, 897).

In diesem Zusammenhang ist stets zu beachten, dass Einkünfte aus Werk- oder Dienstverträgen nicht als Nutzungseinkünfte einzustufen sind.

4.11 Sonstige Einkünfte (§ 49 Abs. 1 Nr. 10 EStG)

Die durch das JStG 2009 angefügte Nr. 10 schließt den Katalog der inländischen Einkünfte des § 49 Abs. 1 EStG ab.

Durch die Vorschrift soll erreicht werden, dass Leistungen aus Pensionsfonds, Pensionskassen und Direktversicherungen einer inländischen Besteuerung unterliegen, wenn der »Rentner« nicht (mehr) unbeschränkt einkommensteuerpflichtig ist.

Die Norm dürfte im Verhältnis zu den meisten DBA-Staaten erst zur Geltung kommen, wenn die Art. 18 OECD-MA entsprechende Regelung geändert ist. Nach Art. 18 OECD-MA steht für solche Einkünfte aus § 22 Nr. 5 EStG ausschließlich dem Ansässigkeitsstaat das Besteuerungsrecht zu. Die beschränkte Steuerpflicht läuft somit wohl meist (noch) »ins Leere«.

Teil M Die Auswirkungen des EU-Gemeinschaftsrechts auf den Bereich der direkten Steuern

1 Das Verhältnis des EU-Rechts zur nationalen Gesetzgebungskompetenz

Die EU hat durch die europäischen Verträge nicht im Sinne einer »Aufnahme durch Verschmelzung« Hoheitsrechte der Nationalstaaten übernommen, sondern beruht auf dem Prinzip der begrenzten Einzelermächtigung (Subsidiaritätsprinzip), dessen Hauptziel die Schaffung eines einheitlichen und gemeinsamen Binnenmarks ist. Die EU leitet ihre Rechte und Möglichkeiten aus dem so genannten Drei-Säulen-Modell ab. Dies sind

- die Gemeinschaftsverträge,
- die gemeinsame Außen- und Sicherheitspolitik (»EU-Außenminister«),
- die multilaterale Zusammenarbeit von Polizei und Justiz.

Das vorgenannte Prinzip der Subsidiarität gilt uneingeschränkt für den Bereich der direkten Steuern, d. h. die Nationalstaaten haben die uneingeschränkte Gesetzgebungskompetenz. Nur soweit die Erfordernisse des Binnenmarktes es notwendig machen, bestehen Kompetenzen der EU.

Bei der Auswirkung des europäischen Rechts auf den Bereich der direkten Steuern sind folgende Rechtsetzungsbereiche zu unterscheiden:

2 Das EU-Primärrecht

Das EU-Primärrecht ergibt sich aus den europäischen Verträgen (EGV). Aus diesen lassen sich folgende Grundsätze für den Bereich der Steuern und Abgaben ableiten:

- Es besteht die Verpflichtung zur Schaffung einer Zollunion.
- Nationale Subventionen sind grundsätzlich verboten. Dies setzt damit auch Schranken im nationalen Steuerrecht durch das Verbot der steuerlichen Begünstigung von Inländern oder der Schaffung von steuerlichen Anreizen nur für Steuerausländer. Aber auch nationale Vorschriften, die auf den ersten Blick keinen originären Auslandsbezug haben, werden unter Beihilfegesichtspunkten von der EG-Kommission geprüft. Beispiel: Mit BMF-Schreiben vom 30.04.2010 BStBl I 2010, 488 und dem ergänzenden BMF-Schreiben vom 19.05.2010, vgl. Weerth, DB 2010, 1205 wurde die Sanierungsklausel des § 8c Abs. 1a KStG wegen beihilferechtlicher Bedenken der EU-Kommission ausgesetzt. Sie darf somit in der Praxis bis auf Weiteres nicht mehr zur Anwendung kommen.
- Ein Harmonisierungsauftrag besteht nur für den Bereich der direkten Steuern. Für die direkten Steuern gilt der Grundsatz des Wettbewerbs der Systeme.
- Die vorhandene Harmonisierungsermächtigung für den Bereich der direkten Steuern setzt eine Einstimmigkeit voraus, diese ist regelmäßig nicht erreichbar.
- Die Mitgliedsstaaten haben die Verpflichtung der Beseitigung von Doppelbesteuerungen durch den Abschluss bilateraler Abkommen (DBA).

Die größte Bedeutung erhält infolge der Rechtssprechung des EuGH die unmittelbare Geltung der Grundfreiheiten als individuelle Ansprüche jedes Steuerbürgers auch im Steuerrecht. Für den Bereich der direkten Steuern sind folgende Regelungen bzw. Grundrechte von Bedeutung. Die Regelungen beziehen sich auf den Vertrag über die Arbeitsweise der Europäischen Union (AEUV) i. d. F. des Vertrags von Lissabon vom 13. 12. 2007 (ABl EG vom 09. 05. 2008, C 115/47, BGBl II 2009, 1223); da die Rechtsprechung sich häufig noch auf die Vorfassung des EGV bezieht, werden in Klammern auch die früheren, i. d. R. identischen Vorschriften, zitiert:

- Diskriminierungsverbot (Art. 18 AEU, ex-Art. 12 EGV),
- Niederlassungsfreiheit (Art. 49 AEUV, ex-Art. 43ff. EGV),
- Gleichstellung von Gesellschaften (Art. 54 AEUV, ex-Art. 48 EGV),
- Waren-/Dienstleistungsfreiheit (Art. 56 und 57 AEUV, ex-Art. 49 und 50 EGV),
- Personenfreiheit (Freizügigkeit, Art. 45 AEUV, ex-Art. 39ff. EGV) und
- Kapitalverkehrsfreiheit (Art. 63 und 64 AEUV, ex-Art. 56ff. EGV).

3 Das Sekundärrecht der Europäischen Union

Das so genannte Sekundärrecht unterscheidet folgende Bereiche:

- Verordnungen (Art. 249 Abs. 2 EGV),
- Richtlinien (Art. 249 Abs. 3 EGV),
- Empfehlungen/Stellungnahmen (Art. 249 Abs. 5 EGV) und
- Entscheidungen (Art. 249 Abs. 4 EGV).

Nur die drei erstgenannten Bereiche sind bislang bezüglich der direkten Steuern von Bedeutung.

3.1 Verordnungen

Verordnungen haben allgemeine Geltung und wirken unmittelbar. Die Steuerpflichtigen können sich auch ohne nationale Umsetzungsgesetze unmittelbar auf Verordnungen berufen.

Für den Bereich der Steuern und Abgaben existieren im Wesentlichen folgende Verordnungen:

- der Zollkodex,
- der Zolltarif und
- die Verordnung über die Zusammenarbeit der Verwaltungsbehörden auf dem Gebiet der indirekten Besteuerung.

3.2 Richtlinien

Eine wesentlich größere Bedeutung haben die Richtlinien. Richtlinien wirken grundsätzlich nicht unmittelbar, sondern müssen national umgesetzt werden.

Für den Bereich der direkten Steuern sind insbesondere folgende Richtlinien hervorzuheben:

- EG-Amtshilfe-Richtlinie: Die durch das EG-Amtshilfe-Gesetz umgesetzte Richtlinie regelt, in welchen Fällen und unter welchen Umständen die Finanzbehörden für den Bereich der Steuerfestsetzung grenzüberschreitend Auskünfte erteilen müssen oder im Ausland entsprechende Ermittlungen veranlassen können.
- EG-Mutter-Tochter-Richtlinie: Diese vor allem durch § 43b EStG umgesetzte Richtlinie regelt den Verzicht der Quellensteuer im Verhältnis zwischen Mutter- und Tochterkapitalgesellschaft. Vgl. hierzu A 2.3.

- Fusionsrichtlinie: Diese vor allem durch das UmwStG 2006 (SEStEG) umgesetzte Richtlinie regelt grenzüberschreitende Unternehmensumstrukturierungen (Umwandlungen).
- Zins-/Lizenzgebühren-Richtlinie: Diese Richtlinie regelt ergänzend zu den DBA (vgl. A 2.3) den Verzicht auf Quellensteuern, auf Zinsen und Lizenzen zwischen verbundenen Unternehmen.

3.3 Empfehlungen

Diese sind im Bereich der direkten Steuern äußerst selten. Von gewisser Bedeutung ist derzeit nur der EU-Verhaltenskodex zur Vermeidung des unfairen Steuerwettbewerbs und der Verhaltenskodex zur Umsetzung der EU-Schiedskonvention.

4 Der Europäische Gerichtshof als »Motor« zur Harmonisierung der direkten Steuern

4.1 Allgemeines

Ungeachtet der eigentlich nicht vorgegebenen Harmonisierungsverpflichtung für den Bereich der direkten Steuern hat sich ausschließlich durch die Rechtsprechung des EuGH eine zunehmende Bedeutung des EU-Rechts auch für diesen Bereich ergeben. Ausgangspunkt sind hier immer potenzielle Beeinträchtigungen der Grundfreiheiten und das Diskriminierungsverbot des EGV.

Der EuGH hat hierzu in der Rs. »Hughes de Lasteyrie du Saillant« vom 11.03.2004 (Rs. C-9/02) folgende grundsätzlichen Aussagen getroffen:

»Nach ständiger Rechtsprechung fällt [...] zwar der Bereich der direkten Steuern als solcher beim gegenwärtigen Stand des Gemeinschaftsrechts nicht in die Zuständigkeit der Gemeinschaft, aber die Mitgliedstaaten müssen die ihnen verbliebenen Befugnisse [...] unter Wahrung des Gemeinschaftsrechts ausüben [...]«.

Daher sind vorab die Grundverkehrsfreiheiten im Binnenmarkt festzulegen.

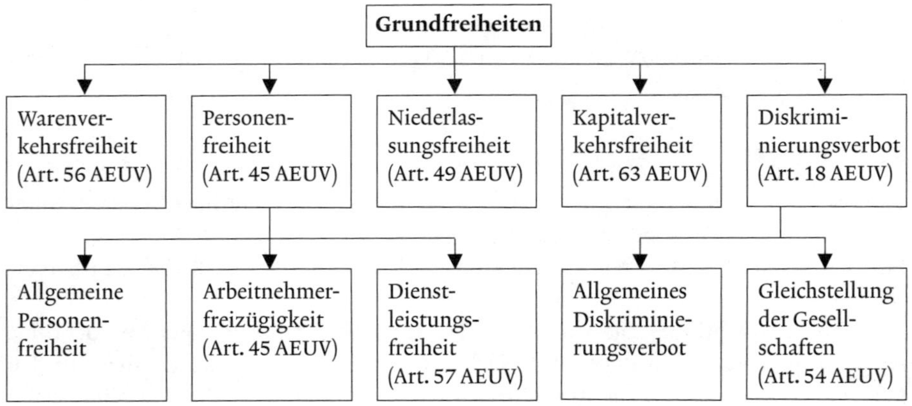

4.2 Die steuerlich relevanten Grundfreiheiten des EG-Vertrages

Die Entscheidungen des EuGH betreffen vorrangig folgende Bereiche.

4.2.1 Bereich der Arbeitnehmerfreizügigkeit

Die Arbeitnehmerfreizügigkeit stellt sicher, dass der Arbeitnehmer ohne Belastungen d. h. auch ohne steuerrechtliche Differenzierung grenzüberscheidend tätig sein kann.

Zu nennen ist hierbei insbesondere die Grundsatzentscheidung des EuGH vom 14. 02. 1995, Rs. C-279/93 »Schumacker« DB 1995, 407.

4.2.2 Bereich der Niederlassungsfreiheit

Die Niederlassungsfreiheit schützt das Recht der freien unternehmerischen Standortwahl innerhalb der EU. Sie richtet sich sowohl an die selbstständig tätigen Staatsangehörigen der Mitgliedstaaten als auch an die nach Art. 54 AEUV gleichgestellten Gesellschaften, soweit sie einen Erwerbszweck verfolgen. Voraussetzung ist, dass der Anteilseigner einen wesentlichen Einfluss auf die Gesellschaft ausübt. Bei Streubesitz kann indessen die Kapitalverkehrsfreiheit (vgl. 4.2.3) berührt sein.

Die Niederlassungsfreiheit umfasst das Recht, in anderen Mitgliedstaaten nach den dortigen Rechtsvorschriften eine selbstständige Erwerbstätigkeit aufzunehmen und auf unbestimmte Zeit auszuüben. Hierzu gehört auch die Gründung von Zweigniederlassungen in rechtlich unselbstständiger Form oder als rechtlich selbstständige Unternehmen (z. B. Tochtergesellschaften). Unter Niederlassung ist dabei die tatsächliche Ausübung einer wirtschaftlichen Tätigkeit mittels einer festen Einrichtung in einem anderen Mitgliedstaat auf unbestimmte Zeit zu verstehen.

Zu diesem Feld ist eine Vielzahl von Entscheidungen ergangen wie

- zur Dividendenbesteuerung (Urteil des EuGH vom 06. 06. 2000 EuGHE 2000, 1327), Rs. »Verkooijen«;
- zur Gesellschafterfremdfinanzierung (Urteil des EuGH vom 12. 12. 2002 BB 2003, 190), Rs. »Lankhorst-Hohorst GmbH«;
- zur Verlustberücksichtigung (Urteil des EuGH vom 13. 12. 2005 IStR 2006, 19, Rs. »Marks & Spencer« sowie vom 15. 05. 2008 BStBl II 2009, 630, Rs. »Lidl«);
- zur Hinzurechnungsbesteuerung (Urteil des EuGH vom 12. 09. 2006 IStR 2006, 670, Rs. »Cadbury Schweppes«).

4.2.3 Kapitalverkehrsfreiheit

Die Kapitalverkehrsfreiheit schützt als Grundfreiheit einerseits den Kapitaltransfer, d. h. die einseitige Übertragung von Geld- oder Sachkapital in andere Mitgliedstaaten und Drittstaaten und andererseits den Zahlungsverkehr, d. h. den grenzüberschreitenden Fluss von Zahlungsmitteln zur Erfüllung schuldrechtlicher Ansprüche. Nach Art. 63 Abs. 1 AEUV sind alle Beschränkungen des Kapitalverkehrs zwischen den Mitgliedstaaten sowie zwischen den Mitgliedstaaten und dritten Ländern verboten.

Hierzu sind bislang wenige Entscheidungen ergangen, z. B. Urteil des EuGH vom 07. 09. 2004, Rs. »Manninnen« sowie Urteil des EuGH vom 06. 03. 2007, Rs. »Meilicke«. Größere Bedeutung hat die Frage der Zulässigkeit des Kapitalertragssteuerabzugs bei Streubesitzdividenden (EuGH vom 08. 11. 2007 IStR 2007, 853), da insoweit noch ein Vertragsverletzungsverfahren gegen Deutschland und andere Länder anhängig ist.

4.2.4 Dienstleistungsfreiheit

Unter Dienstleistungsfreiheit versteht man das Recht, einzelne Dienstleistungen unbehindert von einem Mitgliedstaat aus in einen anderen Mitgliedstaat zu erbringen oder von dort aus zu empfangen. Art. 57 AEUV zählt hierzu beispielhaft die gewerblichen, kaufmännischen, handwerklichen und freiberuflichen Tätigkeiten auf. Der Begriff der Dienstleistung unterscheidet sich vom Begriff der Niederlassung, die auf unbestimmte Zeit angelegt ist, durch die zeitliche Begrenzung und vorübergehende Natur. Die Dienstleistungsfreiheit verschafft somit den Unternehmen auf einfache Weise und ohne das Erfordernis einer dauerhaften Niederlassung im EU-Ausland Zugang zum europäischen Dienstleistungsmarkt.

Zu nennen ist hierzu die Entscheidung des BFH vom 26. 10. 1999 BStBl II 1999, 851 (Rs. C 294-97 »Eurowings«) sowie des EuGH vom 03. 10. 2006, Rs. »Scorpio« (BStBl II 2007, 352) zum Steuerabzug nach § 50a EStG.

4.3 Das Prüfungsschema des Europäischen Gerichtshofes

Bei der Prüfung, ob eine nationale Steuerrechtsvorschrift mit den Grundfreiheiten des AEUV vereinbar ist, geht der EuGH nach folgendem Prüfungsschema vor:

1. Prüfung der Einschlägigkeit der Grundfreiheit
   a) Welches ist die »richtige Grundfreiheit«?
   b) Hat der Sachverhalt Binnenmarktbezug? Hierbei ist derzeit streitig, ob für den Bereich der Kapitalverkehrsfreiheit infolge des Einbezugs von Drittstaateneinkünften Sonderrechte zu beurteilen sind.
   c) Liegt ein grenzüberschreitender Sachverhalt vor und in welchem Umfang führt dies zu einer abweichenden Behandlung gegenüber rein innerstaatlichen Vorgängen?
2. In welchem Umfang liegt eine Beeinträchtigung vor?
3. Gibt es mögliche Rechtfertigungsgründe? Hierbei wird wie folgt differenziert:
   a) Greifen Schutzklauseln?
   b) Gibt es sonstige zwingende Erfordernisse einer Ungleichbehandlung?
   c) Ist die getroffene Maßnahme verhältnismäßig?

Im Rahmen der neueren Rechtsprechung des EuGH sind insbesondere zwei Aspekte hervorzuheben:

a) Rechtfertigungsgrund: Regelung eines DBA

Sowohl aus der o. g. Entscheidung »Lidl« als auch der Folgeentscheidung »Krankenheim Wannsee« ist zu entnehmen, dass die Aufteilungsregeln der DBA als Rechtfertigungsgrund gegen eine geltend gemachte Ungleichbehandlung zu berücksichtigen sind.

b) Keine zwingende Vermeidung einer Doppelbesteuerung – fehlende Hamonisierung

Der EuGH hat sich in Entscheidung vom 12. 02. 2009, Rs. C-67/09 »Block« detailliert mit der Frage der nicht harmonisierten Besteuerung innerhalb der EU beschäftigt.

Aufgrund des Fehlens eines ErbSt-DBA Deutschland/Spanien ging es um die Frage der zulässigen Doppelbesteuerung von Geldvermögen in Spanien und Deutschland aufgrund eines Erbfalles.

Die vom EuGH getroffene Entscheidung – Doppelbesteuerung ist in der EU zulässig – hat weitgehende Bedeutung auch für andere Themenbereiche wie z. B. die Verlustberücksichtigung (kann ein Verlust in zwei Staaten nicht berücksichtigt werden?).

Die wesentlichen Aussagen des EuGH zur vergleichbaren systematischen Frage lauten:

»30 Das Gemeinschaftsrecht schreibt aber bei seinem gegenwärtigen Entwicklungsstand und in einer Situation wie der des Ausgangsverfahrens in Bezug auf die Beseitigung der Doppelbesteuerung innerhalb der Europäischen Gemeinschaft keine allgemeinen Kriterien für die Kompetenzverteilung zwischen den Mitgliedstaaten vor. Dementsprechend ist abgesehen von der Richtlinie 90/435/EWG des Rates vom 23. Juli 1990 über das gemeinsame Steuersystem der Mutter- und Tochtergesellschaften verschiedener Mitgliedstaaten (ABl. L 225, S. 6), dem Übereinkommen vom 23. Juli 1990 über die Beseitigung der Doppelbesteuerung im Falle von Gewinnberichtigungen zwischen verbundenen Unternehmen (ABl. L 225, S. 10) und der Richtlinie 2003/48/EG des Rates vom 3. Juni 2003 im Bereich der Besteuerung von Zinserträgen (ABl. L 157, S. 38) bis heute im Rahmen des Gemeinschaftsrechts keine Maßnahme der Vereinheitlichung oder Harmonisierung zum Zweck der Beseitigung von Doppelbesteuerungstatbeständen erlassen worden (vgl. Urteile Kerckhaert und Morres, Randnr. 22, und Columbus Container Services, Randnr. 45).

31 Daraus folgt, dass die Mitgliedstaaten beim gegenwärtigen Entwicklungsstand des Gemeinschaftsrechts vorbehaltlich dessen Beachtung über eine gewisse Autonomie in diesem Bereich verfügen und deshalb nicht verpflichtet sind, ihr eigenes Steuersystem den verschiedenen Steuersystemen der anderen Mitgliedstaaten anzupassen, um namentlich die sich aus der parallelen Ausübung ihrer Besteuerungsbefugnisse ergebende Doppelbesteuerung zu beseitigen und so in einem Fall wie dem des Ausgangsverfahrens die Anrechnung der Erbschaftsteuer zu ermöglichen, die in einem anderen Mitgliedstaat als dem Wohnsitzstaat des Erben entrichtet wurde (vgl. in diesem Sinne Urteil Columbus Container Services, Randnr. 51).«

Teil N Komplexe Übungsfälle

Übungsfall 1

Bearbeitungszeit: 30 Minuten
Hilfsmittel: EStG, EStR

I. Sachverhalt

Der unbeschränkt steuerpflichtige, verheiratete Unternehmer Streber erzielt Einkünfte i. H. v. 100 000 €; darin enthalten sind 25 000 € ausländische Einkünfte aus dem Dritt-Staat X. Auf die ausländischen Einkünfte entfällt eine der deutschen ESt vergleichbare Steuer auf die Einkommenserzielung i. H. v. umgerechnet 7 500 € (30 %). Die das zu versteuernde Einkommen beeinflussenden Abzugsbeträge belaufen sich auf 10 000 €.

II. Aufgabe

Ermitteln Sie für das Jahr 2009 die deutsche ESt und die Gesamtsteuerbelastung (Splitting-Tabelle).

Unterstellen Sie, dass

1. die ausländischen Einkünfte nach dem Doppelbesteuerungsabkommen mit dem Dritt-Staat X steuerlich freizustellen sind und der Progressionsvorbehalt anzuwenden ist;
2. für die Vermeidung der Doppelbesteuerung die ausländischen Einkünfte aus dem Dritt-Staat X der Anrechnungsmethode unterliegen sollen;
3. die steuerpflichtigen Ehegatten statt der Anrechnungsmethode sich für die Abzugsmethode entscheiden;
4. es sich bei den Einkünften aus dem Dritt-Staat X um gewerbliche Einkünfte handelt, für die die Pauschalierungsmethode angewendet werden soll.

Übungsfall 2

Bearbeitungszeit: 20 Minuten
Hilfsmittel: EStG, EStR

I. Sachverhalt

Der deutsche Fabrikant F betreibt ein Handelsunternehmen in Freiburg; er vertreibt seine Waren über in Taipeh (Taiwan) und in Rio (Brasilien) eingerichtete Niederlassungen bzw. Betriebsstätten. Die aufgrund ordnungsgemäßer Buchführung ermittelten Gewinne im Jahr 09 betrugen:

Einkünfte aus dem inländischen Unternehmen	50 000 €
Einkünfte taiwanesische Niederlassung	12 500 €
Einkünfte brasilianische Niederlassung	22 500 €
Einkünfte aus inländischer Vermietung und Verpachtung	4 000 €
Verluste aus inländischer KG-Beteiligung (kein § 15a EStG!)	./. 7 500 €

F weist gemäß § 68b EStDV nach, dass er in Taiwan eine »profit-seeking enterprise income tax« von (umgerechnet) 3 000 € und in Brasilien eine »Imposto de Renda da Pessoa Fisica« von (umgerechnet) 9 000 € entrichtet hat.

Die das zu versteuernde Einkommen beeinflussenden Abzugsbeträge (Sonderausgaben, außergewöhnliche Belastungen) betragen 5 000 €.

F ist verheiratet und beantragt gemäß § 26b EStG die Zusammenveranlagung.

II. Aufgabe

Wie hoch ist die festzusetzende ESt für 09?

Übungsfall 3

Bearbeitungszeit: 30 Minuten
Hilfsmittel: EStG, EStR

I. Sachverhalt

Die unbeschränkt steuerpflichtigen Eheleute A und B haben im Jahr 09 folgende nach deutschem Steuerrecht ermittelte Einkünfte erzielt und nachstehende Aufwendungen geleistet:

Einkünfte A:	
Gewerbliche Einkünfte (Inland)	10 000 €
Einkünfte aus Schweizer Grundvermögen	./. 5 000 €
Schweizer Steuer (umgerechnet)	1 000 €
Einkünfte B:	
Gewerbliche Einkünfte aus Chile	15 000 €
Einkünfte aus Schweizer Grundvermögen	10 000 €
Chilenische Steuer (umgerechnet)	1 500 €
Schweizer Steuer (umgerechnet)	2 000 €

Die das zu versteuernde Einkommen beeinflussenden Abzugsbeträge belaufen sich auf insgesamt 5 000 €. A und B beantragen die Zusammenveranlagung gemäß § 26b EStG.

II. Aufgabe

1. Können die der deutschen ESt entsprechenden ausländischen Steuern auf die deutsche Steuer angerechnet werden?
2. Kann A, unabhängig von B, den Abzug der Schweizer Steuer gem. § 34c Abs. 2 EStG beantragen?

Übungsfall 4

Bearbeitungszeit: 20 Minuten
Hilfsmittel: EStG, EStR, DBA-Österreich

I. Sachverhalt

Der verheiratete Amtsrat A hat im Jahr 09 Einnahmen aus nichtselbstständiger Tätigkeit i. H. v. 37 500 € bezogen; die abziehbaren Werbungskosten betragen 3 500 €. Es sind Sonderausgaben und außergewöhnliche Belastungen i. H. v. 5 000 € angefallen.

Im Februar 09 hat A von seinem Onkel O einen kleinen produzierenden Gewerbebetrieb in Wien (Österreich) geerbt. Infolge des Wechsels des Inhabers und aufgrund der schlechten Konjunktur ergab sich ein nach deutschem Einkommensteuerrecht ermittelter Verlust i. H. v. 20 500 €.

II. Aufgabe

Berechnen Sie die ESt für 09!

Übungsfall 5

Bearbeitungszeit: 20 Minuten
Hilfsmittel: EStG, EStR

I. Sachverhalt

Der in Stuttgart wohnende verheiratete Unternehmer H betreibt in Brasilien eine Hotelanlage. In den Jahren 07 bis 09 sind für diese Anlage steuerlich ohne Beanstandungen folgende Betriebsstättenergebnisse ermittelt worden:

07 ./. 50000 €
08 ./. 30000 €
09 + 100000 €

Für das Jahr 09 ist in Brasilien eine Steuer auf gewerbliche Einkünfte i. H. v. umgerechnet 20000 € angefallen (»Imposto de Renda da Pessoa Fisica«), die in Deutschland grundsätzlich angerechnet werden kann (Anhang 12/II EStR).

Die Summe der inländischen Einkünfte hat in den Jahren 07 bis 09 jeweils 80000 € betragen. Die das zu versteuernde Einkommen beeinflussenden Abzugsbeträge belaufen sich in diesen Jahren auf jeweils 7000 €.

II. Aufgabe

Stellen Sie die einkommensteuerlichen Auswirkungen der negativen und positiven ausländischen Einkünfte für H in den Veranlagungszeiträumen 07 bis 09 dar. Dabei ist davon auszugehen, dass H frühestmöglich die geringste steuerliche Belastung erzielen möchte.

Übungsfall 6

Bearbeitungszeit: 30 Minuten
Hilfsmittel: EStG, EStR, DBA-Schweiz

I. Sachverhalt

Der in Deutschland ansässige ledige Steuerpflichtige S hat 6250 Aktien an der C-AG in Basel im Jahre 07 für 100000 € erworben. Den Kauf finanzierte er z. T. mit einem Bankdarlehen; insoweit entstehen laufende Finanzierungskosten i. H. v. 1000 € pro Jahr.

Im Mai 08 bezieht S Dividendenerträge i. H. v. 6000 €; nach Abzug von 35 % Schweizer Verrechnungssteuer (2100 €) werden an S 3900 € ausbezahlt. Die deutsche Depotbank berechnet Gebühren i. H. v. 150 €.

Die Summe der inländischen Einkünfte des S beträgt im Jahre 08 80000 €. Inländische Einnahmen aus Kapitalvermögen sind **nicht** zugeflossen. Die das zu versteuernde Einkommen beeinflussenden Abzugsbeträge belaufen sich auf 7500 €.

II. Aufgabe

a) Wie stellt sich im Jahre 08 die Steuerbehandlung in Deutschland dar?
b) Wie ist derselbe Sachverhalt im Jahre 09 zu behandeln?

Übungsfall 7

Bearbeitungszeit: 1 Stunde
Hilfsmittel: EStG, EStR

I. Sachverhalt

Der verheiratete F ist in Köln als Fabrikant tätig. In 09 erzielt er mit seinem Unternehmen einen Gewinn von 100 000 €. In Kolumbien unterhält F eine Vertriebsbetriebsstätte, die im selben Jahr – nach kolumbianischem Recht – einen Gewinn von weiteren 100 000 € abwarf. Hierfür musste F in Kolumbien Steuern von 30 000 € zahlen (»impuesto sobre la renta«: 24 000 €; »impuesto districtionale«: 6 000 €). Nach deutschen Gewinnermittlungsgrundsätzen würde der Gewinn der Betriebsstätte lediglich 40 000 € betragen. Weitere Einkünfte hat F nicht. Seine abzugsfähigen Sonderausgaben belaufen sich auf 12 000 €.

II. Aufgabe

Welche Möglichkeiten hat der Steuerpflichtige i. R. d. § 34c EStG?
Wie hoch ist die gegenüber F festzusetzende ESt 09?
Welches Wahlrecht wird F ausüben?

Übungsfall 8

Bearbeitungszeit: 2 Stunden
Hilfsmittel: EStG, EStR, DBA-USA, DBA-Frankreich, DBA-Mexiko, DBA-Schweiz

I. Sachverhalt

A verheiratet, 2 Kinder, wohnhaft in Böblingen, ist als Arbeitnehmer tätig. Im Jahr 07 bezog er ein Bruttogehalt von 50000 € und im Jahr 08 ein Bruttogehalt von 60000 €. An Werbungskosten macht A je 2000 € geltend.

A ist außerdem Eigentümer vermieteter Eigentumswohnungen (EW) mit nach deutschem Recht ermittelten Einkünften in folgender Höhe:

	Jahr 07	**Jahr 08**
EW Los Angeles (USA)	./. 20000 €	+ 5000 €
EW Le Havre (Frankreich)	./. 500 €	+ 35500 €
EW Mexico City	./. 2000 €	./. 3000 €
EW Zürich (Schweiz)	+ 15000 €	

In 08 hat A die ihm seit 15 Jahren gehörende ETW in Zürich für 100000 € verkauft (Anschaffungskosten 50000 €).

A hat in Mexiko umgerechnet Steuer für 07 i. H. v. 200 € und 300 € für 08 bezahlt (mexikanische Steuer: »impuesto sobre la renta«). Die in der Schweiz entrichteten Ertragsteuern betragen umgerechnet 5000 €

II. Aufgabe

Berechnen Sie die Steuerbelastung!

Übungsfall 9

Bearbeitungszeit: 1 Stunde
Hilfsmittel: KStG, DBA-Belgien

I. Sachverhalt

Die inländische A-GmbH übt ihre Tätigkeit im Jahre 2009 im Inland (Einkünfte i. H. v. 90000 €), im Irak (Betriebsstätte mit eigener Buchhaltung und Einkünften i. H. v. 70000 €; die Tätigkeit besteht in der Lieferung von Maschinenteilen, Besteuerung im Irak mit nur 10% »KSt«) sowie in Belgien aus.

In Belgien bestehen unabhängig voneinander Beteiligungen an einer GmbH (in Belgien: BVBA), an einer AG (in Belgien: S. A.) sowie an einer Betriebsstätte. Die Beteiligung an der GmbH beträgt 100%, die GmbH erzielt jährlich einen Gewinn von 50000 €, der nach der belgischen KSt von 39% vollständig ausgeschüttet wird. Die Beteiligung an der AG beträgt 20%, es werden jährlich Dividenden i. H. v. 40000 € (quellensteuerfrei) an die deutsche A-GmbH ausgeschüttet.

Die Betriebsstätte unterliegt in Belgien einem Körperschaftsteuersatz von 43%. Die Einkünfte der belgischen Betriebsstätte betragen 60000 €.

Durchgängig sei unterstellt, dass die deutschen und ausländischen Gewinnermittlungsvorschriften identisch sind.

II. Aufgabe

Wie hoch ist die deutsche Steuerbelastung?

Übungsfall 10

Bearbeitungszeit: 20 Minuten
Hilfsmittel: EStG, EStR, DBA-USA

I. Sachverhalt

Der in den USA lebende Zauberer Zoras (Z, Staatsbürger der Vereinigten Staaten von Amerika) trat 2009 in Stuttgart auf. Vom deutschen Veranstalter V erhielt er ein Honorar i. H. v. 100 000 € zzgl. Umsatzsteuer i. H. v. 19 000 €. Eine Catering-GmbH (C-GmbH) erwarb von Z das ausschließliche Recht, im Veranstaltungssaal Werbung betreiben zu dürfen, dafür bezahlt ihm die C-GmbH 15 000 € zuzüglich 2 850 € Umsatzsteuer.

II. Aufgabe

Ermitteln Sie, ob Z die erziehlten Einnahmen in Deutschland versteuern muss.

Übungsfall 11

Bearbeitungszeit: 20 Minuten
Hilfsmittel: AStG, KStG

I. Sachverhalt

Die X-GmbH mit Sitz in der BRD gewährt einer niederländischen Gesellschaft, an der sie zu 90% beteiligt ist, ein Darlehen i. H. v. 100000 €.

Wegen der schlechten wirtschaftlichen Lage der niederländischen Gesellschaft erlässt die X-GmbH die bisher aus diesem Darlehen aufgelaufenen Zinsen i. H. v. 10000 €.

Außerdem wird das Darlehen für die Restlaufzeit zinslos überlassen.

II. Aufgabe

Prüfen Sie die jeweilige steuerliche Auswirkung bei der X-GmbH.

Übungsfall 12

Bearbeitungszeit: 2 Stunden
Hilfsmittel: EStG, AStG

I. Sachverhalt

Die Mäusli-AG (nachfolgend M-AG) ist eine Kapitalgesellschaft schweizerischen Rechts mit Sitz und Geschäftsleitung in Zug/Schweiz. Die Firma wurde 2000 von den nicht miteinander verwandten, in Deutschland wohnhaften Investoren zu folgenden Anteilen gegründet:

A, Stuttgart	30%
B, Frankfurt	30%
C, Berlin	20%
D, Hamburg	20%

Die M-AG befasst sich mit der Herstellung und dem Vertrieb von Werkzeugmaschinen und vermietet daneben umfangreichen Grundbesitz.

- **Fabrikation von Werkzeugmaschinen**

Das Grundstück steht seit Jahren mit einem Wert von 200 000 € in den Bilanzen, während die Maschinen und die Betriebs- und Geschäftsausstattung auf Erinnerungswerte abgeschrieben sind. Investitionen in das Anlagevermögen wurden seit längerer Zeit nicht mehr vorgenommen. Das Betriebsergebnis aus der Produktion und dem Vertrieb beträgt ./. 10 000 €.

- **Darlehen an verbundene Unternehmen**

Es handelte sich um vier Darlehen an Investoren, die in Deutschland in derselben Branche tätig sind. Die Darlehen wurden zu marktüblichen Sätzen verzinst. Die Zinseinnahmen belaufen sich auf 100 000 €.

- **Festgeldanlagen**

Für geplante Betriebserweiterungen wurden Festgeldanlagen getätigt. Für die Erweitung liegt bereits eine Baugenehmigung vor. Die Einnahmen belaufen sich auf 20 000 €.

- **Wertschriften**

Die M-AG weist unter dieser Position einen recht umfangreichen Aktienbestand aus. Neben ausländischen Werten befinden sich auch deutsche Finanzanlagen (z. B. SAP, Daimler) im Depot. Die Dividendeneinnahmen belaufen sich auf 50 000 €.

- **Rücklagen/Gewinnvortrag**

Die erwirtschafteten Gewinne werden seit langem thesauriert, Ausschüttungen erfolgten nicht. Investiert wurde in Dividendenerträge sowie in ein im Jahr 2005 erworbenes Mietwohngrundstück (Grundstücks-Anschaffungskosten 200 000 €, Gebäude-Herstellungskostenanteil 1 000 000 €; Baujahr 1990). Dabei ergeben sich folgende GuV-Posten:

Mieteinnahmen	30 000 €
AfA 10%	100 000 €
Bewirtschaftungskosten	5 000 €

- **Steuern**

Die Steuerbelastung der M-AG (2009: umgerechnet 30 000 €) in der Schweiz beträgt weniger als 25 %.

- **Zinserträge aus laufenden Konten (10 000 €)**

Es handelt sich um Zinsen aus sehr kurzfristigen Anlagen, Girozinsen und um Zinsen aus der Stundung von Forderungen aus Liefergeschäften.

II. Aufgabe

Wie ist der Sachverhalt steuerrechtlich für das Jahr 2009 zu würdigen?

Teil O Lösungshinweise zu den komplexen Übungsfällen

Lösung zu Übungsfall 1

Zu 1.: Freistellung mit Progressionsvorbehalt nach § 32b Abs. 1 Nr. 3 EStG

a) Berechnung der ESt

Summe der inländischen Einkünfte	75 000 €
zu versteuerndes Einkommen	65 000 €
deutsche ESt bei 90 000 €	21 926 €
durchschnittlicher Steuersatz bei 90 000 €	24,3 %
deutsche ESt auf 65 000 €	15 795 €

b) Gesamtbelastung

deutsche ESt	15 795 €
ausländische ESt	7 500 €
Summe Gesamtbelastung	23 295 €

Zu 2.: Anrechnung der ausländischen Steuer nach § 34c Abs. 1 EStG

a) Berechnung der ESt

Summe der Einkünfte		100 000 €
zu versteuerndes Einkommen:		90 000 €
tarifliche deutsche ESt		21 926 €
ausländische Steuer		7 500 €
maximale Anrechnung:	$\frac{21\,926\ € \times 25\,000\ €}{100\,000\ €}$ =	5 481 €
festzusetzende ESt		16 445 €

b) Gesamtbelastung

deutsche ESt	16 445 €
ausländische ESt	7 500 €
Summe Gesamtbelastung	23 945 €

Da die durchschnittliche Steuerbelastung im Ausland im Vergleich zum Inland höher ist, kann nicht die gesamte ausländische Steuer angerechnet werden.

Zu 3.: Abzug der ausländischen Steuer von der Bemessungsgrundlage nach § 34c Abs. 2 EStG

a) Berechnung der ESt

Summe der Einkünfte	100 000 €
abzüglich ausländische ESt	./. 7 500 €
abzüglich sonstige Abzüge	./. 10 000 €
zu versteuerndes Einkommen	82 500 €
tarifliche deutsche ESt	19 104 €

b) Gesamtbelastung

deutsche ESt	19104 €
ausländische ESt	7500 €
Summe Gesamtbelastung	26604 €

Das Abzugsverfahren kann bei der vorliegenden Sachverhaltskonstellation nur zu einer Milderung der eingetretenen Doppelbesteuerung führen und sollte deswegen nicht beantragt werden.

Zu 4.: Pauschalierung gem. § 34c Abs. 5 EStG i. V. m. Pauschalierungserlass vom 10. 04. 1984 (BStBl I 1984, 252; EStR, Anhang 26)

Berechnung der festzusetzenden ESt	
Summe der inländischen Einkünfte	75000 €
zu versteuerndes Einkommen	65000 €
tarifliche deutsche ESt	12998 €
ausländische Einkünfte	25000 €
Pauschalsteuer 25 %	6250 €
festzusetzende deutsche ESt	19248 €
Gesamtbelastung	
festgesetzte deutsche ESt	19248 €
ausländische ESt	7500 €
Summe Gesamtbelastung	27748 €

Die Anwendung der Pauschalierungsmethode sollte nur dann erwogen werden, wenn im Ausland die dortige Steuerbelastung deutlich unter dem inländischen Niveau liegt.

Schlussbemerkung

Die dargestellten Berechnungsalternativen beziehen sich auf die typische Fallgestaltung, in welcher im Inland und im Ausland positive Einkünfte erzielt worden sind. Zum Zwecke der sachgerechten Ausübung der bestehenden Wahlrechte sind die vorgenannten Berechnungen unter Berücksichtigung der § 2 Abs. 3, § 2a und des § 10d EStG, für jene Fälle durchzuspielen, in denen im Ausland und/oder im Inland negative steuerliche Ergebnisse erzielt werden.

Lösung zu Übungsfall 2

F ist unbeschränkt steuerpflichtig (§ 1 Abs. 1 EStG) und muss sachlich seine inländischen und ausländischen Einkünfte nach dem Welteinkommensprinzip versteuern (§ 2 EStG). Da weder mit Taiwan noch mit Brasilien DBA bestehen, kommt eine Freistellung der ausländischen Einkünfte nicht in Betracht. Die Summe der Einkünfte beträgt 81 500 €. Nach Abzug der Sonderausgaben und der außergewöhnlichen Belastungen ergibt sich ein zu versteuerndes Einkommen i. H. v. 76 500 €. Die tarifliche ESt ist nach § 32a EStG zu ermitteln und beträgt 16 930 €.

Die Doppelbesteuerung wird ausschließlich nach den innerstaatlichen Vorschriften (§ 34c EStG, § 34d EStG) vermieden; vorliegend kommt das Anrechnungsverfahren in Betracht. Bei den in Taiwan und in Brasilien erwirtschafteten Einkünften handelt es sich um ausländische Einkünfte i. S. d. § 34d Nr. 2a EStG und bei den dort gezahlten Steuern handelt es sich um der deutschen ESt entsprechende Steuern (vgl. R 34c (2) EStR in Verbindung mit Anhang 12/II). Im Rahmen des Anrechnungsverfahrens ist eine Höchstbetragsrechnung nach § 68a EStDV für jedes Land getrennt vorzunehmen (per-country-limitation).

Taiwan:	12 500 € : 81 500 € × 16 920 € =	2 596 €
Algerien:	22 500 € : 81 500 € × 16 930 € =	4 673 €
=		7 269 €

Sowohl die in Taiwan als auch in Brasilien entrichteten Steuern sind höher als der jeweils berechnete Höchstbetrag; infolgedessen ist die Anrechnung begrenzt.

Insgesamt können somit auf die deutsche Steuer von 16 930 € lediglich ausländische Steuern i. H. v. 7 269 € angerechnet werden. Die festzusetzende ESt beträgt 9 661 €.

Lösung zu Übungsfall 3

Vorbemerkung und Steuerpflicht

Es ist wegen der unterschiedlichen steuerlichen Vorschriften zur Einkünfteermittlung in den beteiligten Ländern durchaus möglich, dass auf nach deutschen Vorschriften ermittelte negative Einkünfte ein ausländischer Steuerbetrag entfällt, da nach ausländischem Steuerrecht positive Einkünfte ermittelt werden.

Im Übrigen sind die Ehegatten unbeschränkt steuerpflichtig (§ 1 Abs. 1 EStG), auch unterliegen die Einkünfte aus den angegebenen Einkunftsarten der sachlichen Einkommensteuerpflicht (§ 2 Abs. 1 EStG – Welteinkommensprinzip). Dies gilt sowohl für die positiven als auch die negativen Einkünfte; allerdings sind die innerstaatlichen Verlustverrechnungsvorschriften zu beachten.

Zu 1.: Anrechnungsmethode bei beiden Ehegatten

Voraussetzung für die Anwendung des § 34c EStG ist, dass der Staat, aus dem die ausländischen Einkünfte stammen, ein Nicht-DBA-Staat ist, oder dass das mit diesem Staat abgeschlossene DBA für Einkünfte aus dem anderen Staat die Anrechnungsmethode vorsieht (Art. 23 B OECD-MA).

Mit Chile besteht kein DBA (vgl. BMF vom 12. 01. 2010 Anhang 12/I EStR). Das mit der Schweiz geschlossene DBA sieht – entgegen der üblichen Behandlung in anderen DBA – bei Einkünften aus unbeweglichem Vermögen die Anrechnungsmethode vor (Art. 6 i. V. m. Art. 24 Abs. 1 Nr. 1 und 2 DBA-Schweiz).

§ 34c Abs. 1 EStG ist den **Tarifvorschriften** zuzuordnen. Für den vorliegenden Fall der Zusammenveranlagung bedeutet dies, dass bei der Ermittlung des Höchstbetrags der anrechenbaren ausländischen Steuer die Eheleute gemeinsam als Steuerpflichtiger zu behandeln sind und eine einheitliche Summe der Einkünfte der Ehegatten zu bilden ist (R 34c (3) Satz 7 EStR). Außerdem gilt für den Fall, dass zusammen veranlagte Ehegatten ausländische Einkünfte aus demselben Staat bezogen haben, Folgendes: Für die nach § 68a EStDV für jeden einzelnen ausländischen Staat gesondert durchzuführende Höchstbetragsberechnung der anrechenbaren ausländischen Steuern sind die Einkünfte und die anrechenbaren Steuern der Ehegatten aus diesem Staat zusammenzurechnen (R 34c (3) Satz 8 EStR). Infolgedessen können im vorliegenden Fall die negativen Schweizer Einkünfte aus Grundvermögen des A mit den entsprechenden Einkünften der B ausgeglichen werden (./. 5 000 € + 10 000 € = 5 000 €).

Es ergeben sich folgende Berechnungen:

Einkünfte A:

gewerbliche Einkünfte (Inland)	10 000 €
Einkünfte aus Schweizer Grundvermögen	./. 5 000 €
Summe der Einkünfte A	5 000 €

Einkünfte B:

gewerbliche Einkünfte aus Chile	15 000 €
Einkünfte aus Schweizer Grundvermögen	10 000 €
Summe der Einkünfte B	25 000 €

Gemeinsame Summe der Einkünfte	30 000 €
Abzugsbeträge	./. 5 000 €
zu versteuerndes Einkommen	25 000 €
tarifliche ESt	1 708 €
Berechnung der Höchstbeträge:	
Schweiz: 1 708 € × 5 000 € : 30 000 € = 285 €	285 €
Chile: 1 708 € × 15 000 € : 30 000 € = 854 €	854 €
insgesamt anrechenbar somit	1 139 €
festzusetzende ESt	569 €

Zu 2.: Kombination der Anrechnungs- und Abzugsmethode bei den Ehegatten A und B

Die Vorschrift des § 34c Abs. 2 EStG ist den **Einkünfteermittlungsvorschriften** zuzuordnen. Da die Eheleute auch im Falle der Zusammenveranlagung gemäß § 26b EStG jeweils getrennt als Steuerpflichtige anzusehen sind, müssen sie das Antragsrecht nach § 34c Abs. 2 EStG auch nicht gemeinsam ausüben.

Für die Anwendung des § 2a EStG ist vorliegend kein Raum, da bei der Zusammenveranlagung für die beiden Ehegatten eine gemeinsame Summe der Einkünfte gebildet wird und insoweit ein Verlustausgleich möglich ist (R 2a Abs. 7 EStR). Es ergibt sich folgende zu (2) abweichende Berechnung:

Einkünfte A:	
Gewerbliche Einkünfte (Inland)	10 000 €
Einkünfte aus Schweizer Grundvermögen (abzüglich Schweizer Steuer)	./. 6 000 €
Summe Einkünfte A	4 000 €
Einkünfte B: ohne Änderung:	25 000 €
Gemeinsame Summe der Einkünfte	29 000 €
Abzugsbeträge	./. 5 000 €
zu versteuerndes Einkommen	24 000 €
tarifliche ESt	1 492 €
Berechnung der Höchstbeträge:	
Schweiz: 1 492 € × 4 000 € : 29 000 € = 205 €	205 €
Chile: 1 492 € × 15 000 € : 29 000 € = 772 €	772 €
insgesamt anrechenbar somit:	977 €
festzusetzende ESt	515 €

Anmerkung

Im vorliegenden Fall könnte(n) die bzw. ein Ehegatte(n) getrennte Veranlagung wählen. In diesem Fall müssten für die beiden Ehegatten jeweils Einzelveranlagungen durchgeführt werden; bei der Veranlagung des A müsste alternativ die Anrechnungsmethode und die Abzugsmethode durchgerechnet werden.

Lösung zu Übungsfall 4

Berechnung der tariflichen ESt gemäß § 32a Abs. 1 und 5 EStG ohne ausländische Einkünfte

Als unbeschränkt Steuerpflichtiger hat A sein Welteinkommen und damit auch seine Einkünfte aus Österreich zu versteuern (§ 1 Abs. 1 und § 2 Abs. 1 EStG). Nach Art. 7 Abs. 1 DBA-Österreich steht dem Betriebsstättenstaat das allgemeine Besteuerungsrecht für Einkünfte aus Gewerbebetrieb zu. Die Doppelbesteuerung dieser Einkünfte in Deutschland wird durch die Freistellungsmethode vermieden (Art. 23 Abs. 1 Buchst. a DBA-Österreich); dementsprechend bleibt der Verlust aus unternehmerischer Tätigkeit in Österreich bei der Ermittlung des zu versteuernden Einkommens in Deutschland außer Betracht. Jedoch sind diese Einkünfte (grds. nach § 32b Abs. 1 Nr. 3 EStG) bei der Ermittlung des Steuersatzes zu berücksichtigen. Nach § 32b Abs. 1 Satz 2 Nr. 2 EStG wird der negative Progressionsvorbehalt bei Verlusten aus Betriebsstätten aus EU-/EWR-Staaten nicht angewendet, außer es handelt sich um eine produktive Tätigkeit i. S. d. § 2a Abs. 2 EStG. Diese wird im vorliegenden Fall unterstellt. Danach ergibt sich folgende Berechnung:

Einkünfte aus nichtselbstständiger Arbeit (§§ 19, 9 EStG)	34 000 €
Abzüge (Sonderausgaben und außergewöhnliche Belastungen)	./. 5 000 €
zu versteuerndes Einkommen	29 000 €
tarifliche ESt laut Splittingtabelle 09	2 666 €

Berücksichtigung des Progressionsvorbehalts gemäß § 32b Abs. 1 Nr. 3 EStG

Die negativen produktiven ausländische Einkünfte sind bei der Ermittlung des besonderen Steuersatzes nach § 32b Abs. 1 Nr. 3 i. V. m. Abs. 1 Satz 2 Nr. 2 EStG zu berücksichtigen, sofern diese nicht gemäß § 2a EStG von der Berücksichtigung ausgeschlossen sind (sog. negativer Progressionsvorbehalt), dabei kann der Steuersatz auch auf Null sinken (H 32b [Ausländische Verluste] EStH). Da die Verluste aus einer so genannten produktiven Tätigkeit i. S. d. § 2a Abs. 2 EStG stammen, sind sie folgendermaßen zu berücksichtigen:

zu versteuerndes Einkommen	29 000 €
österreichische Verluste	./. 20 500 €
Tarifeinkommen	8 500 €
tarifliche ESt laut Splittingtabelle bei 8 500 €	0 €
maßgebender Steuersatz	0 %
tarifliche und festzusetzende Steuer	0 €

Lösung zu Übungsfall 5

Mit Brasilien besteht kein DBA. Infolgedessen sind nur die inländischen steuerlichen Vorschriften zu beachten.

Der Unternehmer und seine Ehefrau sind mit sämtlichen Welteinkünften persönlich und sachlich steuerpflichtig (§ 1 Abs. 1 und § 2 Abs. 1 EStG). Bei der Ermittlung der Summe der Einkünfte können nach deutschem Steuerrecht negative ausländische Einkünfte aus Drittstaaten nur beschränkt ausgeglichen und abgezogen werden (vgl. § 2a Abs. 1 und Abs. 2 EStG). Die eingeschränkte Verlustverrechnung gilt bei gewerblichen Einkünften dann, wenn die Verluste aus dem Betrieb von Anlagen stammen, die dem Fremdenverkehr dienen (vgl. § 2a Abs. 1 und 2 EStG). In diesen Fällen ordnet § 2a Abs. 1 Satz 1 EStG an, dass die negativen ausländischen Einkünfte nur mit positiven Einkünften der jeweils selben Art aus demselben Drittstaat ausgleichsfähig sind (**eingeschränkter Verlustausgleich**). § 2a Abs. 1 Satz 3 EStG bestimmt, dass die negativen ausländischen Einkünfte in den folgenden Veranlagungszeiträumen ohne zeitliche Beschränkung abgezogen werden können (**eingeschränkter Verlustvortrag**). Für die verbleibenden negativen ausländischen Einkünfte ist ein besonderes Feststellungsverfahren durchzuführen (§ 2a Abs. 1 Satz 5 EStG).

Danach ergeben sich folgende steuerlichen Auswirkungen:

Jahr 07:

Summe der Einkünfte (ohne Verlustverrechnung)	80 000 €
Abzugsbeträge	./. 7 000 €
zu versteuerndes Einkommen	73 000 €

Jahr 08: wie 07

In den Veranlagungszeiträumen 07 und 08 führen die negativen ausländischen Einkünfte wegen der Regelung des § 2a Abs. 1 und Abs. 2 EStG zu keiner steuerlichen Entlastung.

Jahr 09:

Summe der inländischen Einkünfte		80 000 €
ausländische Einkünfte 09	100 000 €	
Verlustabzug aus 07	./. 50 000 €	
Verlustabzug aus 08	./. 30 000 €	
steuerbare ausländische Einkünfte 09	20 000 €	20 000 €
Summe der Einkünfte		100 000 €
Abzugsbeträge		./. 7 000 €
zu versteuerndes Einkommen		93 000 €
tarifliche ESt laut Splittingtabelle		23 088 €
Steueranrechnung		./. 4 617 €
festzusetzende ESt		18 471 €

Im Veranlagungszeitraum 09 ist noch zu beachten, dass H in Brasilien 20 000 € Steuern entrichtet hat, die gemäß § 34c Abs. 1 EStG nur begrenzt i. H. v. 4 617 € anrechenbar sind (23 088 € × 20 000 € : 100 000 €). Die gesamte Steuerbelastung beträgt 38 471 € (18 471 € + 20 000 €).

H kann aber gemäß § 34c Abs. 2 EStG für die Jahre 07, 08 und 09 die Abzugsmethode beantragen, was im vorliegenden Falle günstiger wäre.

09:

Summe der inländischen Einkünfte		80 000 €
ausländische Einkünfte 09	100 000 €	
./. ausländische Steuer 09	./. 20 000 €	
	80 000 €	
./. Verluste aus 07 und 08	./. 80 000 €	
	0 €	0 €
./. Abzugsbeträge		./. 7 000 €
zu versteuerndes Einkommen		73 000 €
tarifliche und festzusetzende ESt laut Splittingtabelle 2009		15 706 €

Die gesamte Steuerbelastung beträgt 35 706 € (15 706 € + 20 000 €).

Es ist darauf hinzuweisen, dass nach § 2a Abs. 1 Satz 5 EStG in den Jahren 07, 08 und 09 die verbleibenden negativen Einkünfte festzustellen sind. Unter Berücksichtigung der in den Jahren 07, 08 und 09 summierten Verluste ergeben sich folgende verbleibende negative Einkünfte:

07	50 000 €
08	30 000 €
Summe	80 000 €
Verlustverrechnung 09	80 000 €
verbleibende negative Einkünfte per 31.12.09	0 €

Lösung zu Übungsfall 6

a) Veranlagungszeitraum 2008

S ist gemäß §§ 1 und 2 EStG mit seinem Welteinkommen in der Bundesrepublik persönlich und sachlich unbeschränkt steuerpflichtig.

Mit seinen Schweizer Einkünften fällt er in den persönlichen Anwendungsbereich des DBA-Schweiz, da er abkommensberechtigt ist (vgl. Art. 1 DBA-Schweiz; Art. 1 OECD-MA).

Nach innerstaatlichem schweizerischem Steuerrecht wird auf Dividenden eine Verrechnungssteuer i. H. v. 35 % des Bruttobetrags der Dividenden erhoben (s. Art. 28 Abs. 1 DBA-Schweiz).

Nach dem DBA-Schweiz steht der Schweiz als Quellenstaat vorab nur ein Besteuerungsrecht i. H. v. 15 % des Bruttobetrags der Dividenden zu (Art. 10 Abs. 2d DBA-Schweiz, Art. 10 Abs. 2b OECD-MA).

Im Übrigen kann die Bundesrepublik die ausländischen Einkünfte besteuern, sie muss aber die in der Schweiz gezahlte und keinem Ermäßigungsanspruch mehr unterliegende schweizerische Steuer anrechnen (vgl. Art. 24 Abs. 1 Nr. 2 DBA-Schweiz, Art. 23 B OECD-MA).

Für die deutsche Steuerbehandlung ergibt sich daraus Folgendes:

inländische Einkünfte		80 000 €
ausländische Einnahmen (Dividenden)	6 000 €	
Halbeinkünfteverfahren	3 000 €	
./. Werbungskosten (1/2 von 1 000 € + 150 €)	./. 575 €	
./. Sparerfreibetrag	./. 750 €	
=	1 675 €	1 675 €
Summe der Einkünfte		81 675 €
Abzugsbeträge		./. 7 500 €
zu versteuerndes Einkommen		74 175 €
tarifliche ESt laut Grundtabelle 2008		23 239 €
Schweizer Verrechnungssteuer	2 100 €	
abkommensrechtlich anrechenbare Steuer (15 %)	900 €	
Höchstbetragsberechnung:		
$\frac{23\,239\ € \times 1675\ €}{81\,675\ €} = 477\ €$		477 €
festzusetzende ESt		22 762 €

Unabhängig von der Besteuerung der ausländischen Dividendeneinkünfte nach deutschem EStG hat S das Recht, die nicht in Übereinstimmung mit dem Abkommen und deswegen zu hoch erhobene schweizerische Verrechnungssteuer in einem Betrag von 1 200 € von den schweizerischen Steuerbehörden zurückzuverlangen (2 100 € (35 %) ./. 900 € (15 %) = 1 200 €) nach Art. 28 Abs. 2 DBA-Schweiz.

Dazu muss S einen entsprechenden Erstattungsantrag auf amtlichem Formular an die schweizerische Steuerverwaltung in Bern richten. Das für S örtlich zuständige deutsche Finanzamt hat auf dem Antragsformular die Ansässigkeit des S in der Bundesrepublik zu bestätigen. Somit ist sichergestellt, dass die ausländischen Dividendenerträge auch in der Bundesrepublik steuerlich erfasst werden.

Alternativ ist die Abzugsmethode anzuwenden.

inländische Einkünfte		80 000 €
ausländische Einnahmen (Dividenden)	6 000 €	
Halbeinkünfteverfahren	3 000 €	
./. Werbungskosten 1/2	./. 575 €	
./. Schweizer Steuer 1/2	./. 450 €	
./. Sparerfreibetrag	./. 750 €	
	1 225 €	1 225 €
Summe der Einkünfte		81 225 €
./. Abzugsbeträge		./. 7 500 €
zu versteuerndes Einkommen		73 725 €
tarifliche + festzusetzende ESt laut Grundtabelle 2008		23 050 €

Die nach § 34c Abs. 2 EStG abziehbare ausländische Steuer wird halbiert (R 34c (2) EStR).

Das Endergebnis bei Anwendung der Abzugsmethode stellt sich nachteiliger dar; auch bei der Abzugsmethode kann die abkommensrechtliche überhöht abgezogene Verrechnungssteuer (1 200 €) von der Schweiz zurückverlangt werden (Art. 28 Abs. 2 DBA-Schweiz).

b) Veranlagungszeitraum 09

Nach Art. 10 Abs. 1 DBA sind Dividenden aus der Schweiz in der BRD zu versteuern. Nach Art. 10 Abs. 2d DBA hat die Schweiz ebenfalls das Besteuerungsrecht i. H.v. 15 %.

Nach Art. 24 Abs. 1 Nr. 2 DBA ist für die Dividendeneinkünfte die Anrechnungsmethode vorgesehen.

Die Schweiz erhebt aber nach Art. 28 Abs. 1 DBA auf die Dividenden eine Quellensteuer i. H.v. 35 %, die sie allerdings nach Abs. 2 und 3 i. H. v. 20 % auf Antrag erstatten muss.

Da der BRD nach Art. 10 Abs. 1 DBA das Besteuerungsrecht zusteht, werden die Auslandsdividenden nach § 43 Abs. 1 Nr. 6 i. V. m. Nr. 1 EStG der Abgeltungssteuer i. H.v. 25 % unterworfen (§ 43a Abs. 1 Nr. 1 EStG). Das Teileinkünfteverfahren greift nicht ein, da die Voraussetzungen von § 32d Abs. 2 EStG nicht vorliegen und gem. § 3 Nr. 40 Satz 2 EStG das Teileinkünfteverfahren nur bei gewerblichen Einkünften i. S. d. § 20 Abs. 8 EStG anwendbar ist.

§ 32d Abs. 5 i. V. m. Abs. 1 EStG regelt – als Sondervorschrift zu § 34c EStG – die Berücksichtigung der ausländischen Quellensteuer auf ausländische Einkünfte aus Kapitalvermögen, die der Abgeltungssteuer unterliegen. Nach § 32d Abs. 5 EStG kann die Anrechnung der jeweiligen ausländischen Steuer nur bei jedem ausländischen Kapitalertrag erfolgen. Nach § 43a Abs. 3 Satz 1 EStG wird dies dann bereits auf der Ebene der Kreditinstitute durchgeführt. § 34c Abs. 2 EStG ist in diesem Fall nicht mehr anwendbar.

Nach § 32d Abs. 5 Satz 3 EStG ist die ausländische Steueranrechnung auf die Höhe der anfallenden Abgeltungssteuer von 25 % zu begrenzen.

Bei der Ermittlung der Kapitaleinkünfte ist der Sparerpauschbetrag nach § 20 Abs. 9 EStG i. H.v. 801/1 602 € als Werbungskosten abzuziehen. Der Abzug der tatsächlichen Werbungskosten ist ausgeschlossen.

Steuerberechnung		
Inländische Einkünfte	80000 €	
Abzugsbeträge	./. 7500 €	
Zu versteuerndes Einkommen	72500 €	
Steuer nach Tabelle	22381 €	
Kapitalerträge	6000 €	
Sparerpauschbetrag (§ 20 Abs. 9 EStG)	./. 801 €	
Gesamt	5199 €	
Abgeltungssteuersatz 25 % =	1299 €	
Anrechnung ausl. Steuer max. 15 % von 6000 €	./. 900 €	
Steuer	399 €	399 €
Steuerbelastung insgesamt		22780 €

Auf Antrag werden die zu viel gezahlten Steuern nach Art. 28 Abs. 2 DBA i. H.v. 1200 € (2100 € ./. 900 €) zurückerstattet.

Lösung zu Übungsfall 7

F hat einen Wohnsitz in Deutschland. Er ist deshalb unbeschränkt einkommensteuerpflichtig (§ 1 Abs. 1 EStG). Mit Kolumbien besteht kein DBA (vgl. BMF vom 12.01.2010; Anhang 12/I EStR), sodass die kolumbianischen Einkünfte in die Bemessungsgrundlage für die ESt einzubeziehen sind (§ 2 Abs. 1 EStG – Welteinkommensprinzip).

Die Ermittlung der Einkünfte erfolgt nach deutschem Steuerrecht. Die kolumbianische Steuer mindert nicht den Gewinn (§ 12 Nr. 3 EStG). Dieser ist deshalb mit 40000 € anzusetzen.

Die tarifliche ESt ermittelt sich vorläufig wie folgt:

Einkünfte aus inländischem Gewerbebetrieb	100000 €
+ Einkünfte aus ausländischem Gewerbebetrieb (Kolumbien)	40000 €
= Summe der Einkünfte	140000 €
./. Sonderausgaben etc.	./. 12000 €
= zu versteuerndes Einkommen	128000 €
Die ESt beträgt laut Splittingtabelle	37934 €

Da mit Kolumbien kein DBA besteht, sind die ausländischen Steuern nach § 34c EStG zu berücksichtigen. Die Anwendungsvoraussetzungen des § 34c Abs. 1 und 3 EStG sind erfüllt:

- Ausländische Einkünfte liegen vor i. S. d. § 34d Nr. 2a EStG i. V. m. § 12 Nr. 5 AO.
- F wurde in Kolumbien zu einer Ertragsteuer herangezogen.
- Die »impuesto sobre la renta« entspricht der deutschen ESt (Anhang 12 EStR); insoweit ist § 34c Abs. 1 EStG anwendbar.
- Da die »impuesto districtionale« vom BMF nicht in das Verzeichnis ausländischer Steuern aufgenommen worden ist (Anhang 12 II EStR), ist davon auszugehen, dass diese Steuer **nicht** der deutschen ESt entspricht; insoweit ist diese Steuer nach § 34c Abs. 3 EStG bei der Ermittlung der Einkünfte zu berücksichtigen (Auffangtatbestand des § 34c Abs. 3 EStG). Der Steuerpflichtige F kann indessen durchaus den Nachweis erbringen, dass eine Gleichartigkeit gegeben ist.

Die weiteren **Berechnungen** nach § 34c Abs. 1 und 3 EStG stellen sich wie folgt dar:

Einkünfte bisher	140000 €
./. »impuesto districtionale«	./. 6000 €
= Summe der Einkünfte	134000 €
./. Sonderausgaben usw.	./. 12000 €
= zu versteuerndes Einkommen	122000 €
Die ESt laut Splittingtabelle beträgt	35116 €

Höchstbetragsberechnung nach § 34c Abs. 1 EStG:

$$\frac{35\,116\text{ €} \times 34\,000\text{ €}}{134\,000\text{ €}} = 8910\text{ €} \qquad 8910\text{ €}$$

Die festzusetzende ESt beträgt 26206 €

Alternative Berechnung gemäß § 34c Abs. 2 EStG

F hat das Wahlrecht, die ausländische Steuer »impuesto sobre la renta« auf Antrag bei der Ermittlung der Einkünfte zu berücksichtigen, ausgeübt.

Einkünfte (s. o.)	134 000 €
./. »impuesto sobre la renta«	./. 24 000 €
= Summe der Einkünfte	110 000 €
./. Sonderausgaben usw.	./. 12 000 €
= zu versteuerndes Einkommen	98 000 €
Die ESt beträgt laut Splittingtabelle	25 102 €

Alternative Berechnung gemäß § 34c Abs. 5 EStG

Die Voraussetzungen des Pauschalierungserlasses (s. BMF vom 10. 04. 1984 BStBl I 1984, 252) liegen vor. Danach werden die ausländischen Einkünfte einer Pauschalsteuer von 25 % unterworfen. Die ausländischen Steuern können dabei allerdings nicht berücksichtigt werden.

Einkünfte aus inländischem Gewerbebetrieb	100 000 €
./. Sonderausgaben etc.	./. 12 000 €
= zu versteuerndes Einkommen	88 000 €
Die ESt beträgt laut Splittingtabelle	21 176 €
Einkünfte aus Gewerbebetrieb in Kolumbien	40 000 €
Hierauf 25 % Pauschalsteuersatz	10 000 €
Die festzusetzende ESt beträgt	31 176 €

Die Besonderheiten des Steuerfalles werden F nötigen, den Antrag auf Abzug ausländischer Steuern zu stellen (§ 34c Abs. 2 EStG).

Lösung zu Übungsfall 8

	07	08
Einkünfte aus nichtselbstständiger Arbeit	50 000 €	60 000 €
./. Werbungskosten (§ 9a Nr. 1 EStG)	./. 2 000 €	./. 2 000 €
= Summe der Einkünfte aus nichtselbstständiger Arbeit	48 000 €	58 000 €

Einkünfte aus Vermietung und Verpachtung

Eigentumswohnung Los Angeles

Nach Art. 6 Abs. 1 DBA-USA können Einkünfte aus unbeweglichem Vermögen durch die USA als Belegenheitsstaat (Quellenprinzip) besteuert werden.

Die BRD verzichtet auf die Besteuerung nach Art. 23 Abs. 2a DBA-USA. Die steuerfreien ausländischen Einkünfte werden aber i. R. d. Progressionsvorbehalts nach § 32b Abs. 1 Nr. 3 EStG berücksichtigt.

Verluste aus der Vermietung von Grundstücken gehören zu den Einkünften i. S. d. § 2a Abs. 1 Nr. 6a EStG. Für diese »schädlichen« Einkünfte aus einem DBA-Drittstaat besteht eine begrenzte Verlustverrechnung. Bei negativen Einkünften aus einem DBA-Drittstaat, für die welche Freistellungsmethode gilt, bewirkt § 2a Abs. 1 EStG die Nichtanwendung des negativen Progressionsvorbehalts gemäß § 32b Abs. 1 Nr. 3 EStG (BFH vom 17. 11. 1999 BStBl II 2000, 605 und H 32b [Ausländische Verluste Nr. 2] EStH).

Nach § 2a Abs. 1 Satz 2 EStG können aber die negativen Einkünfte mit positiven Einkünften derselben Art und aus demselben Staat in den folgenden Jahren ausgeglichen werden. Dafür ist eine gesonderte Feststellung durchzuführen (§ 2a Abs. 1 Satz 5 EStG). Diese Feststellung ist lediglich für die zutreffende Anwendung des Progressionsvorbehalts von Bedeutung (vgl. Leitfaden zur Besteuerung ausländischer Einkünfte, BaWü, Anhang 4, Tz. 1.7 und Probst in: F/W/B, § 2a EStG, Anm. 150). Für den Veranlagungszeitraum 07 kommt wegen des Verlustvortrags kein positiver Progressionsvorbehalt zur Anwendung.

Berechnung der Einkünfte aus USA

Jahr	**Einkünfte**	**anzusetzen**	**verbleibende negative Einkünfte**
07	./. 20 000 €	0 €	20 000 €
08	5 000 €	0 €	
Verrechnung			./. 5 000 €
verbleiben aus 07 per 31. 12. 08			**15 000 €**

Eigentumswohnung Le Havre

Nach Art. 3 Abs. 1 und Art. 20 Abs. 1a DBA-Frankreich liegt das Besteuerungsrecht für Einkünfte aus unbeweglichem Vermögen bei Frankreich. Die BRD stellt die Einkünfte frei; sie werden aber i. R. d. Progressionsvorbehalts nach § 32b Abs. 1 Nr. 3 EStG berücksichtigt.

Auch hier handelt es sich um Einkünfte nach § 2a Abs. 1 Nr. 6a EStG, für welche die eingeschränkte Verlustverrechnung grds. zu beachten ist. Nach dem BMF-Schreiben vom 30. 07. 2008 (BStBl I 2008, 810) ist die Anwendung von § 2a EStG für alle offenen EU-/EWR-

Fälle aufgehoben; d. h. auch die Begrenzung des § 2a EStG bezüglich des negativen Progressionsvorbehalts. Daher ist der negative Progressionsvorbehalt für den Verlust i. H. v. 500 € in 07 anzuwenden.

Für 08 gilt die Neuregelung des § 32b Abs. 1 Satz 2 Nr. 3 EStG. Danach gibt es keinen positiven oder negativen Progressionsvorbehalt bei freigestellten Einkünften aus V + V aus EU-/EWR-Staaten.

Eigentumswohnung Mexiko City

Nach Art. 6 DBA-Mexiko können die Einkünfte aus unbeweglichem Vermögen durch den Belegenheitsstaat besteuert werden. Das Besteuerungsrecht des Wohnsitzstaates ist nach Art. 23 Abs. 2b ff. DBA-Mexiko nicht ausgeschlossen; es gilt somit das Welteinkommensprinzip (§ 2 Abs. 1 EStG).

Da aber negative Einkünfte aus Vermietung und Verpachtung aus einem sog. Drittstaat vorliegen, können die ausländischen Verluste im Inland nach § 2a Abs. 1 Satz 1 Nr. 6a EStG nicht berücksichtigt werden.

Nach Art. 23 Abs. 2b ff. DBA-Mexiko kann die in Mexiko gezahlte Steuer nach § 34c Abs. 1 und Abs. 6 EStG angerechnet werden. Da die mexikanischen Einkünfte aus unbeweglichem Vermögen nach deutschen Einkommensermittlungsvorschriften negativ sind, ergibt sich keine anteilige deutsche Steuer, auf welche die mexikanische Steuer angerechnet werden kann; bei der Berechnung des Anrechnungshöchstbetrags ergibt sich ein Wert von Null.

Der Steuerpflichtige kann aber den Antrag stellen, die ausländischen Steuern nach § 34c Abs. 2 und Abs. 6 EStG (Wahlrecht) bei der Ermittlung der Einkünfte abzuziehen (R 34c (2) EStR). Dadurch erhöhen sich das Verlustabzugsvolumen bzw. die festzustellenden verbleibenden negativen Einkünfte (§ 2a Abs. 1 Satz 5 EStG) um insgesamt 500 €.

Berechnung der Einkünfte aus Mexiko

Jahr	**Einkünfte**	**anzusetzen**	**verbleibende negative Einkünfte**
07	./. 2 200 €	0 €	2 200 €
08	./. 3 300 €	0 €	3 300 €
Verbleiben per 31. 12. 08			**5 500 €**

Die mexikanische Steuer 07 i. H. v. 200 € und 08 i. H. v. 300 € kann nach § 34c Abs. 2 EStG bei der Ermittlung der Einkünfte abgezogen werden. Sie erhöhen daher die negativen ausländischen Einkünfte (2 200 € und 3 300 €) und können mit künftigen positiven Einkünften (5 500 €) verrechnet werden.

Die am Schluss eines Veranlagungszeitraumes verbleibenden negativen Einkünfte sind jeweils gesondert festzustellen (§ 2a Abs. 1 Satz 5 EStG).

Eigentumswohnung Zürich

Nach Art. 6 Abs. 1 DBA-Schweiz ist die Besteuerung der Einkünfte aus unbeweglichem Vermögen **auch** dem Belegenheitsstaat zugewiesen. Das Besteuerungsrecht der BRD ist nach Art. 24 Abs. 1 Nr. 1 und Nr. 2 DBA-Schweiz nicht ausgeschlossen.

Die Doppelbesteuerung wird nach Art. 24 Abs. 1 Nr. 2 DBA-Schweiz durch Anrechnung der ausländischen Steuern nach § 34c Abs. 1 Satz 2 und 3 und Abs. 6 EStG vermieden.

Die in der Schweiz gezahlte Steuer i. H. v. 5 000 € wird nach § 34c Abs. 1 EStG angerechnet. Dabei ist zu beachten, dass nach Art. 2 Abs. 3 Nr. 2 DBA-Schweiz nicht nur die Bundessteuer, sondern auch die kantonalen und kommunalen ESt, die in den staatlichen Anwendungsbereich des DBA-Schweiz einbezogen werden, anrechenbar bzw. abziehbar sind.

Verkauf der Eigentumswohnung Zürich in 08

Nach Art. 13 Abs. 1 DBA-Schweiz hat die Schweiz als Belegenheitsstaat das Besteuerungsrecht für Gewinne aus der Veräußerung unbeweglichen Vermögens. Das DBA-Schweiz schließt das Besteuerungsrecht des Wohnsitzstaates für Veräußerungsgewinne bei unbeweglichem Vermögen, das nicht Betriebsvermögen ist, nicht aus. Nachdem das deutsche Steuerrecht auf die Besteuerung von Gewinnen aus der Veräußerung von Grundstücken außerhalb der Spekulationsfrist nach § 22 Nr. 1 in Verbindung mit § 23 Abs. 1 Nr. 1a EStG verzichtet, kommt eine Versteuerung des Veräußerungsgewinns vorliegend nicht in Betracht. Eventuell in der Schweiz gezahlte Steuern können im Inland nicht berücksichtigt werden. Für Veranlagungszeiträume ab 1999 wird auf die Neuregelung des § 23 EStG 1999 hingewiesen.

Zusammenstellung	07	08
+ Einkünfte aus nichtselbstständiger Arbeit	48 000 €	58 000 €
+ Einkünfte aus Vermietung und Verpachtung		
USA	0 €	0 €
Frankreich	0 €	0 €
Mexiko	0 €	0 €
Schweiz	15 000 €	0 €
= Summe der Einkünfte	63 000 €	58 000 €
./. Sonderausgabenpauschbetrag (§ 10 Abs. 1 EStG)	./. 72 €	./. 72 €
./. Vorsorgepauschale (§ 10c Abs. 2 EStG)	./. 4 592 €	./. 4 671 €
Kinderfreibeträge (§ 32 Abs. 6 EStG)	0 €	0 €
= zu versteuerndes Einkommen	58 336 €	53 257 €

Steuerberechnung für das Jahr 07	
zu versteuerndes Einkommen	58 336 €
Negativer Progressionsvorbehalt für Einkünfte aus Frankreich (s. o.)	./. 500 €
für den Steuersatz maßgebliches Einkommen	57 836 €
Steuer lt. Splittingtabelle	10 990 €
durchschnittlicher Steuersatz 19,002 %, der auf das zu versteuernde Einkommen i. H. v. 58 336 € anzuwenden ist	11 084 €

Anrechnung der schweizerischen Steuer nach § 34c Abs. 1 EStG

Höchstbetrag: $\frac{15\,000\ € \times 11\,084\ €}{63\,000\ €}$ = ./. 2 639 €

Steuerbelastung	8 445 €

Steuerberechnung für das Jahr 08	
zu versteuerndes Einkommen	53 257 €
Steuer lt. Splittingtabelle	9 436 €

Lösung zu Übungsfall 9

Betriebsstätte im Irak

Deutschland hat kein DBA mit dem Irak abgeschlossen. Es gilt demnach das Welteinkommensprinzip. Die Vermeidung der Doppelbesteuerung erfolgt nach § 26 Abs. 1 KStG i. V. m. § 34c EStG in der Anrechnung oder dem Abzug der ausländischen Steuern.

Da die Abzugsmethode erkennbar keine Vorteile erbringt (es liegen weder hohe Auslandssteuern noch eine Verlustsituation vor), ist der Anrechnungsmethode der Vorzug zu geben.

Anrechnungsmethode

Die deutsche KSt auf die ausländischen Einkünfte beträgt 70 000 € × 15 % KSt-Satz (vgl. § 23 Abs. 1 KStG) = 10 500 €. Die gesamte deutsche KSt ist höher, da weitere positive und keine negativen Einkünfte in den VZ vorliegen. Damit könnten ausländische Steuern bis zu 10 500 € angerechnet werden, die irakische Steuer von 7 000 € ist damit vollkommen anrechenbar. Es verbleibt eine deutsche KSt von 3 500 € (10 500 € ./. 7 000 €).

Betriebsstätte in Belgien

Deutschland hat mit Belgien ein DBA abgeschlossen. Die Regelungen des DBA-Belgien hinsichtlich der Abkommensberechtigung sowie der unter das Abkommen fallenden Steuern entsprechen dem OECD-MA (Art. 1 bis 4). Damit ist die A-GmbH eine in Deutschland ansässige Person und die KSt in Belgien und Deutschland sind unter das Abkommen fallende Steuern.

Art. 7 des DBA-Belgien enthält in Abs. 1 eine (dem OECD-MA entsprechende) Verteilungsregelung für Unternehmensgewinne. Unternehmensgewinne können nur im Sitzstaat besteuert werden, es sei denn, die Gewinne werden in einer Betriebsstätte erwirtschaftet. Betriebsstättengewinne können in beiden Staaten besteuert werden.

Daher ist zunächst zu prüfen, ob in Belgien eine Betriebsstätte i. S. d. DBA existiert. Die Betriebsstättendefinition ist in Art. 5 DBA-Belgien enthalten. Da der Sachverhalt jedoch keine genaueren Angaben enthält, muss der dort vorgenommenen Bezeichnung als Betriebsstätte gefolgt werden. Damit liegt nach Abkommensrecht eine Betriebsstätte vor.

Gemäß Art. 7 DBA-Belgien schaltet Deutschland als Sitzstaat die Doppelbesteuerung nach Maßgabe des Art. 23 DBA-Belgien aus. Art. 23 Abs. 1 DBA-Belgien sieht – da die folgenden Ausnahmen nicht einschlägig sind – die Steuerbefreiung unter Tarifvorbehalt durch Deutschland vor. Da ein Tarifvorbehalt im Rahmen des Körperschaftsteuerrechts unbeachtlich ist, muss diese »Ermächtigung« des DBA jedoch nicht weiter beachtet werden.

Da Deutschland die Betriebsstätteneinkünfte freistellt, beträgt insoweit die KSt 0 €.

GmbH in Belgien

Gemäß Art. 10 Abs. 1 und 2 DBA-Belgien können Dividenden von beiden Vertragsstaaten besteuert werden, wobei der Sitzstaat der ausschüttenden Gesellschaft (hier Belgien) nur ein begrenztes Besteuerungsrecht (Quellensteuerbegrenzung) hat.

Die zulässige Quellensteuerhöhe gem. DBA ist hier jedoch unbeachtlich, da die Beteiligung der deutschen GmbH an der belgischen GmbH unter die Mutter-Tochter-Richtlinie fällt (vgl. Art. 2 und den zugehörigen Anhang der Mutter-Tochterrichtlinie). Gemäß Art. 5 der Mutter-Tochterrichtlinie darf Belgien daher keine Quellensteuer erheben (EU-Mutter-Tochterrichtlinie ABl. EG L 225).

Aufgrund des neuen § 8b Abs. 1 KStG wird nun auch für ausländische Beteiligungserträge eine generelle Freistellung ohne weitere Voraussetzungen gewährt. Die indirekte Anrechnung wurde daher nicht mehr für notwendig gehalten. Zu beachten ist jedoch die 5 %ige Umqualifizierung von Auslandsdividenden in nichtabzugsfähige Betriebsausgaben gemäß § 8b Abs. 5 KStG. Damit sind in Deutschland 2 500 € (50 000 € × 5 %) der KSt zu unterwerfen. Die deutsche KSt beträgt daher 375 € (2 500 € × 15 %).

AG in Belgien

Gemäß Art. 10 Abs. 1 und 2 DBA-Belgien können Dividenden von beiden Vertragsstaaten besteuert werden, wobei der Sitzstaat der ausschüttenden Gesellschaft (hier Belgien) nur ein begrenztes Besteuerungsrecht (Quellensteuerbegrenzung) hat. Laut Sachverhalt erhebt Belgien auf die Dividende keine Quellensteuer. Fraglich ist daher lediglich, welche weiteren Maßnahmen Deutschland als Sitzstaat ggf. anwendet. Gemäß Art. 23 Abs. 1 Nr. 3 DBA-Belgien ist für Dividenden aus belgischen Aktiengesellschaften die Freistellung vorgesehen, wenn die Beteiligung an dieser Gesellschaft mindestens 25 % beträgt. Die Freistellung der Dividende in Deutschland ergibt sich nun auch aus § 8b Abs. 1 KStG. Damit ist hier die Freistellungsmethode anzuwenden.

Zu beachten ist jedoch § 3c EStG i. V. m. § 8b Abs. 5 KStG. Demnach erfolgt im Ergebnis nur eine 95 %ige Freistellung, da 5 % der Dividende in nichtabziehbare Dividenden umqualifiziert werden. Damit sind in Deutschland 2 000 € der KSt zu unterwerfen. Die deutsche KSt beträgt daher 300 € (2 000 € × 15 %).

Zusammenfassung

Der gesenkte Körperschaftsteuersatz sowie die generelle Einführung der Freistellung für Beteiligungserträge von Körperschaftsteuerpflichten führt zu einer Körperschaftsteuerbelastung von nur noch 4 175 €.

Lösung zu Übungsfall 10

Zur Umsatzsteuer

Z ist aus umsatzsteuerlicher Sicht gem. § 2 UStG Unternehmer, dessen Leistungen im Inland steuerbar und steuerpflichtig (§ 1 Abs. 1 Nr. 1, § 3 Abs. 9, § 3a Abs. 2 Nr. 3c bzw. § 3a Abs. 3 und Abs. 4 Nr. 1 UStG) sind. Es gilt das Reverse-Charge-Verfahren (§ 13b UStG).

Zur Einkommensteuer

Z erzielt als Zauberkünstler Einkünfte aus Gewerbebetrieb (BFH vom 17.02.1955 BStBl III 1955, 100). Die Besteuerungsgrundlage für das Honorar i. H.v. 100 000 € ergibt sich mithin aus § 49 Abs. 1 Nr. 2 Buchst. d EStG. Die von der C-GmbH bezahlte Vergütung für die Werberechte kann als Leistungsentgelt angesehen werden, das mit der Darbietung im geforderten sachlichen Zusammenhang steht. Damit unterliegt Z mit den erzielten Einkünften der inländischen beschränkten Einkommensteuerpflicht. Nun sind Einschränkungen, die sich aus den Regelungen des DBA-USA ergeben können, zu prüfen.

Solche ergeben sich jedoch nicht. Da die Höhe der im Inland bezogenen Einnahmen 20 000 US-Dollar übersteigt, verbleibt es auch nach DBA-USA (Art. 17 Abs. 1 DBA-USA) beim Besteuerungsrecht Deutschlands. Bezüglich der Steuererhebung ist auf § 50a Abs. 1 EStG hinzuweisen. Dies bedeutet, dass der inländische Veranstalter einen Steuerabzug von 15 % der Einnahmen vorzunehmen hat. Betriebsausgaben werden im Sachverhalt zwar keine erwähnt, könnten aber in diesem Rahmen auch nicht geltend gemacht werden (vgl. § 50a Abs. 3 Satz 2 EStG).

Lösung zu Übungsfall 11

Grundsatz

§ 1 Abs. 1 AStG regelt, dass die Hinzurechnung »unbeschadet anderer Vorschriften« zu erfolgen hat. Das bedeutet, dass die verdeckte Gewinnausschüttung und verdeckte Einlage grundsätzlich vor der Anwendung des § 1 AStG zu prüfen und ggf. anzuwenden ist.

Sind die Voraussetzungen der verdeckten Gewinnausschüttung oder der verdeckten Einlage und des § 1 AStG gleichzeitig gegeben, so ist der sich ergebende Berichtigungsbetrag nach den ertragsteuerlichen Grundsätzen über die verdeckte Gewinnausschüttung oder die verdeckte Einlage zu behandeln.

Eine verdeckte Gewinnausschüttung liegt vor, wenn eine Kapitalgesellschaft einem Gesellschafter oder einer ihm nahestehenden Person außerhalb der gesellschaftsrechtlichen Gewinnverteilung einen Vermögensvorteil zuwendet und diese Zuwendung ihre Ursache im Gesellschaftsverhältnis hat. Auf die Höhe der Beteiligung kommt es in der Regel nicht an. Wegen weiterer Einzelheiten vgl. R 36 Abs. 1 KStR.

Eine verdeckte Einlage liegt vor, wenn einer Kapitalgesellschaft durch einen Gesellschafter oder eine ihm nahestehende Person ein einlagefähiger Vermögensvorteil zugewendet wird und diese Zuwendung ihre Ursache im Gesellschaftsverhältnis hat. Wegen weiterer Einzelheiten vgl. R 40 Abs. 1 KStR.

Eine verdeckte Einlage liegt nur vor, wenn das Vermögen der Kapitalgesellschaft durch den Ansatz oder die Erhöhung eines Aktivpostens oder durch den Wegfall oder die Verminderung eines Passivpostens vermehrt wird. Nutzungs- oder Gebrauchsüberlassungen sind dabei nicht einlagefähig.

Außerdem darf der Leistung des Gesellschafters keine Gegenleistung der Gesellschaft gegenüberstehen.

Liegt eine Gegenleistung der Gesellschaft vor, handelt es sich nicht um eine verdeckte Einlage, sondern um einen Leistungsaustausch (BFH vom 09.03.1983 BStBl II 1983, 744).

Danach können unverzinsliche Darlehen oder unentgeltliche Nutzungsüberlassungen nicht Gegenstand verdeckter Einlagen sein, wenn die Unverzinslichkeit bzw. Unentgeltlichkeit von vornherein vereinbart wurde. Eine verdeckte Einlage ist in diesen Fällen aber dann gegeben, wenn der Gesellschafter als Darlehensgeber oder Vermieter auf einen rechtlich entstandenen Anspruch verzichtet, da ein Erfüllungsrückstand in den Büchern der schuldenden Gesellschaft zu erfassen und in der Bilanz zu passivieren ist.

Lösung zum vorliegenden Sachverhalt

Der Verzicht des aufgelaufenen Zinsbetrages i. H.v. 10 000 € durch die X-GmbH (Gesellschafter) stellt eine verdeckte Einlage dar, da sie auf einen bereits entstandenen Zinsanspruch verzichtet. Durch den Zinsverzicht vermindert sich ein Passivposten bei der niederländischen Gesellschaft. Bei der X-GmbH ist im Inland eine Erhöhung des Einkommens und des Beteiligungsansatzes am Tochterunternehmen um jeweils 10 000 € vorzunehmen.

Das zinslose Überlassen des Darlehensbetrages der X-GmbH (Gesellschafter) ist keine verdeckte Einlage, da eine Nutzungsüberlassung kein einlagefähiges WG darstellt. Der Zinsbetrag, auf den die X-GmbH verzichtet hat, ist nach § 1 AStG außerbilanzmäßig dem Einkommen der GmbH zuzurechnen.

Lösung zu Übungsfall 12

Auch wenn keine Ausschüttung an die inländischen Gesellschafter erfolgt, die nach § 3 Nr. 40d EStG dem Teileinkünfteverfahren unterliegen würden, ist zu prüfen, ob nicht eine »fiktive Dividendenbesteuerung« nach den Vorschriften der Hinzurechnungsbesteuerung (§§ 7ff. AStG) erfolgen muss.

Die Hinzurechnungsbesteuerung ist eine inländische Besteuerung, die von der Art der Einkunftserzielung deutschbeherrschter, ausländischer selbstständiger Steuersubjekte und deren steuerlicher Belastung im Ausland abhängt.

§ 7 AStG enthält als Grundtatbestand alle Tatbestandsvoraussetzungen der Hinzurechnungsbesteuerung, die von den folgenden Paragraphen konkretisiert werden. Wesentliche Voraussetzungen sind danach, dass eine ausländische Körperschaft, die weder Sitz noch Geschäftsleitung im Inland hat, von unbeschränkt Steuerpflichtigen beherrscht wird und diese Gesellschaft Einkünfte aus passivem Erwerb erzielt, die einer niedrigen Besteuerung unterliegen.

Bei der M-AG handelt es sich unstreitig um eine schweizerische Kapitalgesellschaft, die im Inland weder ihren Sitz noch ihre Geschäftsleitung hat. Sie gilt als niedrig besteuert i. S. d. AStG, da ihre Steuerbelastung unter 25 % liegt (§ 8 Abs. 3 AStG).

Da die Gesellschaft von vier unbeschränkt Steuerpflichtigen zu 100 % beherrscht wird, ist auch die Tatbestandsvoraussetzungen »deutsch beherrscht« erfüllt. § 7 AStG fordert nicht, dass die Gesellschafter nahe stehende Personen sind.

Probleme bereitet im vorliegenden Fall jedoch das Merkmal der passiven Einkünfte.

Abgrenzung der aktiven von den passiven Einkünften

§ 8 Abs. 1 AStG nennt enumerativ die aktiven Einkünfte, wobei sich der Katalog nicht an § 2 EStG orientiert. Alle weiteren Einkünfte gelten als solche aus passivem Erwerb und unterliegen damit, wenn auch die übrigen Voraussetzungen erfüllt sind, der Zugriffsbesteuerung.

Mit der Einordnung, ob aktive oder passive Einkünfte vorliegen, gibt es vor allem dann Komplikationen, wenn es sich wie hier um eine gemischt tätige ausländische Gesellschaft handelt, also die Gesellschaft beispielsweise neben Finanzierungsaufgaben oder Geldanlagen noch Produktion oder Handel betreibt. In diesen Fällen ist auf der Grundlage der funktionalen Betrachtungsweise zu prüfen, ob nicht eine Tätigkeit der anderen zugerechnet werden muss und deshalb eine einheitliche Beurteilung geboten ist (z. B. betriebliche Nebenerträge sind der aktiven Produktion zuzurechnen).

Die M-AG erzielt verschiedene Arten von Einkünften. Sie unterhält einen Produktions- und Vertriebsbereich für Werkzeugmaschinen, vergibt Darlehen an die Gesellschafter, unterhält verschiedene Geldanlagen auf dem Kapitalmarkt und vermietet Immobilien.

Bei der M-AG ist die Produktionstätigkeit mit dem sich anschließenden Vertrieb eine selbstständige aktive Haupttätigkeit (§ 8 Abs. 1 Nr. 2 AStG). Die Zinserträge aus den laufenden Konten stehen in unmittelbarem wirtschaftlichen Zusammenhang mit dieser Haupttätigkeit und müssen daher dieser zugeordnet werden, sie sind daher auch aktiv.

Nach Tz 8.02 des Anwendungsschreibens zum AStG können auch »Einkünfte aus für die aktive Tätigkeit notwendigen Finanzmitteln« als betriebliche Nebenerträge der wirtschaftlichen Haupttätigkeit, also hier der Produktion zugeordnet werden. Dazu muss der Steuerpflichtige nach § 90 Abs. 2 AO jedoch nachweisen, dass entsprechende Finanzmittel für die

Produktion nötig sind. Da die Geldmittel zeitnah für Investitionen genutzt werden (und nicht als überschüssige Finanzreserve in Wertpapieren angelegt werden) ist von einer aktiven Tätigkeit auszugehen.

Gesellschafter-Darlehen sind hingegen keine betriebsbedingten kurzfristigen Geldanlagen und sind damit passive Einkünfte.

Die Wertpapiererträge sind nach § 8 Abs. 1 Nr. 8 AStG aktiv, da es sich um Gewinnausschüttungen von Kapitalgesellschaften handelt.

Die Vermietungserträge sind passiv nach § 8 Abs. 1 Nr. 6b AStG, da bei einer unmittelbaren privaten Vermietungstätigkeit der Gesellschafter die Einkünfte nach dem DBA Schweiz steuerpflichtig wären.

Freigrenze nach § 9 AStG

Es ist zu prüfen, ob im Hinblick auf die »Bagatell- bzw. Vereinfachungsgrenze« von 80000 € keine Hinzurechnungsbesteuerung erfolgt. Hierzu sind die Einkünfte nach deutschem Steuerrecht zu ermitteln (§ 10 Abs. 3 AStG).

Einkünfte aus Gesellschafterdarlehen:		100000 €
Einkünfte aus Vermietung und Verpachtung:		
Einnahmen	30000 €	
AfA nur linear nach § 7 Abs. 4 EStG (2%)	./. 2000 €	
Bewirtschaftungskosten	./. 5000 €	
= Einkünfte	23000 €	23000 €
Steuern (§ 10 Abs. 1 AStG)		./. 30000 €
(diese sind voll dem passiven Bereich zuzuordnen, da der aktive Bereich Verluste ausweist) Einkünfte i. S. d. § 10 AStG = ausschüttbarer Betrag		93000 €

Die Freigrenze bei gemischten Einkünften einer Gesellschaft kommt damit nicht zum Tragen, da bei der M-AG zumindest der absolute Betrag von 80000 € überschritten ist.

Ergebnis

Im Rahmen einer einheitlichen und gesonderten Feststellung sind 93000 € Einkünfte aus passivem Bereich für die Gesellschafter festzustellen. Die Verteilung erfolgt nach dem Beteiligungsschlüssel. Die Versteuerung als Einkünfte aus Kapitalvermögen mit dem Regelsteuersatz erfolgt allerdings erst im Jahr 2009 (§ 10 Abs. 2 AStG). Die Gesellschafter können nach § 12 AStG den Antrag stellen, ihren Anteil an der gezahlten Schweizer KStG von 30000 € auf die zu entrichtende deutsche ESt anzurechnen. Bei einem entsprechenden Antrag erhöht sich jedoch der zu versteuernde Betrag um diese KSt.

Stichwortregister

E

J

K

L

M

N

O

P

Q

R

S

Z